上海文化发展系列蓝皮书

THE BLUE BOOK SERIES ON
SHANGHAI CULTURAL DEVELOPMENT

# 上海文化交流发展报告
（2017）

ANNUAL REPORT ON CULTURE COMMUNICATION DEVELOPMENT OF SHANGHAI
(2017)

## 服务国家战略，开创上海文化交流新局面

主编／荣跃明

执行主编／饶先来　李艳丽

上海人民出版社

上海书店出版社

# 摘　要

　　《上海文化交流发展报告》蓝皮书为首次发布，开宗明义很有必要："上海文化交流"的内容涵括上海对外文化交流及上海对港澳台文化交流。《上海文化交流发展报告（2017）》以"服务国家战略，开创上海文化交流新局面"为主题，聚焦2017年乃至更长一个时段上海文化交流发展的重要问题，在准确把握近年来上海文化交流工作现状的基础上，系统梳理了当前上海文化交流工作的背景与挑战，预测展望上海文化交流发展的新趋势，进而指出未来上海文化交流在服务国家战略方面的主要路径和具体举措。全书内容共分为"总报告"、"文化经济与文化交流"、"国家形象与文化传播"、"海外文化机构研究"、"港澳台文化交流与实践"五部分。

　　"总报告"着眼于上海服务国家战略，开创文化交流和传播的新途径、新空间，在"一带一路"战略提出的背景下，把握上海对外文化交流和对港澳台文化交流工作的总体流向和内在脉络，立足于发挥上海在国家对外及对港澳台文化交流和传播的资源优势，梳理目前上海文化交流与传播工作的成绩和问题，分析上海对外文化交流与传播工作面临的新形势、新要求和新挑战，结合上海的实际情况提出下一步加强对外文化交流工作的对策和思路。"文化经济与文化交流"主要聚焦于"一带一路"国家战略背景下上海文化交流发展的最新动态，对"一带一路"与上海文化产品与服务、上海文化投资、上海对外文化交流等问题进行了广泛而深入的探讨。"国家形象与文化传播"主要关注了国家形象与文化外交、城市文化交流与国家形象构建、文化政治与文化传播等方面的探索实践和多方面的经验，并对国家形象构建与传播路径依赖进行了深入的反思。"海外文化机构研究"主要从孔子学院建设、海外文化中心建设等层面系统梳理了中国文化交流与传播的现状、问题,进而提出了一些可操作、有针对性的建议。"港澳台文化与实践"则重点关注台湾地区特别是台北市的文化治理、文化产业、文化创意等方面的相关政策,并以此为基点就对台文化交流工作进行一些较系统较深刻的思考。

# Abstract

As the blue book *Shanghai Cultural Exchange Development Report* is first issued, it is necessary to given the most important information at the beginning: the contents of "Cultural Exchange in Shanghai" include Shanghai cultural exchange with foreign countries and Shanghai cultural exchange with Hong Kong, Macao and Taiwan. With the theme of "Serving the National Strategy and Creating a New Situation for Shanghai Cultural Exchange", *Shanghai Cultural Exchange Development Report* (*2017*) focuses on the important matters of Shanghai cultural exchange and development in 2017 and even a longer period. Based on the accurate grasp of current situations for cultural exchange in Shanghai in recent years, the book systematically analyzes the background and challenges of the current cultural exchange in Shanghai and forecasts the new trend of cultural exchange in Shanghai to point out the main paths and specific measures of Shanghai cultural exchange in serving the national strategy. The contents of the book include "General Report", "Cultural Economy and Cultural Exchange", "National Image and Culture Transmission", "Research on Overseas Cultural Institutions" and "Cultural Exchange and Practice in Hong Kong, Macao and Taiwan".

The general report features the strategy of serving the whole country and aims to create new ways and new spaces of cultural communication and diffusion. In the context of "the Belt and Road Initiatives" national strategy, it presents the general flow and internal context of foreign cultural exchange as well as cultural communication with Hong Kong, Macao and Taiwan. Based upon the resource superiority of foreign cultural exchange and cultural communication with Hong

Kong, Macao and Taiwan in Shanghai, it clarifies the achievements and problems of the current cultural communication and diffusion. It also analyzes the new situation, new requirement and new changes of foreign cultural communication and diffusion in Shanghai and proposes the countermeasures and thoughts for the next stage combing the actual situation so as to strengthen the foreign cultural exchange. The session of "cultural economics and cultural communication" focuses on the latest development of the cultural communication in Shanghai under the background of "the Belt and Road Initiatives" national strategy. It offers an extensive and thorough discussion about the products and services, the culture investment and the foreign cultural exchange in Shanghai. The session of "national image and cultural diffusion" pays close attention to the exploration and practical experience of national image and cultural diplomacy, urban cultural exchange, cultural politics and cultural diffusion. It also provides a deep reflection over the national image construction and diffusion path dependence. The session of overseas cultural institutions gives a systematic review of the status and problems of cultural communication and diffusion in China from the construction of Confucius Institutes and overseas culture centers and puts forward some practical and targeted suggestions. The session of Hong Kong, Macao and Taiwan culture and practice focuses on the related policies on culture management, culture industry, cultural creativity in Taibei City and provides comprehensive and profound thinking for Taiwan cultural exchange based on the achievements.

# 目　录

## 总　报　告

## 分　报　告
## 一、"一带一路"战略中的文化经济与文化交流

# 四、港澳台文化交流与实践

# CONTENTS

## General Report

## Subject Report
## I  Cultural Economy and Cultural Exchange in the Strategy of "The Belt and Road Initiatives"

## II  National Image and Cultural Transmission

## III  Studies on Cultural Institutions Overseas

## IV  Cultural Exchange Practice in
## Hong Kong, Macao and Taiwan

# 总 报 告

## 服务国家战略
## 开创文化交流工作新局面

饶先来*

**摘　要**　对外和对港澳台文化交流是国家外交战略和对港澳台工作的重要组成部分。本报告着眼于上海服务国家战略，开创文化交流和传播的新途径、新空间，在"一带一路"战略提出的背景下，把握上海对外和对港澳台文化交流工作的总体流向和内在脉络，立足于发挥上海在国家对外文化交流和传播的资源优势，梳理目前上海对外文化交流与传播工作的成绩和问题，分析上海对外文化交流与传播工作面临的新形势、新要求和新挑战，结合上海的实际情况提出下一步加强对外文化交流工作的对策和思路。

中国已成为世界第二大经济体、第一大贸易国、第一大制造业大国，现有

---

*　饶先来，上海社会科学院文学研究所副研究员，研究领域为文艺批评、文化政策。

经济体系实际上已无法满足中国经济的可持续发展,中国必须进行大国转型,必须根据自己的需要、根据自己的利益去塑造既有体系甚而创造新的体系,同时中国的国家利益必须走出去,主动与世界更多资源融合和对接。在此背景下提出的"一带一路"战略,预示着未来一两百年欧亚经济整合的大趋势,因此,中国的国防战略、外交战略、经济战略和文化战略也必须随之适当调整。

"一带一路"倡议强调命运共同体的概念,必会加深沿线国家间的合作,促进沿线国家互联互通、产业合作、共同繁荣。需要引起注意的是,"一带一路"战略赢得越来越多伙伴国家积极响应的同时,也引起了一些国家的顾虑,甚至往往把经济合作转变成政治考量,加大了战略推进的政经成本,而且"丝绸之路经济带"最大的挑战是建立在动荡和恐怖主义等全球性问题多发的"破碎地带"之上,这一地带民族众多,各种宗教、教派纷繁复杂,是世界主要文明交汇与碰撞、大国竞逐的地方,可见,要消除这些疑虑和促进多元文化和合交融,保障"一带一路"战略的顺利推进,迫切需要加强中国与沿线各国间的文化交流融合。

对外文化交流工作,在当前我国整体发展中具有全局性和战略性意义。当今世界正在进行一次全球政治、经济秩序的大洗牌进程。这一进程的产生,根本原因在于,世界经济的发展、人类社会的进步及地缘力量的变化使得世界需要构建新的世界性的生产关系秩序。在这一进程中,谁能以更高的理念、更强的力量凝聚更多的共识,并在共识上构建出符合共同利益的新秩序,谁就是未来世界发展的引领者。

上海作为国家对外交往的重要门户城市,应发挥自身对外和对港澳台文化交流的平台资源多样和实践经验丰富的优势,依托"一带一路"战略,开创对外文化交流工作的新空间和新局面,在国家对外文化交流工作中扮演更重要的角色。

## 一、 上海对外和对港澳台文化交流工作的现状

上海市对外和对港澳台文化工作坚持以党的十八大精神为指导,在上海

市委、市政府以及市委宣传部领导下,在中共上海市委外宣办、市政府外事办公室、市港澳办、市台办、市文广局、市新闻出版局等政府部门以及对外文化交流协会、机构、企业、高校的通力配合和共同努力下,围绕国家整体发展战略和对外文化工作大局,统筹协调,全方位推进,在实践中取得可喜成绩,充分展示了中华文化的深厚底蕴和上海城市文化的独特魅力,增进了两岸四地的文化认同,促进了两岸文化融合发展。

## (一)对外文化工作

上海对外文化交流的规模、等级、范围和影响空前提高,政府和民间层面的交流日益频繁。近年来上海无论是在服务于国家文化外交大局的政府间交流活动上,还是在积极鼓励民营文化走出去方面,均取得了令人瞩目的成绩。

1. 发挥自身资源优势,不断拓宽交流渠道

一是通过品牌文化活动项目,深化对外文化交流。上海通过在海外举办重要节庆、展会和论坛的交流和推介活动,广泛开展各领域、多层次、全方位的对外文化交流。如中国上海国际艺术节、上海国际电影节、上海电视节、上海之春国际音乐节、上海艺术博览会、土耳其中国文化年、庆祝中法建交50周年活动、亚信峰会文艺晚会、夏威夷上海电影展、谢晋海外影展、中韩文化产业交流会、美国演艺出品人年会等,形式多样化,对象广覆盖,取得良好效果。二是借助国内外现有成熟平台和渠道,推动文化产品和服务"走出去"。近年来,上海把握国家外交和外宣的战略时机,借力大平台,面向国际主流社会、主流群体和主流媒体组织系列"魅力上海"城市形象海外推广活动,已先后走进美、德、法、意、土、比等国家,取得了良好的对外传播效果。2015年6月,市委外宣办在意大利米兰和土耳其伊斯坦布尔分别举办"魅力上海"城市形象推广活动。在米兰的推广活动将以世博会为契机,举办主题论坛,宣传上海的城市形象。三是充分发挥文化中心作用,开拓对外文化工作新渠道。上海积极参与文化部"央地合作"计划,充分利用驻外中国文化中心平台,先后与巴黎中国文化中心、柏林中国文化中心等开展年度合作。特别是2015年9月上海市政府与文化部共建的"布鲁塞尔中国文化中心"正式揭牌,积极开展与比利时当地

文化机构的直接合作,使其成为展示海派文化的重要窗口以及中欧交流互鉴的高端平台。2016 年 6 月,上海在此举办了为期一个月的"感知中国文化·体验魅力上海"城市形象推广活动,取得良好效果。

2. 推进融合发展,拓展交流领域

传统文化领域对外交流进一步拓展。一是充分利用国内外重大电影电视节,展播优秀节目,进一步深化上海与国际广播电影电视领域的交流合作。二是积极拓展国际市场与渠道,着力培育具有国际影响力的中国品牌,在推动上海艺术品交易业发展、打造亚洲演艺之都等方面取得新进展。上海文广演艺集团通过文化交流、商业演出、国际比赛、艺术节推介等形式,向世界展示海派文化,拓展国外演艺市场。2014 年,所属相关单位赴国外及港澳台地区演出16 批次,123 场次,435 人次:其中交流演出 15 批,72 场次;商业演出 1 批,51场次;交流访问 4 批次,8 人次。三是与国际知名的艺术馆、博物馆合作,推进文博领域对外交流。上海博物馆、中华艺术宫以中美建交、中法建交等节庆活动为契机,与国际知名的艺术馆、博物馆合作,举办了一系列高规格的展览活动,为展出地的市民打开了一扇了解中国文化和上海文化的窗口。

文贸结合,推动对外文化贸易"走出去"。坚持文化交流和文化贸易"两条腿"走路,为对外文化贸易搭建平台。成立了全国首个国家对外文化贸易基地(上海),打造对外文化贸易的优质服务平台,发挥其在入驻政策优惠、组织参展参会、搭建交流平台等方面的优势和功能。每年组织上海和全国优秀的文化企业参加美国洛杉矶艺术展、美国洛杉矶华人工商大展、德国科隆游戏展、香港电影节等海外著名展会,以及举办中国上海国际动漫游戏博览会、上海艺术博览会、中国上海国际艺术节演出交易会等主要品牌活动,逐渐扩大上海的对外文化贸易。通过深度参与国外各优质高端专业文化贸易展会,依托上海自贸区的现行政策和优势促进产业发展,积极推动国内各细分行业的文化企业和项目在世界各主流市场建立营销渠道,为推动中华文化"走出去"发挥积极作用,做出贡献。

文教结合,推动中国电影"走出去"。2014 年成立的上海温哥华电影学院,借助当下中国电影市场在国际上崛起的契机,提供的种种产业政策上的支持以及上海作为国际化大都市的优势,实现教育和文化产业的无缝对接。通过引进北美的电影教育,培养适合国际标准的电影人才,实现中国电影"走出去"。

3. 注重内容挖掘,创新交流形式

一是内容上推动文化产品的内容创新,增强吸引力。在对外文化交流中,注重传播内容的取舍,充分挖掘和展示中华文化的独特魅力,贴近国外受众文化需求和消费习惯,增强文化产品和服务的表现力、吸引力,传递当代中国价值观。上海杂技团《十二生肖》在欧洲巡演,通过将中华民俗文化的十二生肖与十二星座巧妙联系,成功地向欧洲观众传递了诚信、包容和友善等中国传统美德;上海广播电视台外语频道在加拿大举办"欢乐春节——上海电视周"期间,每天播映 2 小时反映当代上海人生活和精神风貌等的电视节目,受到了西方观众的欢迎。这些活动既有中国传统元素,又有西方元素,真正把代表中国和海派文化的精华、体现当代中国形象、反映中国核心价值理念的优秀文化全面展现在世界面前。二是形式上创新手段,增强传播效能。近年来对外文化交流的形式除了传统的展会、演出外,也注重运用互联网新媒体等现代科技手段,增强文化传播的效果。上海电影电视节利用科技手段制作《市民手册》,将 300 多部影片的精彩介绍、重点推荐以及电视展播节目编入其中,《手册》图文并茂,增强了双节的传播效果。

4. 坚持整合资源,构建多层次外事工作格局

"央地"联手,推动对外重要文化合作。"欢乐春节"文化品牌活动、中国文化年系列活动、庆祝建交周年活动成功举办以及布鲁塞尔中国文化中心的建立等,都是"央地合作"的重要成果。

一是官民合作,引导多元主体积极参与,共同助推文化传播。通过政策引导、信息发布、经费扶持等多种方式,积极发挥社会各类文化主体的作用,尤其是调动民营文化企业、院团、民办非企组织的积极性和主动性。上海市文广局采取场租补贴、场次奖励等措施鼓励民营院团积极开拓海外演出市场,在政府对外文化交流中给予优秀民营院团更多展示和承办的机会,积极推动民营院团成为对外文化交流的新生力量。上海锦辉艺术传播有限公司等 5 家民营文

化机构抱团参加美国国际演艺出品人年会,上海绛州鼓乐团参加奥克兰元宵灯会,新西兰高层和民众反响热烈。二是市区联动,扶持和推动区县文化"走出去"。市区合作,利用"欢乐春节"、部市合作等渠道为其搭建平台,推动区县和民营院团"走出去"。2014 年共有奉贤、闵行、松江三个区参与到市文广局与柏林中国文化中心的合作中,奉贤区的滚灯民俗文化表演、闵行区的传统美食和手工艺表演、松江区的丝网版画展览广受德国观众的欢迎。三是区域协作,联合打造七省市对外文化交流品牌和平台。以上海为龙头的"华东七省市对外文化工作协作联盟"及其共同组建的"长三角国际文化贸易发展联盟",打造对外文化联合体,强化了国际文化贸易的区域间合作机制,依托长三角地区优质文化企业相对集中和外向型经济特点突出的优势和海外渠道资源,协同推进上海及长三角乃至华东地区对外文化交流及文化产品和服务贸易,取得了不俗的成绩。

## (二)对港澳台文化工作

上海不断扩大和深化与港澳台的文化交流,着眼于增进两岸四地的文化认同,扩大文化内涵,把文化交流作为争取民心的重要工作载体。创新思路,不断丰富工作形式和内容,探索完善长效交流机制,打造交流品牌,不断提升文化交流的质量和效益,在增进两岸四地的文化认同,促进文化融合方面取得显著成效。"十二五"期间截至 2013 年年底,上海对港澳文化交流项目共 183 批,2 337 人次。2010 年以来,上海涉台文化交流活动项目每年都有 100 多项,约占全市年度沪台交流项目总数的 15% ,被列入重点项目数则占国台办和我市重点涉台交流项目的 35% ,并呈逐年上升的趋势。

### 1. 不断探索完善常态化交流合作机制

为推动两岸四地文化交流活动规范化,上海加强与港澳台文化部门的沟通和互访,建立了一系列常态化的文化交流合作机制,密切往来,如签订《沪港文化交流与合作协议书》、《上海市与台北市文化交流合作备忘录》等。

### 2. 注重民众参与,加强互动融合

对港澳台文化交流着力突破常规演出、常规展览等一般形式,更注重和强

调民众共同参与、共同表演,注重在互动交流中实现文化融合。民众参与文化交流的常态化在客观上加深了文化交流的程度,而文化交流程度的加深又进一步拓宽了文化交流的渠道。两岸四地之间的文化交流活动已经步入相对稳定的良性循环。

3. 重点关注青少年群体,打造品牌活动

着力打造品牌活动,加强青少年之间的交流,做好青少年人心回归工作。如上海文化联谊会与台湾地区大学院校艺文中心协会共同主办"中华文化校园行"交流演出推广活动,由中国福利会、台湾中华幼儿策进会联合主办"同根文化　点燃童心"项目,上海戏剧学院附属戏曲学校赴澳门举办"中学生普及艺术——鉴赏国粹·细味戏曲"系列演出讲座活动等,加强了港澳台青少年群体对中华文化的了解和认同。

4. 多层次交流格局逐步形成

对港澳台的文化交流呈现出多层次的交流新格局。不仅有政府主办的官方项目,也有企业、学校和社会团体积极参与组织的活动;既有专业剧团、剧院举办的文化交流活动,也有很多非专业的民间交流形式;既有通过政府渠道推进的项目,也有文化经纪公司积极运作的市场项目。如每年举办的重要品牌项目"国粹港澳校园行"由上海市文化部门主办,2015 年 3 月,上海市文联书法家协会与上海市海峡两岸交流促进会、台北中华教育文化经贸促进协会、香港两岸和平发展联合总会联合举办的"台北上海香港纪念孙中山先生首届联合书画展",则由沪、港、台民间社团主办。另外很多港澳台地区的同乡会、文化社团、企业等都非常关注文化交流领域,并主动参与和上海的文化交流与合作。

## (三) 对外文化贸易工作

近年来,上海深入贯彻党的十八大和十八届三中、四中、五中、六中全会精神,落实和实施《国务院关于加快发展对外文化贸易的意见》、《上海市人民政府关于加快发展本市对外文化贸易的实施意见》等文件精神,大力推动对外文化贸易发展。中国(上海)自由贸易试验区(以下简称"自贸试验区")和国家对外文化贸易基地建设亮点频现,文化产品和服务进出口结构不断优化,对外文化贸易能级不断提高,国际品牌竞争力和影响力不断扩大,为推进上海国际文化大都市和国际贸易中心建设作出了重要贡献。

1. 自贸试验区建设推动对外文化贸易快速发展

中国(上海)自由贸易试验区于2013年9月29日成立以来,开放政策与制度创新不断推进,在推动文化市场的扩大开放、提高文化领域的投资和贸易便利化程度、加快中华文化"走出去"等方面发挥了重要作用。

一是文化市场开放政策有效突破。上海市于2014年11月7日发布《上海市人民政府关于加快发展本市对外文化贸易的实施意见》,提出了上海对外文化贸易的发展目标、重点工作以及保障举措。目前,上海通过多项专项扶持资金和相关政策在资金、税收、金融、进出口等各方面对对外文化贸易发展提供支持,基本形成对外文化贸易的政策支撑体系。2014年,外商独资演出经纪机构、外商独资娱乐场所、外资企业从事游戏游艺设备的生产和销售等三项文化市场开放政策在自贸试验区内落地。二是对外文化贸易管理机制创新。构建"一站式、全天候、零时差"服务体系,设立文化审批受理延伸服务窗口,一站式受理自贸试验区内中外文化企业的资质审批、艺术品内容审批和演出内容审批等专项服务。自贸试验区管委会增设知识产权局,统一承担专利、商标、版权的行政管理和执法工作。上海文创产业法律服务平台及知识产权调解中心入驻自贸试验区,为区内中外文化企业提供法律保障。

2. 对外文化贸易出口持续增强

2013—2014年度,上海外文图书公司、上海世纪出版集团、上海众源网络有限公司等35家上海文化企业和上海文化贸易语言服务基地、中国上海国际艺术节演出交易会等12个项目被商务部、中宣部等国家六部委认定为国家文化出口重点企业和重点项目。

一是传统领域出口继续增长。上海尚世影业有限公司制作的都市情感剧《媳妇的美好生活》先后在中国台湾、韩国、日本、坦桑尼亚主流电视台亮相,取得社会效益和经济效益双丰收。上海芭蕾舞团采用自主商演的运作模式,在英国国家歌剧院连续上演5场现代芭蕾舞剧《简爱》。上海杂技团原创杂技晚会《十二生肖》在法国、瑞士、比利时等国巡演,引起热烈反响。《中国达人秀》反向输出海外,在新加坡取得 8% 的高收视率。上海外语频道与英国 BBC 联合播出"看上海"特别节目,品牌栏目《动感都市绘》登陆澳洲主流媒体。二是新兴领域出口不断增强。河马动画、炫动传播、金鹰卡通等上海动画制作企业开创中国原创动画电影集结进军海外市场新里程,形成联盟与西澳大利亚电影局和澳洲电影制作公司在影片创意、拍摄技术、版权销售等方面开展合作。百视通与印尼电信以合资形式共同开展 TMT 新媒体技术的产品化与产业化合作。德必集团旗下上海端乾创意产业发展有限公司管理运营的"上海佛罗伦萨-中意设计交流中心"于 2014 年 3 月正式开园,80% 的陈列品来自于上海的本土文化创意品牌企业,目前已有 12 家国内文化创意企业入驻。

3. 对外文化贸易基地服务功能不断提升

随着上海自贸试验区政策的逐步落地,国家对外文化贸易基地(以下简称"基地")在加快文化产业集聚、探索文化市场扩大开放、推动文化"走出去"等方面的作用日益突出。2014 年年底,入驻基地的文化企业从 2011 年的 80 家增加到 300 余家,企业累计注册资本共计 86 亿元人民币,进出口总额从 2011 年的 5 亿元增长到超过 100 亿元。

一是搭建专业平台提升服务功能。基地根据文化贸易企业的需求,不断引入外部资源,搭建起多个高效的专业服务平台。基地在已有的贸易通关、商务咨询等专业服务的基础上,引入了上海文化贸易语言服务基地、上海文创产业法律服务平台及知识产权调解中心,集成了银行、证券、保险、律师事务所、会计师事务所等一批专业服务机构,大幅提升了基地的综合服务功能。二是开拓国际渠道推动文化产品"走出去"。基地通过国际展会活动帮助文化企业开拓国际市场,与韩国文化产业振兴院共同主办了中韩文化产业交流会,推介上海文化企业和产品。基地继续通过组织文化企业参与美国洛杉矶艺术展、香港国际影视展、釜山艺术博览会等各类海外展会帮助其拓展国际市场并实现交易。自贸试验区内开展了海外图书保税展,并创立了自办展会品牌——文化授权交易会。三是积极拓展贸易新形式、新领域。积极发展版权贸易,努力做大艺术品贸易,向外布局拓展文化装备基地。2014 年 11 月,国家版权贸易基地(上海)揭牌仪式暨2014中国(上海)自由贸易试验区文化授权交易会开幕式在自贸试验区举行,会上发布了《2014中国艺术品金融年度报告》和《中国艺术衍生品产业发展年度研究报告(2014)》。2013年8月,国内首个专业艺术品保税仓库上海国际艺术品交易中心及保税仓库在基地建成并投入运营,艺术品贸易成为自贸试验区文化方面主要的贸易品种。积极推动"上海国际高科技文化装备产业集聚区"的建设与发展,并将其作为基地积极向外发展、向外延伸服务和功能的重点建设内容。

### (四)对外文化宣传工作

十八大以来,上海认真贯彻落实习近平总书记关于"提高国家文化软实力,要努力提高国际话语权"的指示精神,着力于加强国际传播能力建设,增强对外话语的创造力、感召力、公信力,讲好中国故事,传播好中国声音,阐释好中国特色。综合运用广播影视、图书出版、新闻媒体、学术论坛等多种载体与平台,内容建设上取得新突破,渠道建设得到新拓展,平台建设结出新硕果,构建了形式多样化、内容多层次、对象多元化的"大外宣"体系。

1. 广播影视文化外宣

上海外语频道于2013年和2014年制作推出的《中国面临的挑战》系列外宣节目,邀请国际知名中国问题专家库恩担任主持人,以"帮助国际社会理解当今的中国"为主旨,聚焦中国的经济、民生、创新、政治和价值观五大热点问题,以西方化的叙事方式,讲述真实的中国故事,登陆美国PBS公共电视网和WORLD频道后反响热烈,在美国高端电视收视人群中获得较大影响力,是中国电视外宣的一次历史性突破。

东方卫视目前信号已覆盖美国、加拿大、澳大利亚、法国、荷兰、德国、意大利、英国、奥地利、波兰、新加坡、非洲撒哈拉以南等38个国家、中南美洲所有国家及港澳台地区,目前全球收费用户已达到17万户,开放用户已超过600万户。上海外语频道目前已经实现了多个国家的海外落地,与美国ICN国际卫士、蓝海传媒、澳大利亚广播公司、加拿大新时代传媒等国外主流媒体建立了良好的合作关系。

上海广播电视台每年赴境外举办电视周和广播周节目展映活动。2013 年和 2014 年,先后赴克罗地亚、印度尼西亚、美国和澳大利亚举办"上海电视周"活动,并将"上海广播周"活动从美国和加拿大拓展到澳大利亚和新西兰。2015 年上半年,上海广播电视台、上海文广集团在法国戛纳国际电视节上,对其旗下全新的内容战略体系"SMG 智造"进行了全球发布,同时宣布与Fremantle Media、A + E Networks、BBC Worldwide 等三家国际知名媒体机构在影视产品内容研发和交流方面达成战略合作协议。

2. 图书出版文化外宣

进一步提升以宣传中国理念、中国文化为主题的外语产品在世界图书市场的占有率。目前,外文版"文化中国"丛书已形成 330 多种出书规模,成功进入各大洲 40 多个国家和地区的主流销售渠道,累计发行 100 多万册;"学术中国"英文出版项目初具规模。研究制定并发布上海翻译出版促进计划,重点支持外籍译者译介中国作品,提高上海出版对外翻译质量。

国家新闻出版"走出去"重点项目中国出版物进入拉加代尔等西方主流销售渠道工程建设取得扎实进展;华文图书在美国、新加坡、澳大利亚等地华文书店常年展销项目持续进行;沪台合作开办台北上海书店,举办台北上海书展,成为沪台两地出版界合作交流的桥头堡。

组建上海长江对外出版公司、长江出版交流基金会,成为新闻出版"走出去"的专业平台;成功创办"中国上海国际童书展"、ChinaJoy、上海国际印刷周等专业国际展会,成功打造新闻出版国际交流的综合性平台;上海书展创设"上海国际文学周",增进了中外出版界、文学界的沟通交流,提升了上海出版的国际影响力;"中国最美的书"评选活动影响不断扩大,2003 年至今共评选出 229 种"中国最美的书",其中有 13 种图书获得"世界最美的书"奖项,为中国书籍设计艺术及中国设计家走向世界提供了重要平台。

3. 新闻媒体文化外宣

《新民晚报》海外版目前已遍布全球五大洲 26 个国家与地区,新民晚报社荣获国家新闻出版总署新闻出版"走出去"先进单位称号。《上海日报》英文网站 70% 的浏览量来自海外,成为外国人了解上海乃至中国的重要窗口。

2013 年起,《上海日报》分别在印尼、美国西岸针对当地主流社会人群推出了英文版周刊,以"新闻报道 + 新闻解读"的方式将上海最新发展情况及时传播至海外。

《上海日报》与美国出版社 East View Information Services 签署了合作协议,授权其旗下的出版物 The Current Digest of the Chinese Press 使用《上海日报》的原创新闻内容;通过固定订阅、收入分成等多种方式与全球 10 多家海外出版商、通讯社和数据库等建立了内容合作关系。上海报业集团积极推进与澳大利亚 ABC 电视台的战略合作,与法新社签署战略合作备忘录,并和纽约时报商讨版权合作事宜。

4. 学术论坛文化外宣

"世界中国学"论坛。2015 年 5 月,由上海社科院和美国卡特中心联合承办的"世界中国学"论坛美国分论坛成功举办,围绕"中国改革:机遇与挑战"这一主题举行高层演讲和学术研讨,直接面对美国主流社会讲述中国故事。2016 年 5 月 22 日由上海社科院和韩国高丽大学联合承办的"世界中国学"论坛东亚分论坛成功举办,50 多名东亚地区的专家学者以"中国未来的发展前景"为主题进行为期两天的深入研讨。

举办"世界中国学"论坛美国分论坛、东亚分论坛是上海积极探索学术"走出去"新路径的重要举措,在美国、韩国有力唱响了来自中国的正面声音,有效聚合了美国、韩国国内知华友华的声音,面向美国、韩国主流社会做了宣讲和解疑释惑,对于促进中外学术交流、讲好中国故事起到了积极的推动作用。

"2015 全球城市可持续发展"论坛。2015 年 3 月,上海社科院专家学者赴英国参加由英国著名智库英国学术院和上海社科院联合主办的"2015 全球城市可持续发展"论坛。主办该论是上海社科院进行新型智库建设国际化的积极探索。论坛围绕"特大型城市可持续发展中的挑战"主题,聚焦伦敦和上海两座城市发展实践,就组织规划、环境治理、人口政策、公共治理、文化融合等特大型城市可持续发展中的核心问题进行了深入研讨。

首届国际经济论坛。2015 年 5 月,上海社科院与全球著名智库彼得森国际经济研究所签订谅解备忘录,并联合主办了以"中美在亚太贸易投资自由化进程中的合作与前景"为主题的首届国际经济论坛。论坛围绕亚太贸易投资便利化、亚太自贸区建设进程、中美经贸发展与合作、服务贸易自由化、上海自贸区建设等主题进行了深入研讨。

## 二、 上海市对外和对港澳台文化工作面临的挑战

上海对外和对港澳台文化工作已经取得了显著成绩,也取得了很多突破性的进展,但与上海"四个中心"和"国际文化大都市"建设的需求尚有差距,与国际国内发展新形势所提出的要求还不相适应。从整体来看,上海对外和对港澳台文化工作尚有以下几个突出矛盾和瓶颈亟待破解:

### (一)统筹协调机制尚未建立,顶层设计有待加强

上海对外和对港澳台文化工作资源分散在各个条线和部门中,尚未在全市层面建立统筹规划和协调配合的工作机制,头绪繁多,各自为战,导致对外文化交流传播的信息碎片化、零散化,难以给国际受众留下持久、深刻的印象。对外和对港澳台文化工作的顶层设计有待加强,沟通协调机制需要进一步理顺,各个条线的对外文化工作资源亟待整合,统筹能力尚需加强,包括政府和行业协会之间,市级单位和区县单位之间,全市各横向部门之间的联系都需加强。

### (二)对外文化工作主体相对单一,社会参与度有待加强

目前上海的对外文化工作模式仍然主要以政府为主导,资金来源上以政府投入为主,企业、学校、科研机构、社会团体等社会力量参与的持续性和规模不够,普通民众参与性不强,且缺少系统性、长效性。对外文化工作如果过度依赖政府,就会导致文化活动和展示官方色彩过于浓厚,缺乏亲民性和趣味性,使国外受众产生抵触心态,不利于文化的有效传播。社会力量参与文化外交具有渠道多样、方式灵活、深入人心等特点,需要进一步调动社会力量参与

对外文化交流和传播的主动性、积极性和自觉性。

### （三）市场化手段运用不足，商业化运作能力较差

目前对外文化交流仍主要通过行政手段推动,这种工作模式成本较高,效率不高,可持续发展的动力不足。通过市场化运作"走出去"的经验尚不成熟,专业的文化经纪公司、大型国际文化传播公司以及可以形成商业网络的大型演艺中介机构等仍然比较缺乏,"多元投入、协力发展"的格局尚未形成。上海对外文化贸易面临主动权认识不足、商业化运作能力薄弱、销售渠道有效、国际文化创新能力缺乏、国际市场营销体系不健全等一系列问题。对外文化企业的商业化运作能力较差,知识产权保护意识和手段有待进一步提高。

### （四）对外文化工作对象范围偏窄，与周边国家交流薄弱

上海市对外文化交流活动的重点主要面向发达国家,而针对周边国家、发展中国家,特别是非洲和拉美地区的文化交流项目较少;文化产品出口则主要面向亚太地区,产品主要进入中国港澳台地区,以及日本、韩国、新加坡、澳大利亚等地,能够进入欧美地区的产品还很少。根据 2013 年皮尤研究中心(Pew Research Center)提供的关于中国形象调查的研究结果,在 38 个调查国家中,对中国正面评价最高的国家(超过 60%)主要集中于东南亚和非洲、南美洲等第三世界国家;正面评价最低的国家则集中于欧美和中东地区。对外文化工作"外外有别"原则需要进一步重视,受众市场研究急需加强,分层化、差异化、梯度化文化外交策略有待于制定和遵循。

### （五）文化产品缺少内容竞争力，品牌战略有待加强

上海对外文化贸易增长速度较快,但与国外相比差距较大;贸易主体实力不强,规模偏小。出口文化产品大多数是依托廉价劳动力而获得成本优势的"硬件产品",以文化创意内容设计为主的核心"软件产品"出口较少,产品特色不明显,核心优势未能充分发挥。对外文化贸易企业整体实力不强,经营限制较多,缺乏实力强的国际化企业和知名文化品牌,难以和国际知名文化企业

同台竞技。文化内容产业和专业性服务产业之间没有形成全球化条件下的产业整合,科技水平和创新能力不高,文化产品的内容和形式亟待创新和包装。

### （六）对外文化工作资金和人才瓶颈仍然突出

资金匮乏仍然是上海开展对外文化工作的瓶颈问题。尽管上海的外宣媒体都在努力探索市场化道路,也取得了一定的成效,例如《上海日报》基本实现了收支平衡,第一财经向 CNBC 提供的《中国经营者》栏目稍有盈余,但是外宣媒体公益性强、投入大、市场小、效果隐形化的特点决定了其难以完全按市场模式获得发展资金。目前,上海的外宣媒体仍然面临增加投入有限、运营成本高昂、发展资金不足等问题。人才匮乏是制约上海对外文化工作的另一瓶颈。既有文艺美学和文化产业学科背景,又熟悉国际市场规律,拥有文化产业国际化运作经验的高级文化人才较为稀缺。

### （七）对外文化传播缺少针对性，国际传播能力亟须提升

对外文化工作最大的挑战在于不同国家的受众有着不同的政治、经济、社会和文化习俗背景,文化外交效果受到交往主体特点、内容特点、受众心理因素等的影响和制约。约瑟夫·克拉伯指出,受众倾向于"选择性理解、选择性接受和选择性记忆",即受众易于关注和自身文化背景、欣赏习惯一致的内容,回避或者拒绝与自身价值观念反差大的信息。在多数西方欧美人士看来,中华文化是与自身文化背景截然不同的"异质文化",往往从本能上加以排斥,对中华文化的理解也流于肤浅、片面和零碎,更难不上发自内心的认同。如果忽略了这一点,对外文化宣传就很可能陷入"自说自话,自拉自唱,自娱自乐"的境地,表面上轰轰烈烈,实际却收效甚微。上海在开展文化外交过程中,对目标国家和受众的需求信息把握还不够,文化传播缺少针对性,在过程中也尚未建立起完善的跟踪、反馈和评估机制。

### （八）与港澳台文化交流机制化、制度化建设仍需加强

参与文化交流的主体不仅包括专业领域团体和人士,也包括广泛的社会

受众、工商、税务等众多部门,仅靠民间协调和习惯运作难度很大,交流成本大为增加。由于政治制度、意识形态、法律体系和运作方式不同,目前与港澳台地区的文化交流限制还比较多,操作程序复杂,非常需要机制化、制度化保障。但目前来看,长效机制以及完善的制度和组织保障比较缺乏,这在很大程度上制约了与港澳台文化交流的深入发展。

### (九)与港澳台文化交流存在不均衡的现象

虽然近年来沪港澳台文化交流项目每年都稳步上升,但从需求看,来沪的港澳项目以流行歌手演唱会、实验话剧、交响乐等现当代表演艺术为主,而赴港澳的项目主要以戏曲、民乐以及书画展等传统艺术为主。沪台两地的文化交流也是传统的较多,创新的较少。跟普通的交流项目比,只有品牌项目才更规范化、常态化,而品牌项目数量偏少。

## 三、 进一步加强对外和对港澳台文化工作的思路

面对新形势新要求,结合全市对外和对港澳台文化工作的实际情况以及当前国内外城市开展国际文化传播的做法和经验,对下阶段推进上海对外文化交流工作提出几条思路:

### (一)全方位推进对外文化交流与合作

1. 加强顶层设计,建立对外文化工作沟通协调机制

传统的体制机制是制约对外及对港澳台文化交流的因素,所以要进一步转变政府职能,优化体制机制,逐步形成更高层次的对外文化交流的新格局和机制,打破条块分割,形成合力,实现资源共享,从而加大上海对外文化交流的广度和深度。为了应对新形势和新要求,建议市外办、市外宣办、市新闻办等市级单位、各区县文化(广)局以及行业协会等建立起更加紧密的合作关系,推动建立上海市对外文化工作联席会议制度,实现信息共享,统筹项目资源,协调文化走出去步伐。

2. 突出交流重点,服务国家"一带一路"战略大局

按照习近平总书记在上海视察时提出的要求,积极参与"丝绸之路经济带"和"海上丝绸之路"建设等国家战略实施推进,结合国家周边外交战略,充分发挥上海的人文资源优势,突出"亲、诚、惠、容"周边外交理念,创新工作的思路、形式和内容,会同本市相关政府部门、企业集团、高校和智库,积极探索搭建开展文化合作交流的总体平台。一是落实中央关于共建"一带一路"的战略构想,在对外文化工作中有计划、有重点地规划与所涉及 64 个国家组织开展各类交流活动。积极参与文化部《"一带一路"建设文化工作规划(2015年—2020 年)》重点项目,以及"丝绸之路文化之旅"项目,组织丝绸之路沿线国家的文化交流。参与"丝绸之路国际艺术节"、"丝绸之路文化行"——首届中国玉文化世界巡展暨高峰论坛、"中阿丝绸之路文化之旅"系列活动、中阿合作论坛等重点项目,发挥上海在"一带一路"战略中的文化先发效应。二是深化与非洲国家的交流与合作。参与、配合"南非中国年",拓展与南非的文化交流与合作,探索中非对口合作中的大型文化援助项目合作新模式,继续向非洲国家输出优秀电影电视剧目。

3. 进一步丰富个性化的对外文化交流品牌

对外文化交流的优势,不在于它所拥有的文化资源的丰富程度,也不在于它所占有的交流平台的高度,只有形成有特色的对外交流品牌,才能把对外文化交流做大做强。上海一方面要推动现有品牌可持续发展。充分发挥现有上海国际艺术节、国际电影节、上海电视节、上海之春国际音乐节等重大节庆对外文化交流平台作用,进一步创新和丰富活动内容与形式,吸引更多国际一流影视、演艺团体和知名艺人来沪参加展览、展演和展示。另一方面,要进一步打造个性化的文化品牌,使之成为上海城市的名片,进一步提升文化传承力、传播力和影响力。对具有上海特色、民族特色,又具有核心竞争力、易于输出的强势文化产业和拳头产品,通过建立奖励制度,扶植鼓励各种原创,培植一批有影响的知名文化品牌。在品牌初步形成后,要注重对其进行后续开发,建立产业链接,并不断加以宣传,扩大影响。

4. 引导社会参与,丰富交流主体

在对外文化交流中既要重视发挥政府的作用,又要重视发挥社会主体的参与作用。正确处理政府、社会、市场和企业在对外文化交流中的关系,明确政府的权力边界,将社会可承办的交给社会,将市场可调节的交给市场,将企业主体可承担的交给企业,将区县和行业可做的交给区县和行业。从拓展参与空间、提供参与平台、建立参与机制方面充分调动国有、民营、行业协会等各类文化机构和文化企业的积极性,形成多主体、全社会的对外文化交流大格局。

5. 培育对外文化交流的市场机制

随着经济规模的扩大,社会和民间资本已有实力和意愿来参与对外文化交流活动。上海应该因势利导,通过制定相应的配套政策和法规,鼓励民间资本更多地参与对外文化交流并给予他们相应的鼓励和认可。通过建立一整套的信息、管理和运营机制,逐步培育和扩大对外文化交流的市场力量,扩大对外文化交流的资金来源,达到国家和社会双赢的效果。

6. 整合渠道资源,积极拓展对外文化交流新渠道

任何层面的对外文化交流都离不开渠道的支持,渠道宽、路径多,才能有更广阔的交流平台和更深入的沟通与合作,对外文化交流也才能更加富有成效。上海应建立对外文化交流协调统一的工作机制,加强全市各横向部门之间的联系,促进文教、文经、文贸、文金、文旅、文体等在对外交流领域的全方位融合发展。

## (二)多层次、宽领域推进对港澳台文化交流工作

1. 加强对港澳台文化交流的总体战略设计

鉴于密切两岸四地经贸关系还不足以发挥充分作用,必须切实重视文化在整合两岸四地和中华民族伟大统一中的重要作用。在深入分析研究港台政治环境、社会生态和人心流向的具体特点和总体趋势的基础上,由中央层面制定对港澳台文化工作总体战略规划,对港澳台文化交流应成为制定两岸四地关系政策的制高点,常规性的文化交流工作应该服务于对港澳台整体战略和

人心回归。妥善利用大陆的庞大的文化市场,在文化产业方面加大对港澳台开放的程度和范围,吸引港澳台先进的文化产业理念、管理、技术、资金和创意,先行整合两岸四地的文化产业。通过文化产业的一体化,文化市场要素的互补性,文化产品的同一化,做好港澳台人心回归工作,服务于中华民族统一大业。

2. 以沪台交流合作为切入口,维系乃至加强大陆与台湾的文化交流合作

目前,由于蔡英文执政团队拒不承认"九二共识",导致两岸官方交流沟通机制停摆,两岸经济贸易和文化交流受到严重影响。在此背景下,必须强化大陆城市与台湾城市之间的交往沟通,加强两岸社会、民间、企业之间的文化交流,以此来加强两岸文化关系,密切两岸人民的同胞感情,引导台湾民众对陆情绪,争取台湾人心回归。

上海与台北在城市交往交流上具有机制性安排,上海应以文化为媒增进融合,加强总体规划,强化机制建设,整合各领域的文化资源,推动沪台文化交流活动规范化、常态化。在深化上海与台北《文化交流合作备忘录》的基础上,推动上海国际艺术节与台北国际艺术节的深度合作,不断扩大上海与台湾文化机构、文化团体的机制化、项目化交流。通过城市与城市之间、民间与民间、企业与企业之间的交流合作,来有效维系两岸必要的文化交流合作。

3. 搭建多层次、多渠道对港澳台文化交流平台

着手文化交流平台建设,以激励引导为举措,加强服务和指导,搭建沪港澳台之间的文化桥梁。一要夯实特色文化交流平台,不断推进各种交流平台建设。二要充分整合上海文化优势资源,鼓励条件具备的文化单位与港澳台的对口部门签订交流协议,切实加强文化对口交流。三要构建新型交流平台。充分发掘利用海派文化特色和资源,持续打造品牌活动,推动上海文化产品进入港澳台地区。四要把与港澳台文化交流纳入本市文化交流的整体平台中,享有同等的参与评选、评比和政策扶植力度,积极鼓励和引导民间和港澳台的企业和文化机构通过承办、合办、资助、投资和捐赠等形式参与文化交流,形成合力,为沪港澳台文化融合搭建更为广阔的桥梁。

### （三）推动对外文化贸易业态创新发展

1. 充分发挥国家对外文化贸易基地作用

一是加强组织保障,提升推进能力。建立高层级的协调推进机构,争取更多的国家对外文化贸易试点项目落户。组建上海国家对外文化贸易基地海外拓展公司,统筹海外市场拓展业务,为国内企业"走出去"搭建桥梁。二是加强空间布局,提升辐射能力。优化上海对外文化贸易布局,放大政策覆盖效应,建立区(县)对外文化贸易发展园分区,打造特色文化贸易园区。加强与国内文化园区合作,服务长三角、服务长江流域、服务全国。三是加强业务拓展,提升服务能力。加强政府政策的引导和扶持,提升基地公共服务平台和市场运作平台职能。进一步拓展国家对外文化贸易基地的服务功能,打造信息咨询、企业孵化、对外交流、人才培训、对外文化贸易研究"五大中心"。四是加强制度建设,提升保障能力。由基地具体承接对外文化贸易的统计指标体系研究,构建能够反映我国对外文化贸易特点的指标体系。争取开展外国文化经纪人注册试点和文化企业"离岸账户"设置试点,降低文化创意产业市场准入门槛。

2. 探索建立自贸区外向型文化企业发展长效创新机制

一是创新文化投资管理制度,探索负面清单管理模式,鼓励和培育科技含量高、创意含量高、国际化程度高的新兴文化业态和企业。二是创新金融资本制度,建立与自贸区相适应的外汇管理制度,充分利用境内外金融机构提供各种服务,为中国文化企业参与国际市场竞争创造有利条件。三是创新综合监管制度,逐步减少行政审批事项,利用自贸区先行先试的优势,采取保税租赁等多种方式,有效利用国际市场上的现金资源,培育更多外向型、国际化文化企业。

3. 积极培育对外文化贸易骨干企业和重点项目

一是培育一批国际竞争力强、拥有自主品牌和核心文化产品的对外文化贸易骨干企业,建设一批在文化贸易领域具有代表性和引领性、具有一定出口规模和潜力的对外文化贸易示范交易基地和交易平台。二是鼓励外向型文化企业利用新设、收购和合作等手段扩大对外文化输出规模,通过设立境外演艺经纪公司、文化经营机构、艺术品经营机构等经营模式,将本土文化产业和服务逐步拓展至新兴市场。三是鼓励探索文化产业走出去良性运行机制,建立、健全海外文化产业基地,优化文化企业国际化经营模式,采用海外设点办企业、参股控股、兼并收购等方法开展国际化投资合作,逐步建立一套具有国有文化企业特点,并适应海外文化市场需求的运行机制。

4. 推动自贸区框架下文化和金融、科技、教育融合发展

一是加强金融和文化融合。通过文化资本的对接、兼并、重组、新建等模式,引进国外先进技术、品牌企业、优秀人才、高端资源;支持文化资本的海外并购,为文化资源的"回归"提供"境内关外"的保税仓储;利用自贸区人民币资本项目可兑换、对外投资备案制度、利率市场化等金融优惠政策促进文化资本输出。二是关注文化和科技融合。发展新兴互联网信息技术和内容服务,建立文化科技领域融合发展的国际交流大平台,提供综合配套服务,加强国际文化科技展示与推介,帮助文化科技企业积累"走出去"的经验。三是促进文化和教育融合。继续推进上海温哥华电影学院项目,支持上海高校加强与国外知名文化影视教育机构开展合作办学;通过和格莱美音乐奖的合作,建设上海音乐产业创新基地,培养音乐人才,生产具有国际水平和中国元素的音乐产品。

## (四)推动对外文化宣传工作取得实效

1. 充分利用现有外宣媒介资源,创新外宣方式,传播好中国声音,讲好中国故事

一是继续推进海外传媒阵地建设,加强与国际主流媒体的"媒体融合"战略合作。做强做大上海主流媒体,继续推进上海报业集团与澳大利亚 ABC 电视台的战略合作;在与法新社签署战略合作协议的框架下,结合现有的资源特性,研究共同开发新闻资讯和服务产品,共同销售产品和服务,并寻求报道编辑方面的合作。二是顺应"互联网 +"时代文化发展规律,构建对外文化宣传新媒体平台。开发主要海外媒体的微信、微博和移动设备应用软件,实现传统外宣媒体和新媒体融合发展,有效引导国际舆论,提升中华文化在海外青年群

体中的宣传效果。三是大力推动上海新闻出版业参与国际合作,搭建上海出版"走出去"的优质服务平台。鼓励新闻出版企业与国外新闻出版机构进行战略合作,共同开发针对国外市场的新闻出版产品,积极探索利用国外机构发行外向型新闻出版产品,并在互惠互利中谋求打造有影响力的海外出版发行平台。以法兰克福书展、伦敦书展、香港书展等有国际影响力的书展为平台,开拓国际主流市场,深化与国际一流出版商和品牌展会、协会、基金会的合作,支持上海翻译出版计划,提高中文精品译作在国际读者中的影响力。

2. 包装海派文化资源,依托捆绑式走出去,实现"软着陆传播"

一是广泛利用央地合作,开拓上海文化外宣的大平台。上海应进一步主动对接中央,积极参与"文化中国"、"中国文化年"、"欢乐春节"等国家级重点对外文化交流项目,重点打造"上海文化周(月)"、"海派文化艺术节"、"上海风情"非遗展等活动品牌,带动上海优秀院团、剧目和艺术家走向世界舞台。二是加大对上海"创意城市"的宣传力度,服务上海产业升级转型大需求。围绕上海加入联合国"创意城市"网络并被正式授予"设计之都"称号,加大对上海文化创意产业的宣传力度,丰富上海国际文化大都市内涵;加大对上海文化要素市场的宣传,依托国家级文化产业基地,扶持网络视听、数字出版、动漫游戏等新兴文化产业及文化传播手段快速发展。三是坚持走出去与请进来并举,在交流中实现有效输出和扩大影响。通过在沪组织开展系列对外文化活动,以及参加各类国际文化节庆类活动,提升海派文化的国际认知度;接轨国际惯例,以文博交流为重点放大上海文化和中国传统文化的影响力;广泛利用法国文化周、两岸三地中华创意文化周等时尚商业活动在沪频繁举办的契机,进一步推广上海作为"时尚之都"的国际形象。四是推动文化与金融、贸易、旅游、体育等外宣内容融合发展。丰富上海城市文化对外传播内容,深入挖掘、整理、包装和推广上海金融文化、航运文化、贸易文化、科技文化和时尚创意文化,实现上海"四个中心"建设理念、措施和进展在国际主流社会、主流群体、主流媒体中的"软着陆"。

3. 立足公共外交思路,发挥非政府外宣主体作用,实现"主流传播"

一是进一步借力友城渠道,促进外事外宣的深度融合。应充分发掘上海与每个国际友城间的共通之处,以此为切入点,在开展双城活动时提升上海城市亲和力;应继续拓展与友城之间互利共赢的传播渠道,持续开展"友城交换播映城市形象片"等项目。二是进一步借力高端人脉资源,促进上海形象的上层国际传播。上海应大力借助国际知名学者、国际智囊机构、知名专栏作家、海外知名华侨华人以及和上海有深厚渊源的国际友人、"上海市荣誉市民"、"白玉兰荣誉奖"获得者等大批潜在人脉资源,通过其广泛影响力,传递上海正面信息;应重视大量在沪外籍人士的传播载体作用,在城市形象推广中重视"外籍新上海人"的声音,通过各种手段激励他们成为上海国际化大都市形象的宣传者和代言人。三是进一步借力驻沪境外媒体资源,拓展上海在国际主流媒体的"发声"频率。作为大量外媒集中的国际城市,上海还有待继续强化信息"喂料"工作,并积极探索利用各类民间渠道组织媒体采访活动,让隐形服务的效果体现到媒体的持续报道中。

# 分　报　告

## 一、"一带一路"战略中的
## 文化经济与文化交流

# 1

# 世界之中国与中国模式

张维为[*]

摘　要　　在新的历史起点上,中国的崛起具有多重意义,借用梁启超先生"三种中国"的概念来描述今天的中国:中国在一个全新的基础上正同时演绎着"三种中国"的身份,即"中国之中国"和"亚洲之中国",也是"世界之中国"。"中国之中国"意味着随着中国的迅速崛起,中国的崛起是一个"文明型国家"的崛起;"亚洲之中国"意味着,我们比过去任何时候都认识到自己是亚洲的一部分;"世界之中国"意味着中国的命运已经和整个世界的命运息息相连,中国对世界的影响也会随着自己的进一步崛起而越来越大。如果说西方一直在全世界推销"市场原教旨主义"和"民主原教旨主义",那么中国的成功恰恰是

＊　张维为,复旦大学特聘教授,中国研究院院长,研究领域为中国学研究。

因为中国摆脱了这两种迷思,大胆探索,走出了一条符合自己民情国情的成功之路,而且越走越宽广。

关键词　中国的崛起　中国模式　中国之中国　亚洲之中国　世界之中国

# 一、世界之中国

亚洲是世界古老文明的主要发源地。两河流域文明、印度文明、波斯文明、伊斯兰文明、中华文明都发源于亚洲大地,这些古老的文明由于种种原因,有的已经干枯凋零,有的至今还根深叶茂。在漫长的历史长河中,亚洲不同的文明既经历过矛盾冲突,也受益于交流互鉴。从人类发展的大历史来看,这种交流互鉴的历史和记忆,对于今天的亚洲和世界都弥足珍贵。

中华文明从这种文明交往中获益良多,中华文化至今根深叶茂,很大程度上是"多元融合"的结果,其中最著名的例子当属源于印度的佛教传入中国后,对中国方方面面所产生的深刻影响。中国自己漫长的历史长河中,儒家和道家影响力一直比较大,而儒家尊"圣人",道家讲"真人",两者的共同之处是需要相当的知识修养,所以儒家也好,道家也好,在相当长的时间里,未能进入寻常百姓家,而佛教不一样,它直指人心,比较关心芸芸众生的身心安顿,而且佛教还有雕塑、音乐等传播方式。它的传入显然填补了中国宗教传统中的某些不足。佛教传入的过程也经历过磨合碰撞。幸运的是,这种磨合碰撞没有导致西方那种持续千年之久的宗教战争,而是佛教逐步适应和融入了中国文化,同时也在相当程度上丰富和改造了中国文化。中国也因此而形成了儒释道兼容并蓄、互补融合的伟大传统。

同样,中华文明与伊斯兰文明的交流也源远流长。《古兰经》记载了穆罕默德的名言:"寻求真理,哪怕远在中国"。中国历史上也有过"以儒诠经"的过程,主要指明清之际穆斯林学者用中国的宋明理学来阐释伊斯兰教的经典,使伊斯兰教逐步中国化。此外,阿拉伯民族的"一千零一夜"民间传说,特别是

"阿里巴巴和四十大盗"故事在中国更是家喻户晓,乃至今天世界最大的互联网公司之一,就是马云先生创办的"阿里巴巴集团"。

中华文明与亚洲其它文明交流互鉴的最好证明就是延续千年之久的丝绸之路。在那么艰苦的条件下,在那么漫长的历史长河中,亚洲国家通过丝绸之路进行了广泛的商业和文化交流:中国输出了丝绸、茶叶、火药、指南针等大量产品,而丝绸之路沿线各国则给中国带来了大量的异域文化和商品,中国今天的民族乐器,如琵琶、二胡等均来自中亚,中国唐朝人"胡服骑射",使中国的服装从宽袍大袖变成了波斯风格的窄袖。丝绸之路还为中国从中亚和西亚带来了汗血马、玻璃、玛瑙等珍贵商品。中国今天提出的"一带一路"倡议某种意义上也是对古代丝绸之路的一种崇高敬意。丝绸之路交流互鉴的精神今天还激励着亚洲各国人民去建立合作多赢的伙伴关系。

历史进入近代后,事情起了变化,随着西方的崛起,西方国家对非西方世界发动了一场又一场的殖民战争,以征服整个非西方世界。不仅如此,他们还创造了一种话语,即西方世界代表了文明,非西方世界是非文明的,代表了某种"自然状态",象征了愚昧、无知甚至野蛮。在这样的西方话语逻辑下,文明对野蛮的征服,就被解释为正当的,所以就有了 17 世纪美洲印第安民族的灭绝;就有了 18 世纪整个非洲大陆被西方殖民,如南非图图大主教所说,西方一只手给了我们《圣经》,另一只手拿走了我们的土地;就有了 19 世纪对亚洲的征服,印度和中国成了最大的受害者。现在不怀偏见的人都认识到,正是在这种话语逻辑下,西方以血腥战争和话语忽悠,以"零和游戏"的逻辑,完成了自己的财富积累。

一个世纪前,中国哲人梁启超先生曾这样总结过中国的历史:中国历史大致可以分为三个阶段:第一阶段是"中国之中国",即从黄帝时代到秦始皇,这大致上也是世界其他古文明存在的时间,但限于当时条件的制约,中国与其他古文明之间几乎没有什么交流。第二阶段是"亚洲之中国",从秦始皇到 18 世纪,中国与外部有交流,有矛盾,有征战,也有融合,但这一切基本上局限于亚洲大地,上述的亚洲主要文明之间的交流互鉴大都属于这个时代。第三阶段是"世界之中国",也就是 19 世纪以来,中国被西方列强强行打开了国门,从此饱受战乱、国无宁日。

当然,梁启超之后的世界也变了,中国也变了。但是在某种意义上看,西方唯我独尊、损人利己、"零和游戏"的思维方式迄今也没有大的改变:西方主要国家还会以推动"普世价值"的名义,把自己的意志强加于人,推动所谓的"颜色革命"和"阿拉伯之春",甚至不惜发动战争,这一切使许多国家和地区陷入了动荡战乱,生灵涂炭。

同时,中国的迅速崛起正在深刻地影响世界政治经济秩序的演变。新中国成立后,短短一个甲子,中国发生了翻天覆地的变化,在这个意义上,"世界之中国"亦可以分为前后两个部分,前部分是长达一个世纪的中国被西方列强任意欺辱的历史,后一部分是经过上千万人的流血牺牲,中国真正获得民族独立后,开始了大规模社会主义建设,并在独立自主的基础上主动开放国门,与世界进行了大规模的良性互动,中国也因此而迅速崛起,震撼了世界。这正好印证了毛泽东主席的名言:"中国的命运一经操在人民自己的手里,中国就将如太阳升起在东方那样,以自己的辉煌的光焰普照大地。"今天的中国,按照购买力平价计算,已经是世界上最大的经济体,中国已经创造了世界上最大的中产阶层,成了世界上最大的制造业国家、最大的贸易国、有着世界最大的外汇储备,中国在全球的影响力也全面上升。尽管中国仍然面临诸多挑战,但中国已经找到了自己全面复兴之路。

在这样一个新的历史起点上,中国的崛起具有了多重的意义。我也可以借用梁启超先生的"三种中国"的概念来描述今天的中国:中国在一个全新的基础上正同时演绎着"三种中国"的身份,即今天的中国即是"中国之中国"和"亚洲之中国",也是"世界之中国"。

"中国之中国"意味着随着中国的迅速崛起,我们比过去任何时候都更清楚地意识到我们从哪里来,我们走什么路,我们往哪里去。中国的崛起是一个"文明型国家"的崛起,即一个数千年没有中断的古老文明与一个超大型现代国家的崛起,它的政治、经济和社会模式在很多方面都与别人不一样,过去不一样,现在也与众不同,未来也还是自成体系的。它有超强的历史和文化底蕴,不会跟着别人亦步亦趋,它愿意借鉴别人的一切长处,但不会放弃自己的独特性,它只会沿着自己特有的轨迹和逻辑发展,并深刻地影响人类和世界未来的发展。

"亚洲之中国"意味着,我们比过去任何时候都认识到自己是亚洲的一部分,认识到自己和其他亚洲国家的文化文明长期交流互鉴的历史。作为人类主要文明的发源地,作为世界经济最充满活力的地区,中国与其他亚洲文明之间的交流互鉴,就像亚洲国家历史上在丝绸之路所做的那样,也许可以引导人类文明走出西方文明的唯我独尊、"零和游戏"的困境。

"世界之中国"意味着中国的命运已经和整个世界的命运息息相连,中国对世界的影响也会随着自己的进一步崛起而越来越大。世界由不同的文明组成,文明的力量是巨大的,如果这种力量走向分歧对抗,那将是人类的灾难,同样,如果它能够拥抱合作共赢,那就是人类的希望。我们亚洲国家应该携起手来,发扬丝绸之路交流互鉴的精神,让人类的希望战胜人类的灾难,而"世界之中国"将是这种努力的中间力量。作为一个迅速崛起的世界大国,作为联合国安理会的常任理事国,中国将在国际舞台上更多地主持公道正义,更多地拒绝"零和游戏",更多地推动世界不同文明的合作、共赢、和平、繁荣,为人类做出更大的贡献。在此过程中,中华文明兼容并蓄,多元融合的伟大历史传承,不仅可以继续造福于中国,也可以为世界范围内避免不同文明的冲突提供有益的经验和智慧。

## 二、中国之中国

西方媒体经常将中国渲染成一个社会和政治危机四伏的国家,正等待一场颜色革命,从而变成一个"自由民主"的国家。但中共十八大则明确提出:中国不会走这条道路,因为中国已经找到了自己的成功之道,即"中国特色的社会主义"。在许多西方人眼中,这种表述无非是为了再次推迟必要的政治改革,而没有这种政治改革,中国这个国家将没有未来。但是鉴于西方对中国未来的预测总是错多对少,西方现在真有必要认认真真地对待中国的表述。特别是考虑到以下五个原因:

第一，常识判断。中国是一个世界人口最多的国家，其人口总量超过北美、欧洲、俄罗斯和日本等国家和地区的人口之合，在其历史上也从无西方式自由民主的传统。对于苏联照搬西方模式而导致国家解体，多数中国人仍然记忆犹新。中国近现代史还充满了战乱和动荡，从1840年至1978年的百余年间，几乎每隔七八年中国就经历一次大的动荡，甚至战争。百余年的动荡成了中华民族集体记忆的一部分，所以中国人普遍担心国家陷入动荡不安，多数中国人确实担忧：一旦中国引入以对抗为特征的西方政治模式，中国极可能变得天下大乱而无法治理。

中国是一个独特的国家。她是世界延续时间最长连续文明与一个幅员辽阔、人口众多的现代国家的结合在一起的文明型国家。这种国家是历史形成的"百国之和"。如果一定要用一个不完全确切的比方来说明问题，那就是中国有点像欧洲的古罗马帝国没有解体而延续至今，并成功地转型为一个超大型的现代国家：既有统一的中央政府和强大的现代经济，又保持了传统与文化的丰富多样性，而且人民都使用统一的语言拉丁语。

不妨把这样的中国与欧盟做一个比较，欧盟的人口仅为中国人口的三分之一，欧盟地区还是西方自由民主的发源地，但欧盟也无法推行大众民主模式。如果欧盟有一天要以普选的方式来决定其最高领导人的话，欧盟估计将很快陷入混乱，甚至完全解体。

第二，经验实证。经验实证表明，西方的自由民主模式在中国行不通。1911年辛亥革命后，中国尝试了美式民主模式，但带来的是灾难性的后果。整个国家很快陷入了内斗内战的泥潭：数百个政党争权夺利，各地军阀割据一方，凭借列强势力在中国境内互相攻伐，导致国无宁日，民不聊生。中国不仅在经济上一蹶不振，而且付出了数百万生命的代价。这种教训非常深刻，中国老百姓时至今日最害怕还是一个"乱"字。国际研究人员曾独立展开民意调查，研究中国人和美国人价值取向的差异，结果发现中国人最看重的是公共秩序，而美国人最看重的是言论自由（但人们可以质疑：像美国这样一个普遍奉行"政治正确"的社会，能有真正的言论自由吗？）。笔者先后走访过一百多个国家，多数是发展中国家，但没有找到一个靠西式自由民主模式而走向现代化的成功先例。其实,印度和中国的巨大的差距很能说明问题:60 年前,中印两国几乎处于同一起跑线上,而今天中国的国内生产总值已是印度的四倍,中国人的预期寿命比印度人长 10 年。

第三,绩效表现。过去 30 年中,中国总体上的绩效表现,尤其在那些中国百姓最关心的领域内,可以说比大多数采用西方政治模式的国家要好。当然,中国仍然存有很多问题,其中一些问题还相当严重,需要下决心、花工夫去解决。但是,中国总体上的成功是毋庸置疑的。中国过去 30 年的绩效表现比所有发展中国家(包括所有采用自由民主体制的发展中国家)的成绩加在一起还要好。联合国的报告显示,全世界在过去 20 年中 70%的消除贫困是在中国实现的。中国取得的成绩,也比所有转型民主国家的成就加在一起还要大,从1979 年之后的 30 年间,中国经济规模增长了 18 倍;而整个东欧/俄罗斯仅增长了约一倍,当然后者的经济起点比中国要高一些。

同样,中国取得的成绩也比许多发达国家更令人瞩目,中国如今已经形成了巨大的"发达板块",这个板块的人口约 3 亿,已经与美国的人口相当。中国的"发达板块"在总体的繁荣程度和人均预期寿命等方面已经与发达国家不相上下,这个板块中像上海这样的一线城市完全可以与纽约、伦敦等国际大都市比较和竞争。中国的"发达板块"与中国的另一个巨大的"新兴板块"已经形成了互利双赢的良性互动关系。这种关系很大程度上也是中国迅速崛起的主要原因。

第四,体制竞争。在债务深重的美国和财政困难的欧洲经历了金融危机和经济危机之后,自由民主模式在西方遭受了许多质疑。自由民主制度有其长处,但也有其短处,如一大批目光短浅的政客及其蛊惑人心的言论、头脑简单的民粹主义、资本力量深深地介入政治、特殊利益影响政府决策等,这一切都严重腐蚀和损害了自由民主作为一种政治体制的生命力。事实证明,在西方政治制度下,要真正实现亚伯拉罕·林肯提出的"民有、民治、民享"的治国理想,非常之难。这也正是诺贝尔经济学奖得主约瑟夫·斯蒂格利茨批评美国政治是"1%有、1%治、1%享"的原因。就连当年提出"历史终结论"的弗朗西斯·福山,两年前也在《金融时报》上发表的文章中沮丧地承认,美国民主当不了中国的老师。

第五,中国模式。中国模式在发展经济上取得的巨大成功在全球范围内引起了高度关注,但或许是由于意识形态的原因,中国模式在政治制度方面的意义还未得到广泛的承认。其实,中国早已低调地启动了政治治理方面许多改革,已经建立了一种可称为"选拔加选举"的干部制度:这是一种基于政绩和民众认可的制度,经过竞争激烈的遴选、内部评选和形式多样的小规模选举,许多有才干的领导人得到了晋升。

中国继承了中国儒家贤人政治的传统,中国在各级政府里全面推行了选贤任能的制度。地方官员的政绩评审包括消除贫困、创造就业、发展经济、社会保障等项目,近来环境保护成为日益重要的内容。中国过去 30 年的迅猛崛起与这种选贤任能的政治模式有着密不可分的关系。尽管不少媒体还在热炒官员腐败和各种社会问题,但中国的政治治理,与中国的经济发展一样,具有韧性和活力。

十八大亮相的新一代中国领导班子能很好地证明了这一点。中国最高决策团队成员,即中共中央政治局的常委,几乎都出任过两任省一级的第一把手,并有相当的政绩。中国一个省的规模,几乎是欧洲国家平均规模的四到五倍,治理好非常不易。很难想象在中国这种选贤任能的体制下,像美国前总统乔治·W.布什和日本前首相野田佳彦这样的低能领导人会成为国家的领袖。

现在看来西方自由民主制度下的政治人物做秀的成分越来越多,他们往往只关心自己任内的事情,甚至只关心未来的 100 天。与这样的模式相比,中国模式不仅胜在领导人的能力上,而且胜在能够为下一代的事情进行未雨绸缪的长远规划。

中国选贤任能的治理模式挑战了"民主与专制"这种二元对立论。从中国的视角看来,国家的本质,包括政府的合法性,都来源于国家所代表的内容,即国家是否能够实现良政善治和卓越领导,是否能够赢得民心。正因如此,即使中国政治体制还存在许多缺陷,它仍然能够创造世界上最迅猛的经济增长奇迹、能够大幅提升多数人民的生活水平。根据华盛顿的皮尤调查中心 2012 年的报告,82%的中国受访者对自己的未来表示乐观,这个数字大大高于西方自由民主国家。

温斯顿·丘吉尔的名言"民主也许是最不坏的制度",在西方文化语境下,也许有其道理,也就是说,民主体制能替换掉不称职的领导人,所以它是"最不坏的选择"。但这有点像中国古代战略家孙子所说的"下下策",在儒家贤人政治传统深厚的中国,国家总要追求"上上策",也就说要尽可能地选择最优秀的领导人。这绝非易事,但这种努力不会停止。到目前为止,中国通过政治体制创新,已经产生了一种独特的体系,在很多方面它融合了"上上策"和"下下策":既让久经考验的贤人、能人走上领导岗位,又通过任期制、集体领导、年龄限制等制度设计让应该退出的人也能退出。从现在情况来看,中国"选拔加选举"的选贤任能模式,已经不害怕与西方的大众民主模式进行竞争。

中国从西方学习了许多东西,今后还将继续这样做,因为这符合中国自己的利益。但现在或许已经到了西方应该,如邓小平所说的,"解放思想"了。他们应该更多地了解中国,甚至向中国学习一些东西。我们可以预见,中国模式将不断改进而走向完善,并锁定中国在未来的十年内崛起为世界最大的经济体,这一切对于中国和整个世界的经济和政治格局都将产生重大而深远的影响。

## 三、中国之模式

过去数十年中,西方国家,特别是美国,一直在全世界推销自己的制度模式。仔细观察,他们主要推销两个东西:一个是市场原教旨主义,另一个是民主原教旨主义,但产生的效果似乎越来越差:"颜色革命"随着乌克兰的分裂动荡已基本褪色完毕,"阿拉伯之春"随着埃及的冲突震荡已变成了"阿拉伯之冬"。大概是忽悠别人的事做得太多了,西方不少国家自己也真相信这些东西了,结果自己也被一并忽悠。看一看今天的西方,冰岛、希腊等国先后破产,葡萄牙、意大利、西班牙等国处在破产边缘,绝大多数西方国家都深陷债务危机,美国经济也没有搞好,多数人的生活水平20来年没有改善,反而下降,国家更是债台高筑。这样的结果估计西方自己也未曾料到。

与此形成鲜明对照的是坚持走自己道路的中国,正以人类历史上从未见过的规模和势头迅速崛起,多数百姓的生活水平大幅提高。在这样的事实面前,西方终于有不少人开始反思西方自己的制度问题了。2014 年 3 月,西方自由主义最有影响的旗舰杂志《经济学人》罕见地刊发了封面长文:《民主出了什么问题?》(以下简称"《经济学人》文章"),坦承"(西方)民主在全球的发展停滞了,甚至可能开始了逆转"。"1980 年至 2000 年间,民主只是遭遇一些小挫折,进入新千年后,民主的挫折越来越多"。作者把这种挫折归咎于两个原因:"一是 2008 年开始的金融危机,二是中国的崛起"。这也引出了本文探讨的两个主题:西方的制度反思与中国的道路自信。

## (一)西方制度反思:从经济转向政治

2008 年金融危机爆发后不久,西方许多人士就开始反思造成这场金融危机的原因。英国女王询问伦敦经济学院的学者:为什么没有预测到金融危机的到来。西方学界和政界许多重量级人物先后参与了这场反思。诺贝尔经济学奖获得者保罗·克鲁格曼撰文《经济学为什么错得这么离谱?》,认为"大多数经济学家死抱着资本主义就是一个完美、或近乎完美制度的观点","对很多东西视而不见"。对这场危机负有责任的美联储前主席格林斯潘说:他处于"极度震惊和难以置信"的状态,因为"整个理智大厦"已经"崩溃",他"不敢相信自己对市场的信念和对市场是如何运作的理解是错误的"。美国经济学家布拉德福德·德朗指出:金融家的自我监管是场灾难,"虽然总体来说,被监管符合金融公司的长远利益,但金融家们太愚蠢,认识不到这一点,他们只想赚钱,然后说'我死后,哪怕洪水滔天'。如果这种观点是对的,那美国将会有很大的麻烦。"

美国普利策新闻奖获得者唐纳德·巴利特和詹姆斯·斯蒂尔于 2012 年在美国出版了《被出卖的美国梦》一书,引起了轰动。作者对美国人过去 20 来年的实际生活进行了调查,认为曾经激励过那么多人的"美国梦"已经不复存在,因为多数美国人的收入在过去 20 年停滞不前,甚至下跌。诺贝尔经济学奖获得者约瑟夫·斯蒂格利茨如是说："美国自称'机会之地'或者至少机会比其它地区更多，这在100年前也许是恰当的。但是，至少20多年来的情况不是这样"。

针对西方经济是否已开始复苏，斯蒂格利茨又写道："综观西方世界，尽管有复苏的迹象，但大部分北大西洋国家的实际（通胀调整后）的人均GDP还低于2007年；在希腊，经济估计收缩了约23%。表现最出色的欧洲国家德国在过去六年的平均年增长率也只有0.7%。美国的经济规模仍比危机前小15%"。他还说，"GDP不是衡量成功的好指标。更相关的指标是家庭收入。美国今天的中位数实际收入比1989年（即25年前）的水平还要低；全职男性员工的中位数收入还不如40多年前的水平。"

西方对危机的反思也从经济层面转向了政治层面。《被出卖的美国梦》作者剖析了美国梦被出卖的政治原因，认为美国的政客、富人、大公司等，通过权钱交易动摇了"美国梦"的基础。美国的政府替富人减税，期待富人能给美国创造大量的就业机会，但这种局面基本没有出现。富人不热心把利润汇回美国，而是更多地把钱财转移到开曼群岛等逃税天堂。斯蒂格利茨也认为：林肯总统所说的"民有、民治、民享"的民主制度已经演变成了"1%的人有、1%的人治、1%的人享"。罗马教皇佛朗西斯则公开把"现代资本主义"称为"新的专制制度"。他认为"资本主义将导致更广泛的社会动荡。资本主义是掠夺穷人的经济"。

### （二）西方民主模式出了什么问题？

无疑，西方的民主模式，特别是美国的民主制度出了大问题。西方人士对西方民主模式的反思大致可以概括为三个问题，即金钱政治、失灵政体、债务经济。

"金钱政治"在这场金融危机中暴露无遗。《经济学人》文章指出，"金钱获得了美国历史上前所未有的政治影响力。数以千计的说客（平均每位国会议员有超过20名说客）让立法过程变得更为冗长和复杂，让特殊利益集团更有机会参与其中"。一个例子就是奥巴马的医改法案，竟长达2 000多页，包括了各种补充和例外条款,说白了,就是钱权交易后产生的、执行力极弱的法案。"金钱政治"的标志性事件是 2010 年美国联邦最高法院的裁决:对公司和团体支持竞选的捐款不设上限。《华盛顿邮报》专栏作家哈罗德·迈耶森惊呼:"这个裁决似乎证实了中国人对美国民主的批评,即美国民主是富人的游戏"。不久前,美国联邦最高法院又裁决个人竞选捐款也不设上限,美国民主就真成了"钱主",连美国右翼参议员麦凯恩都忧心忡忡地说:"美国今后将丑闻不断"。

美国保守派学者福山也认为,"在美国政治体系中,金钱已经成为选举的王牌,最高法院认可企业有权利用雄厚的经济实力来支持有利于它经营的候选人和政策"。"而中国恰恰相反,中国的制度不可能牺牲整个体系的需要,让企业参与政府的决策,从而满足它们的底线"。

"失灵政体"主要表现为西方国家治理能力普遍大幅下滑:冰岛政府国家治理无方导致了国家破产;希腊和意大利的政府治理极其混乱,导致了现在的深层次危机;比利时经历了 500 多天无中央政府的局面;欧盟内部解决实际问题的效率极低;日本像走马灯一样地换政府,十年九相;美国如此庞大的金融体系弊病丛生,但金融危机到了爆发前夕,政府毫无察觉,结果给美国和世界带来了灾难,美国的综合国力也随之直线下降。

"失灵政体"还体现在美国政治的"极化",即党派激烈对抗导致"否决政治"和"治理瘫痪"。福山甚至撰文《美国没有什么可教给中国的》,说中国制度能"迅速做出复杂的重大决定",而且"使决定得到较好的落实。而美国人的宪法制衡原则虽然保障了个人自由,使私营部门充满活力,但现在已变得对立、分化和僵化"。

牛津大学教授斯泰恩·林根甚至警告:英美民主可能已经到了重蹈雅典民主覆灭命运的"临界点":"三权分立制度的设计初衷是通过政府权力间彼此制衡,最终更好地为公众服务。但今天,权力互相牵制形成了僵局,整个国家得不到亟须的良好治理。任何一个旁观者都会轻易而惊愕地发现,美国的'社会不平等'与'政府不作为'是那样的密不可分。原本赋予宪政体系的权力被诸如政治行动委员会、智囊团、媒体、游说团体等组织榨取和篡夺"。"在古希腊,当富人成为巨富,并拒绝遵守规则、破坏政府体制时,雅典民主崩溃的丧钟就敲响了。今日之英美,也已到了岌岌可危的临界点。"

至于"债务经济",今天几乎多数的西方国家经济都成了寅吃卯粮的债务依赖型经济,即通过借新债还旧债的方法来解决经济和财政问题。从政治角度来看,西方民主制度下的政客为了拉选票都竞相讨好选民,开出各种各样的直接和间接的福利支票而耗尽国库。南欧国家的债务危机就是这样形成的,美国居高不下的债务危机某种意义上也是这样形成的。

《经济学人》文章承认"对民主最大的挑战既不是来自上面也不是来自下面,而是来自内部,来自选民自身。事实证明,柏拉图有关民主制度会令公民'整日沉迷于愉悦时刻'的担忧充满了先见之明。民主制度下的政府业已形成了不把巨额的结构性赤字当回事儿的习惯。他们通过借债来满足选民的短期需求,而忽略长期投资。法国和意大利已经30多年没有实现收支平衡了。金融危机已经将这种债务民主制的不可持续性暴露无遗"。

### （三）中国道路越走越宽广

中国走自己的路并迅速发展,令世界瞩目。今天,西方有识之士反思自己制度问题时的参照系几乎都是中国。2012年10月,西班牙前首相费利佩·冈萨雷斯访华后在西班牙《国家报》上撰文说:"每一次访问中国,无论时隔多久,反映世界新局势的历史现象都会令人感到惊讶:中国以异乎寻常的速度崛起,而欧洲人在挣扎着不要沉没","我们不知道如何阻止这一进程,更不用说逆转了。"

如果说西方一直在全世界推销"市场原教旨主义"和"民主原教旨主义",那么中国的成功恰恰是因为中国摆脱了这两种迷思,大胆探索,走出了一条符合自己民情国情的成功之路,而且越走越宽广。

"市场原教旨主义"的核心是市场这只"看不见的手"可以解决所有的经济乃至社会问题。其实,"市场原教旨主义"的危机在非西方世界早已暴露无遗:西方上世纪80年代和90年代在非洲推行的"经济结构调整",结果以经济危机和社会危机告终,西方90年代在俄罗斯推行的"休克疗法"也以失败告终,但市场原教旨主义者还是执迷不悟,最终把西方自己也拖入了今天的金融危机和经济危机。

从过去数十年的实践来看,中国的"社会主义市场经济"模式,把政府这只"看得见的手"和市场这只"看不见的手"结合起来,把计划和市场结合起来,把国有经济和民营经济结合起来,极大地促进了中国的发展。这个模式虽然还在不断完善之中,但已经带来了中国的迅速崛起。福山也承认:"近 30 年来,中国经济令人惊异的快速发展体现了中国模式的有效性,一般认为有望再保持 30 年的增长。""客观事实证明,西方自由民主可能并非人类历史进化的终点。随着中国崛起,所谓'历史终结论'有待进一步推敲和完善。人类思想宝库需为中国传统留有一席之地。"

"民主原教旨主义"的核心观念是唯有西方那种民主模式,特别是多党制和普选制,才叫民主,一个国家成功与否都取决于它是否采用这种民主模式。但实践证明,今天这个模式在西方国家和非西方国家都陷入了极大的困境。在西方国家,这个模式最大的困境是无法"与时俱进"。在非西方国家,这个模式最大的困境是"水土不服"。

对于西方国家来说,唯有与时俱进,推动自己的政治体制改革,才能摆脱今天的困境和危机。但西方很多国家的民主,早已被各种高度组织和动员起来的既得利益集团绑架了,实质性改革无法启动。2011 年,在经历了 500 多天没有中央政府之后,比利时的一大批有识之士发表了一个《千人集团宣言》,指出:"除了民主,现在全世界的革新无处不在。如公司必须不断创新,科学家必须不断跨越学科藩篱,运动员必须不断打破世界纪录,艺术家必须不断推陈出新。但说到社会政治组织形式,我们显然仍满足于 19 世纪 30 年代的程序。我们为什么必须死抱着两百年的古董不放手? 民主是活着的有机体,民主的形式并非固定不变的,应该随着时代的需要而不断成长。"

在非西方国家,采用西方民主模式几乎都因"水土不服"而陷入失望或绝望。国家是一个包括政治、经济和社会三个层面的有机体,西方民主模式最多只是改变了这个有机体的一些政治表象,另外两个层面根本改变不了,特别是社会层面的变化非常之难、也非常之慢。"颜色革命"的失败和"阿拉伯之冬"

的出现都说明了这个问题。

与西方民主模式相比,中国民主建设的探索是成功的。西方模式把重点放在"形式"和"程序"上,好像只要有了正确的"形式"和"程序",一个国家就可以万事大吉、一劳永逸了,结果是西方民主模式今天已经变成"教条"和"僵化"的代名词。中国民主建设把重点放在"内容"和"结果"上,大胆探索适合自己的民主"形式"和"程序",结果是道路越走越宽广。正是在这个意义上,我们可以更好地理解邓小平关于如何评估政治制度质量的论述。他认为关键看三项"内容"和"结果":第一看国家的政局是否稳定,第二看能否增进人民的团结、改善人民的生活,第三看生产力能否得到持续发展。

如果用这三个标准来评价这些经历了"颜色革命"的国家和"阿拉伯之春"的国家,那么这些国家的表现都属于劣等。这些国家的政局动荡了,人民分裂了,百姓的生活恶化了,因为生产力遭到了巨大破坏。如果拿这三条标准来评判西方国家,那么它们多数还算稳定,虽然不如以前,而这很大程度上是因为这些国家还有老本可吃,有过去数百年财富积累(包括大量的不义之财)和制度建设的本钱,而后两条,大部分国家也没有达到。它们的人民不是更团结了,百姓生活改善的也不多,它们社会分裂的情况比过去严重了,它们的经济也先后陷入了金融危机、债务危机或经济危机。

中国道路的探索取得了举世瞩目的成绩。中国民主制度的建构日趋成熟,从协商民主到"选拔 + 选举"的选贤任能制度,从"新型民主集中制"的决策机制到各种现代网络议政平台等,中国最高领导人的有序接班、中国执政团队的出色素质和能力,中国一个接一个五年规划的顺利制定和实施、中国绝大多数国民对前途的乐观态度等,都展现了中国道路和制度建设的巨大成就。《经济学人》文章引用了2013年的皮尤全球民意调查,非常心不情愿地承认了中国模式的竞争力。这个民调显示:85%的中国人对自己国家发展的方向"非常满意",而在美国这个比例为31%。

从长远看,随着中国的进一步崛起,整个世界都会更多地反思西方模式带来的问题、乱象乃至灾难,特别是"市场原教旨主义"和"民主原教旨主义"的荒谬性。中国独特的文化传统、独特的历史命运和独特的民情国情决定了中国自己的道路选择,决定了中国未来的方向。在探索自己的发展道路上,中国已经取得了决定性的成功。早在中国改革开放之初,英国历史学家汤因比就曾预测:中国可能"有意识地、有节制地融合"中国与其它文明的长处,"其结果可能为人类文明提供一个全新的文化起点"。中国已经这样一路走来,中国将沿着这条道路继续前行,实现中华民族的伟大复兴,并为整个人类文明做出自己独特的贡献。

# 2
# 上海对外文化投资调研报告

上海社科院文学所　上海文化研究中心*

摘　要　对外文化投资是实施我国文化"走出去"战略的重要载体,也是提升
我国文化产业国际竞争力的重要手段。积极开展对外文化投资,是
上海贯彻落实"文化走出去"战略的具体举措。上海企业对外文化投
资目标明确,具有获取先进生产技术、构建内容输出渠道和传播平
台、积极开拓海外市场以及提升企业运营管理能力和国际化水平等
特点。上海对外文化投资实践产生了多方面的积极影响,包括推动
对外文化贸易快速增长,"文化走出去"获得新动力;由输出文化产品
到资本国际运营,提升全球文化资源配置能力;对外文化投资助推
"一带一路"战略全面实施;对外文化投资形成多层次体系,资本运营
能力和投资效益明显提高;增强上海城市国际影响力,积极促进实现
国际文化大都市建设目标。但上海企业在对外文化投资实践中同样
也面临着各种困难和挑战,本文为此提出了思考和建议。

关键词　对外投资　对外文化投资　文化贸易　文化产业　文化走出去战略

上海是我国对外投资合作的前沿城市和最大经济中心。近年来,上海对
外投资持续增长,2014年对外投资总额为122.9亿美元,同比增长184%;2015
年对外投资总额为573亿美元,同比增长3.7倍。上海对外投资的热点行业
主要分布于租赁和商务服务业、房地产业、批发和零售业、制造业,以及信息传

---

*　报告撰写者:荣跃明、郑崇选、金林、孙悦凡、姬彦凤、陈飞、刘晓岚。

输、软件和信息技术服务业等;由于国内市场需求的推动,农业、食品、餐饮、旅游、高端服装品牌等生活服务类产业的海外投资或并购也日益盛行;与此同时,上海对外投资进一步向文化产业领域拓展,对外文化投资也呈现快速增长态势。

对外文化投资是实施我国文化"走出去"战略的重要载体,也是提升我国文化产业国际竞争力的重要手段。本报告所指"对外文化投资",是指上海各类所有制文化企业通过海外直接投资,以独资或以合作合资方式,设立经营机构并在海外开展业务;或以投资入股和并购等方式进入海外文化企业,通过资本运营和文化资源整合配置,实现文化资本的跨国流动和运营,在海外获得经营收益和资本增值。

# 一、 近年来上海对外文化投资基本情况

积极开展对外文化投资,是上海贯彻落实"文化走出去"战略的具体举措。2015 年上海对外直接投资全部总额 573 亿美元中,包含了文化领域的对外投资。我国对外文化投资刚刚起步,目前既没有明确的统计口径,也缺少对外文化投资的准确数据。依据上海市商委 2015 年发布的《2014 年上海国际经济贸易发展报告》显示,与文化相关的商业服务、计算机软件业、科学研究等领域的对外投资,在 2013 年对外投资 43.1 亿美元总额中,分别占比 33.5%、3.7% 和 1.7%;然而,目前还没有有关对外文化投资的统计数据以及在全部对外投资总额中所占比重,因此尚无法对上海对外文化投资总额进行估算。但近年来上海文化创意产业产值在全市 GDP 总额中占比已达 12% 以上,虽然文创产业产值占比不能等同于对外文化投资在全部对外投资总额中的占比,但上海文创产业的结构能级、运营水平和技术积累等经济技术指标是支撑对外文化投资的重要基础,上海有越来越多的文化企业积极参与对外文化投资。

## (一)对外文化投资的企业数量呈快速上升趋势

商务部对外投资和经济合作司核准公布的《我国对外投资企业名录》中

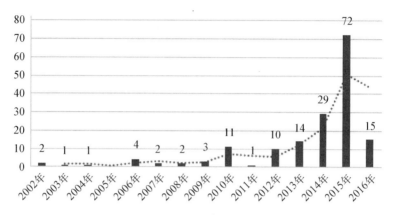

**图1　2012—2016年上海对外文化投资年度增长**

列出了我国企业通过投资建立的境外经营公司名录。经统计(数据截至2016年3月3日),上海已有167家文化企业通过对外投资在境外设立了经营公司。

2002年至今,上海开展对外文化投资的企业数量呈波动上升趋势,分为三个阶段。第一个阶段是2002年至2006年,为对外文化投资的探索阶段,共有8家对外文化投资企业审批,年均2家企业(机构)得到审批。第二个阶段是2007年至2010年,为对外文化投资的调整阶段,共有18家对外文化投资企业审批,年均4.5家企业得到审批到2010年达到极值。第三个阶段是2011年以来至今,为对外文化投资快速发展阶段,共有126家境外文化投资企业得到审批,年均增长190.28%。

## (二)投资集中于文化创意和设计服务等生产性行业领域

据国家统计局《文化及相关产业分类》(2012)目录,通过对上海企业对外文化投资所涉及的行业进行归类,上海企业对外文化投资主要分布在文化创意和设计服务、文化产品生产的辅助生产和广播电视电影服务等文化生产性行业领域。

根据中华人民共和国商务部对外投资和经济合作司统计的境外企业(机构)名录,参照国家统计局颁布的2012版文化及相关产业分类对上海对外文

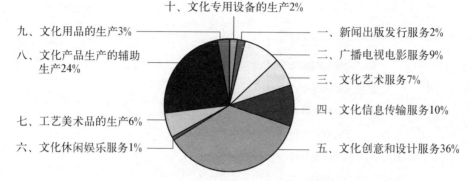

**图2　文化及相关产业分类第二层上海对外文化投资领域占比**

化投资领域进行划分。由统计数据,可清晰看出上海文化对外投资所涉及的文化及相关产业的投资领域结构及重点市场。

上海对外文化投资领域在文化及相关产业分类第二层十大类别中均有涉及。首先,上海企业投资的重点领域高度集中在文化创意和设计服务(36%),文化产品生产的辅助生产(24%)两大领域,两者占比高达60%。其次,上海对外文化投资较为集中分布的领域为文化信息传输服务(10%)、广播电视电影服务(9%)、文化艺术服务(7%)、工艺美术品的生产(6%)。最后,剩下各类别对外文化投资领域占比均低于5%,属于非热门投资领域。

统计显示,上海对外文化投资领域集中于以创新、技术、创造为引领的文化产业新兴行业领域,以及以版权、贸易、服务为导向的文化产品辅助生产领域。

根据2012版文化及相关产业分类第三层划分,上海对外文化投资所涉及的行业领域,分别涵盖了文化及相关产业第三层分类中50个小类的28个类别,且投资的企业和领域在20个类别中呈现出不均衡分布态势。

由以上相关图表可知,上海对外文化投资企业可分为三类。第一,最热投资领域。上海对外文化投资前三名领域分别是文化软件服务(40家)、广告服务(34家)、会展服务(28家),三者共占总数的45.3%。第二,热门投资领域。集聚分布的分别是电影和影视录音服务(19家)、互联网信息服务(14家)、版权服务(12家)、文化经济代理服务(11家)、工艺美术品的销售(10家)。这些

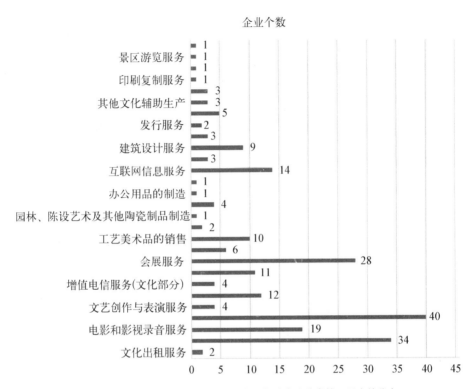

图3 对外文化投资的上海企业在文化及相关产业分类第三层中的分布

类别企业的分布数量为十家及十家以上,占到总数的29.33%。热门投资领域涉及新兴文化产业领域,包括互联网信息服务、版权服务、文化经济代理服务;以及传统文化产业领域:电影和影视录音服务以及工艺美术品的销售。第三,一般投资领域。包括剩下的对外文化投资不足十家企业的领域,这些投资领域中大部分为传统文化产业行业。

数据分析表明,上海对外文化投资有强烈的创新导向偏好。首先,对外文化投资青睐于信息技术、软件、互联网等新技术领域。其次,对外文化投资表现为对广告服务、文化创意设计服务、版权服务、展览展示服务等文化生产性行业领域的偏好。因此,上海对外文化投资更多体现为"创意投资",是以资本驱动创意创造,从而通过投资集聚新技术、新领域和新模式,充分体现出上海文化创意产业的发展生机与活力。

## （三）对外文化投资目的地主要以亚洲和北美为主

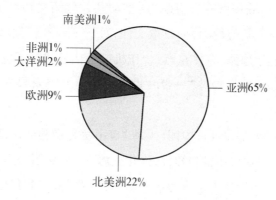

**图4　上海对外文化投资目的地区域分布**

从上海企业对外文化投资目的地的分布来看,在亚洲投资的有109家企业,占65%;其次是在北美洲有36家企业进行投资,占22%;第三是在欧洲有15家企业开展投资业务,占9%。按国家和地区来看,在香港地区有77家、美国23家、韩国12家、日本10家,其他国家相对较少。上海企业对外文化投资主要面向境外较发达国家或地区。

**表1　上海市对外文化投资国家或地区分布**

| 投资国家或地区 | 数量 | 投资国家或地区 | 数量 | 投资国家或地区 | 数量 |
|---|---|---|---|---|---|
| 中国香港 | 77 | 开曼群岛（英属） | 3 | 德国 | 1 |
| 美国 | 23 | 中国澳门 | 2 | 马来西亚 | 1 |
| 韩国 | 12 | 比利时 | 2 | 缅甸 | 1 |
| 日本 | 10 | 加拿大 | 2 | 瑞士 | 1 |
| 英属维京群岛 | 8 | 英国 | 2 | 萨摩亚 | 1 |
| 新加坡 | 4 | 阿拉伯联合酋长国 | 1 | 塞舌尔 | 1 |
| 澳大利亚 | 3 | 奥地利 | 1 | 意大利 | 1 |
| 法国 | 3 | 保加利亚 | 1 | 印度 | 1 |
| 荷兰 | 3 | 博茨瓦纳 | 1 | 智利 | 1 |

### (四)"一带一路"沿线的对外文化投资已经启动

2015 年 3 月,我国政府发表题为《推动共建丝绸之路经济带和 21 世纪海上丝绸之路的愿景与行动》的政策文件,对"一带一路"战略提出的时代背景、共建原则、框架思路、合作重点、合作机制等内容进行了完整而全面的阐述。2015 年,我国企业共对"一带一路"沿线相关国家投资共计 148.2 亿美元。

文件还提出,要加快推进中国(上海)自由贸易试验区建设,加强上海、天津、广州、深圳等沿海城市港口建设,强化上海、广州等国际枢纽机场功能。其中,特别强调了上海应致力于成为落实"一带一路"战略和积极开展国际投资贸易的核心节点城市。

文化产业是重要的战略性和综合性产业,对"一带一路"沿线国家和地区进行文化投资,是实施"一带一路"战略中文化先行、通过加强沿线国家的文化交流互动,形成文化共识和价值认同的重要举措。2015 年,文化部和财政部编制发布《丝绸之路文化产业战略规划》,旨在建立和完善"一带一路"战略下文化产业的国际合作机制,以此推进"一带一路"沿线国家和地区间的文化交流与合作;同时进一步推进我国文化产业转型升级,不断增强国际竞争力。

截至目前,在涉及对外文化投资的 167 家上海企业中,已有 9 家企业的投资目的地是"一带一路"沿线国家和地区,如新加坡、阿拉伯联合酋长国、保加利亚、马来西亚、缅甸及印度。其中投资新加坡的文化企业最多,有 4 家。从分布来看,目前"一带一路"还主要集中于海上丝绸之路一线。

表 2 上海市"一带一路"涉及国家文化投资现状

| 投资国家或地区 | 数量 | 投资国家或地区 | 数量 |
|---|---|---|---|
| 新加坡 | 4 | 马来西亚 | 1 |
| 阿拉伯联合酋长国 | 1 | 缅甸 | 1 |
| 保加利亚 | 1 | 印度 | 1 |

## 二、 上海对外文化投资的主要特点

就企业发展而言,对外投资实际上是一个学习、提高的过程,所谓学习提高,就是不断吸取外部知识、丰富自身资源和提高自身能力。按投资目标来划分,对外投资可分为四种基本类型,即资源获取型,市场获取型,效率获取型以及战略资产获取型。企业在文化领域进行的对外投资,目的就是要通过投资方式,获取先进的文化生产技术、搭建企业发展平台、拓宽产品销售渠道、更多地占据国际市场份额;通过学习其他国家和企业的先进管理经验,提高企业自身运营能力和管理水平;企业通过对外投资获取的战略资产可反向溢出到国内,实现战略资产的本土化应用,进而提高产业整体发展水平和竞争力。

产业领域的对外投资,本质上体现了这一产业结构优化升级的内在需求。一方面,上海各类文化企业积极贯彻落实国家"文化走出去"战略,开展对外文化投资是落实这一国家战略的具体举措;另一方面,上海文创产业不断发展壮大,产业结构调整升级的内在需求强烈。正是这两方面的动因,推动了上海对外文化投资的快速增长。分析显示,上海企业对外文化投资目标明确,特点鲜明。

### (一)获取先进生产技术

随着网络新技术的迅猛发展以及在文化产业领域的广泛应用,文化装备制造业的高技术化趋势日益明显,一些高度依赖于装备技术的文化生产行业,如电影制作日益呈现出资本、技术和创意高度密集的行业发展特征。近年来,我国电影产业得益于城镇化建设高速发展,新建影院、屏幕数量和票房市场规模增长惊人。但中国电影制作技术与电影发达国家如美国等相比仍有不小差距,是制约中国电影产业做大做强的主要瓶颈之一。

上海是我国电影产业主要聚集地。上海企业通过向国外电影技术公司进行投资,以合作方式获取先进电影制作技术,由此推动中国电影制作技术加速与国际先进水平接轨。IMAX 是全球最大的巨幕电影系统开发商,IMAX 不仅拥有巨幕电影的系统技术,同时也凭借这一先进技术积极参与全球电影产业的激烈竞争。华人文化产业投资基金(CMC)瞄准巨幕电影系统技术的先进性,通过谈判,与 IMAX 合作成立合资公司:IMAX 中国。同时双方成立电影投资基金,第一期 70% 的股份是 3 亿人民币,投资巨幕电影并全球发行。IMAX 最传统以及最主要的业务贡献是在 IMAX 影院系统。目前 IMAX 的业务范围不断延伸,已走到产业上游前端,与好莱坞很多著名导演、制片人和编剧都有合作。

2012 年,根据中美经贸合作论坛上签署的协议,华人文化产业投资基金联合上海东方传媒集团有限公司、上海联和投资有限公司与美国梦工厂动画公司在上海合资组建上海东方梦工厂影视技术有限公司。东方梦工厂是以动画 IP 为核心技术的全产业链电影公司。CMC 与东方梦工厂一起合拍全球发行的动画大片,如正在热映的《功夫熊猫 3》取得很好票房。未来,CMC 将和东方梦工厂一起开发更多具有中国元素的原创大片,实现全球发行。

### (二)构建内容输出渠道和传播平台

积极有效地推动"文化走出去",必须在海外建立有效的内容传播渠道和平台,建立影视、图书和演艺等文化艺术产品的海外版权传播渠道和推广平台,是上海对外文化投资的重点,不少文化企业的海外投资,由最初建渠道、建平台逐渐拓展为利用渠道和平台进行内容输出。

华人文化产业投资基金(CMC)重视海外版权开发模式的对外文化投资领域。星空卫视的股权隶属于星空华文传媒,分为中国版和海外版。在国内比较有影响力的电视节目《中国好声音》由星空卫视进行海外发行。星空卫视旗下有一个海外落地频道:东南亚星空国际频道。星空卫视还有一个全球目前最大的当代华语电影片库,保存有 757 部电影,拥有永久的全球发行权,以片库电影 IP 开发为基础,可以在版权的投资开发方面形成对外文化投资的重要增长点。

上海新闻出版发展公司,曾是上海新闻出版局直属企业,现已并入世纪出版集团。该公司合并前曾在海外注册出版公司承担中国文化出版物的海外版发行,目前已成为国内出版物海外发行的平台,在海外出版发行十几种语言的外文版中国文化丛书等出版物 300 多种,成为中国文化走向世界的主流渠道。并入世纪出版集团后的上海新闻发展公司,在其开展的对外业务中,有三个成功案例:一是央视曾报道过的《习近平谈治国理政》被翻译成九种外语,由上海新闻发展公司发挥主渠道作用在海外成功发行;另外两个成功案例都是国家重点出口文化项目,分别为"美丽中国"和"阅读中国"系列丛书。

### (三)积极开拓海外市场

尽管我国文化产业发展在技术水平、运营能力和产业竞争力方面与发达国家文化产业整体相比,仍存在一定的差距。但是,与许多发展中国家文化产业发展水平相比,我国文化企业在文化装备和传播技术等方面仍具有一定优势,上海不少文化企业利用这种技术优势,通过对外文化投资,积极开拓海外市场;政府部门也积极为文化装备制造和文化传播等优势技术走出国门、推动上海文化企业国际化发展搭建平台。

2015 年 5 月,市委宣传部批准成立上海国际文化装备产业园管理有限公司,同时授权该公司作为"上海国际高科技文化装备产业基地"的开发建设单位。基地作为国家对外文化贸易基地(上海)的拓展和延伸,承载着中国文化科技、文化贸易、文化投资的国际合作及企业集聚等功能,推动上海企业在文化装备行业领域提升技术能力,加快进入国际市场。

2015 年 8 月,上海自贸区文化装备应用示范中心落户浦东临港新城,成为我国首个展示国内外高科技文化装备产业的展示示范平台。2015 年 12 月,NAB Show-GIX 全球跨媒体创新峰会在上海举办,中美双方宣布,将于 2016 年 12 月在上海举办首届博览会,进一步推动上海文化装备产业积极开展对外文化装备产业的沟通、贸易、投资、合作。

地处东南亚地区的印尼在 IPTV 分发技术方面相对落后,上海百事通信息技术股份有限公司利用自身拥有的 IPTV 技术,与印尼电信运营商合作 IPTV 分发技术业务。该公司通过为印尼提供技术支持,以技术引领"文化走出去",

以技术、投资和政策等多方面的优势,积极抢占海外市场。2013 年 10 月,上海百事通新媒体股份有限公司与印尼最大的信息通信和网络服务提供商启动了 UseeTV 上海电视节目窗,中国的电视节目通过这一渠道实现了内容输出。

数字电视搭建内容播放平台,精心布局非洲市场。四达时代传媒有限公司历时多年筹集资金投向非洲市场。截止到2014 年7 月,已在12 个国家开展数字电视运营服务,用户超过 400 万,覆盖非洲 80% 的人口,已成为非洲发展最快、影响最大的数字电视运营商。广受非洲人民欢迎的中国电视剧《媳妇的美好时代》正是通过四达公司的平台向非洲人民播出。四达公司与非洲公司做技术业务的合作,同时借助政府部门的支持,让自己的传播渠道和平台搭载优秀中国文化内容输出海外,取得了经济效益和社会效益的双丰收。

### （四）提升企业运营管理能力和国际化水平

对产业发展而言,对外投资是产业结构调整升级的必然选择之一;而在产业运行的微观层面,企业通过对外投资可以实现多重目标。上海企业的对外文化投资,主要着眼于获取先进生产技术、构建海外内容输出渠道和平台、占据国际市场份额等。除此之外,增强企业运营管理能力,尤其是在国际化环境下,提升参与国际竞争的能力和水平,是上海企业对外文化投资的另一重要目标指向。

华人文化投资基金是国内第一家获得国家发改委备案批准的专注于文化产业领域的投资基金。华人文化投资基金成立之初,就对标资本运营的国际水准,面向全球招聘录用具有国际水准的专业人士。其核心团队成员均来自于高盛、摩根斯坦利、德意志银行、巴克莱银行、淡马锡、德太资本、银湖资本、普罗维登斯、贝恩资本、IDG 资本、方源资本、春华资本、美国世达国际律师事务所、美国宝维斯律师事务所、美国时代华纳、上海文广集团、湖南卫视、财新传媒等国际一流投行、私募基金、律师事务所、国内外知名专业媒体娱乐和互联网平台的运营高管或资深投资操盘手。核心团队成员的专业能力和国际化水准充分保障了华人文化投资项目的成功。

# 三、 上海对外文化投资的影响和作用

开展多渠道、多形式、多层次的对外文化交流,广泛参与世界文明对话,提高中国文化国际传播能力,发展外向型的文化产业,扩大我国文化产品和服务在世界文化市场上的份额,增强中华文化的国际影响力和话语权,进一步提升我国文化软实力,是全面实施"文化走出去"战略的根本目的。上海对外文化投资实践,是继对外文化贸易后实施"文化走出去"战略的新载体,产生了多方面的积极影响,为推动中国文化产业的发展了发挥多重作用。

## (一)推动对外文化贸易快速增长,"文化走出去"获得新动力

我国文化产业处在一个文化贸易入超和文化市场的不平等竞争状态之中,发达国家在国际文化市场尤其是文化产业高附加值领域占据主导地位,这个状况如果不改变,其结果就会使处于弱势交换中的主体丧失市场主动权;同时文化市场的不平衡,也会造成文化信息的不对称和文化交流的不对称,直接导致文化话语权的丧失。这种市场主动权和文化话语权的丧失,必然影响到一个国家在国际关系中的权重。因此,对外文化投资具有战略性意义,是文化走出去长期稳定的最有效形式,为全面实施"文化走出去"战略提供了新的动力。

相比对外文化贸易,对外文化投资具有独特优势,有利于避开或化解贸易进口国的各种限制性或歧视性贸易法规和市场壁垒,缓解所在国政府及同行业的戒备心理或敌意,可以更准确地把握市场需求、消费心理和消费水平等,通过对外文化投资,使输出的文化产品得以快速进入目标市场,更好地完成文化内容的传播,同时获得良好经济效益。

《2015年上海对外文化贸易发展报告》显示,2014年上海文化贸易总量保持较快增长态势,文化产品输出虽仍以有形商品为主,创意设计、版权交易等文化服务出口规模还相对较小。但文化贸易产品结构正在不断优化,文化相关产品类的实物贸易进出口总量在对外文化贸易总量占比有所下降,文化创

意与设计服务产品的数量在对外文化贸易中所占比重正在不断上升。这一趋势与上海对外文化投资集中于文化创意与设计服务生产性行业领域完全吻合。这表明,上海对外文化投资有效推动了对外文化贸易的进一步增长,也为贯彻落实"文化走出去"战略提供了新的载体和支撑。

### (二)由输出文化产品到资本国际运营,提升全球文化资源配置能力

文化产业属于轻资产产业,与基础设施、制造业等其它产业领域的对外投资相比,文化领域的对外投资和资本出口虽然规模不大,由此创造的发展空间、赢利机会和溢出效应却十分巨大,尤其是对全球生产的价值分配具有重大影响,这种影响主要体现在文化投资所形成的文化话语权方面。随着全球经济转型,文化产品和服务的全球生产和贸易日益受到各国政府和企业的普遍重视。目前,发达国家文化产品生产和服务在全球文化产业链和价值链中占据着优势地位。在网络新技术重塑文化产业的背景下,国际贸易分工格局正在发生重大调整,发达国家尤其是美国正通过推动制订新的国际贸易规则(如美国主导和推动的 TTP 和 TTIP 多边谈判),力图继续保持自己在新的国际贸易分工格局中的有利地位。在全球生产的产业链和价值链重构中竞争日趋激烈。

我国外贸总体结构中,文化外贸比重较小,缺少如好莱坞、迪士尼、新闻集团这样的能参与激烈国际竞争的全球知名文化品牌和大型跨国文化企业。此外,我国文化产品的输出和国际传播仍还停留在自然经济阶段,大多属于文化资源消耗性产品,影响往往局限于外交场合,并未完全进入世界主流文化市场。

当前,中国经济已进入"新常态"。在深化改革和扩大开放中,强化供应侧改革,迫切要求中国文化企业有效利用国内外两种资源和两种市场,在全球范围内合理地配置资源,积极参与到国际贸易分工和国际文化利益格局的调整重建中去。我国已成为资本输出大国,对外文化投资的兴起,尤其是上海对外文化投资实践表明,通过大力推动对外文化投资,不仅能迅速占领国际文化市

场,扩大文化产品的输出,拓宽我国文化产业发展空间;尤其是在"文化走出去"过程中,从单纯输出文化产品,向借助于对外文化投资开展资本国际运营,提升我国文化产业在全球范围的资源配置能力,在世界文化多样性和文化产业全球化过程中获取更大战略利益,还可以为我国各种产业、技术和资本的输出,从文化上提供战略缓冲和纵深支持。以华人文化产业投资基金为代表的对外文化投资实践,在提升我国企业和资本的全球资源配置能力方面,已经进行了积极有益的探索。

### (三)对外文化投资助推"一带一路"战略全面实施

在"一带一路"战略引导下,对"一带一路"沿线国家的投资正在成为上海对外投资的新热点。据上海市商务委员会统计,2015 年,上海企业对"一带一路"沿线国家的投资项目达 24 个,总额 94.5 亿美元的中方投资占当年全国对"一带一路"沿线国家投资总额的近六分之一,相关项目主要集中在马来西亚、新加坡、以色列等国家。上海与"一带一路"沿线市场的经贸往来已从传统的商品和劳务输出为主发展到商品、服务、文化和资本输出多头并进的格局。其中,文化领域的对外投资虽数量规模还不大,但对"一带一路"战略的全面实施,发挥了文化先行的独特影响和积极促进作用。

2015 年 11 月,第十七届中国上海国际艺术节开幕,艺术节旨在打造"亚太地区专业性最强节目交易市场"。上海国际艺术节筹建的"一带一路"国际艺术节网络已初步成型,目前已有"一带一路"沿线 20 个国家正式加入。该网络以沿线国家的艺术节为主体,旨在打造一个由"一带一路"沿线各国艺术节主办机构广泛合作的网络载体,形成多元合作,创新引领机制,吸引世界各地丰富多彩的艺术资源和文化节目在这一平台上汇聚,也为我国优秀文化艺术向海外输出,提供了新的展示平台。随着上海国际艺术节的每年定期举办,"一带一路"国际艺术节网络将为上海乃至中国的对外文化交流,包括中国艺术的国际分享、演艺行业走出去和对外文化投资等进一步发挥平台作用。

### （四）对外文化投资形成多层次体系，资本运营能力和投资效益明显提高

上海企业的对外文化投资,在探索实践中已逐步形成依托自身优势、专业分工和相互协调配合的多层次文化投资体系。绝大部分开展对外文化投资的企业,在实践中已经形成明确的自觉意识,即企业在开放的国际环境中,清楚自身的优势是什么,能够做什么,而不是盲目地为"走出去"而走出去。

从上海开展对外文化投资的企业主体看,可以概括为三类。一是以华人文化产业投资基金为代表的投资机构,这类机构的主要优势是资本国际运营能力。华人文化产业投资基金的海外文化投资,主要着眼于全球范围文化产业的全产业链布局,从内容和平台两个维度入手,通过资本纽带切入运营体系,重点攻克电影、互联网、体育、现场娱乐等领域。投资的国家和地区重点突破北美、欧洲、韩日、东南亚及香港市场,投资总额30亿美元,各类项目资产管理总额已达80亿美元。华人文化产业投资基金的对外投资是文化产业发展战略层面的对外投资,所产生的效益不是短期的或只有利于投资主体本身的,而是对整个中国文化产业发展具有长期的积极促进作用。

二是市场主导的投资主体。在经济全球化的背景下,上海不少文化企业积极贯彻落实国家"文化走出去"战略,通过与海外企业展开项目合作的方式,投资海外市场,把企业拥有的优势产品和技术向海外输出,以此来提高企业自身业务能力和影响力,并借此拓展企业发展空间。在上海对外文化投资实践中,这一类企业数量最多,对外投资形式也多种多样,如通过投资大型文化项目,建立海外分公司等方式建立贸易伙伴关系,以国际合资或合作共享扩大市场资源;通过对外投资获取产品和内容输出渠道;还有一些企业进行风险投资,对海外文化企业进行并购和控股,等等。实际上,这类企业的传统经营范围主要在国内,开展对外文化投资,对这类企业而言只是其国际化发展的初步尝试,面临各种现实困难和挑战不言而喻,所产生的实际效益也参差不齐,有些企业的海外投资虽产生了较大社会影响但实际收益很少,甚至亏损。尽管如此,这类企业在上海对外文化投资中是主力军,是文化产业领域各行业中专

业性较高的投资主体。

三是对外文化投资的服务机构。由中宣部和文化部批准成立的上海国家对外文化贸易基地,积极利用中国上海自由贸易试验区在"贸易便利化"和"投资便利化"改革探索中创造的机遇,在上海对外文化投资实践中扮演重要角色,依托注册在上海自贸区的便利条件、熟悉政策法规以及专业人才资源集聚等优势,积极为上述各类企业对外文化投资提供各种中介服务。作为中介服务商,上海国家对外文化贸易基地的专业能力和服务水平,为提高各类企业对外投资的成功率和产生更大的双效益,发挥了不可替代的作用。

综上,第一类主体在"文化走出去"战略中扮演重要角色,为中国文化产业的国际化发展开疆拓土、拓展空间。这类机构规模不大、数量不多,专注于文化领域的投资,通过资本国际运营积极占据文化产业全球制高点,而这些投资要在未来产生长期效益,需要与国内各类文化企业在文化产业各专业领域形成更紧密的产业协作关系。第二类投资主体是对外文化投资的真正主力。这类企业在各自专业领域有自身独特优势,但对充分实现对外投资的双效益而言,都存在这样或那样的局限和不足,因此需要与第一类机构形成良好的产业协作关系,同时也需要通过第三类机构为其提供良好的政策支持和完善的中介服务,以最大化地提升对外文化投资的两个效益。上海企业在对外文化投资中,经过各参与主体的探索和努力,已逐步形成一个分工明确、相互协调和专业化程度较高的多层次对外文化投资体系。

## (五)增强上海城市国际影响力,积极促进实现国际文化大都市建设目标

上海是我国经济中心城市,是我国改革开放的前沿城市,也是最能体现中国特色社会主义现代化建设的城市样板。2011 年,《上海市国民经济和社会发展第十二个五年规划纲要》首次提出:"建设更具活力、富有效率、更加开放、充满魅力的国际文化大都市"。同年,中共上海市委《关于贯彻〈中共中央关于深化文化体制改革推动社会主义文化大发展大繁荣若干重大问题的决定〉的实施意见》,提出要"切实提高建设国际文化大都市的自觉和自信"。2016

年,《上海市国民经济和社会发展第十三个五年规划纲要》进一步明确提出,"到2020年基本建成具有较强文化软实力的国际文化大都市。"

加快推进上海"四个中心"和国际文化大都市建设,不仅需要有与国际大都市地位相适应、主要为城市居民提供一系列文化服务并具有世界级水平的一大批文化硬件设施,如大剧院、博物馆、美术馆、图书馆等;还要求上海城市文化作为软实力具有国际影响力和传播力。而最能体现城市文化软实力的不仅有一大批传媒机构,还要有具有国际竞争力的文化产业,以及各种知名品牌的文化产品。上海企业的对外文化投资,对上海实现国际文化大都市建设目标产生了积极的促进作用。调研显示,上海企业充分利用城市文化产业具有的资金、人才和技术优势,通过对外文化投资积极参与文化领域的国际竞争,迅速提升上海文化产业的运行水平和竞争力,进一步增强了城市文化软实力和传播力,也极大地提高了上海城市的国际知名度和影响力。

## 四、 上海对外文化投资面临的主要问题和困难

对外投资作为产业升级和企业跨国经营的一个重要阶段,是经济增长达到一定质量和规模后必然形成的一种趋势。改革开放以来,我国在引进外资方面一直名列世界前茅。近年来,我国对外投资迈出坚实步伐,现有对外投资主要集中在加工制造、基础设施建设和工程承包等我国具有明显优势的产业领域。文化领域的对外投资是伴随我国对外投资快速增长的一个新增领域,与我国对外投资主要依托自身产业优势有很大不同。一方面,与发达国家相比,我国文化产业发展明显缺乏优势,没有领先技术也没有过剩产能,与我国具有产业优势的对外投资相比,文化领域的对外投资面临的问题更多困难更大。另一方面,不同于加工制造、基础设施建设和工程承包领域的对外投资,文化领域的对外投资还存在着国别、民族、宗教、意识形态等文化差异和文化冲突问题。上海企业在对外文化投资实践中同样面临着各种困难和挑战。

（一）政府层面： 文化对外投资政策支持和制度支撑体系尚未形成

我国经济刚刚从产品出口发展到产品出口与资本输出并重阶段，对外投资作为经济活动的新领域，还没有形成完整的对外文化投资政策支持和制度支撑体系。

一是相关法律法规不健全，政策导向不明确，对相关实践的支持力度较弱。目前看，我国与文化对外投资相关的政策与制度大多附属在文化发展纲要或规划里，针对性不强。上海作为地方也是如此。2012 年，上海市设立文创资金，每年拿出 3 亿元用来扶持文创企业和文创项目。2014 年发布的《上海市人民政府关于加快发展本市对外文化贸易的实施意见》着意于推动对外文化贸易发展。但上述政府政策支持举措几乎没有涉及对外文化投资。

二是企业在对外文化投资过程中遭遇不少政策阻碍。如在对外投资方面，工商管理的规定要求必须要有投资主体，没有项目投资的概念与科目，导致以项目合作形式的对外文化投资面临不确定风险，收益回报难以保证。又如，与"文化走出去"有关的扶持资金政策中缺少针对对外文化投资的内容，相关政策明显滞后于实践的发展。再加上人民币国际化和汇率市场化步伐加快，企业对外文化投资存在风险风险，也影响了部分企业的对外投资积极性。

三是在实施"文化走出去"战略中，我国对外文化贸易和对外文化投资的现有政策，主要采用各级政府的文件形式出台，既缺少现成法律条款的保障，也还没有启动专门的立法机制作为支撑，因而企业在海外文化投资的合法权益往往难以得到全面保障和维护。

（二）企业层面： 应有长期战略规划和布局，风险意识亟待加强

无论是对外文化贸易还对外文化投资，实践主体都是企业。上海企业在对外文化投资实践中，除少部分具有资本国际运营能力的企业在对外文化投资中较好地实现双效益外，不少企业还缺乏对对外文化投资的深刻理解和认

识。在贯彻落实"文化走出去"战略时,他们习惯于以对外文化交流的传统形式来推动文化产品的输出,明显缺乏资本国际运营能力和文化传播国际渠道的构建能力。从企业层面看,当前对外文化投资中存在着以下主要问题:

一是企业必须制定国际化发展的长期战略规划。在新一轮经济全球化快速推进和我国经济结构调整中,我国对外文化投资也加快了发展步伐。但从上海现有对外文化投资案例来看,传统上在国内从事经营活动的企业,难以成长出具有掌控国际市场能力的人才,短期内也难以集聚到适合于企业国际化发展所必需的人才。因此,不少企业的对外文化投资缺乏企业自身国际化发展长期战略规划和相关跨国经营能力的支撑,投资也难以实现预期效益。

二是投资风险意识亟待加强。不少企业目前具有的人才缺乏国际市场激烈竞争的历练,因而企业自身无法充分预估对外投资项目可能出现的风险,也难以制定出企业一旦面临实际风险去积极应对的各种预案。不少文化投资项目最终不可持续或变成了中介贸易项目,这缘于投资企业风险意识不强和缺乏风险管控能力。

三是必须重视对外文化投资面临的文化差异。文化差异是一种客观存在,由文化差异导致的文化冲突是影响对外文化投资的重要因素,也是投资风险的一种表现形式。投资目的地的宗教信仰、意识形态和社会主流价值观,以及本地人的生活习俗,等等,都是中国企业在投资目标地选择中必须重视的重要细节。研究表明:来自不同文化背景的投资者更倾向于选择文化相近或文化排外感较低的区域作为投资首选目标,以避免由于文化差异给外部投资带来不确定性和高风险,从而降低交易成本。从数据来看,上海对外文化投资的地区选择上集中在与我们文化相同或相近的香港、亚洲等地区,这也说明了这个现象。

据不完全统计,近年来上海积极开展对外文化投资的企业已近 170 家,其中绝大部分企业在对外投资中的行业领域和目的地选择出现高度集中和重叠。导致这一现象的深层原因是,大部分企业在对外文化投资中还不具备跨国经营能力,既没有企业国际化发展的长期战略规划,也缺乏对相关投资风险进行管控的能力。实际上,这一现象是不少企业相互模仿和跟风所致。

### (三)产业层面,投资中介服务和产业协作体系亟待进一步完善

近年来,上海对外文化投资发展迅猛,已初步形成分工明确、专业化程度较高和相互协作的多层次体系。但从文化产业整体发展的视角看,上海对外文化投资的产业体系尚不完整,仍处在发展形成之中,一定程度上也制约了上海对外投资文化实现更大的效益。主要问题表现有:

一是对外文化投资的产业环境尚不理想,主要表现为政策法规不健全,企业在对外投资中面临风险时无法得到很好的法律保护。

二是对外文化投资现有中介服务不完善和不成熟。上海自贸区和外高桥国家对外文化贸易基地作为我国实施"文化走出去"战略的前沿阵地,具有政府背景,其为对外投资企业提供的中介服务多为政策性公共服务,如办理登记备案、投资换汇审批服务等,且侧重于对外文化贸易与文化交流的中介服务,在对外文化投资的政策服务方面受目前相关法律法规不健全影响,作为服务平台,所能发挥的作用和空间还比较有限。事实上,对外文化投资的中介服务领域涉及内容十分广泛,涵盖从投资主体和目的地双方所在国家的政策法规,到投资涉及的具体行业、内容、技术、知识产权等方方面面。目前,许多积极开展对外文化投资的企业,在海外投资信息获取、海外投资融资等方面迫切需要政府、行业协会等非政府组织以及提供专业化服务的市场组织的支持。这些机构在促进对外文化投资的过程中都发挥着不可或缺和举足轻重的作用。事实上,上海对外文化投资领域除现有上海外高桥国家对外文化贸易基地外,还鲜有其他类型的中介服务机构,如律师行、会计事务所、知识产权代理服务机构、投资咨询和管理顾问公司等,甚至还缺相关的行业协会,尤其是专门服务于对外文化投资的高水平专业机构数量太少。

三是支撑对外文化投资的产业协作体系有待建立健全。目前看,现有对外文化投资实践大多为各类文化企业独立的投资和经营行为。各投资主体间按照产业协作分工的要求,主动相互协同和配合,以降低投资风险和成本的意识还不自觉和明确,能够支撑对外文化投资大规模展开的产业协作体系还未

形成,需要从政策层面积极予以引导,从而加快这一支撑体系的尽快成型,进一步提升对外文化投资的整体效益。

# 五、 完善对外文化投资的思考和建议

对外文化贸易一般由需求驱动,有什么样的外部文化需求,就会有相应的文化产品贸易。而对外文化投资本质上是一种资本运营方式,强调以资本运营来实现多重目标,既可通过投资构建产品输出渠道,扩大对外文化贸易;也可利用并购等形式获取先进生产技术、创造新的市场需求和占据产业优势地位。因此,用对外文化投资来推进"文化走出去"战略的全面实施,较之对外文化贸易有更高的效率。当前,进一步加快我国对外文化投资步伐,迫切需要健全和完善鼓励支持对外文化投资的政策法规环境。在对外文化投资中,迫切需要提高中国企业用资本运营和风险管控来实现发展目标的能力。作为资本投资的新领域和新行业,迫切需要理顺对外文化投资相关行业的结构关系和完善产业链,迫切需要形成支撑对外文化投资的产业协作体系。为此,提出以下思考和建议:

## （一）改进和完善对外文化投资审批方式

建立"一站式"审批制,指定一个部门协调审批相关业务部门和环节。设立"专门审批"窗口,为承担国家战略使命的对外文化投资项目开辟"专门审批"通道。对中小规模的文化投资项目在审查、批准和许可的多个审批环节采取"一次性审批"方法,降低企业文化投资项目的运营成本。

## （二）出台鼓励和扶持企业对外文化投资的政策

在开展对外文化投资的上海企业中,以国际标准来看,绝大部分是中小企业,像华人文化产业投资基金这样的实力企业为数不多。国内中小企业开展的对外文化投资项目,虽然规模小但种类偏多,应制定鼓励政策,给予这类小规模多品种的对外文化投资项目以相关优惠,如出口退税、国家买方信贷等。

### （三）以政策激励和促进文化领域以出带进和双向投资

2010 年,中国对外投资 688 亿美元,同年利用外资 1 057 亿美元。5 年来,对外投资和利用外资都在增长,但对外投资增长明显加速;2014 年,我国实现对外投资 1 160 亿美元,利用外资为 1 196 亿美元,资本进出和输出首次实现基本平衡。经验表明,政府给予企业相应的进口优惠(如代扣代缴),不仅能鼓励利用外资,而且从长远来看能有效促进对外投资。在文化领域,也应出台激励以出带进和双向投资的政策。

### （四）改进对外文化投资的会计科目设置

对外文化投资中,企业投资的对象不仅有公司还有项目。对企业而言,投资项目比投资公司,更能降低风险,减少成本,对项目的掌控力也相对较强。此外,以投资项目形式开展对外文化投资,是一般中小规模文化企业走出去的必然选择。但是,我国现行企业财会制度中,没有"对外项目投资"的科目设置,中小企业的对外文化项目投资,在财会报表处理上和审批时面临实际困难,很多对外文化投资项目因此夭折。为此,应根据对外文化投资项目的实际需要,改进相应的财会科目设置,为中小企业积极开展对外文化投资项目提供制度支撑。

### （五）对中国跨国文化企业要有认同

通过对外文化投资,在境外组建海外独资或合资公司,其实质是国内企业充分利用全球资源实现跨国经营和自身发展,最终也能达到服务中国文化走出去的目标。作为跨国经营企业,业务覆盖范围必定是全球性的。然而目前,中国的跨国文化企业,在国内被视为外资企业,其所开展文化项目投资和合作等业务因为"外资"身份而受到诸多限制。这种内外有别的企业身份限制政策不利于中国文化企业运用资本运营实现跨国经营,也不利于中国文化走出去。

### （六）加快培育专业对外文化投资公司

在对外文化投资中,华人文化投资基金的实践充分展示了文化领域资本运营所具有的潜力和战略价值,体现了对外文化投资的较高专业化水平。当前,进一步提升我国对外文化投资效率,迫切需要相关企业具有多方面的专业人才和雄厚的资金实力,同时还要拥有敏锐的眼光和应对市场变化的能力。另一方面,加快我国文化走出去,迫切需要我国文化产业做大做强和提供支撑。通过对外文化投资,完成我国文化企业的全产业链全球布局和跨国经营,在海外建立内容传播渠道和平台,引进先进技术和专利,占领海外市场,整合国内和国际市场上的优质内容和主体,推动国内文化产业结构优化升级,全面提升我国文化产业国际竞争力。上述两方面的现实需求,都要求加快培育我国专业化的对外文化投资公司。

**（七）理顺对外文化投资相关行业结构关系，加快形成产业支撑体系**

数据显示,2015 年,上海自贸试验区共办结境外投资项目 636 个,其中中方投资 229 亿美元,境外实际投资额约占全国的 7%。这表明,上海自贸试验区在推动投资便利化方面已经发挥了积极作用。外高桥处在上海自贸试验区核心区域,作为保税区已经发展成为集出口加工、国际投资、转口贸易、保税仓储和商品展示为一体的专业服务平台。设立在外高桥保税区的上海国家对外文化贸易基地,已经在对外文化贸易中形成了较为全面的中介服务功能,可以为影视科技、舞台演艺、游艺游戏等相关企业,提供从需求到创意、设计、制作、施工、托管、融资等中介服务和一揽子解决方案。但对起步不久的对外文化投资而言,与对外文化投资相关的行业结构及其相互关系还需进一步理顺,应当大力发展对外文化投资领域的信息咨询、法律服务、版权代理、产权交易和融资保险等专业服务企业,应充分利用上海自贸试验区改革探索先行先试和各类人才集聚优势,鼓励这些企业向自贸试验区集聚发展,形成对外文化投资的产业协作和支撑体系;同时加快落实自贸区金融改革方案,更好地为对外文化投资企业提供专业信息咨询服务和金融支持。

**（八）尽快制定对外文化投资战略规划**

随着我国对外投资规模的不断扩大以及正在向文化领域拓展的新趋势,建议国家相关部门尽快组织开展对外文化投资中长期战略规划研究和制定,准确把握当前及今后一段时期国际经济、政治、文化发展变化趋势,加强对对外文化投资的宏观引导,按照分类管理原则,明确不同类型企业在对外文化投资中的功能和职责;重点加强对重点国家和地区尤其是"一带一路"沿线国家和地区、重点行业、重要市场以及关键生产技术等投资规划,强化对外文化投资的战略布局;培育和构建多元主体参与、分工明确、协作顺畅、专业化程度较高的多层次对外文化投资企业,大力集聚国际化专业文化投资和国际项目运作人才,提高对外文化投资效率,避免对外文化投资领域出现一哄而上的局面。

**(九)积极运用对外文化投资,加快中华文化走向世界的全球战略布局**

立足国家战略高度,尽快制定对"一带一路"沿线国家和地区文化投资的专项规划。积极同沿线国家和地区共同商建自由贸易区,消除文化投资和贸易壁垒,为对外文化投资提供金融支持,充分利用国内各地区特别是上海投资行业实战经验和项目运作能力等比较优势,加强对"一带一路"国家文化投资和文化基础设施建设。"一带一路"战略实施任重而道远,应着眼于长期目标,通过先扩大文化影响力继而收益的方式,增进与"一带一路"沿线国家和地区的文化共识和价值认同,以文化走出去带动"一带一路"战略的全面实施。

**(十)发挥上海和香港在对外文化投资中的窗口作用**

香港作为国际金融中心,相较于内陆而言,拥有更为丰富的资本运营和风险管理经验,以及更少的海外投资限制,是中国面向世界的最大窗口平台。而目前香港文化产业发展已显衰落状态,大陆在港中资机构应以一国两制及中华民族大局为重,积极填补香港文化产业发展出现的空白,同时利用香港作为全球资本管理中心的市场地位和优势,以香港为窗口平台积极开展对外文化投资。目前,有不少上海企业已在香港设立海外公司开展对外文化投资,这些企业在实践中已经积累了不少成功经验,应在"文化走出去"战略的引导下,更加积极地实施跨国经营战略,加快全球文化产业布局步伐,为推动我国文化产业做大做强和中华文化的全球传播作出更大贡献。

附录　上海对外文化投资企业名录（根据商务部网站数据整理）

| 证书号 | 国家/地区 | 境内投资主体 | 境外投资企业（机构） | 省份 | 核准日期 |
|---|---|---|---|---|---|
| N31002201600195 | 美国 | 晦宏（上海）创业投资中心（有限合伙） | 科姆库置业有限公司 | 上海市 | 2016/3/3 |
| N31002201600194 | 开曼群岛 | 携程旅游信息技术（上海）有限公司 | 如家酒店集团 | 上海市 | 2016/3/3 |
| N31002201600184 | 中国香港 | 上海开圣影视文化传媒股份有限公司 | 开圣数码国际有限公司 | 上海市 | 2016/2/29 |
| N31002201600181 | 中国香港 | 上海耀宇文化传媒股份有限公司 | 耀宇科技有限公司 | 上海市 | |
| N31002201600170 | 中国香港 | 上海摩邑诚广告有限公司 | 摩邑诚广告有限公司 | 上海市 | 2016/2/29 |
| N31002201600164 | 韩国 | 上海德同益民消费产业股权投资基金中心（有限合伙） | 克里克斯公司 | 上海市 | 2016/2/24 |
| N31002201600156 | 中国香港 | 上海摹走信息科技有限公司 | 摩摩娱乐有限公司 | 上海市 | 2016/2/24 |
| N31002201600138 | 中国香港 | 上海唯艺信息科技有限公司 | 唯晶天行者有限公司 | 上海市 | 2016/2/6 |
| N31002201600117 | 中国香港 | 上海爱美影视文化传媒有限公司 | 爱美影视（国际）有限公司 | 上海市 | 2016/2/3 |
| N31002201600101 | 中国香港 | 上海巨人网络科技有限公司 | 巨人网络（香港）股份有限公司 | 上海市 | 2016/2/2 |
| N31002201600100 | 中国香港 | 上海静进玺投资管理合伙企业（有限合伙） | 湃热音乐香港有限公司 | 上海市 | 2016/2/2 |
| N31002201600088 | 中国香港 | 上海龙成网络科技有限公司 | 龙成网络（香港）有限公司 | 上海市 | 2016/1/29 |
| N31002201600087 | 新加坡 | 上海冀郁商务咨询有限公司 | 新加坡美都教育有限公司 | 上海市 | 2016/1/28 |

续表

| 证 书 号 | 国家/地区 | 境 内 投 资 主 体 | 境外投资企业（机构） | 省份 | 核准日期 |
|---|---|---|---|---|---|
| N31002201600078 | 中国香港 | 上海鼎立影业有限公司 | 鼎立影业（香港）有限公司 | 上海市 | 2016/1/25 |
| N31002201600061 | 加拿大 | 上海暴走信息科技有限公司 | 摩摩娱乐（加拿大）有限公司 | 上海市 | 2016/1/19 |
| N31002201600025 | 中国香港 | 上海泰泓珠宝股份有限公司 | 五色石（香港）珠宝有限公司 | 上海市 | 2016/1/11 |
| N31002201501090 | 韩国 | 上海德同益民消费产业股权投资基金中心（有限合伙） | 余音余味有限公司 | 上海市 | 2015/12/30 |
| N31002201501071 | 英属维尔京群岛 | 三七互娱（上海）科技有限公司 | 尚趣玩国际有限公司 | 上海市 | 2015/12/28 |
| N31002201501069 | 韩国 | 三七互娱（上海）科技有限公司 | 无极娱乐游戏有限责任公司 | 上海市 | 2015/12/25 |
| N31002201501054 | 美国 | 三七互娱（上海）科技有限公司 | 易游股份有限公司 | 上海市 | 2015/12/23 |
| N31002201501045 | 中国香港 | 携程计算机技术（上海）有限公司 | 携程国际旅游（香港）有限公司 | 上海市 | 2015/12/23 |
| N31002201501036 | 韩国 | 上海绘界文化传播有限公司 | 绘梦有限公司 | 上海市 | 2015/12/23 |
| N31002201501022 | 中国香港 | 上海柠萌影视传媒有限公司 | 柠萌国际传媒有限公司 | 上海市 | 2015/12/18 |
| N31002201501017 | 中国香港 | 上海汇实信息科技有限公司 | 水手娱乐有限公司 | 上海市 | 2015/12/18 |
| N31002201501016 | 中国香港 | 上海耀客传媒股份有限公司 | 耀客传媒有限公司 | 上海市 | 2015/12/18 |

续表

| 证书号 | 国家/地区 | 境内投资主体 | 境外投资企业（机构） | 省份 | 核准日期 |
| --- | --- | --- | --- | --- | --- |
| N310020201501011 | 韩国 | 上海雏千秦网络科技有限公司 | 维凯游戏韩国有限公司 | 上海市 | 2015/12/17 |
| 3.1002E+12 | 中国香港 | 上海烨星资产管理有限公司 | 星空华文中国传媒有限公司 | 上海市 | 2015/12/17 |
| N310020201500995 | 中国香港 | 上海烨星资产管理有限公司 | 星空有限公司 | 上海市 | 2015/12/17 |
| N310020201500988 | 韩国 | 苏宁环球传媒有限公司 | 株式社福星娱乐 | 上海市 | 2015/12/14 |
| N310020201500978 | 塞舌尔 | 上海盛月网络科技传播有限公司 | 麒麟全球有限公司 | 上海市 | 2015/12/9 |
| N310020201500943 | 日本 | 上海绘界文化传播有限公司 | 绘梦株式会社 | 上海市 | 2015/12/1 |
| N310020201500935 | 中国香港 | 上海善提影视有限公司 | 石门联合有限公司 | 上海市 | 2015/11/30 |
| N310020201500908 | 中国香港 | 上海常青藤菁信息技术有限公司 | 格林豪泰酒店（香港）有限公司 | 上海市 | 2015/11/20 |
| N310020201500882 | 中国香港 | 上海银润传媒广告有限公司 | 世星集团有限公司 | 上海市 | 2015/11/16 |
| N310020201500880 | 中国香港 | 上海元届信息科技有限公司 | 元界网络科技有限公司 | 上海市 | 2015/11/16 |
| N310020201500854 | 日本 | 上海闸北劳务有限责任公司 | 爱华人材株式会社 | 上海市 | 2015/11/5 |
| N310020201500839 | 中国香港 | 上海学优电子科技有限公司 | 跨品猫（亚洲）有限公司 | 上海市 | 2015/11/2 |
| N310020201500838 | 中国香港 | 上海拓畅信息技术有限公司 | 香港拓畅信息技术有限公司 | 上海市 | 2015/11/2 |
| N310020201500831 | 马来西亚 | 绿地集团森茂园林有限公司 | 绿地马来西亚园林有限公司 | 上海市 | 2015/10/29 |

续表

| 证 书 号 | 国家/地区 | 境 内 投 资 主 体 | 境外投资企业（机构） | 省份 | 核准日期 |
|---|---|---|---|---|---|
| N310020150000825 | 美国 | 上海海金投资管理中心（有限合伙） | 3WYC集团有限责任公司 | 上海市 | 2015/10/28 |
| N310020150000811 | 韩国 | 上海德同益民消费产业股权投资基金中心（有限合伙） | 幼慧有限公司 | 上海市 | 2015/10/26 |
| N310020150000805 | 日本 | 上海汉声信息技术有限公司 | HSJ株式会社 | 上海市 | 2015/10/26 |
| N310020150000767 | 中国香港 | 上海快乐讯广告传播有限公司 | 我是大美人全球购贸易有限公司 | 上海市 | 2015/10/12 |
| N310020150000761 | 中国香港 | 上海艾德韦宣广告传播有限公司 | 艾德韦宣娱乐有限公司 | 上海市 | 2015/10/10 |
| N310020150000731 | 中国香港 | 上海复娱文化传播股份有限公司 | 复娱文化（香港）有限公司 | 上海市 | 2015/9/28 |
| N310020150000677 | 中国香港 | 上海眉庄影视文化传播有限公司 | 香港视延投资管理有限公司 | 上海市 | 2015/9/14 |
| N310020150000670 | 中国香港 | 上海学无国界网络媒术有限公司 | 学无国界教育科技有限公司 | 上海市 | 2015/9/14 |
| N310020150000664 | 中国香港 | 远近文化传播（上海）有限公司 | 亚近广告有限公司 | 上海市 | 2015/9/14 |
| N310020150000662 | 中国香港 | 上海艾德韦宣商务咨询有限公司 | 艾博思宣策划有限公司 | 上海市 | 2015/9/14 |
| N310020150000624 | 中国香港 | 迪彩（上海）投资管理咨询有限公司 | 迪彩（香港）科技有限公司 | 上海市 | 2015/9/6 |
| N310020150000606 | 韩国 | 上海霓可文化传媒有限公司 | 霓可（韩国）有限公司 | 上海市 | 2015/8/25 |

续表

| 证书号 | 国家/地区 | 境内投资主体 | 境外投资企业（机构） | 省份 | 核准日期 |
|---|---|---|---|---|---|
| N3100201500602 | 中国香港 | 上海觅创展览展示有限公司 | 觅创国际文化创意有限公司 | 上海市 | 2015/8/24 |
| N3100201500601 | 中国香港 | 上海云瞻网络科技有限公司 | 香港云瞻娱乐有限公司 | 上海市 | 2015/8/24 |
| N3100201500564 | 开曼群岛 | 上海赛领丰禾咏智投资中心（有限合伙） | 小佩网络科技有限公司 | 上海市 | 2015/8/13 |
| N3100201500557 | 中国香港 | 上海稻子网络科技有限公司 | 稻子香港有限公司 | 上海市 | 2015/8/7 |
| N3100201500540 | 中国香港 | 上海飞书广告有限公司 | 深诺互动数字营销有限公司 | 上海市 | 2015/8/7 |
| N3100201500524 | 中国香港 | 上海衍赫投资中心（有限合伙） | 星艺展览工程有限公司 | 上海市 | 2015/8/4 |
| N3100201500500 | 中国香港 | 上海膜天下贸易有限公司 | 膜天下（香港）有限公司 | 上海市 | 2015/7/24 |
| N3100201500471 | 中国香港 | 上海灏衍投资管理合伙企业（有限合伙） | 讯骏发展有限公司 | 上海市 | 2015/7/17 |
| N3100201500467 | 中国香港 | 上海基美影业股份有限公司 | 基美影画有限公司 | 上海市 | 2015/7/16 |
| N3100201500465 | 中国香港 | 上海邦贝教育科技股份有限公司 | 邦贝教育科技股份（香港）有限公司 | 上海市 | 2015/7/14 |
| N3100201500449 | 中国香港 | 上海艾德韦宣商务咨询有限公司 | 艾德韦宣市场营销有限公司 | 上海市 | 2015/7/13 |
| N3100201500419 | 日本 | 上海春秋国际旅行社（集团）有限公司 | 日本春秋旅游股份有限公司 | 上海市 | 2015/6/29 |
| N3100201500416 | 韩国 | 苏宁环球传媒有限公司 | 来得维股份有限公司 | 上海市 | 2015/6/29 |

续表

| 证 书 号 | 国家/地区 | 境 内 投 资 主 体 | 境外投资企业（机构） | 省份 | 核准日期 |
|---|---|---|---|---|---|
| N3100201500415 | 意大利 | 上海端乾创意产业发展有限公司 | 端乾创意产业发展有限公司 | 上海市 | 2015/6/29 |
| N3100201500405 | 韩国 | 上海曼恒智能科技有限公司 | 曼恒智能软件技术有限公司 | 上海市 | 2015/6/25 |
| N3100201500396 | 荷兰 | 上海山川国际旅行社有限公司 | 荷兰EUTS有限责任公司 | 上海市 | 2015/6/19 |
| N3100201500394 | 德国 | 上海逸香文化咨询有限公司 | 德国欧亚易通有限责任公司 | 上海市 | 2015/6/19 |
| N3100201500379 | 中国香港 | 上海摩邑诚广告有限公司 | 麦克斯信息技术有限公司 | 上海市 | 2015/6/16 |
| N3100201500377 | 比利时 | 上海墙尚装饰材料有限公司 | 瓦托斯壁纸有限责任公司 | 上海市 | 2015/6/16 |
| N3100201500369 | 美国 | 上海美毓礼品有限公司 | 纳帕英特耐有限公司 | 上海市 | 2015/6/15 |
| N3100201500346 | 中国香港 | 上海鸿冀文化传媒有限公司 | 鸿翼营销服务有限公司 | 上海市 | 2015/6/8 |
| N3100201500332 | 韩国 | 上海德同益民消费产业股权投资基金中心（有限合伙） | 得视特有限公司 | 上海市 | 2015/6/3 |
| N3100201500294 | 中国香港 | 上海恺英网络科技有限公司 | 香港盛晟科技有限公司 | 上海市 | 2015/5/19 |
| N3100201500240 | 美国 | 上海熙煦教育投资有限公司 | 第一教育学院有限公司 | 上海市 | 2015/4/27 |
| N3100201500239 | 美国 | 上海熙煦教育投资有限公司 | 阳光国际教育投资有限公司 | 上海市 | 2015/4/27 |
| N3100201500234 | 中国香港 | 上海覆冰科技有限公司 | 上海覆冰科技（香港）有限公司 | 上海市 | 2015/4/27 |

续表

| 证书号 | 国家/地区 | 境内投资主体 | 境外投资企业(机构) | 省份 | 核准日期 |
|---|---|---|---|---|---|
| N3100201500215 | 中国香港 | 上海峰移网络科技有限公司 | 艾迪森(香港)有限公司 | 上海市 | 2015/4/16 |
| N3100201500201 | 韩国 | 上海点派企业形象策划有限公司 | 尤尼特株式会社 | 上海市 | 2015/4/13 |
| N3100201500200 | 中国澳门 | 上海力盛赛车文化股份有限公司 | WSC 亚洲有限公司 | 上海市 | 2015/4/13 |
| N3100201500122 | 日本 | 上海大承网络技术有限公司 | 空中网 JP 株式会社 | 上海市 | 2015/3/9 |
| N3100201500111 | 开曼群岛 | 上海联创永钦创业投资企业(有限合伙) | 聚好玩技术有限公司 | 上海市 | 2015/3/3 |
| N3100201500083 | 法国 | 上海之禾时装有限公司 | 之禾巴黎有限责任公司 | 上海市 | 2015/2/11 |
| N3100201500069 | 法国 | 上海星拓展商务咨询有限公司 | 威法咨询有限公司 | 上海市 | 2015/2/6 |
| N3100201500055 | 美国 | 上海恒佳实业有限公司 | 万物互联公司 | 上海市 | 2015/2/3 |
| N3100201500043 | 萨摩亚 | 上海绿地申花足球俱乐部有限公司 | 大浦足球经纪有限公司 | 上海市 | 2015/1/30 |
| N3100201500032 | 英属维尔京群岛 | 上海品志文化传播有限公司 | 品志有限公司 | 上海市 | 2015/1/23 |
| N3100201500006 | 美国 | 上海中技投资控股股份有限公司 | 点点互动(美国)股份有限公司 | 上海市 | 2015/1/7 |
| N3100201400172 | 日本 | 上海迪寺建筑装饰设计工程有限公司 | 株式会社思迪科 | 上海市 | 2014/12/24 |
| N3100201400139 | 美国 | 上海豫泓文化传播有限公司 | 美国豫泓投资咨询管理有限公司 | 上海市 | 2014/12/8 |
| N3100201400113 | 中国香港 | 创新工场维申(上海)创业投资中心(有限合伙) | 创新方舟香港有限公司 | 上海市 | 2014/11/25 |

续表

| 证 书 号 | 国家/地区 | 境 内 投 资 主 体 | 境外投资企业（机构） | 省份 | 核准日期 |
|---|---|---|---|---|---|
| N3100201400059 | 中国香港 | 上海世纪出版股份有限公司 | 世纪传媒有限公司 | 上海市 | 2014/10/30 |
| N3100201400047 | 中国香港 | 上海骏梦网络科技有限公司 | 梦展科技有限公司 | 上海市 | 2014/10/29 |
| N3100201400043 | 新加坡 | 上海大承网络技术有限公司 | 大承（新加坡）有限公司 | 上海市 | 2014/10/27 |
| N3100201400016 | 澳大利亚 | 上海河马动画设计股份有限公司 | 河马动画国际有限公司 | 上海市 | 2014/10/15 |
| 3100201400021 | 法国 | 上海携程国际旅行社有限公司 | 上海携程国际旅行社有限公司法国代表处 | 上海市 | 2014/9/26 |
| 3100201400309 | 中国香港 | 上海刃游网络科技有限公司 | 香港刃游网络科技有限公司 | 上海市 | 2014/9/16 |
| 3100201400303 | 美国 | 思八达企业发展（上海）有限公司 | 互生国际有限公司 | 上海市 | 2014/9/12 |
| 3100201400302 | 中国香港 | 上海陆道工程设计管理股份有限公司 | 上海低碳城市设计研究院有限公司 | 上海市 | 2014/9/11 |
| 3100201400286 | 中国香港 | 上海冰星科技有限公司 | 摩西星科技有限公司 | 上海市 | 2014/8/28 |
| 3100201400258 | 荷兰 | 上海悦色演艺经纪有限公司 | 爵士文化（欧洲）有限公司 | 上海市 | 2014/7/31 |
| 3100201400256 | 英属维尔京群岛 | 亲和源股份有限公司 | 亲和源国际老年俱乐部有限公司 | 上海市 | 2014/7/31 |
| 3100201400255 | 中国香港 | 上海新文化传媒集团股份有限公司 | 新文化传媒香港有限公司 | 上海市 | 2014/7/31 |
| 3100201400252 | 中国香港 | 上海东伽文化传播有限公司 | 瓦伦丁文化传播有限公司 | 上海市 | 2014/7/31 |

续表

| 证　书　号 | 国家/地区 | 境　内　投　资　主　体 | 境外投资企业（机构） | 省份 | 核准日期 |
|---|---|---|---|---|---|
| 310020140022l | 英属维尔京群岛 | 上海游唐网络技术有限公司 | 云程股集团有限公司 | 上海市 | 2014/7/11 |
| 3100201400201 | 英属维尔京群岛 | 上海播米广告有限公司 | 播米国际有限责任公司 | 上海市 | 2014/6/23 |
| 3100201400192 | 美国 | 上海武岳峰创业投资合伙企业（有限合伙） | 那家游戏公司 | 上海市 | 2014/6/18 |
| 3100201400165 | 美国 | 上海天天国际旅行社有限公司 | 西岸国际投资集团有限责任公司 | 上海市 | 2014/6/3 |
| 3100201400162 | 中国香港 | 上海昂真科技有限公司 | 香港联合移动传媒有限公司 | 上海市 | 2014/5/30 |
| 3100201400161 | 英属维尔京群岛 | 上海昂真科技有限公司 | 联合移动传媒控股有限公司 | 上海市 | 2014/5/30 |
| 3100201400131 | 缅甸 | 上海风格服饰有限公司 | 风格服饰缅甸有限公司 | 上海市 | 2014/5/5 |
| 3100201400120 | 中国香港 | 上海等势线计算机科技有限公司 | ETW国际（香港）公司 | 上海市 | 2014/4/22 |
| 3100201400096 | 新加坡 | 广西师范大学出版社（上海）有限公司 | 新加坡视觉出版集团有限公司 | 上海市 | 2014/4/1 |
| 3100201400078 | 中国香港 | 上海游族信息技术有限公司 | 游族香港有限公司 | 上海市 | 2014/3/20 |
| 3100201400074 | 中国香港 | 上海金骏科技发展有限公司 | 香港骏胜科技有限公司 | 上海市 | 2014/3/17 |
| 3100201400059 | 智利 | 上海等势线计算机科技有限公司 | ETW国际（智利）公司 | 上海市 | 2014/3/4 |

续表

| 证书号 | 国家/地区 | 境内投资主体 | 境外投资企业（机构） | 省份 | 核准日期 |
|---|---|---|---|---|---|
| 3100201400000040 | 荷兰 | 上海来升商务咨询有限公司 | 创舟（欧洲）有限责任公司 | 上海市 | 2014/2/8 |
| 3100201300000365 | 美国 | 上海绿瓦体育科技有限公司 | 绿瓦体育公司 | 上海市 | 2013/12/16 |
| 3100201300000360 | 中国香港 | 上海毓文文化发展有限公司 | 毓文文化（香港）发展有限公司 | 上海市 | 2013/12/16 |
| 3100201300000359 | 中国香港 | 上海绿岸网络科技股份有限公司 | 绿岸网络科技（香港）股份有限公司 | 上海市 | 2013/12/16 |
| 3100201300000287 | 美国 | 上海基美影业股份有限公司 | 基美影业（美国）公司 | 上海市 | 2013/10/22 |
| 3100201300000267 | 美国 | 上海渝添诚展览展示服务有限公司 | 美国汤姆森贸易有限公司 | 上海市 | 2013/9/29 |
| 3100201300000238 | 中国香港 | 上游信息科技（上海）有限公司 | 上游网络有限公司 | 上海市 | 2013/9/11 |
| 3100201300000236 | 中国香港 | 上海锦鸢宫实业发展有限公司 | 上海锦鸢宫实业发展有限公司 | 上海市 | 2013/9/10 |
| 3100201300000231 | 比利时 | 上海金伯利钻石有限公司 | 金伯利钻石（比利时）有限责任公司 | 上海市 | 2013/9/9 |
| 3100201300000121 | 英属维尔京群岛 | 上海东方梦工厂文化传播有限公司 | 东方梦工厂有限公司 | 上海市 | 2013/5/23 |
| 3100201300000081 | 美国 | 上海佳世展览有限公司 | 佳势展览成国际展览有限公司 | 上海市 | 2013/4/22 |
| 3100201300000080 | 中国香港 | 上海阿斯兰商旅服务有限公司 | 冠运旅游有限公司 | 上海市 | 2013/4/18 |

续表

| 证 书 号 | 国家/地区 | 境 内 投 资 主 体 | 境外投资企业(机构) | 省份 | 核准日期 |
|---|---|---|---|---|---|
| 3100201300068 | 中国香港 | 安硕文教用品(上海)股份有限公司 | 安硕文教用品(香港)有限公司 | 上海市 | 2013/4/11 |
| 3100201300053 | 中国香港 | 上海嘉为广告有限公司 | 上海嘉为广告有限公司 | 上海市 | 2013/3/20 |
| 3100201300035 | 新加坡 | 上海骏梦网络科技有限公司 | 骏梦网络科技有限公司 | 上海市 | 2013/2/18 |
| 3100201200282 | 保加利亚 | 上海仪电资产经营管理(集团)有限公司 | 上海广电(保加利亚)有限公司 | 上海市 | 2012/11/26 |
| 3100201200229 | 英属维尔京群岛 | 上海翡翠东方传播有限公司 | 电视广播(海外)控股有限公司 | 上海市 | 2012/9/19 |
| 3100201200179 | 中国香港 | 上海慈文影视传播有限公司 | 香港慈文影视传播有限公司 | 上海市 | 2012/8/13 |
| 3100201200163 | 中国香港 | 绿地控股集团有限公司 | 绿地国际酒店管理集团有限公司 | 上海市 | 2012/7/31 |
| 3100201200145 | 日本 | 柏谙亚数码影像制作(上海)有限公司 | 撮影人数位影像制作日本株式会社 | 上海市 | 2012/7/5 |
| 3100201200067 | 中国香港 | 上海橡溶广告传媒有限公司 | 橡溶(香港)有限公司 | 上海市 | 2012/4/9 |
| 3100201200003 | 阿拉伯联合酋长国 | 上海现代建筑设计(集团)有限公司 | 上海现代建筑设计(集团)有限公司—阿布扎比分公司 | 上海市 | 2012/3/6 |

续表

| 证　书　号 | 国家/地区 | 境　内　投　资　主　体 | 境外投资企业（机构） | 省份 | 核准日期 |
|---|---|---|---|---|---|
| 310020120000033 | 中国香港 | 上海锦江国际投资管理有限公司 | 锦江国际集团（香港）有限公司 | 上海市 | 2012/2/20 |
| 310020120000015 | 美国 | 上海帝朵个人形象设计有限公司 | 蒂朵百丽公司 | 上海市 | 2012/1/29 |
| 310020110000034 | 中国香港 | 上海新华发行集团有限公司 | 新融国际有限公司 | 上海市 | 2011/2/17 |
| 310020100000303 | 博茨瓦纳 | 上海达之路旅行社股份有限公司 | 上海达之路旅行社（博茨瓦纳）股份有限公司 | 上海市 | 2010/12/30 |
| 310020100000264 | 中国香港 | 上海东方传媒集团有限公司 | 东方传媒投资有限公司 | 上海市 | 2010/11/12 |
| 310020100000237 | 美国 | 上海经纬建筑规划设计研究院有限公司 | 经纬国际设计集团 | 上海市 | 2010/10/18 |
| 310020100000227 | 中国澳门 | 上海电子艺术发展有限公司 | 澳门创意产业有限公司 | 上海市 | 2010/9/27 |
| 310020100000220 | 印度 | 上海鄂尔特特包装技术有限公司 | 印度鄂尔特特包装技术有限公司 | 上海市 | 2010/9/20 |
| 310020100000139 | 瑞士 | 上海升力投资有限公司 | 升力卢森股份有限公司 | 上海市 | 2012/6/10 |
| 310020100000084 | 中国香港 | 上海贵天钻石有限公司 | 贵天钻石首饰香港有限公司 | 上海市 | 2010/4/13 |
| 310020100000063 | 日本 | 上海坤伦文化传播有限公司 | KSTV 株式会社 | 上海市 | 2010/3/19 |
| 310020100000027 | 英国 | 上海新华发行集团有限公司 | 解放鄂传媒（英国）有限公司 | 上海市 | 2010/2/4 |
| 310020100000022 | 美国 | 上海达之路旅行社股份有限公司 | 上海达之路旅行社（美国）股份有限公司 | 上海市 | 2010/2/4 |

续表

| 证 书 号 | 国家/地区 | 境 内 投 资 主 体 | 境外投资企业（机构） | 省份 | 核准日期 |
|---|---|---|---|---|---|
| 310020101000021 | 英国 | 上海达之路旅行社股份有限公司 | 上海达之路旅行社（英国）股份有限公司 | 上海市 | 2010/2/4 |
| 310020101000020 | 中国香港 | 上海东方网股份有限公司 | 香港东方网有限公司 | 上海市 | 2010/2/2 |
| 310020090186 | 美国 | 上海力创演艺有限公司 | 佰创娱乐有限公司 | 上海市 | 2009/12/9 |
| 310020090180 | 美国 | 上海锦江国际酒店（集团）股份有限公司 | 上海锦江国际酒店集团（美国）有限公司 | 上海市 | 2009/12/3 |
| 310020090147 | 中国香港 | 叠泉酒店管理（上海）有限公司 | 叠泉酒店管理（香港）有限公司 | 上海市 | 2009/10/22 |
| 2008－002241 | 中国香港 | 上海新华传媒股份有限公司 | 嘉时国际有限公司 | 上海市 | 2008/10/15 |
| 2008－000994 | 加拿大 | 上海东上海国际文化影视（集团）有限公司 | 东上海国际文化影视集团（加拿大）有限公司 | 上海市 | 2008/5/15 |
| 2007－002105 | 美国 | 上海界龙实业集团股份有限公司 | 界龙（美国）有限公司 | 上海市 | 2007/12/29 |
| 2007－000018 | 美国 | 上海联盛智能系统有限公司 | ISD系统有限公司 | 上海市 | 2007/1/10 |
| 2006－001018 | 中国香港 | 锦江国际酒店管理有限公司 | 上海锦江国际酒店集团（香港）有限公司 | 上海市 | 2006/8/15 |
| 2006－000517 | 澳大利亚 | 上海兴安软件工程有限公司 | 澳大利亚墨尔本数字技术有限公司 | 上海市 | 2006/5/23 |
| 2006－000415 | 澳大利亚 | 上海东方明珠国际交流有限公司 | 澳大利亚东方明珠国际控股有限公司 | 上海市 | 2006/5/16 |

续表

| 证书号 | 国家/地区 | 境内投资主体 | 境外投资企业（机构） | 省份 | 核准日期 |
|---|---|---|---|---|---|
| 2006 - 000846 | 日本 | 上海精文投资有限公司 | 日本精华株式会社 | 上海市 | 2006/1/10 |
| 2004 - HM0028 | 中国香港 | 锦江国际酒店管理有限公司 | 锦江国际订房中心有限公司 | 上海市 | 2004/12/15 |
| 2002 - 000213 | 奥地利 | 上海广电通讯网络有限公司 | SVA&POLY 通讯股份有限公司 | 上海市 | 2002/10/31 |
| 2002 - 000075 | 日本 | 上海电气国际经济贸易有限公司 | 秋山国际股份有限公司 | 上海市 | 2002/5/8 |

# 3

# 一带一路：中国与马其顿的 经济和文化交流

邓时忠* 张忆晓** Elena Damjanoska***

摘　要　中国国家主席习近平2013年提出的"一带一路"倡议，是中国深化改革开放的重大举措。马其顿共和国作为巴尔干地区内陆国家，是丝绸之路经济带上的重要地区之一，在"一带一路"战略中具有重要的地位。本文主要介绍和分析马其顿自2001年6月与中国恢复大使级外交关系以来，中国和马其顿经济和文化交流的现状、历史意义以及未来发展前景，阐述两个古老文明国度互相阐扬优秀文化，携手发展经济，必将在21世纪焕发出新的光彩，实现"一带一路"传承和弘扬和平合作、开放包容、互学互鉴的古丝路精神的时代价值，创造新的物质和精神财富。

关键词　一带一路　中国　马其顿　经济和文化交流

中国国家主席习近平2013年提出的丝绸之路经济带建设和21世纪海上丝绸之路建设，即"一带一路"，是中国深化改革开放的重大举措，是构建中国全方位开放新格局的必然要求，是促进亚欧国家共同发展繁荣的必然选择，得到了亚欧国家的积极支持和参与。

马其顿共和国地处巴尔干地区内陆，是丝绸之路经济带上的重要地区之

---

＊　邓时中，圣基里尔和麦托迪大学孔子学院中方院长，西南财经大学国际教育学院教授。

＊＊　张忆晓，西南财经大学图书馆副研究馆员。

＊＊＊　Elena Damjanoska，圣基里尔和麦托迪大学孔子学院办公室主任。

一,也是"16+1"合作国家之一,在"一带一路"战略中具有重要地位。马其顿自2001年6月与中国恢复大使级外交关系以来,两国的经济交流和文化交流持续发展,目前两国关系处于历史上最好时期。进一步巩固和发展两国经贸往来和文化交流,将对中国和中东欧"16+1"合作机制以及"一带一路"建设发挥重要作用。近年来,在中马两国高层领导人的推动下,双方在经贸、文化、教育等领域的合作不断取得丰硕成果。

## 一、 中马经贸往来现状

马其顿人口约210万,位于泛欧交通网8号、10号走廊交叉点,扼守东南欧门户,战略地位很重要。近年来,马其顿经济发展较快,增速位居欧洲前列,劳动力成本较低且整体素质相对较高,具有良好的投资商务环境,在吸引外资、基础设施改造升级等方面有强烈需求和较大潜力。马政府已多次表态,愿为中国投资者开辟专属工业技术开发区,在公路和水电站建设上欢迎中国企业投资,吸引了许多中国企业前来现场考察。

2013年11月12日上午,在马其顿共和国副总理佩舍夫斯基、交通部长米勒等两国官员的共同见证下,中国水电与马其顿国家公路公司在马其顿总理府正式签署了欧洲8号走廊——基塞沃-奥赫里德(Kicevo-Ohrid)标段、东西走廊米拉蒂诺维奇-斯蒂普(Miladinovci-Stip)标段的总承包合同。该项目由中国进出口银行提供5.79亿欧元优惠贷款,是中国-中东欧双边互利互惠合作框架下的第一个大型基建项目,也是迄今为止马其顿共和国对外授标的最大单项合同。

2014年,中国南车与马其顿国铁公司签署提供6列动车组价值近2 500万欧元的购销合同,马其顿成为中国制造的动车组出口欧洲的首个国家。2015年11月15日,马其顿铁路运输公司为其从中国中车集团株洲电力机车有限公司采购的首列电力动车组举行试运行仪式,马其顿总理格鲁埃夫斯基、副总理兼财政部长斯塔夫莱斯基等应邀出席仪式并试乘动车。这批列车将承担马其顿列车客运60%的运力,其中两列电力动车组将投入到塔巴诺夫切-斯科普里-盖夫盖利亚路段、两列内燃机动车组将投入到斯科普里-比托拉路段、一列内燃机动车组将投入到斯科普里-基切沃路段、一列动车组将投入到斯科普里-科查尼路段。这是马其顿政府 30 多年第一次对铁路系统进行大规模投入计划的一部分,对马其顿交通的全方位升级改造具有重要意义。[1] 2016 年 5 月,中国提供的动车组登上了马其顿国家邮票。[2]

此外,2014 年,第三次中国-中东欧国家领导人会晤期间,中马匈塞四国总理宣布建设中欧陆海快线,并签署了通关便利化合作框架协议。

近年来,中马经贸合作不断取得新突破。双边贸易额不断增长。2014 年,两国贸易额达到 5.25 亿美元,同比增长 8.5%,中国连续第三年成为马其顿第 7 大贸易伙伴。2015 年上半年贸易额达 2.67 亿美元,同比增长 10.9%,同期马外贸总额大幅下降 11.7%。据马其顿国家统计局 2016 年 1 月统计,马自华进口额 2 390.5 万欧元,同比增长 19.9%(约 2 598 万美元,同比增长 12.5%)。中国为马其顿第 6 大贸易伙伴,比去年上升一位。[3]

目前,中马两国除了在交通、贸易等领域正在探讨更多合作可能性以外,还在农业、能源、旅游等领域具有很大合作空间。比如马其顿羊肉品质优良,有对华出口需求,双方于 2014 年就签署了输华冷冻羊肉的检疫和兽医卫生条件议定书。马方在新能源开发投资方面也向中国敞开大门,赴马其顿旅游的中国游客越来越多,2015 年游客数量同比增幅超过 76%。中马双方在这些领域都有强烈的合作愿望,正在努力发掘未来合作的潜力,希望通过各个领域的合作,为"一带一路"建设增砖添瓦。

## 二、 中马文化交流的状况

伴随经贸领域活动频繁和基础设施合作项目的增加,中马人文交流合作

---

① 《动车拉动:中马合作处最好时期》,《欧洲时报》11 月 20 日,第 19 版。
② 参见 Nova Makedonija Interviews Ambassador Wen Zhenshun。
③ http://www.mofcom.gov.cn/article/i/jyjl/m/201603/20160301269089.shtml(2016-03-10)

也不断增添新内容。由于中马关系的密切发展，众多马其顿人特别是青年人对中国文化产生了浓厚兴趣，渴望更多地了解中国。

首先，中马两国政府和民间文化交流日益频繁。中马两国文化部于2011年签署了促进两国文化交流的双边协议，在此协议框架下，两国文化领域交流日趋频繁，近年来，每年都有各种文化交流活动。比如，2013年5月，马其顿文化部副部长德拉甘·纳达利科维奇应中国文化部邀请，作为中东欧16国文化部长之一，率团赴华参加"中国-中东欧国家文化合作论坛"，进一步加强了中马两国关系发展，把两国间的文化交流与合作提升到一个新的水平。2013年7月，马其顿成功举办了第一届中国文化节，首场演出于25日晚在马其顿首都斯科普里的国家歌剧舞剧院举行，以庆祝中国和马其顿建交20周年。马总统夫人伊万诺娃、文化部长米列夫斯卡及马各界友好人士近千人观看了中国中央音乐学院青年民族管弦乐团的演出。

此外还有许多类似的交流活动。比如马其顿首都斯科普里与中国江西省南昌市早在1985年就结为友好城市，借中国与中东欧16国合作的东风，两市进一步加强了联系。2015年2月，为庆祝两市结为友好城市30周年，南昌代表团到马其顿斯科普里与孔子学院一起举行中国文化展演活动，让斯科普里市民了解中国文化，增进了两市人民的友谊。此后，双方每年定期派代表团互访。又如2016年6月10日，旨在以艺术促进中马两国友好合作关系的"2016中国-马其顿友好艺术展暨学术交流会"在北京宋庄成功举办。马其顿驻华大使、马中友协会长、马其顿国家美术馆馆长等出席活动，活动展出了两国艺术家的100幅绘画作品，并进行了现场笔会和歌曲演唱。①

其次，孔子学院成立促进了中国语言和文化在马其顿的推广。2013年9月，圣基里尔·麦托迪大学和中国西南财经大学合作创办的马其顿第一家孔子学院——圣基里尔和麦托迪大学孔子学院在斯科普里成立，为两国人民交流创造了机会和平台。孔子学院本着增进世界各国人民对中国语言文化的了解，加强中国与世界各国教育文化交流合作，发展中国与外国的友好关系，促

---

① 新华网：http://www.tj.xinhuanet.com/2016-06/13/c_1119035202.htm(2016-06-13)

进世界多元文化发展,构建和谐世界的宗旨,在马其顿发展了跨越政界、商界、文化和教育界的数十个合作伙伴,建立了 7 个汉语教学点,开设了 20 多个汉语教学班,目前在马其顿学习汉语的人数达到 500 多人。孔子学院有专门为当地企业服务的教学点,如 Tikveš 酒业公司汉语教学点;还有为政府各部门职员开设的教学点,如教育部、海关、环保部、欧洲秘书处等教学点。目前正与马中商会商议,探讨在其他地方开设汉语教学班的可行性。孔子学院三年来举办了近 100 场文化活动,接受媒体访问上百次,与电视台合作直播 20 余次。近年来,孔子学院先后组织 20 多名马其顿学生赴中国参加夏令营活动,推荐 10 余人申请孔子学院奖学金或中国政府奖学金到中国攻读硕士和博士,还有 15 名马其顿学生通过中国驻马其顿大使馆申请奖学金赴中国留学。孔子学院通过各种途径让当地民众更多地了解中国,亲近中国文化,在推广汉语和中国文化、增进中马两国人民互相了解、促进两国经贸往来等方面做出了积极贡献。

就马其顿全境来看,由于政府重视外语教学,大中小学和社会各阶层的汉语教学需求都呈现逐年稳步增长的态势,除马其顿几个主要大学、重点中小学校外,职业学校、当地企业、中资机构以及社会各界都有汉语学习需求。尤其是随着中马经贸往来的加强和中国"一带一路"战略的展开,中国和中东欧合作机制的加强,中马关系发展前景看好,马其顿对汉语学习的需求将进一步扩大,并随着中马合作的深入而稳步增长。

第三,中马文化交流的其他方面。2014 年,由中国政府援建的拉伊科·津基福夫初级学校投入使用,成为中马友谊发展的又一象征。同年,中国成都中医药大学与什蒂普大学签署共同成立中医学中心合作备忘录,两国医药合作开始起步。2014 年,10 名马其顿留学生获得中国政府奖学金赴中国学习汉语和中医;2015 年,成都中医药大学派遣一名教师到圣基里尔·麦托迪大学学习马其顿语。

2015 年 12 月,北京外国语大学欧洲语言和文化学院院长赵刚一行访问马其顿,会见马其顿教育部国务秘书托多洛夫斯卡、圣基里尔·麦托迪大学校长斯托伊可夫斯基及该校语言系主任维勒瓦,就北京外国语大学欧洲语言文化学院开设马其顿语专业开展合作深入交换意见。北外计划在 2020 年前开设所有与中国建交国家的所有 100 余种官方语言,预计 2016 年秋季在欧洲语言文化学院开设马其顿语专业。圣基里尔·麦托迪大学对此表示欢迎和支持,承诺将派遣马其顿教师赴北外授课,并邀请北外教师赴马参加语言培训。2015 年 12 月至 5 月,河北外国语学院派 6 名大三学生到马其顿 Stip 市的 Goce Delcev 大学学习马其顿语,为"一带一路"中东欧十六国会谈项目做翻译预备人员。

## 三、 中马经济文化交流的未来展望

自中国提出"一带一路"战略以来,中马双边关系越来越好,各领域合作越来越密切。特别是近几年,两国高层领导人交往频繁,民间交流日趋活跃。当前中马两国各领域的合作进展顺利,成果显著,为今后扩大合作积累了经验。未来中马两国在"一带一路"战略和"16 + 1"合作框架下,必将在经贸合作和文化交流等方面进一步发展,获得更多成果。

首先,从经济领域看。自"一带一路"战略实施以来,中国-中东欧经贸合作总体情况乐观,各国政府高度重视并制定了相应措施,16 + 1 等新范式对马其顿的吸引力很大,中马两国利益攸关,合作前景光明。

一、中国-中东欧经贸合作总体情况良好。近年来,在双方共同努力下,中国和中东欧国家经贸合作扎实推进。在贸易方面,2015 年中国与中东欧国家贸易额达 562 亿美元,比 2010 年增长了 28%,双方贸易结构不断优化,贸易领域不断拓展。在投资方面,中国企业在中东欧国家投资超过 50 亿美元,涉及机械、化工、通信、物流商贸、新能源、金融、农业等诸多领域。中东欧 16 国在中国投资超过 12 亿美元,涉及机械制造、汽车零部件、化工、金融、环保等多个领域。在基础设施建设方面,双方合作取得较大突破。马其顿两条高速公路就是其中的一个合作项目。匈塞铁路塞尔维亚段现代化改造和重建项目也已于 2015 年 12 月 23 日举行启动仪式。在中国和中东欧国家领导人的关心和支持下,双方经贸合作步入快速发展阶段。中东欧地区是欧洲最具活力和潜力的区域,双方在贸易、投资、基础设施建设等领域的合作大有潜力。

二、中国和中东欧各国政府高度重视双方的合作。2012 年 4 月,中国-中东欧领导人在华沙正式启动了中国-中东欧合作机制。2013 年,习近平主席提出共建"一带一路"倡议,得到中东欧国家的广泛响应和积极参与,开创了中国-中东欧合作共赢的新局面。2015 年 11 月,第四次中国-中东欧领导人会晤在苏州举行,李克强总理与中东欧国家领导人共同宣布了中国与中东欧国家合作中期规划和苏州纲要,为未来合作指明了方向,规划了路线图。到目前为止,在这个合作机制下已举行领导人会晤四次,部长级会议一次,博览会两次,中东欧国家都积极参与,一些欧盟国家也以观察员身份参与活动,共同发表了《中国-中东欧国家合作苏州纲要》、《中国-中东欧国家合作中期规划》、《宁波宣言》等。各国领导人都认识到,中国与中东欧国家合作,将有助于提升中国与欧洲合作的规模和质量,促进欧洲区域合作的全面均衡发展,符合各方的需要和利益。

三、中马两国利益攸关,"16 + 1"等新范式,对马其顿具有吸引力。进入经济新常态的中国对外合作格局正发生巨变。中国在基建、电信和装备制造等领域积累了雄厚资本和技术实力。建设"一带一路"和"16 + 1"合作机制,对内有助于中国产业结构调整升级;对外使中国得以全面发掘与新兴市场国家间潜在的互惠互利机会,激发这些国家潜在的经济发展动力。中马两国在贸易、投资、基建、科技等众多领域存在战略契合点,可以构建共同的发展轨道,在合作中互利互惠。

现在中东欧国家对基础设施建设和更新的需求非常强烈,基础设施建设与互联互通合作,产能与装备制造合作,是"16 + 1"经贸合作的增长点。就马其顿而言,目前在发展经济、改善民生等方面较为迫切,而中国正加快"走出去"步伐,寻找与世界各国合作共赢的契合点,这为双方的合作奠定了坚实基础。因此,自"16 + 1"合作框架提出以来,马其顿就是积极支持参与国之一。在基础设施方面,马其顿与中东欧其他国家一样,还是上世纪五、六十年代的基础设施,现在都面临着更新的问题。而中国在基础设施建设领域的资金、技术和管理等方面具有明显优势,双方开展合作具有很大的空间和潜力,可以优势互补，合作共赢。

例如，匈塞铁路和中欧陆海快线项目正在推进之中。作为中国-中东欧合作的标志性项目，匈塞铁路将打造一条中欧贸易的国际大通道，中东欧乃至整个欧洲都可以分享这条经济走廊带来的好处。匈塞铁路项目如果从贝尔格莱德继续向南延伸，穿过马其顿，最终可以抵达希腊的比雷埃夫斯港，陆海联运，形成中欧陆海快线，马其顿将是这一通道上的受益国。因此，马其顿、匈牙利和塞尔三国都对匈塞铁路建设抱有强烈的愿望，并就如何统一技术标准等问题开始进行商谈，相信三方很快就会达成共识。

此外，中国还可以凭借先进制造业以及钢铁、水泥、化工等基础工业的技术和资金优势，通过就地建厂、共建产业园区、商贸物流园区等模式，来深化中马产业合作，促进马其顿的经济发展和扩大就业。

四、马其顿具有良好的投资环境。马其顿首都斯科普里在机场、铁路附近开办了很多技术工业开发区。政府还出台了很多优惠政策，吸引外国直接投资。由于地缘关系，马其顿被很多企业视为进入欧盟市场的一个重要支点，目前很多跨国公司在马其顿开办了工厂。马其顿劳动力资源丰富，产业工人基础好，相对于其他欧洲国家，吸引投资的比较优势很明显。例如马其顿矿产资源很丰富，有铁、铅、锌、铜等，而冶金恰恰是河北的优势产业，双方完全可以实现优势互补。马其顿和中国未来的合作空间很广阔，加强中马双方经贸合作，发挥互补优势，有利于双方互利共赢，共同发展。

其次，从文化交流看。共建"一带一路"，旨在传承和弘扬古代丝绸之路精神。古代丝绸之路实现了亚欧大陆各国间的商品、技术、人员和思想交流，推动了各国经济文化和社会进步，促进了不同文明的对话与交融。"一带一路"的战略目标，在经济层面上，近期是着眼于"基建产能输出＋资源输入"，远期着眼于"商贸文化互通，区域共同繁荣"。经济领域的交流合作与共赢，需要文化的铺垫和辅助。中马两国在参与"一带一路"战略和"16＋1"框架合作中，必然与各国一道，在"政策沟通"、"道路联通"、"贸易畅通"、"货币流通"的同时，努力做到"民心相通"。这就要求中国与有关国家共同致力于奠定国家关系的民间基础，促进不同文明之间的交流对话，加强各国人民特别是基层民众的友好往来,增进相互了解和传统友谊。这种潜移默化的、润物细无声的工作,正是孔子学院的任务。

两国文化交流,政府之间的文化交流合作,互派代表团访问等,都只是短期的活动。而援建学校、建立中医中心,则需要有一批学汉语、懂中国,熟悉中国文化的人持之以恒,让两国的文化合作生根发芽。如果缺乏对中国文化和中国历史、社会的专门知识,就会缺乏长久合作的基础。孔子学院在马其顿的三年时间证明,文化交流能够拉近中马两国人民间的感情距离,也有助于促进两国包括经济等领域的交流与合作。近年来,马其顿民众学习汉语的热情持续增长,到孔子学院报名学习的人数越来越多,但过去一直存在学习热情与就业出路的矛盾,这与中马经贸合作和文化交流前景密切关联。随着"一带一路"战略和"16 + 1"合作的实施,中东欧国家与中国的经贸合作和文化交流成果一一展现,学习汉语的目的性问题和就业问题正逐步得到解决。孔子学院正努力通过教学和文化活动,以及与中国驻马其顿大使馆的合作,更多地宣传这一光明前景,让学生看到学习汉语对其将来发展的作用,鼓励学员用长远发展的眼光看待汉语学习,把单一的就业目的转化为多元的学习动机。同时,汉语教师也在努力提高汉语教学质量,吸引更多人学习汉语。

目前,位于马其顿泰托沃市的东南欧大学、位于著名旅游城市奥赫里德的Technology"Ss. Apostle Paul"大学、位于著名历史名城比托拉的 University"Ss. Kliment Ohridski"都有较明确的开设汉语教学点的意向。如果孔子学院的汉语教学点以斯科普里为中心,逐步向马其顿其他几个重要城市及周边地区扩展,将为汉语和中国文化在马其顿的进一步传播打下坚实的基础。

就文化流通而言,在马其顿培育具有丝绸之路特色的国际精品旅游线路和旅游产品,也是题中应有之义。马其顿的人文环境很好,旅游资源丰富,是个多山的国家,瓦尔达尔河贯穿南北,有世界级旅游城市奥赫里德,有很多古老的教堂和村寨,有独特的民风民俗,有美味的食物,近年已经开始吸引越来越多的中国游客前来观光。因此,可以在马其顿积极推进旅游产品、文化产品、民俗风情、旅游线路及非物质文化遗产项目的发展。"丝绸之路"是中国旅游最古老且最具代表性的品牌之一,是"美丽中国"国家旅游形象的重要支撑,可以在完善国内国际区域旅游合作机制的基础上,与马其顿建立互联互通的旅游交通、信息和服务合作。

中马交流合作机遇很好,前景乐观,这是毋庸置疑的,但问题和挑战也不少。比如,"16 + 1"合作机制中涉及的 16 个中东欧国家文化各异,在合作过程中如何处理文化的差异性,马其顿在"一带一路"战略中的地位和作用,全球化效应下区域间经济的不平等,对时间和速度的不同理解,不同的政治文化,经济体量的不对称以及如何保证合作的"包容性"方式等问题,都需要在合作过程中逐一加以考量和解决。

交流合作,互通有无,携手共进,从来都是国与国关系的最佳选择。历史上的丝绸之路让我们看到了中西方交流的成就以及对世界文明发展的意义;而中马两国多年来的交往,也证明了和合是双赢的最好策略。今天,时代赋予了古丝绸之路新的内涵,只要中马两国人民继续发扬和平合作、开放包容、互学互鉴、迎难而进的丝路精神,携手发展经济,互相阐扬优秀文化,必将在 21世纪为人类社会创造出新的物质和精神财富。

**主要参考文献:**

1. 弗朗西斯科·洛佩斯·塞格雷拉等:《全球化与世界体系(上、下)》,中国社会科学出版社,2003 年。

2. 李惠斌等:《全球化与现代性批判》,广西师范大学出版社,2003 年。

3. [美] 杜维明:《儒家传统与文明对话》,河北人民出版社,2010 年。

4. [美] 塞缪尔·亨廷顿:《文明的冲突与世界秩序的重建》,新华出版社,2010 年。

5. 王元林:《海陆古道——海陆丝绸之路对接通道》,广东经济出版社,2015 年。

6. 王义桅:《"一带一路":机遇与挑战》,人民出版社,2015 年。

7. 葛剑雄、胡鞍钢、林毅夫等:《改变世界经济地理的"一带-一路"》,上海交通大学出版社,2015 年。

8. [美] 黑尔佳·策普·拉鲁什、威廉·琼斯:《从丝绸之路到世界大陆桥》,江苏人民出版社,2015 年。

9. 赵可金:《一带一路:从愿景到行动》,北京大学出版社,2015 年。

10. 赵磊:《"一带一路"年度报告:从愿景到行动(2016)》,商务印书馆,2016 年。

# 4
# 窗口、桥梁、平台
## ——试析孔子学院在"一带一路"倡议中的作用

李期铿*

摘　要　自"一带一路"倡议提出至今,教育界及孔子学院总部多次阐述孔子
　　　　学院助力"一带一路"倡议的举措以及孔子学院在"一带一路"建设
　　　　中的作用,给各孔子学院如何助力"一带一路"倡议提供了指导和启
　　　　示。首先,孔子学院可以成为所在国家和地区人民了解"一带一路"
　　　　倡议的重要窗口。其次,孔子学院可以通过调研了解对方,并通过培
　　　　训、座谈、报告等方式成为消除文化风险、搭建心灵沟通的桥梁。第
　　　　三,孔子学院工作本身就是"一带一路"倡议的重要组成部分,是推行
　　　　"一带一路"倡议的重要力量。最后,孔子学院应超越"一带一路"的
　　　　地理范畴,助力"五通",尤其是民心相通。"一带一路"倡议给孔子
　　　　学院创造了更广阔的发展空间,同时也对孔子学院提出了更高的
　　　　要求。

关键词　推介窗口　沟通桥梁　文化风险　公共外交　民心相通

　　自"一带一路"倡议提出至今,尤其是中国政府 2015 年 3 月 28 日正式发
布《推动共建丝绸之路经济带和 21 世纪海上丝绸之路的愿景与行动》以来,教
育界及孔子学院总部在多个场合阐述了孔子学院助力"一带一路"倡议的举措

---

* 李期铿,北京外国语大学英语学院教授,美国富布赖特常驻学者(2006 年 8 月—2007 年 5 月),
2010 年 8 月—2015 年 7 月任美国夏威夷大学孔子学院中方院长,2015 年 9 月起任德国哥廷根
大学学术孔子学院中方院长。

以及孔子学院在"一带一路"建设中的作用。2015年9月在保加利亚首都索非亚举行的欧洲部分孔子学院联系会议上,国家汉办主任、孔子学院总部总干事许琳表示,希望此次会议能为孔子学院为服务"一带一路"战略、促进中国与沿线国家的人文交流和经贸合作探索宝贵经验。与会者认为,大力开展文化交流与合作是"一带一路"重中之重的基础建设,而孔子学院的宗旨正是帮助世界各国人民学习汉语、了解中华文化、增进中外人民之间的友谊。发展孔子学院与实施"一带一路"之间存在许多契合点。①

2016年4月,厦门大学举办"21世纪海上丝绸之路"大学校长论坛,吸引了全球27所大学校长及孔子学院院长等60多人参会,孔子学院在"一带一路"建设中的作用是三个主要议题之一。许琳在开幕式致辞中指出,"一带一路"战略的核心是"五通","政策沟通、设施联通、贸易畅通、资金融通、民心相通",其中,民心相通尤为关键。孔子学院就是促进民心相通的桥梁和平台,孔子学院一定会进一步增强自身影响力、凝聚力,更好地服务于"21世纪海上丝绸之路"沿线国家的经济建设和社会发展。许琳指出,孔子学院下一个十年的重要工作是推动双边交流,不仅要做到"走出去",还要做好"引进来",不仅要做好语言的交流,更要做好文化的交往,让中外文明相融相生,互相促进,共同发展。2016年6月20—21日举行的中亚和南高加索地区孔子学院联席会议更是以"一带一路"倡议下孔子学院面临的机遇与挑战为主题。2016年6月23日国家汉办副主任马箭飞在国家教育行政学院报告时强调,孔子学院总部将加强"一带一路"沿线孔子学院的建设;在服务"一带一路"战略方面,孔子学院将努力完善沿线国家孔子学院的布局,构建互利共赢的教育共同体;全心全意提供汉语教学服务,培养各领域汉语人才和新一代汉学家;努力搭建人文交流和公共外交平台,夯实中外友好合作的民意基础;积极参与多领域夯实合作,服务"一带一路"全方位建设;大力开展中外教育双向交流,推动教育国际化进程。② 在谈到教育界如何支持"一带一路"倡议时,北京师范大学国际与

① 参见许琳:《孔子学院助力"一带一路"战略》。
② 马箭飞:《教育行政学院报告》,2016年6月23日。

比较教育研究院院长刘宝存指出,应充分发挥地方高校对创办海外孔子学院的积极性,根据沿线不同国家的教育需求,开设不同特色的孔子学院。他建议举办沿线国家大中学生"中国夏令营、冬令营"活动,组织我国大中学生志愿者深入沿线国家宣讲中国故事,增进沿线国家青少年学习汉语和中国文化的兴趣。①

以上阐述给各孔子学院如何助力"一带一路"倡议提供了指导和启示。作为一位特别注重孔子学院人文交流和公共外交作用的中方院长②,笔者也对各孔子学院在"一带一路"倡议中的作用进行了认真的思考和研究。笔者认为,在服务"一带一路"倡议方面,各孔子学院可以发挥三个方面的作用:

首先,孔子学院可以成为所在国家和地区人民了解"一带一路"的重要窗口。迄今为止,孔子学院通过区域会议、研讨会、论坛等形式,让所在国部分学界和政界人士对"一带一路"有了比较深入的了解,但所在国的普通百姓对"一带一路"知之不多,当地媒体也鲜有报道。"一带一路"这么好,有必要让当地更多的公众了解,形成良好民意,提升中国形象。孔子学院在这方面可以发挥积极作用,如举办"一带一路"展览及公开讲座等。举办这类活动的场所,最好选择在当地比较有影响的公共场地,如展览馆、议会大厦、公共图书馆等,同时结合当地重要活动进行,借用各方力量,吸引当地媒体和公众注意。活动的内容应当强调合作共赢、造福当地、绿色环保等。展览应包括一些成功的项目案例,用事实和数字说话。就展览而言,孔子学院总部可以发挥协调作用,推出一些有关"一带一路"的展览影视、图片和小册子,以当地语言讲述。孔子学院还可以主动联系当地商务机构、经济部门和大企业,与当地使领馆、华人商会、中资机构等密切合作,介绍"一带一路"倡议,做好"一带一路"知识普及

---

① 刘宝存:《"一带一路"中教育的使命与行动策略》。

② 笔者在 2010—2015 年任夏威夷大学孔子学院中方院长期间,特别注重孔子学院的公共外交和人文交流职能,曾在《光明日报》和《公共外交季刊》发表"孔子学院的公共外交使命",编著《春风吹又生—中美人文交流足迹》其中一章专门讲述孔子学院在中美人文交流中的作用。新华网曾以"一言一行做外交——一位孔子学院院长的公共外交之道"为题报道了笔者的孔子学院公共外交理念和实践。

工作,并就所涉及的问题提供咨询服务,努力使当地经济与"一带一路"联系起来,与中国联系起来。此外,孔子学院还可以通过教学活动介绍"一带一路",如教师在授课过程中加入"一带一路"倡议的内容等。介绍对象国的重大政策是外语教学中的常态,是一种对学生负责任的行为,况且"一带一路"倡议本身就是人类共同的美好追求。

其次,孔子学院可以成为消除文化风险、搭建心灵沟通的桥梁。中国企业在海外投资的经验表明,尊重当地习俗,真正造福当地人民,增进与当地人民的相互了解,建立与当地人民的友谊对于企业成败以及中国的国际形象至关重要。《哈佛政治评论》上的一篇文章认为,当地百姓对中国企业的负面认知如果得不到中国的重视并采取有效措施解决,将会给"一带一路"倡议带来灾难。① 2012 年 10 月,在柬埔寨的一位中国女性企业管理人员由于不满员工因悼念老国王西哈努克逝世影响生产,从一位工人手里抢下画像并撕毁,引发 1 000多名当地工人的游行抗议。柬埔寨是中国的友好邻邦,西哈努克是柬埔寨国人的精神支柱,这次引起外交事件,严重损害了中国企业的形象。2014年,得到中国政府和柬埔寨政府大力支持的柬埔寨柴阿润大坝项目因当地居民反对而搁浅。② 这个案例说明,即使是柬埔寨这样历史上与中国长期友好的国家,中国企业在投资对环境可能造成较大影响的项目时,也不能仅仅依靠上层关系,还要深入了解当地社会生态和生存逻辑,充分利用当地媒体、法律和社会资源,促进公共关系。中国政府和企业在考虑海外投资时,不能受中国特色思维方式和办事方式的影响,在中国理所当然的事情,在国外不一定行得通。这不是中国水电和其他中国企业第一次在忽视当地人的抱怨后遇到麻烦。例如在缅甸,2011 年中国企业打算建造或资助 50 座大坝,结果让一场民族冲突死灰复燃,引发了更广泛的反华浪潮。另外还有一些中国企业在开矿过程中不注意环境保护,造成当地生态严重受损;一些工程队野外作业时,掠杀当地野生动物,天上飞的、水里游的、地上爬的什么都吃……等等。这些粗

---

① Chen, Jiafeng. *Camel Bells and Smoky Deserts*, Harvard Political Review.
② 参见《国别投资指南》,2015 年版。

鲁、野蛮及对他人不尊重的行为,严重对冲掉了许多传播正能量的"中国故事"的影响力以及中国发展对世界的贡献和帮助。因此,走出去的中国企业应展现对他人的尊重,更多地了解当地政治、法律、社会、风俗、文化等,多一点谦恭和敬畏。

孔子学院扎根于当地,可以通过深入社区接触民众、实时了解当地新闻、积极参与当地活动等方式来了解对方,并通过培训、座谈、报告等方式为中国企业及当地民众提供服务,成为消除文化风险、搭建心灵沟通的桥梁。正如刘宝存教授指出的,高等院校要加强"一带一路"沿线国家的研究,对沿线国家的历史、政治体制、地缘政治、法律、文化、语言、宗教、地理、民族、经济、商贸、交通、旅游、外交、能源等进行全方位研究,将为实现"五通"提供必要的知识储备。① 在对"一带一路"沿线国家进行研究方面,位于"一带一路"国家的孔子学院具有一定优势,孔子学院总部及相关高校应大力鼓励孔子学院进行这类研究。

第三,孔子学院是实践人文交流、公共外交、公民外交的重要平台。孔子学院作为一个语言和文化推广机构,包含重要的公共外交职能。对外语言和文化交往活动本身属于公共外交的范畴,全球主要国家的一些语言和文化推广机构都把公共外交作为重要职能。例如,英国外交部把英国文化协会列为主要的公共外交合作伙伴,英国文化协会从政府得到经费,但在运作等方面保持独立性。这一点与孔子学院类似。歌德学院认为,对外文化政策是除政治关系及对外贸易之外德国外交政策的第三层面,具有平等的权利及同等的重要性。歌德学院代表德意志联邦共和国独立自主地完成两项重要的对外文化政策任务:第一,促进国际文化合作,第二,在海外推广德语。为此,歌德学院确定自己的目标为:提高德意志联邦共和国的地位,为不同文化间的交流与相互欣赏做出贡献。② 歌德学院前院长霍夫曼先生认为,"重建信任"是歌德学院工作的主题。17、18世纪,法国在整个欧洲推广法国文化,法语不仅成为

---

① 刘宝存:《"一带一路"中教育的使命与行动策略》。
② 参见歌德学院宣传册。

外交语言,甚至还用于一些国外法庭。普法战争战败后,法国政府通过建立法语联盟,试图修复法国的形象。① 一位原英属殖民地的外国公民见证了通过法语联盟行使公共外交的效果,"在我的国家,由于法语联盟的工作,法国人被普遍认为是一个慷慨大方、关爱他人、乐于助人的民族……通过法语联盟,法国政府进行了一些举措,包括向公众提供免费法语课。"美国的和平队也被认为是实践公共外交的重要力量。吉姆·费舍尔-汤普森认为,公共外交是和平队的核心。和平队主任加迪·瓦斯克斯说,数以千计的美国志愿者们献出两年的时间在国外生活和工作,实践着"纯粹的"公共(人民对人民)外交。戴维·卡普拉指出,和平队的志愿者们遍布全球的社区,是美国的最佳代表,是美国最好的外交官,在提升世界对美国的看法方面,应增加和平队志愿者的作用。美国前国务卿奥尔布赖特认为,传递美国力量的善意,不应靠军事力量,而应该发挥和平队的作用。在某种意义上,孔子学院中方员工都可以算是类似和平队之类的志愿者。

孔子学院兼有以上各个机构的职能,同时又具有实践公共外交的其他有利条件。首先,孔子学院的学员来自不同行业、不同阶层、不同年龄段等,基本可以代表当地整个社会,孔子学院的公共外交行为能产生广泛的效果。第二,孔子学院中方员工有更多的机会接触当地政府、商业和教育界等高层人士,孔子学院的公共外交实践能产生深远的影响。第三,孔子学院有充足的资源深入当地学校和社区举办各种文化活动。第四,除所在大学之外,孔子学院在当地还拥有一些合作机构,通过这些合作机构,孔子学院的公共外交活动可以影响更多受众。

《推动共建丝绸之路经济带和21世纪海上丝绸之路的愿景与行动》指出,民心相通是"一带一路"建设的社会根基。传承和弘扬丝绸之路友好合作精神,广泛开展文化交流、学术往来、人才交流合作、媒体合作、青年和妇女交往、志愿者服务等,为深化双多边合作奠定坚实的民意基础。《推动共建丝绸之路经济带和21世纪海上丝绸之路的愿景与行动》中提到的具体措施都是孔子学

---

① Joseph Nye, *Soft Power: The Means to Success in World Politics* (Public Affairs, 2004),第100页。

院已经进行、正在进行或即将进行的工作。刘宝存教授指出,"民心相通"既是"五通"的组成部分,又是其他"四通"的基础。没有"民心相通",其他"四通"不可能实现。沿线国家历史文化不同,宗教信仰各异,政治体制多样,地缘政治复杂,经济发展水平不一。因此"五通"首先要"民心相通"。要实现"民心相通",主要是通过教育,促进沿线国家人民的相互了解、相互理解、相互信任、相互尊重,增进彼此间的友谊。人文交流是人类沟通情感和心灵的桥梁,是不同国家和地区之间加深理解和信任的纽带,是不同文明之间加强对话和交流的渠道。"一带一路"沿线国家众多,文化差异大,存在着文明多样性,因此要推动和扩大双边、多边和地区间人文交流,增进相互理解和信任。这对促进沿线国家共建"利益共同体"、"命运共同体"和"责任共同体"至关重要。① 孔子学院作为一个教育文化交流机构,其工作本身就是"一带一路"倡议的重要组成部分,孔子学院是推行"一带一路"倡议的重要力量。各孔子学院通过多种途径拓展和深化沿线国家的人文交流,担当人文交流的平台和使者。匈牙利赛格德大学汉学家李察德指出,孔子学院可以提供对于企业的培训、商业培训或者个性化的语言培训。在旅游方面,中国游客来欧洲越来越多,孔子学院可以大大发挥自己的力量,如培养导游、编撰旅游方面的书籍。在建立姊妹城市方面,孔子学院也可以更多地参与。孔子学院开展的语言服务、人才培养、文化交流、学术往来、人才交流合作、青年交往、志愿服务等工作,属于人文交流的范畴,也是直接或间接的公共外交实践。

孔子学院在促进人文交流方面的例子比比皆是。例如,孔子学院总部及德国各孔子学院为配合"2016 中德青少年交流年"倡议,组织德国大中学生到中国参加汉语桥夏令营活动,中国大学生艺术团赴德孔子学院系列演出,"孔子新汉学计划"德国学生、学者赴华访学项目等。

2016 年 9 月 20 日,哥廷根大学学术孔子学院邀请武汉理工大学武术队来到德国中部的大学城哥廷根,在市中心广场举行中华武术表演。500 多名观众热情而专注地欣赏了这场高水平的中华武术表演,许多观众用摄像机和照相

① 刘宝存:《"一带一路"中教育的使命与行动策略》。

机记录这精彩的表演。在互动环节,年轻的中学生踊跃跳上舞台,初试身手。当地报纸 HNA 报道了这次表演,这是中国大学生武术队首次来到哥廷根表演。哥廷根位于德国中部,是德国著名的大学城,武汉同样位于中国中部,也是中国大学最多的城市之一,两个城市的共同点引起了观众的兴趣。鲁尔都市孔子学院邀请武汉理工大学武术队来到德国北威州,于 9 月 21 日和 22 日分别为长期教育合作伙伴莫尔斯雅德芬高级文理中学和埃森伯乐高级文理中学的 400 余名师生奉上了精彩的武术表演。在演出后的互动环节,已被中华武术深深震撼的师生把队员们团团围住,就地在体育馆里展开了一场中华武术现场教学。直到表演结束宾主合影留念,还有许多观众不愿散去,他们纷纷找到自己喜欢的队员,或用简单的汉语,或用崇拜的目光比画着表达合影的愿望。雅德芬中学汉语班的学生在获悉来自中国的武术队要来校表演的消息后,主动要求与他们同台演出,为在场观众奉献了拳术、棍术以及体操表演。自 2014 年以来,每年全球"孔院日"活动期间鲁尔都市孔子学院都会邀请来自国内高校的高水平艺术团,为合作学校的师生和当地民众奉上精彩的演出。迄今为止,已有来自北京、武汉等地的师生团队在鲁尔区的多个城市献演,推动了中德两国的民间文化交流。

1986 年 5 月 29 日,上海和汉堡两座城市共同签署了《上海-汉堡建立友好合作关系声明》,正式缔结友好城市关系。30 年来,两市在工业、商业、贸易、文化、学术等各领域,都有越来越密切的互动和交往。2016 年,双城友好 30 周年纪念之际,由复旦大学和汉堡大学共建的汉堡大学孔子学院举办多项活动助推中德人文交流。5 月 29 日,汉堡大学孔子学院举办"汉堡——上海建交30 周年庆典",100 多位当地友人与身在汉堡的上海人来此共话两地生活、共唱两地民谣、共享两地美食。汉堡大学孔子学院 9 年来以双语形式举办"中德对话",每季度邀请两位分别来自中国和德国的专家,探讨当下的热门话题,涉及社会现实、生活方式、国际政治、文化内涵等诸多方面。"茶楼文化"则为德国读者、观众提供了与中国著名文人亲密接触的机会。作家莫言、王蒙、王安忆、余华、北岛、麦家、王刚,剧作家过士行,著名导演林兆华、孟京辉,著名演员濮存昕、冯远征等,都曾被邀请做过"茶楼文学"的主讲嘉宾。而一年一度的

"中德元宵节联欢会"已经成为北德地区最大的中国主题文化活动,今年前来汉堡大学孔子学院参与活动的德国观众首次突破 1 000 人,汉堡所有的中小学校都有学生和家长光临此次盛会。汉堡市市长奥拉夫·肖尔茨在 2016 年新年招待会的致辞中谈及,"汉堡与上海是 30 年的姐妹城市,汉堡有孔子学院作为最重要的中国文化机构。"如今,汉堡大学孔子学院已成为汉堡市各类重大文化活动不可或缺的合作伙伴之一。汉堡市政府每两年会举办一次"中国时代"文化节,汉堡大学孔子学院是指定主办单位之一。今年 11 月的"中国时代"文化节上,孔子学院推出"神秘的音响"系列节目,包括中国乐器展览、中国音乐演奏、专家讲座等环节,推广中国古代和当代的音乐与乐器文化。2016年 4 月 17 日的汉堡马拉松比赛,汉堡大学孔子学院通过汉堡驻上海办事处,海选了 3 名来自上海的荣誉参赛者。三名选手第一次来到德国,受到了汉堡市政府的隆重接待。马拉松赛当天,他们穿着印有上海话和德语的孔子学院文化衫跑完了全程。马拉松赛前夕,他们受邀参加孔子学院倡办的首次"汉堡上海马拉松桥梁"活动,与汉堡市的三位马拉松行家分享亲身经历,交流心得体验。10 月 26 日,汉堡大学孔子学院选拔的三名汉堡马拉松选手,在德方院长康亦清博士的带领下飞赴上海,参加 10 月 30 日举办的上海马拉松比赛。这是两个友好城市首次正式互派马拉松选手参加对方城市的马拉松比赛,孔子学院在其中扮演了重要角色。

由复旦大学共建的法兰克福孔子学院同样举办多种形式、丰富多彩的活动,推进中德人文交流,如定期举办的"体验中国周"、"中国游戏之夜"、中国作家作品朗诵会与对话、中德语言角-语伴、中国戏曲日、中国文化讲座等吸引许多当地人参加。此外,法兰克福孔子学院每年都在世界闻名的法兰克福书展上亮相,展示中国书刊及传统特色的文化用品深受欢迎。

此外,孔子学院员工可以融入当地社区,实践公共外交和公民外交,充当民间大使。孔子学院作为一个主要从事教育和文化交流的民间机构,具备实践公共外交和公民外交的有利条件。[1] 一位曾经在德国孔子学院工作的学者

---

① 李期铿:《孔子学院的公共外交使命》,《光明日报》2013 年 7 月 10 日。

称孔子学院为"中国公共外交的明星"。① 孔子学院员工随时随地都应牢记实践公共外交和公民外交的意识，除以上文化和教育交流活动之外，可以通过主动接触当地媒体、深入当地社区和家庭、加入社团、参与社区活动、参与或组织志愿和慈善活动、义务授课和讲座、与当地机构建立合作关系等方式，展现中国人良好的精神风貌，以润物细无声的方式，讲好"中国故事"和"一带一路"故事，为深化双、多边合作奠定坚实的民意基础，最终实现民心相通。正如中国公共外交泰斗赵启正先生所言："中国是一本 13 亿多人的书，每一个中国人都应该写好自己的一页"。尤其是身在国外的孔子学院工作人员，我们自己那一页就摆在当地人面前，我们的一言一行直接影响国外民众对中国的看法。因此，孔子学院在公共外交和公民外交方面负有特殊的使命。

夏威夷大学孔子学院是较早有意识地开展公共外交研究和实践的孔子学院。在举办文化活动时，夏威夷大学孔子学院注重走进当地中小学，让中小学生从小感受中华文化的魅力。例如，夏威夷大学孔子学院先后组织浙江师范大学"三巡"艺术团、云南省少数民族艺术团、北京体育大学"三巡"演出团到当地十多所中小学演出，近 5 000 名当地中小学生观看，反响强烈，演出结束之后不少学生表示一定要到中国学习、参观。除了举办文化活动和语言教学活动这些常规方式外，夏威夷大学孔子学院实践公共外交的具体方式还包括：参加社区志愿服务，志愿翻译服务，义务汉语教学活动，向学校和其他非盈利机构捐款，深入当地社区和家庭，讲座活动，危机处理，建立合作等。

在社区志愿服务方面，孔子学院中方员工虽然暂时居住在异国他乡，但没有把自己当成客人，而是积极地融入当地社会，为当地社会的进步贡献力量。中方院长鼓励自己的孩子"收养"了一座公园，自购清洁工具和劳动护具，每月对公园进行一次清扫，收到了檀香山市市长的感谢信。这一举动，让当地人看到，孔子学院不仅传播优秀的中国传统文化，而且也持有新时代的环保理念。夏威夷大学孔子学院中方院长还经常参加当地中小学的家长志愿活动，如多次参加凯泽高中家长义务劳动，参加凯泽高中荣誉毕业生毕业论文（项目）答

① Falk Hartig, Chinese Public Diplomacy: *The Rise of the Confucius Institute*. Routledge, 2016.

辩。通过这些活动与学校和其他学生家长交流,树立一个新时代中国家长的形象,让学校和其他家长对中国人有进一步的认识,在一定程度上提升了中国的形象。

在志愿翻译服务方面,夏威夷大学孔子学院中方员工拥有双语优势,在笔译、口译方面经常为当地提供志愿服务。2011 年 APEC 期间,夏威夷州政府在州长官邸为参加 APEC 的中美工商界代表举行午餐会,400 多位中美企业家和政界人士出席,夏威夷大学孔子学院 5 名中方员工和 2 名外方员工为午餐会提供志愿翻译服务。中国贸促会和夏威夷银行举行"中美工商领袖夏威夷之夜"活动,300 多位中美工商界人士出席,夏威夷大学孔子学院为活动提供志愿翻译服务。这些活动不仅促进了中美工商界的交流,也展示了孔子学院作为文化交流使者的形象。此外,夏威夷大学孔子学院还为夏威夷大学和一些当地著名企业翻译数万字资料,供 APEC 期间使用。夏威夷大学在接待上海媒体代表团和广州媒体代表团时,夏威夷大学孔子学院还提供义务口译服务。当地普纳和学校、凯泽高中、罗斯福高中、马里诺学校等在接待中国访问团或者需要把英语文件翻译成中文时,也常请夏威夷大学孔子学院提供志愿翻译服务。孔子学院工作人员认真负责、不计回报的翻译工作得到这些学校的高度评价。

在义务汉语教学活动方面,夏威夷大学孔子学院通过三种形式进行。一是夏威夷大学汉语专业的学生及孔子学院周末班的学生遇到学习瓶颈时,向孔子学院的汉语教师及志愿者寻求帮助,孔子学院中方教师和志愿者每人每年都义务辅导多名学员。二是在当地学校开设免费课后班。迄今为止,孔子学院在罗斯福高中等两所学校开设了课后班。三是免费为其他机构讲授汉语课程。2013 年夏天,亚太理事会邀请夏威夷大学孔子学院为即将访问中国的高中生代表团讲授汉语,孔子学院全体教师主动请缨,最后志愿者张然为这些学生献上了三堂精彩的汉语体验课,受到学生们的热烈欢迎,得到亚太理事会的高度赞赏。通过这三种形式,不仅让更多的外国人了解中国语言和文化,更重要的是展现了中国人不计报酬、乐于助人的风采,增进了中美两国人民的友谊。

　　慈善活动在美国较为普遍,夏威夷大学孔子学院中方员工不时会收到当地学校和其他一些非盈利机构的筹款信函和电子邮件。为融入当地文化生活,同时展示中国人民乐于助人的美德,夏威夷大学孔子学院中方员工多次向当地学校和其他非盈利机构捐款。2012 年 2 月,夏威夷大学孔子学院向凯泽高中捐款 1 000 美元,该校校长、教师代表和学生代表出席接受捐赠。2010 年 8 月至 2015 年 7 月,夏威夷大学孔子学院中方院长李期铿个人先后数次向罗斯福高中、凯泽高中"One World Now!"(一个总部位于西雅图的国际语言推广组织)和亚太理事会等非盈利教育机构捐款 2 000 多美元。2012 年 10 月,夏威夷大学孔子学院所有四名中方员工向夏威夷大学亚太学院组织的慈善活动捐款 100 美元,超过建议捐款金额,向夏威夷大学同事展示了中国人民的友好情谊。这些捐款行为增进了当地民众对中国人的了解和友谊,为孔子学院和中国人民赢得了声誉。夏威夷大学孔子学院的善举也得到积极的回应。"One World Now!"在 2012 年 1 月向夏威夷大学孔子学院推荐并资助一位成功的非裔美国汉语学习者成吉汉到夏威夷中小学宣讲其学习汉语的经历以及学习汉语对其视野拓展及事业前景的帮助,受到 4 所学校约 800 名学生的热烈欢迎。亚太理事会通过其与夏威夷高中的联系,协助孔子学院组织学生参加"汉语桥"夏令营及组织"三巡"演出进入美国高中。此外,夏威夷大学孔子学院分别得到当地华人团体和友好人士 1 500 美元及 8 000 美元捐款,用于在夏威夷中小学推广汉语教学及中国文化活动,还有一些机构及个人表示愿意向夏威夷大学孔子学院和中国研究中心提供奖学金。

　　在深入社区、家庭方面,夏威夷大学孔子学院主要采取三种方式。第一种是与房东和邻居建立友谊,借机传播中国文化。例如,孔子学院中方员工邀请房东和邻居观看孔子学院主办的演出活动,很多人因此对中国文化产生了浓厚兴趣。2013 年 1 月,一对房东夫妇在应孔子学院邀请观看中央民族乐团演出之后,连声说"Fabulous! Fabulous!"(太神奇! 太神奇!),并表示希望购买一些中国文化演出的 DVD,计划 2013 年到中国旅游。在传统节假日,中方员工都会邀请房东和邻居来做客,让他们体验中国的传统节日气氛,感受中国人民的热情友好。在房东子女生日的时候,孔子学院员工会送上中国特色的小礼物,如中国结、剪纸等。第二种是教师到学生家里做客。孔子学院的老师通过教学与学生建立一定感情后,有些学员会邀请孔子学院教师到家里做客。夏威夷大学孔子学院会充分利用这种机会,通过赠送礼品、观看电影、介绍中国等方式进一步拉近与学生的距离,增进学员对中国的友谊。第三种方式是通过加入当地兴趣小组、去教会并加入家庭小组等方式走进更多的当地家庭。中方员工通过加入跑步小组、舞蹈小组等方式,不仅与当地人共享运动之乐,同时也建立纯真的友谊。教堂是美国最普遍的聚会场所,走进教堂就能走进美国普通民众的生活。夏威夷大学孔子学院中方院长先后走进当地 10 多家教会,并加入家庭小组。通过与许多美国普通家庭的联系和交流,中方院长让普通美国公众更广泛深入地了解了中国,了解中国人民,了解中国的宗教自由,消除了一些美国民众对中国的负面看法。

在讲座活动方面,夏威夷大学孔子学院与中国研究中心每年举办 20 场左右有关中国题材的讲座,加深夏威夷大学学生、学者以及当地民众对中国的认识。中方院长进行了两次主讲,题目分别是"中国的美国研究"和"从政治文化的视角理解中国外交"。第一次讲座对中国的美国研究进行客观的分析和评价,与美国的中国研究进行比较,向国外听众展示中国学者对美国的研究状况,让国外听众对中国的学术有进一步的认识。第二次讲座直接触及中国外交,从中国历史、文化的角度解读中华人民共和国成立以来,尤其是冷战结束以后的外交政策和行为,强调中国外交的本质是和平外交、防御外交,正如富布赖特参议员在 20 世纪 60 年代"中国听证会"期间所说,"中国历史上没有任何扩张行为"。讲座从学术的角度驳斥了"中国威胁论",这种方式的效果往往好于官方宣传。

此外,夏威夷大学孔子学院中方院长还数次应邀为夏威夷大学学生和美国高中生进行"当代中国"讲座。这类讲座是向美国青少年树立当代中国积极形象的良机。中方院长通过纵向和横向的对比,展示中国发展的巨大成就,在不回避问题的同时,指出这些问题是一个国家发展过程中必然出现的,例如中国当前的食品安全和环境污染等问题与美国 20 世纪初时的情形非常类似。美国通过"进步运动"逐步解决了这些问题,而中国政府和人民也正在展开类似的"进步运动",积极解决这些问题。这种求实、坦诚的讲座方式得到同学们的一致好评。

在危机处理方面,夏威夷大学孔子学院能做到临危不乱,甚至未雨绸缪,并能够借助危机提升孔子学院的影响力,进而提升国家形象。2012年4月,达赖喇嘛到夏威夷大学演讲。虽然此事不涉及夏威夷大学孔子学院,演讲题目也不涉及政治,但夏威夷大学孔子学院仍在第一时间向孔子学院总部、洛杉矶总领事教育组和北京外国语大学孔子学院工作处汇报详情,并对中方员工提出了要求,这一事件没有造成任何影响,夏威夷大学孔子学院做到了未雨绸缪。在应对"5·17指令"时,夏威夷大学孔子学院中方院长第一时间向孔子学院总部、洛杉矶总领事馆教育组和北京外国语大学孔子学院工作处汇报详情并针对应对措施提出建议,及时用中英文撰写"孔子学院对中美友好和美国的贡献——以夏威夷大学孔子学院为例",提交孔子学院总部和北京外国语大学孔子学院工作处阅示之后,发送给中外媒体,并送达白宫、夏威夷州各位联邦参议员和众议员、夏威夷州和檀香山市政府和议会各主要负责人、相关中小学校长、华人华侨团体等,以具体事实向美国政要介绍了夏威夷大学孔子学院对中美友好和美国的贡献。

夏威夷大学孔子学院通过与当地机构建立友好合作关系,开展汉语语言教学和中国文化活动。与夏威夷大学孔子学院建立合作关系的机构包括夏威夷州议会、东西方中心、亚太理事会、一个世界、世界医学研究院、夏威夷银行、夏威夷大学社区延伸学院,以及中华总商会等华人社团等。在与这些机构合作的过程中,夏威夷大学孔子学院展现出敬业精神和友好情谊。同时,通过开展更多的语言教学和文化活动,更广泛地传播了中国文化。例如,通过与夏威夷州议会的合作,夏威夷州议会通过决议,确定每年9月28日为"孔子日";通过与亚太理事会的合作,夏威夷大学孔子学院在罗斯福高中开展了北京体育大学艺术团巡演活动,组织学生参加汉语桥夏令营活动,为亚太理事会组织的夏令营学生讲授中文和中国社会文化,开设课后中文班等,都取得良好效果。

夏威夷大学孔子学院通过以上多种公共外交途径和渠道,在当地机构和民众之中不断展现正面形象,增进了美国人民对中国的了解,促进了中美两国人民的友谊。

最后,需要特别指出的是,对于助力"一带一路",孔子学院应超越其地理范畴。孔子学院遍布全球,担负着类似使命,助力"五通",尤其是民心相通,不仅是"一带一路"沿线国家孔子学院的责任,也是非"一带一路"沿线国家孔子学院的责任。对于孔子学院来说,"一带一路"倡议不仅涉及"一带一路"沿线相关国家和地区,同时也涉及非"一带一路"沿线国家和地区,如美洲、大洋洲、西南非洲等。

"一带一路"倡议给孔子学院创造了更广阔的发展空间,孔子学院应抓住机遇助力"一带一路"倡议,努力成为所在国家和地区了解"一带一路"的重要窗口,消除各种文化风险、促进相互理解的重要渠道,以及开展人文交流、公共外交和公民外交的重要平台。同时,"一带一路"倡议也对孔子学院提出了更高的要求。各孔子学院应树立服务"一带一路"倡议的强烈意识,发挥主动性。孔子学院中方职员应熟悉"一带一路"倡议的主要内容,并跟踪其进展,加强对所在国家和地区国情民情的调研,积极开展公共外交和公民外交活动,讲好"一带一路"的故事,写好自己的一页书。

**主要参考文献:**

1. 曹卫东主编:《外国人眼中的"一带一路"》,人民出版社,2016 年。

2. 李期铿:《孔子学院的公共外交使命——以夏威夷大学孔子学院为例》,《公共外交季刊》2014 年第 3 期。

3. 李期铿:《春风吹又生—中美人文交流足迹》,安徽人民出版社,2015 年。

4. 刘宝存:《"一带一路"中教育的使命与行动策略》。

5. 马箭飞:《教育行政学院报告》。

6. 张锡镇:《"一带一路"这么好,泰国人为啥开始"讨厌"中国了?》,《东南亚研究》2016 年第 3 期。

7. 《纳米比亚驻华大使评价两国经贸关系:语言文化差异影响纳中贸易》。

8. 孙敬鑫:《"一带一路"建设面临的国际舆论环境》。

9. 许琳:《孔子学院助力"一带一路"战略》。

10. 《"一带一路"环球行动报告(2015)》,社会科学文献出版社。

11. 《推动共建丝绸之路经济带和 21 世纪海上丝绸之路的愿景与行动》

12. http：//www. hanban. edu. cn/article/2016－04/06/content_636723. htm.

13. Chen，Jiafeng. Camel Bells and Smoky Deserts Harvard Political Review.
http：//harvardpolitics. com/world/camel-bells-and-smoky-deserts/

14. Dollar，*David. China's rise as a regional and global power: The AIIB and the "one belt，one road"*.
http：//www. brookings. edu/research/papers/2015/07/china-regional-global-power-dollar

15. Hartig，Falk. Chinese Public Diplomacy：*The Rise of the Confucius Institute*. Routledge，2016.

16. Nye，Joseph. Soft Power：*The Means to Success in World Politics*. Public Affairs，2004.

# 5
# 国家战略中的对外文化贸易

汪幼海[*]

摘　要　对接国家重大战略和国际市场需求,全球城市建设把自身发展与世界发展紧密联系在一起,构建起命运共同体,实施高水平开放发展战略,秉持"上海精神",追求城市文化、中国文化、世界文化的融合和传承,推动"一带一路"同沿线国家的战略对接。国际间的艺术合作突破语言文字障碍,多角度、多层次地推动对外文化交流,形成对外文化贸易的长效机制,优化对外开放布局。

关键词　全球城市建设　国家战略　开放发展　"一带一路"　文化"走出去"

全球城市建设与国家战略紧密结合,实施高水平开放发展战略,把自身发展与世界发展紧密联系在一起,构建起命运共同体,深度融入世界经济的战略布局。全球城市开放型经济体制建设,在更高起点上谋划"文化走出去",统筹开放型经济顶层设计,推进双向开放,达成"高水平引进来、大规模走出去"的美好期许。

## 一、　全球城市建设立足和服务国家战略

对接国家重大战略和国际市场需求,让各项行动成为国家战略组成部分。未来 30 年上海要建设全球城市,其基础在于城市的发展融入全球城市体系

---

＊　汪幼海,上海社会科学院文学研究所研究员,研究领域为跨文化对外传播与交流。

中,全球城市具有数量巨大的国际沟通渠道,包括几十个国家在上海的总领事馆,几十个国家或地区的 100 多个新闻机构,此外,还有上海合作组织及实业家委员会和金砖银行的天然联系,都有益于建立国际文化贸易新的对外连接口径。城市品牌生态系统总是不断地与外界进行资金、技术、资源、人才、信息等要素的交流,从而维持其有序的状态。城市品牌与其生态环境之间相互联系、相互作用,既依赖于环境的交换,同时又构建其运行的环境。城市品牌生态系统开放性决定了系统的动态和变化,开放给城市品牌生态系统提供了可持续发展的可能性,运用开放性原理就能更全面、深刻地揭示城市品牌生态系统的本质。

## (一)秉持"上海精神",推动"一带一路"同沿线国家战略对接

作为国际一流都市,秉持"上海精神",推动丝绸之路经济带建设同各国发展战略对接,形成参与"一带一路"国家战略的独特路径,追求城市文化、中国文化、世界文化的融合和传承。建设"一带一路"三年来,应者如云,互利共赢理念得到国际更广泛认同,吸引 100 多个国家和国际组织参与,同沿线 30 多个国家签署了共建合作协议,"一带一路"带来的共商项目投资、共享合作成果,通过道路连通、贸易畅通、货币流通、政策沟通、人心相通等"五通",最大限度地减少跨文化传播中的文化误读。

"一带一路"间的艺术合作突破语言文字障碍,多角度、多层次地推动对外文化交流,在实施"一带一路"战略的大背景下,将"一带一路"倡议化为"看得见、摸得着"的国际合作项目,以展演、交易、论坛等板块串联,一批有影响力的标志性项目逐步落地,从上海出发,走向世界舞台。用艺术的审美感觉缩短思维差距,成为城市发展的大事,自第十七届中国上海国际艺术节开始,发布"一带一路"艺术节的合作倡议,号召以"多样、合作、促进、示范"为宗旨,上海将"一带一路"沿线国家和地区的文化艺术交流合作重点推进,建设促进区域文化多样性和艺术创造力的多边合作机制。

聚焦"一带一路",形成文化交流常态化,发展国际合作网络。上海国际艺

术节突出"融合"主题,专门设立"一带一路"板块,集合俄罗斯、匈牙利、捷克、以色列、卡塔尔、埃及等沿线国家的多部作品,展现"一带一路"丰富的文化艺术资源。在艺术节演出交易会,来自"一带一路"国家和地区,进行相互沟通和交流,为各自的艺术节站台。在第十八届中国上海国际艺术节上,艺术节中心与印度文化关系委员会签署中印文化交流合作备忘录,双方将发起联合制作印度电影《流浪者之歌》戏剧版。艺术节中心还与乌兹别克斯坦东方旋律国际音乐节签署关于五年文化艺术合作备忘录,双方约定持续互派节目和艺术家,在"一带一路"文化联盟的旗帜下,各国文化部的合作,包括打造出合适的联盟结构、定下联盟愿景、并配备相应预算。联盟每年可以选一个国家重点介绍该国的文化和演出,由主办国提供场地、食宿和技术支持,然后由联盟具体设计表演的节目、演出等,进行艺术节的实质性合作。用中国声音与世界艺坛对话,从上海起步,开始国际艺术之旅。

### (二) 全球友好城市与友好联系城市合作共赢

由于全球城市对国际社会影响较大,可以成为国家文化战略的重要支撑点和基本载体,与相关国家和城市的联系沟通和磋商,具有亲和力优势,例如,在2016与2017年伦敦与纽约计划举办联合展览,展示过去40年中两城频繁的戏剧交流历史,呈现两地如何因为商业戏剧的交往而发展成为如今繁荣的两城关系,这个展览被命名为"大幕拉起——跨越大西洋的戏剧"(Curtain UP—Theatre Across Atlantic)。以开放思维在更大空间配置资源,把一个个国家、一座座城市连接起来,建成开放型、多功能、现代化的全球城市,显著提升开放型经济实力,能够优化对外开放格局。

全球城市具有得天独厚的国际性,充分开放和交流,创造联动发展新模式,发挥中心城市作用,从中融会贯通,创造出一种新型城市文化。中外城市间开展合作,在文化上互联互通,伸展至其他领域,通过"新丝路"抓住战略机遇,发挥龙头作用,创新合作方,联动长三角面向全世界,以"开放、共享、创新"为宗旨,发挥上海在长三角地区合作和交流中的带动作用,为此,上海确立自己的新定位:建设全球城市,面向世界,联动长三角共同发展、一体发展,搭建平台服务城市群,全方位参与全球价值链,签署系列对外合作协议,推进实现"双赢"、"多赢"。

积极借鉴全球城市发展的优秀成果,筹划迈向全球城市,着眼全球的定位,全球城市处于核心的位置,建设优质资源辐射中心地位,在城市群中发挥引领作用,带动整个区域,参与全球竞争,形成经济充满活力、高端人才汇聚、创新能力跃升、空间利用集约高效的世界级城市群框架。上海的总体规划提出"网络化、多中心、组团式、集约型"目标,在 2040 年建成综合性全球城市,形成面向世界的窗口和平台。统筹考虑"一带一路"相关国家节点性城市特点,实现贸易支点城市的互联互通,上海主动"走出去",瞄准"一带一路"相关国家节点性城市的综合性建设,开展从"上海到米兰"等系列对外推广活动,共话国际化城市区域合作与文化贸易。

践行合作共赢、共同发展的理念,同世界共建利益共同体和命运共同体,不断扩大各领域交流合作。2015 年国务院发布的《关于构建开放型经济新体制的若干意见》,内容涉及建立促进走出去战略的新体制、构建外贸可持续发展新机制、优化对外开放区域布局、加快实施"一带一路"战略、拓展国际经济合作新空间、创新外商投资管理体制、构建开放安全的金融体系、建设稳定、公平、透明、可预期的营商环境、加强支持保障机制建设等等。中外城镇化战略合作不断深入,成为对外文化贸易机制化建设的重要途径。中欧城镇化伙伴关系结对子城市已有 12 对,合作项目超过 130 个。中外合作的推进,城镇化伙伴关系已成为中外全面合作的重要支柱,中方同欧盟机构、欧洲各国及相关城市一道,中欧城市之间的合作持续深化。

全球城市历来具有相知相交的亲和关系,节点性城市是指该城市或位于跨国的大通道上,其城市的发展对于该国或某较大区域的经济发展具有明显的带动作用,利用支点城市发挥"以点带面"功能,形成"支点城市 + 配套城市"的框架网络战略布局,实现国际文化贸易畅通,拓宽国际贸易空间,《上海市加快促进服务贸易发展行动计划(2016—2018)》提出,要优化贸易结构,扩大贸易规模,参与"一带一路"建设,加快上海的枢纽、口岸、服务等功能延伸拓展,加强与对外开放前沿城市的合作;上海市与比利时安特卫普市结为友好城市已有 30 多年,双方都是重要的港口城市,友好联系城市行动助推提高国际影响力,全球城市建设重视创新的辐射带动作用,与各国节点性友好城市一道,共同创造更美的城市、更好的生活,以符合时代潮流的方式处理国际事务,构建新型国际关系。"一带一路"沿线节点性城市,可能是友好城市或友好联系城市,在友好城市间的互利合作,延续各个国家和城市间优秀文化和艺术合作平台,也有益于对外国际文化贸易步骤实施。

### （三）国际文化沟通,"世界城市日与城市发展"

越是全球城市,越是与全球联动得紧密,其对外传播创新战略,需要对接经济全球化的世界格局,站在人类命运共同体的立足点上,锤炼出让世界能够理解、具有世界意义的话语体系。上海作为"世界城市日"倡议的发起地,将每年的 10 月 31 日设为"世界城市日",成为首个以"城市"为主题的国际日,这是全球城市发展史上的标志性事件,也是一座城市的文化贡献。"世界城市日"是属于城市的节日,也是各国城市交流经验、汲取智慧的平台,这类大型文化活动取得突破性进展,与国际社会有着更广阔的合作空间,国际文化贸易与交流范围也日益扩大。

设立"世界城市日",传承上海世博会理念,创新城市发展模式,国际社会也借助这个载体来完成对全球城市的心理认同,也为各国城市间加强文化交流和贸易提供了重要载体,哈佛大学教授格莱泽在其著作《城市的胜利》一书中,这样归纳城市存在的优势及其为人类提供的福祉:城市让人类变得亲密,让观察与学习、沟通与合作变得轻而易举,极大地促进了思想撞击、科技创新与文化交流;早在公元前 8 世纪,古希腊人就以自身实践展示了一幅贸易推动下的城邦文明画卷,现在,全球 50% 以上的人口已经居住在城市,到 2030 年,近 60% 的世界人口,即约 50 亿人将聚居在城镇地区。许多重大经济、社会和文化事务的协调已从国家和区域层面深入到城市层面。

"世界城市日"的设立,提供一个开放的交流合作平台,在全球范围内建设和探讨城市问题的协商机制,为处于不同发展阶段的全球城市提供一个交流发展经验的良机,通过"世界城市日"的设立和各项活动,上海获得新的动力和智力支撑,可以更好地与各国沟通交流,实行文化贸易往来。在 2010 年 10 月 31 日,上海世博会高峰论坛上发表了《上海宣言》,形成了对全球城市创新与可持续发展的共识。2011 年正式出版了《上海手册——21 世纪城市可持续发展指南》。"世界城市日"2016 年度的主题为"共建城市、共建发展",在厄瓜多尔的基多市设立国际主场,探讨我国与"一带一路"沿线及相关国家开展城市发展领域国际合作的途径。通过"世界城市日"发布《上海手册——21 世纪城市可持续发展指南·2016》。该手册以城市可持续发展为主线,以经济发展与创新城市、文化传承与创意城市、社会融合与包容性城市等内容为基础,强调共享、平等、参与、多样性。

城市品牌形象系统构成的价值意义,在于凸显差异化优势,提升城市知名度,产生正面外部效应,发挥凝聚功能,确保城市形象的持续性,提升城市综合实力。《上海手册》和"世界城市日"均为上海世博会两项重要的精神遗产。"世界城市日"的规划设立提升上海的全球网络连通性,促进上海未来建设成为世界级综合性全球城市,具有巨大的推动作用。上海与 70 来个国家的具有友好城市或友好交流关系,"长流水、不间断"的多层次对话和人文交流,中国特色和世界对话衔接,带来兼容并包、理解互信,增进文化认同。

# 二、 开放型经济构建大格局<br>"文化走出去"新战略

服务业开放是全球大趋势,服务业开放成为进一步融入全球化的基本要求,在发达国家中,也有两个 70% 值得关注:一是服务业占比在 70% 左右;二是生产性服务业占服务业比重达到 70% 左右。我国服务业占国内生产总值的比重已超过 51%。从"十二五"规划到现在的"十三五"规划,在国家战略的高度,服务业是未来重点扩大开放发展的领域。

## (一)文化出海国际市场,互利合作新平台

上海向国际化全球城市迈进,作为文化和经济的双重载体,全球城市形成

引领国际经济合作和竞争的开放区域,其文化经济的功能汇聚成为主要的趋势。全球城市需要处理好发展经济社会"硬实力"、提升对外文化内涵和文化活动市场化运作三个层面的关系,它们是由此及彼、由彼及此,相互影响的。城市定位决定城市文化发展目标取向。上海市的开发强度已高达36%,超过法国大巴黎地区的21%、英国大伦敦地区的24%。结合国际贸易中心建设国家战略,推动外贸转型升级,加快促进服务贸易发展,建设全球重要的服务贸易中心城市,《上海市促进外贸转型升级和持续稳定增长的若干措施》制订,包括扩大进口、稳定出口规模、培育外贸竞争新优势、提升贸易便利化水平,更加密切国际人文交流。

服务业的全球竞争日益加剧,在国外,服务经济已基本形成相对成熟的体系,并有其自身的运作方式。由于关系到未来经济发展的走向与创新,服务经济战略意义十分重要。到2015年年底,上海服务业增加值占全市生产总值的比重达67.8%,但是,仍然低于发达国家2000年70.1%的平均水平。随着服务市场的逐步开放,政府给予很多政策的支持。在服务业领域开放进一步扩大,无论是上海自贸试验区以及新批准的福建、天津、广东自贸试验区,服务业的开放都是重点。加快实施自由贸易区战略,逐步构筑起立足周边、辐射"一带一路"、面向全球的高标准自由贸易区网络,积极扩大服务业开放,推进国际创新合作。

服务业等领域对外开放,改善服务业领域投资环境,2015年商务部公布关于支持自由贸易试验区创新发展的意见26条,涵盖统筹协调方案实施、促进外贸转型升级、降低投资准入门槛、完善市场竞争环境和试点总结评估等,实行市场准入负面清单制度,这个"负面清单"进一步缩小了限制的范围,提升了自贸试验区的开放度和透明度。我国接受世界贸易组织《贸易便利化协定》议定书,不仅有助于我国口岸综合治理体系现代化,还将普遍提高我国主要贸易伙伴的贸易便利化水平,促进我国对外文化贸易出口并营造便捷的外在环境。

与21世纪海上丝绸之路战略相配套,需要制定有效的制度安排和项目设计,打造"一带一路"的文化产业自由贸易试验区,在经济转型升级的过程中,对外开放在不同地区、不同领域大踏步推进。丝绸之路在召唤沿线各国进一步探索文化的多元魅力,不断加强不同民族间的对话,文化传播投射全球,上海自贸区特展"艺术之路",展现自贸区国际艺术品交易中心通过"保税政策",把国外作品引入艺博会交易平台,在运用保税政策后,国外作品可以在免税的状态下在这里展示,如果交易后仍放在保税区仓库,或者国外藏家来买并且拿到国外,那样,也是免税的。

### (二)品牌上海"走出去" 提升文化领域国际影响力

立足全球城市价值链,以现代服务业发展提升大城市转型的经济容积率。文化相关服务业的经济效益也有喜人表现,广播、电视、电影和互联网络新业态的营业利润增长,针对国际文化市场竞争,发掘和培养文化产品的国际市场潜力,不断强化艺术演出的国际交易功能,文化驱动经济发展,丰富了城市经济的门类,例如,上影股份努力开拓多媒体和海外版权营销,影片《铁血娇娃》《大闹天宫3D》等影片海外版权销售。多年来,上影集团对外合作制片的基本原则,是确立主导地位、活跃沪港合作、推广亚洲互动、促进欧美联手,先后与美国、法国、德国、韩国、日本、加拿大、澳大利亚等国家以及中国香港、台湾等地区的许多影视公司合作,成功地拍摄了50多部具有影响的故事片以及十多部制作精良的电视连续剧,代表着中国对外影视合作的最高水平。

全球城市发展的更高阶段,是城市品牌化的过程,每一个城市都有各自的历史和文化背景,积淀的文化和精神内涵,在国际舞台当中,以高度文化自信彰显文化强国地位,增强文化的影响力,强化文化吸引力,2016年以"游戏新时代,拥抱泛娱乐"为主题的第14届China Joy,被赋予全新定位:全球最大的以游戏为主导,覆盖泛娱乐领域的数字娱乐内容展示平台。由于游戏的趣味性和娱乐性,减少跨文化传播过程中的障碍,增加对外传播有效性,在本届China Joy互联网广告与网络游戏占据数字出版总收入的76.1%。城市品牌存在的价值,在于它不可替代的个性,城市自身的特色定位,具有个性化专业化,富有特色的品牌是全球城市吸引力、竞争力和生命力的所在。能够充分反映当地文化特色,代表城市的品牌形象,上海艺博会主题展,来自美国、德国等17个国家的约150家画廊参展,数千件国画、油画、雕塑等艺术品参与交易。

书香上海走出去,加大以"一带一路"为主题的选题策划比重,"一带一路"国家拥有众多民族,呈现着不同文化艺术的多元性,以双边或多边友好感情为切入点,深度挖掘国家间友好题材,这些故事生动形象,读者易于接受,更可以增进各国友人与我国人民之间的珍贵友谊,向他国民众展示中国友好、善邻的大国形象。在"一带一路"的合作过程中,这些沿线国家有多方位了解我国政治、历史、文化的需求,针对这种需求深挖我国对沿线国家的文化输出潜力;"一带一路"沿线大多是新兴经济体和发展中国家,开展互利合作的前景广阔。充分利用当地阅读习惯及文化氛围,根据当地风土人情进行项目策划和产品推广,拓宽我国版权输出的区域范围。

着力文化沟通的开放融合,兼容并包所创新出来的教学模式,吸引国际教育界的关注。在英国,积极主动与上海教育界寻求交流合作,增加教学的多样性,中式教育的逆袭,在上海举办中英基础教育论坛,无论是英方教育官员,还是与中国进行了多年深度交流的英国老师,都对上海数学教育不吝溢美之词,称"上海掌握教学模式"的应用有助提升英国数学教育水平。2016 年 7 月,英国教育部决定投入 4 100 万英镑,要求在小学中普及亚洲的数学教学方法。受英国教育界关注的"上海掌握教学模式",得益于在开放融合的基础上,进行独特的创新。从上海出发,教育有更多、更好的"质"的提升,与国际一流出版社平等合作,打造名片级的文化产品,切实推进中华文化世界行。2015 年 2 月,《华东师大版一课一练•数学》输出到英国 Harper Collins 出版社,成为上海的出版社"走出去"浓墨重彩的一笔。《一课一练》连续 9 年三次被上海市工商局认定为"上海市著名商标",中国图书进入英国主流市场和课堂,国内数学教育质量受到国际高度认同,被权威媒体评为中英文化交流的标志性事件之一。

文化体现着一个国家和全球城市的软实力,对外开放战略本身不仅仅是经济方面的内容,也是文化方面的内容。开放发展的理念是走向世界的必由之路,主要是通过对外开放更好地促进自身发展,例如,自 20 世纪 60 年代以来,巴黎城市规划思想一直没变,即将巴黎建成欧洲大陆向世界开放的门户、欧洲的经济之都、世界的时尚之都。随着我国综合国力和国际地位持续上升,成为全球第一货物贸易大国和主要对外投资大国,在全球经济中的重要性和影响力显著上升,上海的全球城市建设,与国家战略建设同步,在扩大对内对外开放中保持"龙头"地位,全方位提升开放水平,构建全方位、多层次、宽领域的对外开放格局,互利共赢的对外开放战略,大规模文化走出去"探路",与国际社会实现共同发展,促进国内国际要素有序流动、资源高效配置、市场深度融合,增强整体国际竞争力,也提升了文化领域的国际影响力。

# 6
# 用文化方式服务"一带一路"战略

胡劲军*

摘　要　在推进"一带一路"战略中,上海具有独特区位、环境与文化优势。用
　　　　文化的方式对接"一带一路"战略,丰富"一带一路"内涵,扩大"一带
　　　　一路"的影响,推动"一带一路"战略的深入实施,是上海文化应有的
　　　　责任。"一带一路"为上海文化提供了新机遇、注入了新内涵、拓展了
　　　　新空间。上海必须抓住重要历史机遇,搭建高端共赢平台,深度拓展
　　　　合作空间,发挥上海文化在"一带一路"中的排头兵作用。

关键词　文化　服务　一带一路

　　2013 年国家主席习近平在中亚四国之行期间首次提出共同建设"丝绸之
路经济带"和"21 世纪海上丝绸之路"的战略构想,强调相关各国要打造互利
共赢的"利益共同体"和共同发展繁荣的"命运共同体"。2015 年 3 月 28 日,
习近平主席在博鳌亚洲论坛 2015 年年会开幕式上表示,"一带一路"建设不是
中国一家的独奏,而是沿线国家的合奏。"一带一路"建设的愿景与行动文件
已经制定,亚洲基础设施投资银行筹建工作迈出实质性步伐,丝路基金已经顺
利启动,一批基础设施互联互通项目已经在稳步推进。随后,国家发展改革
委、外交部、商务部联合发布了《推动共建丝绸之路经济带和 21 世纪海上丝绸
之路的愿景与行动》,从时代背景、共建原则、框架思路、合作重点、合作机制、
中国各地方开放态势等 8 个方面,全面阐述了"一带一路"战略和实施规划,回

---

* 胡劲军,上海市文化广播影视管理局局长。

答了"一带一路"是什么、"一带一路"怎么建等核心问题。

古丝绸之路是在东西方缺乏联系的情况下,人们出于商业或边疆安全的考虑,自发的一种交流行为。古丝绸之路既是一条通商互信之路、经济合作之路,也是一条文化交流之路。新丝绸之路经济带则顺应了当今世界多极化、经济全球化、文化多样化、社会信息化的潮流,是在新的历史条件下对古丝绸之路的继承、创新和发展。推进"一带一路"建设,旨在打造政治互信、经济融合、文化包容的利益共同体、命运共同体和责任共同体,这既是中国扩大和深化对外开放的需要,也是加强和亚欧非及世界各国互利合作的需要。

文化的影响力超越时空,跨越国界;潜移默化,穿越渗透。在推进"一带一路"战略中,上海具有独特区位、环境与文化优势。用文化的方式对接"一带一路"战略,丰富"一带一路"内涵,扩大"一带一路"的影响,推动"一带一路"战略的深入实施,是上海文化应有的责任。

# 一、"一带一路"为上海文化提供了新机遇

关于共建丝绸之路经济带和 21 世纪海上丝绸之路,《愿景与行动》提出合作重点是政策沟通、设施联通、贸易畅通、资金融通、民心相通。"五通"的提出,使"一带一路"建设更加成为看得见、摸得着的实际举措,将给沿线地区国家带来实实在在的利益,对于沿线城市发挥地缘优势、打通政策壁垒具有重要意义,也为上海建设国际文化大都市创造了难得的国际机遇。

## (一)开放发展机遇

丝绸之路曾经促进中西方文化的交流,全球化时代的文化贸易开辟的则将是另一条更为深远的开放发展之路。文化如雨,润物无声。各国经济发展和文明形态既需要通过经济合作缩小差距、互利共赢,更需要通过人文交流增强相互理解、同气相求。应当看到,自新世纪之初上合组织成立以来,我国与中亚、中东欧、西欧以及西亚等国在能源、交通等基础设施建设合作方面取得了重大进展,但人文合作则仍处于相对落后状态。扭转这种局面,就要在互利

互惠、开放有序的文化战略指引下,加强和"一带一路"沿线与区域国家之间的人文领域全方位的开放合作。上海是一座高度开放城市,"一带一路"战略无疑将给上海带来更多文化开放的历史新机遇。

### (二)文化交流机遇

国之交在于民相亲,民相亲在于心相通。丝绸之路开拓了人类最具影响力的文明交往的通道。由古代中国丝织品打开的这条商贸通道,不仅是一条影响巨大、流传广远的商贸带,也是人类历史上最具典范性、文明交往内涵十分丰富的文化带,对亚、欧、非三大文明形态的相互融合与吸收起到了积极的推动作用。丝路对人类文明的持久影响,深层因素源于文化的支持与文明的交往。"一带一路"沿线及相关区域众多民族的文化同祖同根、相互亲和、多种宗教的彼此交织,成为连接异质文明的重要纽带。探索这种交往的机制与内在规律,对今日异质文明的对话与文化交往有积极的借鉴作用。

### (三)是融合发展机遇

丝绸之路书写了人类最具典范性的民族融合历史。"一带一路"沿线各国历史文化宗教不同,融合发展十分必要。只有通过文化的交融,才能让各国人民产生共同语言、增强相互信任。丝路影响力的延续,核心在于民族融合机制与多种因素的相互支撑与形成。如商品贸易方面的各取所需与等价交换,文化上的广泛交流与沟通,宗教信仰、生活习俗方面的相互尊重等。因此,如何适应全球文化跨界发展趋势,内在地增进文化认同的自觉,增进文化凝聚力的有效建构,把民族文化的多样性与人类共同的价值准则结合起来,走文明对话与和谐发展之路,是丝绸之路文化融合发展核心价值之所在。

### (四)是竞争合作机遇

丝绸之路记载了中国同各国人民友好交流、互利合作的历史足迹,展现了中华灿烂文明和先进科技,广泛传播了最具普适性的核心价值——"和谐"思想。今日建构新丝绸之路,正是要广泛传播和践行这种核心价值。习近平总书记指出,每个国家和民族的历史传统、文化积淀、基本国情不同,其发展道路必然有着自己的特色。实现东中西部联动发展,深化沿线城市之间的合作,进一步做到优势互补,整合资源和要素,提升丝绸之路经济带中国段整体的竞争实力和国际化水平,这将对丝绸之路经济带的建设起到关键性的作用。"一带一路"沿线国家文化基础不同,文化实力各异,"一带一路"战略的实施,无疑将给沿线国家带来更多竞争合作新机遇。

## 二、 "一带一路"为上海文化注入了新内涵

"一带一路"是我国外交领域的创新。新丝绸之路概念的提出,不仅表达了中国与世界持续开展经济合作的意愿,而且具有包容性和文化内涵。丝绸之路精神的核心是和平、友好、开放和包容;"一带一路"的主线是经济合作和人文交流;目的就是合作共赢,打造利益共同体。"一带一路"所凝聚的战略构思、人文精神为上海新时期的文化发展注入了新的内涵。

### (一)开阔了文化新视野

丝绸之路的内涵早已超越了道路交通的局限,而是涵盖了经济、文化、艺术、宗教信仰等各个方面,成为东西方文化乃至世界文明沟通和交流的象征。丝绸之路留给人类的遗产,不仅是东西贸易的互通,更是两个伟大文明的交汇。新丝绸之路建设,标志着东西方两大文明在此再度交汇,而文明的交流互鉴,是推动人类文明进步和世界和平与发展的重要动力。上海要通过推动跨国界、跨时空、跨文明的交流互鉴活动,促进各国人民相互了解、相互理解、相互支持、相互帮助,共建美好世界家园。

### (二)增长了人文新体验

文化的语言是"一带一路"中最容易让人心悦诚服、直抵人心的语言,"一带一路"战略的推进,不仅拓展了文化交流领域,而且极大地丰富了文化体验内涵。去年,由中、哈、吉三国联合申报的"丝绸之路:长安-天山廊道的路网"

成为首例跨国合作、成功申遗的项目。从区域资源传承看,丝绸之路作为古老的东西方文化交流桥梁和商贸通道,沿线旅游资源丰富,文化遗存多样,国际上品牌影响力也很强。这些丰厚的历史遗存、人文遗产都将成为"一带一路"建设中宝贵的文化资源,从文艺创作、文化旅游、文化活动、人文教育等多个角度给人带来全新的体验。

### (三)拓展了对外新平台

在以丝路经济带建设为标志的"西进"战略中,从中央到地方已确立了文化先行的思路,而且一批围绕丝路经济带建设的跨国文化传播工程正在启动。所谓的"一带一路",不是封闭、独立的,而是开放、合作的,参与方是多元化的,"不是独奏,而是合唱"。建设丝绸之路经济带,要实现东中西部联动发展,优势互补。上海作为中国改革开放的排头兵、先行者,作为中国对外交流的中心城市之一,也由此获得了新的对外平台,应积极介入,有效助推,与沿线城市在文化活动、文化旅游、文化贸易等方面共建共享"一带一路"文化发展新机遇。

### (四)扩大了国际新影响

"一带一路"战略的实施,打通了上海与世界的通道,毫无疑问将使上海的国际影响得到进一步扩大。新世纪以来,中国特色的新型发展道路和核心价值的构建逐步深化,推动了综合国力不断增强和国际地位不断提高,使国家文化主权在世界范围内得到不断拓展和提升,也受到世界各国尤其是西方世界的广泛关注。"一带一路"是多元文化的流动交融的集中体现,在这其中,上海要积极而为、主动而为、创新而为,以国际一流城市的地位积极参与国际文化交流,打造新的文化交流品牌,并日益形成文化话语权,扩大城市文化影响力,展现中华文明与人类其他优秀文明交汇的历史进程中海纳百川的磅礴大气。

## 三、"一带一路"为上海文化拓展了新空间

党的十八大以来,以习近平同志为总书记的党中央对推动中华文化走出

去做出了一系列重大部署。其中上海使命的核心就是制度创新、发展创新、服务创新、文化创新,塑造可复制、可推广的"上海新模式"。丝绸之路经济带是区域、城市、企业的新引擎,是中国、亚洲,乃至全球经济文化发展的重要组成。深化丝绸之路经济带区域文化合作,需要建立切实有效、取长补短、资源共享、互利共赢、和谐发展的合作机制。上海必须抓住重要历史机遇,搭建高端共赢平台,深度拓展合作空间,发挥上海文化在"一带一路"中的排头兵作用。

### (一)深化高层文化互访

古代的丝绸之路是市场的产物,实现了各方共赢。21世纪丝路的复兴,则必须由政府推动。要完善和发挥好官方文化交流平台作用,不断丰富上合组织等现有机制框架下的人文合作内容,进一步加强顶层设计和战略部署,制定政府文化交流的中长期战略规划,落实好与"一带一路"沿线国家地区政府间文化合作协定和年度执行计划。要围绕重大外交活动和市领导出访,结合丝绸之路经济带、21世纪海上丝绸之路建设,全方位深化拓展高层对外文化交流活动。充分利用上海的对外文化资源,创新人文交流方式,全力配合文化部组织好文化中国、欢乐春节、国家年等大型对外文化活动,办好用好海外中国文化中心、孔子学院,拓展交流交往领域。要加大对"一带一路"周边国家政商学艺各界名流的公关力度,邀请其来沪访问,使更多有影响力的外国人士了解上海、了解中国、推广和传播中华文化和海派文化。建立"一带一路"周边国家政府文化部门之间的信息交流机制、资源共享机制、交流协作机制。

### (二)双向开展文化交流

多方共赢是丝绸之路经济带建设的动力机制。在"一带一路"建设中,推动中华文化走出去单靠政府的力量是不够的,必须调动各方面的积极性,形成推动中华文化走出去的强大合力。要传承和弘扬丝绸之路友好合作精神,广泛开展文化交流、媒体合作等,为深化双多边合作奠定坚实的民意基础。通过创办丝绸之路经济带区域文化合作联盟,引导上海各类学术和人文艺术团体加强与丝绸之路区域、城市、企业等国际相关机构的联系,更好地推动中国和上海学术、人文艺术走向世界。要鼓励社会组织、各类文化集团及机构等参与和承担人文交流项目，使经济走出去与文化走出去相得益彰。要利用文教融合渠道，引导和鼓励上海在外留学生、出境游客、华人华侨积极参与海外所在地的文化活动和公共事务，做中华文化和海派文化的传播者、践行者。

### （三）合作举办文化活动

丝绸之路沿线国家和地区尽管多民族聚集、宗教和政治信仰各异，却拥有共同的丝绸之路文化，这是民心相通的基础。因此，要充分挖掘丝绸之路文化资源的内涵和价值，在此基础上加强沿线不同国家和地区之间的文化、科技、教育、体育等多领域的文化交流。要用文化方式在"一带一路"建设中讲好中国故事，使中国梦成为"一带一路"周边国家的普遍认同。文化活动是最生动的国际文化表达，要依托布鲁塞尔等中国驻外文化中心，与沿线各国通过互办文化年、艺术节、电影节、电视周和图书展等活动，合作开展广播影视剧精品创作及翻译，共同开展世界遗产的联合保护，推动区域间、市民间文化交流。要积极利用劳伦斯奖、格莱美奖等专业奖项落户上海的机遇，在"一带一路"及国际舞台上唱响上海、中国的声音。要进一步完善国家级、国际化的艺术博览会展示交易平台，利用美术、演艺、影视、动漫等艺术形式，开展"一带一路"主题系列展示、展览、展演活动，扩大"一带一路"影响。

### （四）共同发展文化贸易

依托上海浦东外高桥文化贸易基地和自贸区文化开放平台，以文化先行的方式建设"丝绸之路文化产业带"。通过文化经贸建设加强与周边国家的文化交流和贸易往来，是丝绸之路经济带战略构想的重要内容。上海应借此契机，加快推进中国（上海）自由贸易区实验区建设，加强上海港口文化建设，强化上海国际枢纽机场文化功能。要进一步深化对国务院《关于加快发展对外文化贸易的意见》的贯彻落实，推动更多文化产品和服务走出去。要鼓励国有龙头文化企业提高跨国经营管理能力，支持更多有实力的民营企业从事文化贸易，引导文化骨干企业到中亚、西亚、南亚、东欧等发展中国家拓展文化贸易空间,推动双边和多边国际文化贸易发展。要广泛集聚国内外对外贸易资源,加强文化出口平台和渠道建设,进一步拓展国际营销网络,完善海外网点布局,推动上海自主文化产品更多地进入"一带一路"区域及国际市场。要适应"一带一路"文化贸易需求,积极拓宽文化贸易领域,优化文化贸易结构,挖掘文化贸易新增长点,促进文化贸易平衡。创新文化贸易方式,发展跨境电子商务等新的商业文化业态。建立健全服务贸易促进体系,巩固和扩大传统贸易,大力发展现代服务贸易。把投资和贸易有机结合起来,以投资带动贸易发展。

## (五)文化资源互通共享

丝绸之路横跨亚欧多民族多国家,是人类历史上最长的文化线路,蕴藏着无比丰厚的人文遗产资源,也存在着巨大的文化市场空间。要加强对沿线各国传统文化资源的深度挖掘与保护利用,在"一带一路"战略推进中,充分体现社会主义核心价值的引领功能,最有效地发挥核心价值观的国际效应。要加强与沿线各地在文化产业和文化市场方面的交流合作,共同培育市场主体,优化文化市场和文化产业资源配置,充分利用上海在演艺业、影视业、娱乐业等文化 8 大产业的规模、结构与实力优势,广泛开展与"一带一路"沿线国家的互动、联动与合作共赢。要充分发挥上海城市文化底蕴深厚、文化资源开放、文化环境包容等独特优势,利用上海在文科、文教、文金、文旅等相关行业融合发展方面取得的经验成果,加大文物修复、文博设施建设、艺术人才培训等对"一带一路"沿线国家文化软援助的力度,在文化走出去、请进来中,通过援助、互补、合作等多种形式与沿途区域共同推动"一带一路"文化资源建设,实现文化资源在更多领域、更广泛空间的互助、共建与共享。上海拥有数量庞大的中国最富创新意识、最有活力且最具创新能力的人才群体,仅留学归国人员就约占全国的1/4。要充分利用上海的人才资源密集优势,广泛建立"一带一路"沿线各国文化人才柔性流动新常态机制,使"一带一路"区域成为全球文化人才种类最全、结构最优、规模最大、机制最活的地区之一。

# 7
# 文化自觉与中国话语体系建构
## ——中国电影文化意识的全球融合与拓展

魏晨捷\* 李艳丰\*\*

摘　要　当前中国的文化产业发展与中国作为世界重要经济体的地位不相匹配，已经严重影响了国家宏观形象的构建与民族复兴之梦的实现。中国电影肩负历史与文化使命，要以中国特色的文化自觉，用当代意识和世界性的表达方式重建东方文化的话语体系和传播中国故事的文化魅力，最大化地感染不同区域文化的人群，在中西文化差异中寻求互补融合的发展道路，在世界文化逐渐趋同的历史进程中，实现富有中国文化特色的区域性认同。

关键词　中国电影产业　文化自觉　民族特色　资本拓展　全球融合

　　当前中国经济发展总量已位居世界第二，但是文化产业发展的滞后性严重制约了国家宏观形象的构建与民族复兴之梦的实现。因此，大力发展文化产业，把中华民族传统文化精髓和当代成果以各种艺术作品的形式面向国际视野的互动交流，是建构当下中国文化强国梦的必经之路。电影艺术是众多艺术形式中最具有宏观形象建构能力的艺术，中国电影要以文化融合的全球视野，突出中国特色文化的电影化表达，中国文化特色不仅仅是政治意识范畴的特色文化，而是要把中国几千年的文化精髓以当代意识进行深入继承与阐

　　\*　魏晨捷，电影学博士，中国艺术研究院研究生院，研究领域为中国电影。
　\*\*　李艳丰，华南师范大学文学院副教授，山东大学文学与新闻传播学院博士后。研究领域为文艺学、文化研究。

释,充分挖掘出中国人特有的民族文化心理和当代生活状态,最大化地去感染不同区域文化的人群,最终把中国故事以国际合作的产业形态与文化交流的多种渠道真正推向世界。

# 一、 中国电影民族意识与全球化融合

从百年电影文化史的角度来看,中国电影曾在 20 世纪 30 年代和 80 年代有过同世界接轨的经历。特别是在世界电影艺术同步发展的过程中,中国电影对 20 世纪初新旧思想交替时代的民族传统文化和当时的生活进行深入的描述和批判。比如早期默片一开始就以某种文化自觉,奠定了具有中国文化特色的"家庭伦理叙事"。随着社会思潮"左翼"电影运动的进一步发展,20 世纪三四十年代中国电影成熟的叙事结构与民族主体意识的表达,形成了独具中国特色的"现实主义";20 世纪 80 年代,随着电影文化语境的历史性变迁,以"第五代"为主的中国电影创作群体,通过现代电影语言和民族寓言的诗意想象,将中国电影推向国际文化视野,但当时的中国电影在展现特定"历史阶段"的时候,其电影文本无论在影像提供的民族文化元素还是历史反思方面,更倾向于对文化劫难的意识批判,没有进入到世界经济文化一体化(全球化之前)之现代意识的国家形象建构。因此,从 80 年代末到 90 年代获得国际大奖的中国电影,都不可避免地被西方人以猎奇的文化视角来解读,以至于在当下,尽管中国电影消费市场已成为全球第二大市场,但在国际化市场拓展方面依然步履维艰。这其中根本原因是,中国电影在国家文化形象的建构上,对现代性文明成果的展示和现代都市文化的展示都还没有形成成熟的影像表达,中国电影从创作意识和策略方面,正如朱大可所谓,缺乏四把关键性的钥匙:"1. 捍卫人类共同价值;2. 辨认华夏文化精神和民族精神;3. 表达独特的民族样态;4. 具有强悍的叙事和影像力量。"[①]目前中国电影的产业驱动,一些大片已经不能满足国内市场,必须向海外拓展,但在拓展的过程中,由于作品本

---

① 朱大可:《走出中国电影的文化瓶颈》,《电影艺术》2014 年第 3 期。

身的文化意识与传播渠道的种种限制,在海外的文化复兴之路可谓艰辛而漫长。

好莱坞百年来之所以一直称雄全球,最主要的原因是持续的商业电影生产伴随技术的不断更新,同时以各种题材的全方位开发,尽可能缩小地区性的文化差异,牢牢锁住全球观众。为什么中国电影出口海外总是遇到瓶颈呢?"一是海外受众对中国电影缺乏客观认知,直接影响审美接受;二是对中国电影媒介环境意识形态化认知,限制了中外电影业广泛合作,不利于中国电影在国际上传播。"①虽然越是民族的越是世界的,但中国电影想要更好地"走出去",还不仅仅是国际化表达方式的问题,而是要以中国故事的文化思维,以贴近现实、表达价值、艺术想象、技术突破等全方位地突出中国文化特色的国际脸谱和大国风范,才能与经营百年的好莱坞相抗衡。显然,就目前中国电影的品质,无论内涵创造还是技术包装,都远远落后于好莱坞,但中国经济的快速发展,使迅速膨胀的房地产企业、互联网电商企业转战文化产业,以积累的雄厚资本做后盾,从资本市场撬开海外电影市场的大门。

## （一）官方电影文化交流日显开放

当前中国初具规模的电影产业,已经为整个文化消费环境打下了坚实的基础,国家政策也越来越多地给予其鼓励和支持。从 2015 年 1 月开始,官方采取一系列行动来落实中外电影文化交流项目的开展。比如塔吉克斯坦"2015 年中国电影周"、"柏林亚太周"之"中国电影周"、美国电影协会和中国广电总局联合主办的"2015 中国电影周"、"匈牙利中国电影周"、"2015 东京中国电影周"等,放映了《捉妖记》、《滚蛋吧！肿瘤君》、《狼图腾》、《破风》、《西游记之大圣归来》、《真爱》、《一代宗师》、《伊犁河》、《我的渡口》等优秀的中国电影,通过"电影周"的形式让更多国外观众有机会看到中国电影,感受影片所承载的中国文化和中国精神。尽管这些海外中国电影周的交流活动,没有像商业电影一样有广泛的传播性和影响力,但是通过文化交流的方式为中

---

① 李晓静、李亦中:《意识形态化刻板成见——中国电影海外传播壁垒》,《当代电影》2015 年第 12 期。

国在全球视野的文化复兴铺设有利的渠道。2016 年，在"十三五"开启之初，国家新闻出版广电总局电影局策划指导，联手华人文化控股集团和华师电影发行公司共同搭建国产电影全球发行平台，全面发力布局海外，实现"中国电影，普天同映"的计划，以市场化的运作真正深入海外院线，实现中国电影的传播推广。

如今，中国电影承担着中国文化战略的使命，在向国际市场拓展的过程中，急需要解决中国故事蕴含的东方文化魅力以怎样的形式被西方世界广泛接受的问题。这两年，官方通过国家间的合拍协议，为中国电影请来了 13 个国家的电影人。截至目前，中国已与加拿大、意大利、澳大利亚、法国、新西兰、新加坡、比利时（法语区）、英国、韩国、印度、西班牙、马耳他、荷兰等 13 个国家签署了电影合拍协议，中国将以强大的经济助推优势，同这些国家和地区逐步开展电影企业的资本渗透、项目合作、产品输出等产业形态的海外拓展。中国与外国影片的拍摄已不仅仅满足简单的合作，而是走向从资金、演员、剧本、后期、发行等各个环节的深度合作。对于中国电影产业而言，学习好莱坞及其他西方国家优秀的制作观念和新颖的创作思维，对于实现东方电影大国、强国的目标，具有重要意义。

## （二）文化资本输出与国际市场拓展

目前，中国电影如何才能更好地以担负民族文化复兴与产业振兴的使命输向国际？除了电影节与官方影展活动之外，民营企业在 2015 年也开始纷纷部署海外市场。自新世纪以来，民营电影企业随着电影市场的快速成长，在短短的时间内已经成为中国电影产业的主力军，甚至不断有新的小型企业大量涌现，参与市场竞争和产业分工。可以说，中国电影产业布局和生态景观虽然不够成熟，但是基础性的市场铺设和产品供给已经形成一定的规模，而且整体增长速度和产业规模都在跨越性的发展。特别是近两年以来，民营企业在国际市场上频频以"合围"之势，不约而同"出兵"北美，对抗好莱坞，对美国巨头影业公司、院线品牌等产业机构进行资本并购与推进合作协议。此外，随着中国国力迅速增强，国外民众希望了解当下的中国，通过文化产品正是一个便捷的途径,这也为民营企业打开国外市场提供了契机。还有,民营企业家在多年的国内市场经营中积累了丰富经验和国际意识,也从客观上具备了一定条件。2015 年,中国民营电影企业纷纷以资本为先导,展开了与好莱坞多样化的合作,且首次享有著作权、全球收益分账和衍生权益,深度参与好莱坞电影全产业链,参与全球性"高概念"电影开发,在海外资本市场运作上进行大胆尝试。目前,华谊兄弟、电广传媒、博纳、乐视等中国电影公司都开始部署海外市场。

近年来,万达集团在中国商业地产市场的所向披靡,使万达资产迅速膨胀,同时又进军文化、电商、酒店、旅游等产业。万达集团 2005 年成立电影院线,通过 10 年的高速发展,已成为中国第一院线品牌,特别是 2012 年,万达集团斥资 31 亿美元收购了美国第二大院线运营商 AMC 100% 的股权、2015 年又以 22.46 亿元全资收购澳洲第二大院线公司 Hoyts 100% 的股权,一跃成为世界第二大院线、亚洲第一大院线。2016 年 1 月,万达又以 35 亿美元(约 230 亿人民币)收购美国独立电影制作公司传奇影业。万达如此大规模的海外并购,使中国资本进入美国,在高端电影产业层面为中国电影顺利进军海外市场搭建了一个很好的话语平台。中国资本开始直接介入美国电影资本和实体市场,参与市场竞争和分红,接下来,中国电影进入美国市场参与市场竞争,就要看作品本身的文化传播与故事内容了。

其实,在万达通过大规模的海外并购之前,2010 年博纳影业就已经在美国上市,这意味着中国电影资本进入了美国资本市场,参与全球资本竞争与开拓欧美市场。中国电影企业由于本土金融市场的不健全,通过金融背景成功运作的电影项目还不多,但今后随着中国资本市场与海外资本市场的对接,金融资本进入电影产业是大势所趋。比如 2016 年年初上映的《美人鱼》,周星驰通过金融资本运作进行保底发行,影片上映之前就完全收回成本,而上映后的累计票房 33.9 亿再次说明了金融资本对电影全产业链的强大支持,使电影制作风险大大降低。

不同于万达、博纳通过海外并购与上市的方式进行海外扩张,华谊兄弟、乐视、华策、阿里等民营企业以合作共赢的方式各自争夺海外电影市场。除了湖南广电集团、华谊兄弟影业、华策影视、乐视影业、阿里影业这些民营影业巨头目前控制了近 70% 左右的中国市场,也就是说,中国电影市场格局基本上以民营企业为主导。电影民营企业从新世纪以来经过 10 年的高速增长,已经具有非常雄厚的资本支撑。当然,还有以互联网电商为主产业的商业帝国从 2015 年开始进军影视业,更是为中国电影资本市场注入了活力,但这些企业还没有像万达那样雄厚的资本进行大规模海外并购,因此,他们海外拓展的方式主要是设立子公司,以资本合作、项目合作、技术合作等方式参与市场拓展。这些民营企业及以地方官方娱乐集团一起大举进攻国际市场,为中国电影全方位的海外拓展奠定了坚实的基础。

从制作片和合作对象来看,华谊兄弟所涉的制作类型和题材范围都是好莱坞成熟和领先的典型,在所有中国民营企业的海外拓展军团中应该是领跑者;另外,从全产业链的参与程度来看,其形式主要有投资公司、基金公司等以金融手段参与好莱坞制作的方式,并涉足较多数量的项目,也有以投资来取得在中国地区发行权利的,还有通过投资或合拍享有全球票房分账或"利益分成"者。比如,华谊与 STX、奥斯兰(Thunder Agents)的合作均涉及全产业链的全球收益分账及版权,尤其是后者的超级英雄题材,华谊兄弟亦可因为享有版权而开发包括主题公园(实景娱乐)在内的全部衍生品。

民营企业军团的国际战略使国人备受鼓舞,接下来民营公司的一系列大动作能否配合国内市场的步伐,就要看合作顺利开展的程度了,这对于整个中国电影产业和民营企业的世界品牌影响力都是一次空前的创举。国内的民营企业应当形成一个海外战略推进的"联盟",这样可以真正集结中国民营企业国际军团的整合力量,从而形成强大的战斗力。对此,民营企业在新的人才战略储备和即将展开的国际业务中要集中盘点自己的组织和资金的整合,才能集中力量进行海外拓展。

## 二、 中国电影海外拓展的文化困境与渠道障碍

2015 年,中国电影有强劲上扬的态势,但国内市场火爆同海外市场遇冷的状况依旧在持续,许多国内取得超高票房的影片,在国外的成绩却不尽如人

意。从综合数据来看,全年本土票房以及海外票房还是远远落后于美国。2015 年国内票房冠军《捉妖记》在北美 40 多家影院上映后,票房和口碑均遭遇了滑铁卢,以《洛杉矶时报》为代表的美国媒体认为该片"CG 动画制造的妖怪们动作笨拙、不够逼真,并且看起来缺乏可信的形象。"①《港囧》在北美 27 家影院与中国内地同步上映,首日票房仅收 56 万美元,仅为内地首日票房的 1.7%。上映一月左右该影片取得了 103.3 万美元的票房,算是近两年在北美市场票房最好的华语影片之一,但这个数字不及国内票房的 1/10;②《夏洛特烦恼》在北美 22 家影院上映,部分场次上座率达到 90%,尽管这样海外票房依然无法和国内相比。被公认为近年来国产大片中少有的特效与剧情皆能与好莱坞水平接轨的冒险奇幻大片《寻龙诀》,尽管在国内票房达 16 亿元,但海外公映首周总票房仅 28 万美元（约 182 万元人民币）,位列北美周末总票房排行榜的第 21 位。

### （一）文化接受壁垒仍待解

中国电影海外遇冷的一个主要原因是,中国电影在好莱坞强势的市场挤压下,尚未获取海外市场的普及度和海外观众认知度。目前整个北美电影市场,美国电影占了 92%,欧洲电影占了 6%,剩下 2% 的市场留给其他国家。③这就意味着中国要和除美国和传统欧洲电影强国之外的国家争夺 2% 的市场份额。一些国产喜剧电影在国内取得良好的票房表现,但是在海外同步上映时,票房却很不理想,尽管是喜剧、爱情等主流类型影片,但由于一定的文化认知障碍,中国电影的文化思维和审美取向和欧美尤其是美国还是有很大差距。此外,2015 年全美的电影市场相对比较萧条,3 亿美国观众贡献票房 111 亿美元,表明美国观众电影消费能力相比以前开始走低。在美国,中国电影的放映主要集中在洛杉矶、旧金山等华人集聚的区域,但院线排片总数非常有限。中

---

① 扬帆:《美国人说〈捉妖记〉OUT 了》,《华西都市报》2016 年 1 月 26 日。
② 《近期国产影片在北美市场创佳绩》,中国广电总局官网,2015 年 10 月 15 日。
③ 饶曙光:《专家谈应对好莱坞:中国电影有"走出去"焦虑症》,凤凰网娱乐,2013 年 3 月 25 日。

国知名导演和明星除吴宇森、徐克、周润发、成龙、李连杰、杨紫琼之外,美国观众对于其他人还是比较陌生的。这样,缺乏国际知名度和票房号召力的导演、明星制作的中国电影在美国还不具有一定的竞争力。因此,在美国上映的中国电影主要是华人观看,大部分美国本土观众还是倾向于看美国电影,缺乏强大工业基础的中国电影在媒介生态、话语优势、观众基础上都处于比较被动的地位,但这种情况不会长久持续下去,随着中国电影资本和电影作品不断在美国的媒介影响和进一步对美国观众不断探索适应的过程中,中国电影还是会逐渐走出文化差异的困境,以反映当下中国开放的文化姿态和包容的文化生活为主,向世界展示一个朝气蓬勃、焕发活力的东方世界。

### (二)民族特色内涵的缺失与主体意识的不足

中国电影缺乏对华夏民族文化特色的深入挖掘,缺乏民族特色的精神内涵。经济、文化的全球化直接导致的结果就是工业复制的文化消费品。因此,在全球化的过程中,要突出文化的辨识度,就是要用国际化的艺术语言传达差异化、陌生化的民族文化和精神内涵。在此必须要强调的是,差异化、陌生化的文化展示并不是影像的奇观化,而是要把中国的历史题材和现代题材赋予一种独特的国家民族心理的思想图式,来形成一个鲜明的区别于其他文化特征的符号系统,影像内部的符号系统又必须通过强悍的叙事,使不同文化的接受主体能够理解电影传达的文化想象,而这种文化想象是美国电影文化中不常见的,是华夏文化独有的人文思想与现实逻辑。

为什么李小龙能将中国功夫文化传到美国? 不仅仅是因为他功夫了得,而是那些复杂又十分讲究套路、方法的动作系统是中国人思想与智慧的结晶。而美国文化是以现代工业革命与枪炮文化的历史革命为根基的现代文明,自然对这种优美流畅的动作感到陌生与新奇了。但现在功夫文化已经在全世界家喻户晓,美国英雄系列电影中的硬汉动作也已经超越了拳击时代的笨拙与呆板;还比如,为什么《卧虎藏龙》对美国文化有强大的黏合作用? 因为卧虎藏龙在别出心裁的武打设计中实现了美国人对中国功夫文化的异域想象,更重要的是,玉娇龙的角色性格切中了美国人对自由、浪漫的想象,这是中国传统文化现代性转型的成功典范。很少有像《卧虎藏龙》这样做到中西文化融通的作品，因此，当下中国电影题材挖掘上一定要注重市场调研，在故事文本层面要进行结构化的受众分析，在影像表意方面既要保留原汁原味的文化底色，又要突出故事内在传达的独特意蕴和主体意识。

近年来，中国喜剧电影呈现出积极的创作态势，产生了许多"票房黑马"。早年有宁浩导演的"疯狂系列"，2015年有《煎饼侠》《夏洛特烦恼》等，但这类影片在北美公映时由于喜剧语言的文化差异和幽默文化差异，使国外观众接受产生障碍，无法理解故事的喜剧性。中国喜剧突出语言的智慧性交错、感染、刺激，而美国喜剧突出动作的夸张、冒险、意外等形式化特征，因此中国的喜剧电影由于语言的传播障碍，在文化接受上就大打折扣，从而影响了整体传播效果。

### （三）商业模式的不成熟与海外传播渠道的受限

商业模式不成熟，海外市场的营销并未全线打开。国产电影在国际市场除了某种文化困境之外，还与当地媒体的报道和宣传有很大关系，一般西方媒体对获奖的外语片报道比较多，这样观众也会选择自己熟悉的外语片去观看。比如像《修女艾达》《荒蛮故事》这些电影在北美票房破百万美元，它们之间最大的共性就是奥斯卡提名。当然，这还与国产电影在国内激烈的商业角逐导致质量普遍下降不无关系。好莱坞在稳定的叙事机制的基础上，不断吸收世界电影文化优秀的基因和独创性的表现手法，例如从来没有停止向欧洲电影学习艺术化表达手法，只不过是将这种手法隐形地潜藏在流畅的叙事中。好莱坞电影以商品输出为最基本的形态，但在美国无论是制片厂还是学院派或普通观众，对充满创新意识且具有强烈民族风格的电影始终具有包容性。在这一点上，中国电影既没有触及自身民族文化的根脉，也没有形成像好莱坞一样的完整工业产品。因此在国际市场上没有陌生感和辨识度，再加上文化认知的障碍，可以说与世界主流的艺术风格和审美相去甚远。而且，当下的西方市场对中国电影的认知已经不再是李小龙、李连杰和成龙等人创造的那个功夫神秘主义的异域文化想象，因为现代好莱坞电影中的动作片以另一种更阳刚和暴力的风格实现了美国观众外向型性格的心理需求。在这样的大众消费语境中,中国电影在美国的文化接受受阻也属正常。中国电影一定要有效利用不同媒介渠道,最大化地拓展传播渠道,争取更大的话语交互空间,进而以资本优势带动话语弱势的提升。

## 三、 中国电影海外传播的复杂环境与经验分析

中国电影在北美乃至欧洲等海外市场的传播,不管是发行、院线排片、上座率都无法与主流市场相抗衡,但美国电影市场并不是固若金汤、牢不可破。美国作为世界第一强国的大国地位,不管在经济还是文化等多方面,都有骨子里充斥的某种强国自信意识。在西方国家的媒体宣传中,对于第三世界包括现在已经是世界第二经济体的中国,其国家形象依然处于文化落后的农业大国的文化想象中。特别是由于地缘性政治意识形态的影响,即使中国近年来飞速发展的经济对世界有很大贡献,但还是在西方媒体的妖魔化中被扭曲,这严重影响了国家形象的宏观认知。中国电影的国际传播处于政治意识形态、法律条款、媒体渠道、观众认知等多种因素的复杂文化环境中,因此,我们需要在文化制造与传播中认真思考、深入研究,把以美国为主的西方电影市场彻底打开,把中国在跨文化传播中折损的民族文化精髓和独特思维逐渐找补回来,让更多的人认识中国作为东方文化的代表——来自历史积淀的深厚底蕴和博大精深。

### (一)注重内容生产的原创性与陌生化效应

《寻龙诀》在国内取得 16.82 亿人民币的票房,但北美市场仅 81 万美元,比起前些年《港囧》、《致青春》、《让子弹飞》、《心花路放》等影片惨淡的票房收入已经有所提高,但还是无法令人满意。纵观在北美市场取得较好票房的影片以及受到好莱坞发行商欢迎的影片,其实与影片的商业性和类型化形态都没有多大关系,而是与美国观众对外语片在内容与文化上的原创性与陌生感的期待。比如获得奥斯卡外语片的影片《窃听风暴》、《一次别离》、《卧虎藏

龙》等,都是从文化视觉感官给美国观众带来全新的观影体验,这才是国外观众真正期待的。而中国电影对国际化叙事的理解就是用好莱坞类型片的经典叙事和流畅剪辑来模仿美国电影的风格,可想而知,一个催生类型片的国度怎么会期待模仿美国类型片的影片呢?像《心花路放》、《泰囧》、《夏洛特》、《寻龙诀》、《美人鱼》这些在国内创下巨额票房的影片,在北美市场可以说表现惨淡。在内容上由于文化差异无法引起共鸣感,在电影类型上又没有突破题材与创意的陌生感。比如,《寻龙诀》根本无法撼动《国家宝藏》、《夺宝奇兵》在美国人心里的地位;而《美人鱼》的"环保式"童话也难以比肩《指环王》和《饥饿游戏》系列。相比之下,在北美文化基因中不存在的武侠动作电影,使美国人看到"武术"可以有这么优美的动作和"侠"文化的故事,这是超出美国文化意识想象的。在现实生活中,70年代李小龙的功夫文化在美国的影响,使美国第一次审视中国功夫文化,而李安的《卧虎藏龙》彻底征服了西方观众,《英雄》视觉与诗意的打斗又再次超越了美国对功夫的想象。

类似这种情况,在奥斯卡对外语片的评选维度中也能看出端倪,比如曾经获得提名的中国影片《大红灯笼高高挂》、《菊豆》,伊朗影片《小鞋子》,获奖的伊朗影片《一次别离》、德国的《窃听风云》都是以陌生化的题材和充满想象的伦理故事引起美国观众的兴趣。也就是说,在我们对美国的文化想象中,以为美国观众是类型片的忠实拥趸,其实不然,美国人更愿意接受在好莱坞电影中看不到的异域文化色彩和传奇性想象,中国电影在内容生产上并不是要给北美市场输入文化奇观和传奇性的新想象,而是需要我们深挖民族陌生化题材,并赋予原创性的人性化叙事,这是在整个人类文化意识中最容易融通的东西。

### (二)强化海外宣发的国家战略意识与企业行为准则

目前,中国影片在国外的发行机构非常弱,急需要在符合影片输入国各项市场准则的基础上,在渠道和终端做文章。即,中国电影实业机构要与国外片商进行积极合作,拓展发行与放映,尽量使中国大片全球同步上映。比如中国在美国的唯一发行机构"华狮电影发行公司",在中国电影发行推介的过程中,由于美国观众对中国电影的不了解,中国电影内容无法满足陌生化的期待,遭到很多发行渠道的限制。美国本土也有美国人做中国电影的发行,但更多聚焦于商业动作片,对于一般题材的影片不太欢迎,这样到放映环节的时候自然就缩小了放映范围,有限的排片就很难取得较好的票房。比如,《寻龙诀》在美国仅有 22 家影院上映,而本土电影《星球大战:原力觉醒》有 4 800 多家,显然无法在数量上进行比较。鉴于这种情况,像万达收购的美国 AMC 院线,以及中国民营电影企业巨头在与好莱坞合作的过程中,应该在美国影片审查与放映制度之内,最大化地去拓展渠道与终端。只要保持了多渠道和终端的铺设,中国电影在市场硬件环境上就确保了基本的生存空间,再加上文化、内容上的持续改进,有朝一日,中国电影像美国电影一样浸染全球市场的愿望是可以实现的。

虽然中国本土市场已经成为全世界第二大电影市场,但中国电影要提高国际影响力和知名度,海外发行与传播就显得至关重要。中国电影市场发展非常迅速,票房逐年递增,一些大投资的影片单凭国内发行存在一定的局限性,然而在好莱坞电影占领国际影坛的当下,中国要同除美国、英国、法国传统电影强国之外的其他国家争夺有限的国际市场份额,竞争也相当激烈。要想在海外院线发行中国电影,一定要有精通国外发行审查制度及宣发法律操作流程的专业公司和团队助推。

中国电影在海外推广营销首要的工作是对市场格局的了解,在宣传造势上要能吸引国外观众的兴趣。中国电影作为外国电影在纯粹的西方观众眼中是陌生化的,特别是语言上的隔阂使得接受范围很有限,观众更喜欢观看母语电影而非翻译字幕,所以大制作的中国电影应该在国际传播效应的角度多做考量。此外,注重明星效应以及其他票房号召力的因素也很关键,比如近些年好莱坞电影为了最大限度地赢得中国市场,会邀请国内明星加盟影片出演角色,如《环形使者》、《变形金刚 4》、《火星救援》等。甚至还会将中国设置为"救世主"的形象,在影片中起到关键作用,如《2012》中的诺亚方舟、《地心引力》和《火星救援》里中国航天科技帮助主角们绝地生还。而除了去好莱坞拍片的李安、吴宇森等导演,以及《金陵十三钗》、《一九四二》这样因题材所需的电影外,近年来国产电影鲜少邀请好莱坞明星,也缺乏能够唤起海外观众共鸣的内容,所以传播效果并不理想。

其次,还要有与国际接轨的法律和版权意识。很多国内制片公司从创作初期就没有海外发行的设想、缺乏国际意识,一些电影因为没有英文字幕以及某些段落或者歌曲、视频没有海外播放的版权而无法进行海外发行。比如《越来越好之村晚》,没有英文字幕,电影中陈奕迅的歌曲也没有海外播放的版权;《北京遇上西雅图》影片中有5首歌只有亚洲版权,均不具备出口的条件。①此外,中国电影盗版肆虐,对海外推广阻碍也很大,例如《泰囧》就因为盗版问题而没能进行北美同步上映。

最后,要针对不同国家和地区的具体情况实现长期的海外发行和推广业务。围绕着不同海外市场的情况,投入资本操作实现共同合作、收购并购等市场化的运作方式,为中国电影打造良好的海外拓展空间。具体而言,可以"在北美、澳洲的院线持续发行中国电影;在欧洲以小步快走的方式,逐步扩大单个国家的发行规模和覆盖国家的数量;在东南亚地区大力投入,发行范围将逐步增加包括新加坡、马来西亚、泰国、越南等多个国家。""除院线发行外,同时开拓新媒体和家庭娱乐领域的渠道如电视、互联网、酒店、航空等,积极举办海外影展,建立起全球化的多层级发行渠道和推广体系。"②

## 四、 中国电影海外推广的历史总结与现实举措

中国电影的海外推广,如果从经济行为来说,是文化产品的市场流通问题;如果从世界文化的发展趋势来看,是中国文化现代性以及后现代性转变的历史进程问题。中国电影在短短15年的产业化发展中开拓了巨大的市场空间,但由于电影工业基础的薄弱和欧美现代文化在当代的全球影响力,中国电影力图通过文化特色和具有国家形象建构的民族意识,要融入以西方话语为主的全球话语体系中,并不是一蹴而就的事。研究发现:"美国观众对中国电

---

① 《专访华狮CEO:中国电影海外票房差最高仅40万》,电影网,2013年2月17日。
② 杨骁:《"中国电影,普天同映"取得开门红》,《中国新闻出版广电报》2016年3月10日。

影所传达的文化精神和国家形象的认可度远远低于其他大洲国家,反而认为中国电影没有中国特色,尤其对,'家国情怀'、'国家至上'、'隐忍含蓄'等指标评分较低。同时,美国观众观看中国电影的频率,以及对中国电影印象评价也相应较低。"①因此,中国电影的海外拓展,要通过不断的文化磨合、市场渠道拓展、国际合作等方式逐步实现。具体有以下几点:

## (一)以海外华人为目标受众

过去 5 年,中国电影海外市场已逐步培养起来。"从 2010 年至今,华语片每年海外票房增长和国内一样,能达到 40% 至 50%,这说明在海外看中国电影的人越来越多。"②"海外华人华侨有 5 000 万,其中包括 3 000 万的新移民,还有大量的留学生群体。随着中国电影市场越做越大,话题性越来越强,文化现象越来越多,通过互联网产品的实时、大规模传播,国内的电影焦点对海外华人来说同样是焦点。"③海外华人对中国电影的观影需求和期待热情随着与国内热播影片的同期上映更为凸显,2015 年年末,中国影片《老炮儿》和《寻龙诀》在美国洛杉矶、纽约圣诞档期上映,尽管同期有美国大片《星球大战7(原力觉醒)》的强势登陆,但两部中国影片的观影场次依旧全部爆满,充分显示出美国观众尤其是在美华人的观影热情。2016 年,大年初一上映贺岁电影《西游记之孙悟空三打白骨精》在"中国电影,普天同映"中国电影全球发行平台的推动下,实现了全球同时首发。其中 11 座华人聚集的城市相继举办了海外首映式,影片在亚洲、欧洲、北美、澳洲共 9 个国家 57 个城市的 89 家主流影院上映,取得海外票房约 660 万元,全球观影人次约 11.6 万人。④ 这 50 多个城市就是将目标受众精准定位的"华人聚集区",海外华人对中国电影的刚性需求直接带动了影片的海外票房收益,间接带动更多的海外观众,影响了海外传

① 黄会林、杨卓凡、高鸿鹏、张伟:《中国电影的国际传播渠道及其对国家形象建构的作用——2014 年度"中国电影国际传播"系列调研报告之一》,《现代传媒》2015 年第 2 期。
② 杨骁:《"中国电影,普天同映"取得开门红》,中国新闻出版广电报,2016 年 03 月 10 日。
③ 张宏森、胡智锋:《醒目的中国电影产业景观何以塑成?》,《现代传播》2016 年第 1 期。
④ 杨骁:《"中国电影,普天同映"取得开门红》。

播效果。

### （二）制作捍卫人类共同价值观与华夏优秀文化的中国电影

美国电影在以商品形态输出全球时，为了最大化扩展不同受众层，必须要在电影内容方面融合不同文化元素，在叙事上以经典叙事或人类思维共识性的普遍规律来引导、操纵观众，并隐形地植入美国国家意识形态的基因，经过长期的适应，全球观众对好莱坞电影的人物、故事、视觉风格等都形成了一种固有期待，或者说已经习惯了这种文化产品的消费形式。

中国电影能复制美国电影工业流水线的生产模式吗？显然不大可能。中国电影走向世界，既要借鉴美国、韩国等电影文化产业发达国家工业化的制作技术，同时也要形成一种鲜明的中国文化的视觉符号和叙事系统。具体地讲，通过本土题材讲述中国人真实的情感与文化思维，通过动人的故事和经典叙事方式消费文化理解的障碍；其次，对于不同国家和地区有针对性内容生产和市场投放。比如："以内地、香港、台湾三地合作的华语本土商业类型片在具有文化同源性的东南亚和日韩等儒家文化电影圈和华人文化圈推广；以合拍武侠/古装/史诗商业大片等进军北美/澳洲/新西兰等国；以偏向思考性与人性表达的艺术影片供应欧洲电影市场等。"①这样有规划、有阶段性的多层次内容开发和渠道拓展，对提高中国电影水准和更加现代化的制作流程都是一种逐步规范的过程。

什么样的故事具有世界性的接受意义？那就是在人类文化共识性思维的基础上形成的具有民族风格和普世价值的故事，能够广泛引起观众的心理共鸣和文化价值接受。我们需要开发具有商业性类型故事，突出故事的"好看又耐人寻味"，比如电影《老炮儿》就是很好的题材，故事讲得挺好，演员表演得也很到位，但如果在国际市场传播，估计会产生一定的文化阻碍，因为这种底层的江湖文化可能是西方观众不能理解的。因此，故事如何让更多不同文化群体的观众接受，就需要在叙事上下功夫，不管是使用哪种叙事方式，故事片

---

① 饶曙光：《中国电影对外传播战略：理念与实践》，《当代电影》2016年1月1日。

一定要有成功的人物及跌宕起伏的剧情,这是"好看"的不二法门。纵观国产大片,最大的问题或许就是叙事层面的缺失,故事讲述没有丰满的人物,剧情经不起逻辑上的推敲,主题空洞,显然无法获得西方观众的认可。比如根据网络小说《鬼吹灯》系列改变的《寻龙诀》和《九层妖塔》,后者存在价值观混乱、人物关系不明确、叙事结构不清晰等问题,这将直接阻碍影片的受众传播。不过,国产大片已经开始有意识地在叙事和视觉风格上向国际大片的水准靠近。

在商业片中,不管是场面设置还是技术铺垫,都应该为故事来服务。电影制作者需要把故事在剧作层面做足功课,类型也好,艺术探索也罢,基于精彩的人物和事件都应该成为一切创作的起点。比如去年有两部很不错的剧情片:《心迷宫》、《烈日灼心》。《心迷宫》可以说在剧情上做足了功夫,叙事手法非常娴熟悉,叙事逻辑也是抽丝剥茧、层层递进,只是由于电影故事背景和小成本制作,没有大牌明星主演,商业上大打折扣。因此,中国电影要走向国际,再多的方法论都比不上电影本身的精彩,毕竟电影最终还是要给观众看的,没有什么比一个具有吸引力的故事以及精彩的叙事技巧更好的了。

## (三)深入推进中外合作合拍机制

不管是西方电影积极入侵中国市场,还是中国电影成功打入海外市场,都是为了抢占有利的市场空间,对于中国来说,合拍片无疑是目前最好的方式。合拍片不受进口配额限制,出品方还能享受到跟国产片同样的票房分成比例,海外片方自然趋之若鹜。对中方而言,与其他国家合作也可以在对方国家获得同等待遇,在当地拍摄还能获得退税等优惠。此外,与海外片方合作还可以学习对方先进技术,学习成熟的工业技术和营销方式,从而从整体上提升中国电影的工业化水平和在海外的影响力。目前,中国已经与韩国、意大利、法国、澳大利亚、新西兰等数个国家签署了合作协议,双方给予彼此同等的合拍片优惠政策。此外,中国抢抓目前互联网商业模式,通过互联网的经济形态,进一步深化、升级中国电影市场消费渠道,为中国电影打造国际化传播渠道奠定坚实的基础。

在合作过程中,中国电影行业及其纽带行业的商业领袖与美国好莱坞的电影合作将展开复杂而多变的磨合过程，包括在各种产品开发、财务、法律、文化、利益分配等各个方面都存在一定的冲突，在深入合作的过程中能否解决这些问题，达成某种顺畅的合作机制，是双方取得双赢的关键。

合拍片面临的主要困难依然是中西文化冲突在叙事层面如何兼容的问题。比如，像民族历史题材最好还是由中国人自己来拍，因为文化差异，即使有再好的技术和手段也难以实现题材所蕴含的历史人文意义。美国由于历史输出文化的霸权，在全球电影文化中扮演着重要的角色，但中国文化在战略层面也赋予了电影神圣的使命，"中国电影'走出去'，所要瞄准的主要国际市场不应是北美电影市场，而是应该将海外电影市场的重要程度按照'国内市场-华人社区-华语文化圈-儒家文化圈-欧美市场-非洲、拉美市场'的先后顺序排序，以本土市场为主，在此基础上自然地'溢出'到同为亚洲儒家文化圈的日韩和东盟十国，再逐层向外扩展到欧美异质文化市场等。"①因此，在中华民族伟大复兴宏伟目标中，中国电影包装的"中国故事"需要融入中国文化精髓和时代精神，并不断深入地去影响全球观众。

2015 年国产片出现较多对韩国、美国电影的翻牌片，比如翻拍韩国《奇怪的他》的《重返20岁》，翻拍美国《十二怒汉》的《十二公民》，还有《新娘大作战》、《前任2：备胎反击战》等最典型的爱情片。另外，来自两部美国影片《我心属于你》（《命中注定》原版）和《结婚大作战》（《新娘大作战》原版）的北美票房都在 6 000 万美元以下，在中国观众的认知度也非常有限；甚至华谊兄弟在宣传《前任2：备胎反击战》时，都没有提及此片翻拍自《男人使用说明书》。从票房来看，翻拍片并没有取得预期的票房，这就像中国电影在美国不被观众所熟悉一样，中国观众对上述原版电影并不是很熟悉，再加上并非知名导演，票房自然受影响。

2014 年，中韩两国签署《中韩电影合拍协议》，意味着符合该协议规定的中韩合拍片将与国产片同等待遇，不受进口片配额限制进入中国内地市场。其实中韩合拍早在该合拍协议签署之前就已经在大量国产片的创作生产中实

---

① 饶曙光：《中国电影对外传播战略：理念与实践》，《当代电影》2016 年 1 月 1 日。

践了,比如《太极旗飘扬》在中国取景,后来在冯小刚的《集结号》中才有了深度合作。显然,合拍协议的签署体现了两国电影主管部门在推动中韩电影合作方面更大的决心和愿景,与韩国合拍也符合中国电影发展的需求。韩国电影以低成本、高质量逐渐赢得了一定的国际市场份额和世界电影节的认可。韩国电影具有鲜明的类型特征,又具有浓厚的民族文化特色,这正是中国电影所缺乏的。对于中国而言,韩国导演、编剧、特效团队等创作、制作赋予合拍片的品质,已经得到了国内观众的普遍认同。目前中国的年轻导演们逐渐在习惯并融入现代电影工业体系下的创作流程,这对于中国电影新旧人才的接替无疑是一个很好的过渡。

目前,中国每年上映的 34 部分账片,基本上都是来自好莱坞电影,韩国的自产大片也想从中国市场取得良好战绩,但中国观众对韩国电影的消费和观看主要还是在网络上,影院认知相对比较弱,比如 2015 年上映的韩国大片《暗杀》,还是抗日题材,在中国的票房表现平平。因此,自中韩合拍政策实施以来,双方还没有取得实质性的进展,这需要双方创作者不断进行磨合和适应。与中国资深导演、监制或是有丰富制片经验的中方制作公司合作,是韩国电影人更长远地在内地站稳脚跟、熟悉和掌握内地市场的最好起步方法。而对于中国电影产业来说,能够吸引和吸收来自各国的资本和人才——特别是比我们更规范的资本和更优秀的人才,对未来中国成为亚洲好莱坞而言将是关键的问题。

中美双方曾在 2012 年签订的《中美双方就解决 WTO 电影相关问题的谅解备忘录》即将在 2017 年到期,这意味着进口片的配额限制极有可能被进一步放开甚至取消。虽然中国与好莱坞在各自合作中能取得双赢,好莱坞也不可能在市场占有上轻易让步,好莱坞对中国的市场开拓不言而喻,同时中国也是好莱坞除本土之外最大的海外市场,但中国现在的政策对引进的分账片有一定限制,所以好莱坞会跟中国有一系列保护既得利益的条件或条款的生成。中国电影公司要在企业升级的同时,让资本主动进入海外市场,利用已培养成的海外观众尤其是海外华人的观影热情和强大支持,巩固和加强中国电影海外传播的力度和广度。过去的中国电影在北美的发行模式是依托于美国的院线公司,由外国公司主要负责影片的营销,受制于重重的限制。而现在资本进入市场变成主动试水,按照市场规制来推广中国电影,选择更加利于盈利的院线、时段实现合作共赢,在形成长效机制的目标下,为中国电影出海寻找突破口。

目前中国电影民营企业巨头纷纷进军海外市场,对海外电影企业或院线进行并购,这对欧美本土市场来说是一个不小的冲击。但是深入分析,其实对于原来的企业,在短时间内改变的是资本结构,并没有也不可能从内容源头上进行大换血,而内容源源不断的创造和输入才是一切资本创造的来源。所以,中国电影要获得世界性的广泛传播,最主要的障碍不是资本、也不是技术,还是"文化壁垒"的问题。由于历史、政治、经济的差异,东方文化与西方文化自古就形成了完全不同的地域格局,文化思维与民族性格都存在巨大的差异。因此在一定时间内,文化壁垒像无形的墙,横亘在中西文化交流的桥梁上,成为当前中国电影文化输出的最大挑战。当前中国电影市场格局主要以民营企业为主导,电影产业在保持国内市场高速增长的同时,各民营影业巨头纷纷以资本运作和项目合作的方式进军海外市场,尽管通过资本优势控制了海外影视的产业,为中国电影的海外传播搭建了良好的互动平台,但电影传播依赖作品的具体消费确实任重而道远。中西文化巨大的差异,导致要在短时间内把中国电影推向国际获得欧美主流文化的认可并不容易,但中国电影产业在海外征程中不断吸取经验,深入了解西方国家电影在各个领域的运作过程,以全球性的文化融合与地区性文化感染为基础逐步推进,经过较长时间,中国电影应该能逐渐改变当前的国际传播困境,实现富有中国文化特色的区域性普遍认知。

**8**

# 上海文化产品在国际市场
# 占有率的现状及改进路径

王海冬*

摘　要　"十二五"期间,上海文创产业保持健康快速发展,至2015年实现了
增加值3 020亿元,占本市GDP比重12.1%。其中,相当一部分收益
来自国际文化市场,但上海文化产品在国际市场占有率还相对较低。
中西融合的海派文化曾经引领中国与远东,海派文化产品不仅应该
是上海文化产品的重要组成部分,更应该是核心部分。如今上海要
重新挖掘、开发最具上海特色的海派文化资源,创造出新的海派文化
产品,使她走向世界。这需要我们重新认识海派文化在文化上的开
放性、内容上的创新性、效果上的商业性等三大特征;同时要深入研
究上海文化消费滞后使文化产业不能充分发展的深层原因。

扩大上海文化产品国际市场份额的途径与措施:一要努力提升
上海文化消费水平;二要准确宣传本土文化资源;三要鼓励创作本土
题材的文艺作品;四要让海派文化元素积极融入国际合作项目中;五
要发展郊区的文化园区;六要建设海派文化风貌区。总之,要结合
"一带一路"国家战略与长江经济区域国家战略,加深对海派文化的
本质认识,生产出能够引领国际文化潮流的文化产品,稳步提高其国
际市场占有率。

关键词　上海文化产品　国际市场占有率　海派文化三大特点　文化消费

*　王海冬,上海社会科学院文学研究所副研究员,研究领域为地域文化、文化产业。

　　"十二五"期间,上海文创产业保持健康快速发展,总产出和增加值从"十一五"末的 5 499 亿元和 1 673 亿元,增长至 2014 年年末的 9 054 亿元和 2 833 亿元。2015 年继续保持快速增长,实现增加值 3 020 亿元,占本市 GDP 比重 12.1% ,文创产业"十二五"规划圆满收官。[①] 其中,相当一部分收益来自国际文化市场,集中体现在上海举行的精彩纷呈的大型国际文创活动中,如上海设计之都活动周、上海国际艺术节、上海国际电影节等。这一系列活动参与人数屡创新高,国内外影响力逐年递增。其间,上海市政府与中国纺织工业联合会签订共建上海国际时尚之都协议,设立中国时尚趋势研究院,推进国家级时尚产业基地"中国纺织服装品牌创业园"等载体建设;中国(上海)网络视听产业基地正式投入运营,公共服务平台建成;环上大影视产业园区聚焦台前、幕后两个核心影视制作环节,基本完成规划方案编制工作,引进博纳影业等一批知名影视企业,吸引岩井俊二、马尔科姆·克拉克等 5 位国际级大师创设大师工作室;举办自贸区海外新书展、文化授权展,吸引大量国外出版商和文化创意企业参会;又适时走出去,如国家对外文化贸易基地牵头组织上海企业参加洛杉矶艺术展、香港国际影视展、德国科隆游戏展等 12 个国际知名展会,进一步拓展了国际文化贸易渠道。[②]

　　从有关数据的比较中可以看到,当下上海的文化产品在国际市场占有率还比较低。这里仅以电影产品为例:2015 年中国国产影片的国内票房达 271.36 亿元,但海外销售收入仅是本土市场的十分之一——27.7 亿元。被认为最成功的海外营销案例的《狼图腾》英文版权也不过仅仅卖了 10 万美元;当年的票房冠军《捉妖记》,在北美上映的票房只有 3.2 万美元。国内影视企业的盈利能力只有好莱坞的 1/50,国际市场基本没有打开。[③] 与美国相比,美国在国际文化市场占有率高高居上,如好莱坞动画片《小王子》[④]于 2015 年 10 月

---

①　李君娜:《上海文创产业保持健康快速发展》,《解放日报》,2016 年 5 月 4 日。

②　李君娜:《上海文创产业保持健康快速发展》。

③　辛妍:《全球文化创意产业》,《新经济导刊》,2016 年 3 月 21 日。

④　改编自法国作家安东尼·德·圣-埃克苏佩里的同名经典童话,由曾经执导过《功夫熊猫》的美国著名导演马克·奥斯本团队精心打造的一部 3D 动画奇幻电影。

在中国大陆上映短短三天时间票房就破了千万,高居同期电影票房的榜首。[①]
那么上海文化产品在国际文化市场占有率低下的原因是什么？我们认为主要
是缺乏具有充分展示上海特征的产品。而要改变这种状况,需要我们重新认
识上海最重要的历史文化资源——海派文化。中西融合的海派文化曾经引领
中国与远东,海派文化产品不仅应该是上海文化产品的重要组成部分,更应该
是核心部分。我们要重新挖掘、开发这一最具上海特色的海派文化资源,创造
出新的海派文化产品,使她走向世界。

# 一、 海派文化的三大特征

海派文化凝聚着上海市民的文化品格和精神内涵,是我们今天发展上海
文化产品不可忽视的地域特色资源,它的历史形成和这座城市临海的地理位
置密切相关。早在元代至元二十九年(1292 年)正式设置了上海县,县署就在
今老城厢内的旧校场路上。一个新兴的中国海滨城市开始崛起。1843 年开埠
以前,上海人口只有 20 多万,经过百年的发展,人口增到 500 多万。据 1950 年
的统计：上海本地住民只占上海总人口的 15%,移民则高达 85%,所以海派文
化的本质是一种移民文化。

1843 年上海开埠以后,西学东渐,云蒸霞蔚,形成了自己海纳百川的海派
文化特点。东西方人与人、文化与文化整体接触,促成了上海的“华洋杂处”、
“文化混合”,成了“近代化最成功的地方,市民文化最强大的城市”。海派文
化最主要是其“海派文化精神”,她具有大海一般的视野与包容性,具体有以下
三个特征：

第一,文化上的开放性：中西融合,海纳百川、有容乃大,为我所用,创风
气之先,不固步自封,不拒绝先进文化成就。

第二,内容上的创新性：不简单重复和模仿别人,富有创新精神,有创造
活力。雅与俗,洋与土,阳春白雪与下里巴人相兼并蓄。

---

① 褚慧敏：《动画电影〈小王子〉走俏的多维文化透视》,《电影评介》2016 年第 14 期。

第三,效果上的商业性:随着上海变成现代商业城市的诞生,海派文化的创造者——上海人对国内外市场行情具有敏感性,适应市场变化的能力强,包括那些从事文化艺术工作的人士,都有很强的经济头脑和市场意识。

从上海开埠以后算起,一百七十多年以来海派文化为上海的崛起、为我们中华民族和国家提供了大量的创新产品,所以,海派文化最本质的特征就是创新。

新中国成立后,具有创新精神的上海一直是科技、文化、教育、工业最发达的地区,出现了一大批如彭加木那样既勇敢又具有创新能力的科学家。就算在国难当头的艰难岁月,上海也曾经接纳过二战期间为逃避法西斯屠杀的3万多犹太人,并让他们在提篮桥地区安居乐业,使他们重新找回了生命的尊严和希望。实际上,改革开放以来,上海已经成为世界上最大的移民城市,尤其是国内外精英的汇聚,让上海做到了真正意义上的"海纳百川"。

海派文化资源除了上述的海派文化精神还包括其他很多物质和非物质形态。如:上海人讲话南腔北调,还有洋腔洋调,中国各地方言和世界各国的语言大都能在上海听到,形成了汇集各方优点的上海话。上海人的饮食多滋多味,菜系林立,风味各异,川帮、广帮、闽帮、徽帮、本帮……应有尽有;西菜、俄菜、日本菜、印度菜……数不胜数。上海的戏剧舞台百花争艳,京剧、昆剧、越剧、沪剧、淮剧、歌剧、舞剧……剧种之多,阵容之齐,在国内数一数二,在国际堪称少有。上海的商业在长期发展过程中,形成了一批闻名全市甚至蜚声海内外的百年老店。它们的经营理念与产品同样也是海派文化的优秀成果。海派文化资源还包括众多的博物馆与纪念馆,如黄道婆祠堂、徐光启纪念馆、董浩云航海博物馆、周虎臣曹素功笔墨博物馆、嘉定竹刻博物馆、土山湾非遗展览馆、屋里厢石库门博物馆、上海中医药博物馆、上海纺织服饰博物馆、中国蓝印花布馆、中国民族乐器博物馆等。

目前上海仍然是中国最大的移民城市,海派文化所具有的独特的开放性、创新性、商业性特征在新形势下还将继续发展并发扬光大。

## 二、 上海文化消费滞后的五个原因

据《中国文化报》记者洪伟成 2016 年 5 月 5 日报道:"2015 年,上海电影银幕总数已达 1 090 块,影院座位总数 171 509 个,放映电影 190.15 万场,观众人次 6 809.77 万,年度票房收入 29.4 亿元。124 家博物馆与 30 余家美术馆举办展览 700 多个,观众近 2 500 万人次。124 个剧场(影剧院)举办营业性演出 1.3 万余场,观众达 850 万人次。全市各类经营性文化设施 4 300 多个,其中卡拉 OK、电子游戏游艺、游乐场等娱乐场所接待消费人次约 1 500 万。"① 单看这些数据似乎很可观,但是和上海实际常住人口比较,人均文化消费水平是非常低下的。据上海市统计局、国家统计局上海调查总队发布数据,到 2014 年年末,上海全市常住人口总数为 2 425.68 万人(其中,户籍常住人口 1 429.26 万人;外来常住人口 996.42 万人)。② 按照这个人口数据看,一个市民一年看电影不足 3 次,进博物馆或美术馆参观约 1.03 次,进剧场(影剧院)看演出约 0.35 次,进娱乐场所娱乐约 0.61 次。也就是说,许多上海市民终年也没有享受过一次文化消费。

文化消费水平的高低,是衡量一个城市经济社会发展状况和国民精神文化素养的重要指标。文化产业能否发展,文化市场能否繁荣,战略定位和政策制定至关重要。③ 如今城市的主要功能不仅仅再是以往的生产和交换,更主要的功能转化为服务和消费。而消费中极为重要的一方面就是文化消费。文化消费关系到人们的精神享受与精神面貌。高质量的文化产品直接影响文化消费的提升;积极的文化消费也同样促进文化产品质量的提升。上海正在建设卓越的世界城市,有众多的境外移民,因此它的文化消费本身可以说是国际化的,但是上海当下文化消费滞后而使文化产业不能充分发展,原因如下:

---

① 《上海文化消费跃上新台阶》,新华网: http://www.news.cn/(2016 - 05 - 05)
② 《2015 年上海常住人口》,世界人口网: http://www.renkou.org.cn/(2015 - 02 - 28)
③ 《上海文化消费跃上新台阶》,新华网: http://www.news.cn/(2016 - 05 - 05)

其一,上海居民的大部分收入被生活负担所占据,文化消费被挤压。"买不起房"、"看不起病"、"上不起学",这些都是上海居民面对的现实生存问题。尤其是上海的房价远远高于美国、德国等发达国家的大城市,而房产是生活的必需品,这就造成了上海当房奴的比例是全国最高的。上海的出行费也是全国最高的,公共汽车、地铁等价格都比北京贵得多。因此上海人的生活负担在我国也是最重的。于是"非必需"的文化消费成了一种奢侈,严重影响了上海居民的文化消费。

其二,文化消费的层次不平衡。当下上海的文化消费内部结构失衡,享受型的文化消费超前发展,而基本型的文化消费和发展型的文化消费滞后。

其三,文化消费设施建设失衡。当下上海的娱乐消遣设施日趋高档化和时尚化。高档设施大量闲置,造成了文化资源的浪费,而适合大众的文化消费场所却难以满足需要。如一些社区出现了投资亿元的群众艺术活动中心,其维持费就使当地政府叫苦不迭。

其四,市民收入差距过大制约了文化消费。目前,尽管我国 GDP 快速增长,但是国民收入分配结构中国家占有的比例较高,而居民收入所占的比例较低;在再分配过程中对居民之间的收入状况调整的力度不大,造成市民之间的收入差距过大,严重制约了低收入居民的文化消费需求,抑制了文化市场需求的有效增长。

其五,社会环境制约了文化消费。目前我国的文化市场正处于发展时期,市场运行机制不完善,文化消费政策不到位,缺乏整体规划;相关配套服务阻碍了文化消费的发展。[1]

## 三、 扩大上海文化产品国际
## 市场份额的途径与措施

要提升上海文化产品在国际市场的占有率需要从供给侧和消费侧两个方

---

[1] 房宏婷:《论我国文化消费中存在的问题及其根源》,《北京印刷学院学报》2011 年第 10 期。

面同时发力,才能增效。这并非一朝一夕之功,除了要提高文化产品的精神内涵——内含中华民族特有的真善美,并以一种普世的艺术方式表达以外,更要建立新的机制体制,整合海派文化与长三角地区的文化资源,采取相应的途径与措施。

## (一)努力提升上海文化消费水平

### 1. 文化市场需进一步细化,以提供便捷的文化消费渠道

在需求和供应的相互作用下,人们的消费需求呈现越来越明显的多元化趋势。市场细化意味着发展的空间不断拓展。由于上海的生活节奏加快、工作压力增大,需要花费较多时间和精力的消费方式往往会被放弃,如果能够提供便捷快速的消费方式,可以收获更多的市场。

### 2. 文化产业要及时采用新技术、发展新兴市场

传统的文化消费方式已经受到严重挑战。上海要在新技术、新观念的推动下,发展便捷式、家庭式的文化消费,快速拓展新兴市场。据有关部门发布的信息显示,2010 年国内数字出版产业总体收入规模达到 1 051.79 亿元,比2009 年增长了 31.97%。网络音乐总体市场规模达到23 亿元,比 2009 年增长约14.4%。手机出版、网络游戏、电子书等新兴文化消费领域,创造性地满足了人们的文化消费需求。以网络文学为例,盛大文学开启的网络付费阅读模式,打开了一个全新的消费领域,而它的成功则是建立在计算机技术和电子商务广泛应用的基础上。数字交互等新技术的发展也为居家式文化消费提供了前所未有的选择。点播节目、交水电费、进行远程学习、玩休闲小游戏……越来越多的新功能被开发出来,电脑已经成为众多新型文化消费的一个集成平台。

### 3. 增强农村的文化消费

制约上海郊区居民文化消费的原因,一方面是文化产品和服务存在供需不平衡的结构性矛盾,城乡差别较大,广大农村地区文化生活贫乏的现象还存在,难以满足郊区百姓多样化的文化消费需要。要把文化产品与一般工业品区分开来,把握文化产业生产、传播、流通的规律,才能真正满足郊区人们的文

化消费需求。要加强县级文化馆和图书馆、乡镇综合文化站、村文化室的建设,实施广播电视村村通工程,深入开展文化科技卫生"三下乡"活动。要鼓励和扶持文化企业以连锁方式加强基层和农村文化网点建设,支持演艺团体深入基层和农村演出。

4. 增强优质文化产品的供给

文化产品的供给不足,尤其是优质文化产品的供给不足,也是制约居民文化消费的主要原因。目前上海文化产品供需的产业链没有实现良性的互动。许多经营性文化产业混同于公益性文化事业,脱离市场,造成大量同质的文化产品浪费,创新性文化产品供给不足。

5. 要扩大电影、戏剧低价票

上海的电影、文艺演出等票价虚高问题还没有根本改变,这使得很多艺术作品,难以飞入寻常百姓家,吓退了不少中低收入的消费者,抑制了文化消费需求的增长,所以应当适当降低电影、戏剧票价,吸引更多观众进入影院、剧场。

6. 要进一步建立实用耐用的文化设施

文化基础设施是居民文化消费得以实现的载体,目前虽然上海城乡文化基础设施建设走在了全国前列,但尚有很多不足。一些文化设施耗资巨大,如某些社区的文化艺术中心的文化设施耗资超过一亿元,光每年的维护费用就需要一大笔钱,很多基础设施往往只是面子工程,不实用也不耐用。

7. 切实增加居民收入,率先建立和完善社会保障体系

上海要进一步提高劳动者报酬在国民收入初次分配中的比重,建立城乡统一和较为规范的社会保障制度。积极引导农村富余劳动力向非农产业转移,切实增加农民收入。[①] 要减少城市贫民人数,使文化消费变成全体居民的消费。打压房价,降低交通费,完善养老制度,解决人们后顾之忧,才能有效提高居民的文化消费能力。

---

① 马玉琪:《居民文化消费对中国经济增长的影响分析》,《经济研究导刊》2012 年第 9 期。

## （二）准确宣传本土文化资源

凡世界著名的文化城市，如巴黎、伦敦、圣彼得堡、法兰克福、威尼斯等，都是以其独特的城市形象而著称于世，但城市是一个社会，不仅要宜居，而且要宜动①。上海有至少 6 000 年的历史文脉，各区城市规划的制订，不仅要有城市设计规划的建筑学专家，以及相关的历史、民俗等专家，还要有当地的居民代表②，只有发挥当地居民在城市规划、设计、建设中的主体性作用，才能使区域的城市规划充分反映当地的文化记忆。

这里要改变媒体经常宣传的建设理念：上海是"东方巴黎"、浦东是"中国的曼哈顿"，其实这是一个落伍的理念。上海就是上海，上海是中国的，上海应自有其东方神韵的文化风貌。

当下，媒体推介上海历史时往往是从元代出现"上海"这个地名——只有近 700 年历史开始介绍的，但实际上，上海已有至少 6 000 年灿烂的文明史。今天的上海区域已是民国时期上海的十几倍，市区是中西文化交汇处，孕育出近代的都市"海派文化"，其中市民的民间文化是主体；郊区更多地传承了江南水乡的传统文化，其民间文化历史悠久、丰富多彩。③ 上海的非物质文化遗产就包括了"海派文化"和民间文化这两个部分。因此，我们要有"大上海"的整体视野，而非黄浦江畔一渔村。实际上，今天的上海区域历史上就出现过 30 个以上的经济、文化集萃的古镇、古城。元以来，上海就是中国的棉纺织中心地。④ 如此才能对上海的本土文化资源有一个比较完整的认识。

理论，研究事物的客观运动规律，因而有了前瞻性的品格。非遗保护的对应理论是民俗学，所以需要及时振兴上海的民俗学。

不少外省市经常将民俗学作为重点学科来扶持。很多地方不仅早就出版

---

① 包括群体与个体的文化活动。

② 当下，上海的社区建设规划主要是规划部门的业务，已开始吸收部分历史学家、民俗学家参与，但居民代表几乎没有，这种状态亟须改变。

③ 上海郊区不仅传承了江南的农耕文化，也开创了中国古代与近代的海洋文化，崇明曾经是郑和下西洋的出发点停泊处，近代有崇明"海洋三杰"等。

④ 在中国古代，棉纺织是最重要的手工业之一。

了省、地级的民俗志,甚至区、县都出版了地区的民俗志,而上海目前不仅没有出版过自己的民俗志,上海的民俗学研究也处于式微状态。

建议上海哲学社会科学规划办公室每年能设立民俗学研究的专项课题,鼓励相关研究人员将民俗学研究与上海的文化建设结合起来,进一步积极挖掘与宣传上海特色的文化资源。

### (三)鼓励创作本土题材的文艺作品

上海本土素材很多,许多发生在上海的事件、人物都可以创作成文艺作品。如土山湾黄杨木雕大师徐宝庆,他出生于浙江台州县加排头村一户雇农家庭,一岁丧父,三岁丧母,外祖母含泪将他送到上海南市新普育堂,使他得以求生。七岁被转到徐家汇天主教会办的土山湾孤儿工艺院,十岁开始了艺术学徒的生涯,从此起步学习素描、绘画、铜匠活、木器家具的制作与设计;十三岁开始学习雕塑和雕刻,得到一位精于西洋绘画艺术、同时也深谙东方艺术的日本美术家田中德的指引。徐宝庆逐渐掌握了人体解剖学知识及明暗处理、分块分面的造型方法。他坚持每天练习素描和雕刻,常常练到深夜。二年后,他从绘画班转到雕刻工作室专攻雕刻,又得到另一位来自西班牙的雕刻家那勃斯夏斯的指点。徐宝庆刻苦学习,闯过一道道难关,终于学得了精湛的手艺。1952年12月,应著名雕塑家张充仁先生之邀,作为助手进入张充仁工作室工作。到1955年至1966年,他的雕刻技艺已经进入了全盛期。1957年赴京出席"全国工艺美术艺人第一次代表大会",受到朱德副主席与其他中央领导同志接见。1958年他有五件近代木雕风格的代表作品被上海博物馆收藏。人民大会堂上海厅里一组《农》、《林》、《牧》、《副渔》四大香樟木雕作品,都出自他手。1964年被轻工部授命为"雕刻工艺师"。"文革"期间他也受到冲击——被逐出上海工艺美术研究所。"劳动下放"回来后,他艰难地重拾刻刀锲而不舍。1976年年底,回到久违的上海工艺美术研究所。后来,他又一次踏进北京——参加"全国工艺美术艺人创作设计人员第二次代表大会",会上被授予"为我国工艺美术事业做出重大贡献"的勋章。交通大学七点一米高的毛泽东像、上海文庙的孔子像、无锡风景名胜鼋头渚的龙龟等,都出自徐宝庆的手。这个从上山湾走出来的从艺近七十个春秋的海派木雕大师的故事是上海本土文艺创作的好素材。

曾经对近代上海社会与经济发展产生过巨大影响的"宁波帮"也可以是上海本土史诗性题材的文艺创作素材。鸦片战争以后,随着外国资本主义的入侵,商人都涌向经济较发达的城市经商,形成了各种商帮,当时较著名的商帮有"广帮"、"徽帮"、"闽帮"等,而最有名气的是"宁波帮"。19 世纪 80 年代特别是 90 年代以后,上海的"宁波帮"以上海为基地,创造了 100 个左右的全国第一,涌现出叶澄衷、严信厚、朱葆三、王才运、方液仙、董杏生、周祥生等一批"大王",抒写了中国工商业史上的百年辉煌。上海的许多百年老店如同仁堂、童涵春、蔡同德等著名药铺,亨得利、亨达利钟表店等都是宁波人经营的。这些具有开拓创新精神的"宁波帮"不仅深刻影响了上海社会与经济的发展,也影响了上海的文化发展,海派文化中有很多他们的影子和故事,这其中有数不尽的文艺创作素材。

要创作上海本土题材的舞台、影视作品,首先要让年轻人了解和掌握上海的历史、现在和未来,如此才能创造出有上海特色的文艺作品。

上海文化发展基金会近年来为上海文化事业的繁荣发展做了大量工作,如筹措文化发展资金,资助公益文化,扶植文化人才,推动文化创新,促进文化交流等,尤其为青年编剧搭建了创作孵化和人才激励平台,非常必要。我们建议上海文化发展基金会还应设立对青年编剧侧重创作本土史诗性题材的奖励项目。海派文化是上海本土史诗性题材的重要素材。近 30 年来,上海成为文艺创作的重要城市,也是获得文艺大奖最多的城市之一,但很少有自己的本土史诗性题材的影视或舞台作品,这对弘扬海派文化,塑造上海城市形象很不利。所以建议上海文化发展基金会设立鼓励海派文化本土文艺题材创作的专门奖励项目。

## (四)让海派文化元素积极融入国际合作项目中

在国际文化大都市建设的历史进程中,会有越来越多的国际合作的文化项目,上海要抓住机遇,实现海派文化在资源整合的基础上创新,使上海国际合作项目自然融进本土文化元素,从而使上海有可持久发展的特色文化产业。如上海迪士尼乐园正是目前中美合作的重大合作项目,项目直接投资额约 245 亿元,间接拉动的投资规模或为千亿级。① 上海迪士尼的建立将填补国内旅游产业空白,有助于刺激本土文化产业和旅游产业加速发展,有助于上海和长三角地区的经济结构转型、有助于为上海及周边地区创造众多的就业机会。

上海迪士尼乐园是全球第 6 个、中国第 2 个迪士尼乐园。她不但拥有与全球迪士尼旅游目的地度假区一致的设施,还有中国本土的神奇特色。如此,将免不了有各种表演。如果将类似于"ERA——时空之旅"这种以海派杂技为主,整合了其他文化元素的表演在上海迪士尼中演出,相信也一定会受中外游人的青睐;在上海迪士尼中也可以时常播放《梁祝》的主旋律,上演《梁祝》的芭蕾舞剧或音乐剧;穿着海派旗袍的社区居民也可以在上海迪士尼中"走走秀";海派木偶戏、海派琵琶、海派秧歌、奉贤滚灯、马桥手狮舞等都能在上海迪士尼中得以展示。

## （五）发展郊区的文化园区

上海的文化建设与文化产业要大发展、大繁荣,其中必须要用科学的发展观来指导设计与规划文化园区,防止文化园区布局不合理的"大跃进"。上海市内的文化园区建设过快、过密,但郊区却冷清,而郊区才是非遗保护项目的主要传承地。"民族、民俗、民间"文化的传承和创新往往在农村或郊区更有潜力。甘肃庆阳在十几年前挖掘出一个 800 年前的古香包,由此发展成一个年产值上亿的文化创意产业。② 上海郊区也有许多潜在资源,近年郊区开展"一镇一品"活动,其中不少是非遗项目,推动了新农村的文化建设。

如:"打莲湘"是金山区廊下镇的传统文化项目,2006 年列入区非遗保护

---

① 王飞:《上海迪士尼今将正式破土动工 每年或拉动 160 亿》,《广州日报》,2011 年 4 月 8 日。

② 2001 年,庆阳市华池县在对境内宋代双石塔进行整体搬迁挖掘时,在塔体内发现了一只香包。据考证,这只香包距今至少有 800 多年,但仍色泽艳丽,图案如新,被称为"千岁香包",这是迄今发现的最早的香包。后来庆阳以香包为产业形成了民俗文化产业群。2007 年,当地民俗文化艺术产品销售收入达 1.54 亿元。

名录①后,镇政府提出人人会打莲湘的口号。于是,村村组织莲湘队,户户争学打莲湘,创作编排出了莲湘舞、莲湘表演唱、莲湘小品、莲湘操等系列节目。2008 年成立了长三角莲湘联谊会。奉贤区齐贤的"皮影戏"已有上百年的历史,2008 年春被列为上海市非物质文化遗产保护项目。青浦区白鹤镇传承的沪剧与清音班都是非物质文化产业的保护项目。早在上个世纪 60 年代,上海沪剧团的老一辈沪剧艺术家就带领学生来到白鹤体验生活,从此在白鹤老百姓生活中播下了沪剧演唱的种子。2008 年白鹤镇被上海文广影视管理局列入上海市非物质文化(沪剧)传承基地。这样的例子在郊区不胜枚举,建议未来能够成立以非遗为中心的文化产业园区。随着上海轨道交通的进一步发展,到郊区的文化产业园区也会越来越便捷。

### (六)建设海派文化风貌区

纽约、巴黎、伦敦、东京这些已经成型的国际大都市不仅是金融、信息发布、决策控制、高端人才的中心,也是文化旅游的中心。这些国际知名城市除了已形成相对完整的旅游文化品牌产业链以外,还充分发挥了区域内历史文化风貌区的功能,形成了该地域特有的文化旅游业,实现了经济效益和保护文化遗产的良性互动。

在日本,以"鬼太郎"为主题的文化项目成了只有 4 万人口的日本境港市最重要的文化资源,该市全体居民都是鬼太郎文化遗产的保护者,整个城市从建筑到民俗,都是鬼太郎传说的生动体现者,使境港市的文化旅游有声有色,成为世界著名的旅游胜地。

据悉,上海大世界将于 2016 年 12 月 28 日试运行,2017 年大世界诞辰百年之际的 3 月正式对外开放。重新开放后的大世界将以"非物质文化遗产"与"民俗、民族、民间"为主题,定位于非物质文化遗产的活态传承,内设五大功能业态:非遗展览、非遗表演、非遗传习、数字非遗、非遗美食,中国非物质文化

---

① 2009 年列入上海市保护项目。

遗产十大门类均可以在此呈现。① 这是上海非遗保护的有力举措。但是大世界每天接待游客人数有限,偌大一个国际大都市上海需要更多一些"大世界"齐放异彩。

上海 2015 年旅游业目标是占 GDP 比重的 8.5%,虽然比国家高了 0.5%,但是明显低于北京的 10%。这和上海历史文化风貌区中有相当数量的文化资源闲置有关。如上海徐汇区土山湾手工工艺在历史上曾实现过产业化,对上海新工艺的形成和就业都产生过良好而持久的影响,而今天土山湾手工工艺却只出现在非物质文化项目的展览会上,没有实现真正的产业化,影响了衡山路历史文化风貌区功能的发挥,类似情况在其它历史文化风貌区也存在。上海有 12 个历史文化风貌区,如何发挥其都市文化旅游优质资源的潜力? 需要新的理论指引和行之有效的法规、政策、制度、措施。我们建议将衡山路历史文化风貌区建设成海派文化一条街,或以现在的土山湾博物馆为中心,将徐家汇蒲汇塘路建设成海派文化一条街,展示它的过去与未来,同时使之成为上海新的文化风貌区。海派文化的一些百年老店和部分项目都可以集中在海派文化一条街上开店展示,以此使其成为吸引国内外游人的上海特色旅游地。

建设海派文化风貌区可集中展示海派文化:包括历史的、现在的;精神的、物质的;静态的、活态的;参观的、体验的……总之,借助文化一条街或海派文化风貌区的"平台",集中让人们感受、体验、记忆上海特有的文化魅力,以此留下深刻的烙印,也使上海文化产品不出国门就能让国外游人就地消费。

# 结　语

近年来,我国文化产业取得了长足发展,文化贸易保持年均两位数增长,文化企业纷纷走向海外拓展市场,国际文化交流与合作蔚然成风。然而,我国文化贸易整体一直处于逆差状态,文化企业国际竞争力不强,中国文化走向世

---

① 李芹:《上海大世界 28 日起试运营试运行不公开售票》,东方网: http://www.eastday.com/ (2016－12－23)

界任重而道远。未来 30 年,上海在迈向深具魅力和创造力的全球城市过程中,不仅要具备硬实力,更要提升软实力,既要成为全球金融中心、全球科技创新中心,也要建成具有影响力的国际文化大都市。当下上海文化在全球影响力上还远远不够,亟待迅速提升。我们要结合"一带一路"国家战略与长江经济区域国家战略,加深对海派文化的本质认识,生产出能够引领国际文化潮流的文化产品,稳步提高其国际市场占有率。

# 二、国家形象与文化传播

# 9
# 中国形象与文化外交
## ——兼及国家对外文化交流研究基地(上海)文化外交实践

任一鸣*

**摘 要** 国家形象的国际传播是文化外交的重要内容,中国开展文化外交既要捍卫民族文化之根基,保障国家的文化安全,又要推进世界文化多样性,使一国文化资源转化为世界各国共同的文化财富,使中国形象和中国故事为世界所理解和接受,传播积极而良好的中国形象。国家对外文化交流研究基地(上海)通过教育与文化项目交流、相互人员往来、艺术表演与展示等渠道,在有效开展文化外交和传播国家形象方面进行了有益探索。

**关键词** 中国形象 文化外交 文化安全 中国故事 话语体系

---

* 任一鸣,上海社会科学院文学研究所研究员,国际文化交流室主任,研究领域为比较文学,跨文化研究。

中国形象的重新建构是新中国建立以后的重大使命。习近平总书记强调:"要注重塑造我国的国家形象,重点展示中国历史底蕴深厚、各民族多元一体、文化多样和谐的文明大国形象,政治清明、经济发展、文化繁荣、社会稳定、人民团结、山河秀美的东方大国形象,坚持和平发展、促进共同发展、维护国际公平正义、为人类作出贡献的负责任大国形象,对外更加开放、更加具有亲和力、充满希望、充满活力的社会主义大国形象。"①这四个"大国形象"指出了中国形象建设的明确方向和紧迫要求。而国家形象的国际传播是文化外交的重要内容,中国开展文化外交,在保存民族文化之根,捍卫国家文化安全的同时,还要促进世界文化的丰富性,使世界其他民族理解并接受中国形象和中国故事,将中华文化的资源转化为世界各民族共享的文化财富。

# 一、 中国形象的建构

## (一)历史上的中国形象

国家形象是指"对一国政治、经济、社会、文化与地理等方面状况的认识和评价",具体而言,是一国内部公众和外部公众对该国政治(包括政府信誉、外交能力与军事准备等)、经济(包括金融实力、财政实力、产品特色与质量、国民收入等)、社会(包括社会凝聚力、安全与稳定、国民士气、民族性格等)、文化(包括科技实力、教育水平、文化遗产、风俗习惯、价值观念等)与地理(包括地理环境、自然资源、人口数量等)等方面状况的认识与评价。国家形象在根本上取决于国家的综合国力,但并不能简单地等同于国家的实际状况,它在某种程度上是可以被塑造的。②"形象"的英文表述是 image,是客观存在的,被多数人认同的、相对固定的心理记忆。它的另外一面是 perception,即知觉,是主观的,无数个体主观的感觉,也就成了 image。我们现在所说的中国形象,就是中国以外的个人和群体对中国形成的一种已经固定化的心理记忆。一个国家

---

① 《人民日报》,2014 年 1 月 1 日第一版。
② 孙有中:《国家形象的内涵及其功能》,《国际论坛》2002 年第 3 期。

在国际上的基本形象，主要还是取决于这个国家在国际上的表现、实践和成就。①

中国形象具有三个特点：复杂性，变动性以及多元性。中国是一个历史悠久且多民族混合的国家，各种社会、文化、习俗混杂，因此在外界眼中的形象也是复杂的。我们不能对外界特别是西方眼中的良好的中国形象过于期待，但可以努力让世界尤其是西方认识到中国的复杂性，中国形象的复杂性。变动性指的是世界眼中的中国形象是随着历史发展而变动的。中国曾是欧洲人的憧憬之地，《马可·波罗游记》可资佐证。在明朝万历年间来到中国的意大利传教士利玛窦的笔下，中国形象是这样的：虽然远在天边的皇帝是国家统治者，但实际事务却是由经过考试制度拔擢的文官系统掌控，日常生活则由复杂的风俗习惯所规范，因此维持着社会和谐；而在明朝来华的西班牙传教士闵明多的记忆中，中国是"世界上最高贵的地方，宇宙的中心点，在所有阳光得以照射、万物得以存活之处，那是最荣耀的帝国"。② 由此可见，在相当长一段时期内，西方人心目中的中国形象是相当正面和积极的。但鸦片战争之后，中国沦为西方列强的凌辱和宰割对象，中国形象亦随之一落千丈。中国形象多元性指的是世人眼中的中国形象是多元的，即其他民族的个人和群体由于其自身文化背景和阅历的不同，其眼中的中国形象也必然千差万别。

重新建构中国形象是新中国建立以来的重大使命，正如邓小平所指出的："鸦片战争以来的一个多世纪里，外国人看不起中国人，侮辱中国人。中华人民共和国建立后，改变了中国的形象。中国今天的形象，不是晚清政府、不是北洋军阀政府，也不是蒋氏父子创造出来的，而是中华人民共和国改变了中国的形象。"③

### （二）中国梦与中国形象

中国应该以怎样的形象呈现在国际舞台上？可以说，中国梦正是对这一

---

① 《环球时报》，2006 年 12 月 31 日。
② 唐小兵：《西方视野里的中国形象》，《南风窗》2015 年第 1 期。
③ 《一个国家，两种制度》，《邓小平文选》第三卷第 60 页。

重大问题的理性回答。法共前主席罗贝尔·于曾指出,中国道路必须具备人文精神。而中国梦正是赋予了中国人和中国社会以精神层面的追求,在追求中国梦的过程中,可以使中国形象的塑造得更完美。"国家梦想是国家形象的精神支撑,中国梦可进一步塑造中国人的精神家园,弥补中国国家形象的'短板'。一个国家的主流理想信念不但会影响其发展动力,而且会影响其国际形象。"①

我们可以围绕中国梦的丰富内涵,依托具有中国特色、且融通中外的话语体系,塑造富有精神追求的新的中国形象,正如习总书记所指出的:"中国梦的宣传和阐释,要与当代中国价值观念紧密结合起来。中国梦意味着中国人民和中华民族的价值体认和价值追求,意味着全面建成小康社会、实现中华民族伟大复兴,意味着每一个人都能在为中国梦的奋斗中实现自己的梦想,意味着中华民族团结奋斗的最大公约数,意味着中华民族为人类和平与发展作出更大贡献的真诚意愿。"②

## 二、 文化外交与中国形象传播

1942 年,美国学者拉尔夫·特纳向美国国务院提交了对外文化关系的"特纳备忘录",明确提出了国家"文化外交"的理念。2013 年,时任国家文化部蔡武部长指出:随着中国对外文化交流日益活跃和深化,文化外交已成为继政治外交、经济外交之后的三大支柱外交之一。国家形象的国际传播是文化外交的重要内容。中国开展文化外交既要捍卫民族文化之根基,保障国家的文化安全,又要推进世界文化多样性,使一国文化资源转化为世界各国共同的文化财富,使中国形象和中国故事为世界所理解和接受,传播积极而良好的中国形象。

### (一)文化外交的属性、内涵和特征

国家形象的国际传播和国际文化交流研究都属于国际关系研究领域中的

① 金鑫、林永亮:《以解读中国梦为契机再塑国家形象》,《红旗文稿》2014 年第 15 期。
② 《人民日报》,2014 年 1 月 1 日第一版。

公共外交学科。公共外交(Public Diplomacy)从"民间外交"的概念发展而来，但比民间外交的内涵更为丰富，它是时代背景和国际环境变化的要求，也是国家跨文化交流能力逐渐成熟的结果。近年来，公共外交受到国内外学术界和社会各界的广泛重视，成为人文社会科学发展的一个亮点。公共外交之所以成为显学，有以下主要原因：其一，中国已经走到了世界舞台的中心，中国与世界各国的文化交流空前紧密，民众间国际交往的接触面远远超过政府交往，而且这种交往是实实在在、最为自然的文化双向沟通渠道。其二，公共外交是促进西方全面、准确理解中国的重要途径。向世界说明中国的能力是中国的"软力量"之一，是中国综合国力的重要组成部分。随着我国对外开放的不断扩大和国际文化交流的日益频繁，对外传播中国文化的机会也日益增多。因此，从根本上来说，公共外交研究之所以日益呈现其重要性，是全球化时代外交转型、学科交汇和中国崛起共同汇聚的结果，反映了跨学科交流的发展方向，具有强劲的生命力。公共外交的活动大多具有跨文化交流的属性，因此，国际文化交流是公共外交学科的核心。公共外交作为一门重要的人文社科学科，其研究对象、研究范式、研究方法等正处于演变和建设之中，有一系列重大理论问题迫切需要得到研究，学科发展面临着严峻的挑战，而公共外交学科建设的臻于成熟将大大推进公共外交实务的发展。随着中国国家实力的不断提升，中国在世界舞台上扮演的角色也越来越重要，因此，无论从中国发展的内外部环境，还是对世界的影响来说，加强以国际文化交流为核心的公共外交研究以及学科建设都势在必行。

文化外交是主权国家为维护本国利益、实现国家对外战略目标，以文化传播为内容，以文化交流、沟通为主要手段，以和平方式开展的官方外交活动。现代意义上的"文化外交"一词是美国历史学家拉尔夫·特纳在 20 世纪 40 年代最早提出来的，他认为"文化外交"就是由一国政府所从事的、带有浓厚的政治色彩的对外文化交流行为。而事实上，将文化导入国家外交战略，古已有之。文化外交是国家关系发展到一定阶段的政治化产物。文化外交概念的产生及其重要性的突显，反映了在全球化背景下，国际文化交往从原来的低政治(low politics)范畴到全球化背景下成为高政治(high politics)范畴的转变。

开展各种形式的文化交流,已经成为外交活动领域的重要路径。全球化时代的文化外交与政治、经济、安全外交共同成为建构国家实力的四根支柱,因此文化外交始终属于国家战略范畴。

文化外交具有四个基本特征,即柔软性、思想性、隐蔽性和长期性。文化外交也被称为"柔性外交",相比其它外交形式更易被外国政府和民众所接受,因此文化外交是赢取人心的战略。文化外交的重点在于影响甚至改变人的思想观念,通过思想上潜移默化,使一国的民族文化被其他国家与民众接受或了解,并且通过文化吸引力输出思想观念、价值标准等,这就是文化外交的思想性。隐蔽性是指,文化作为人们思想观念的一种历史性长期的积淀,它既能凭借自身直接影响他国或他人,也可以通过政治、经济等产生间接的影响。文化外交以发展对外文化关系的名义,通过艺术交流、教育、人员往来等文化交流的形式,往往隐藏或遮蔽了国家文化外交的真实目的,容易使人接受。文化外交的长期性则是由文化本身的特性决定的,因为文化不同于政治与经济,它作为一种软实力,其发展水平的提高很难在短时期内实现,因此,文化的影响力表现为渐进性的、持久性的。总之,文化外交与政治外交、经济外交既有不少共同点,也有着不同于其他外交手段的个性特征,因此可以发挥独特的作用。

## (二)文化外交的功能与国家形象传播实践

作为国家形象的传播载体,文化外交的主要功能之一就是构建良好的国家形象。通过教育与文化项目交流、相互人员往来、艺术表演与展示以及文化产品贸易等渠道,文化外交有效地构建和传播了国家形象。

对外语言教学是文化外交的重要组成部分,也是各国构建和传播其国家形象的起点(各国语言文化推广机构简要对比见表1)。以西方国家为例,法国是最早意识到对外法语教学重要性的,早在1883年就创建了法语联盟在全球推广法语和法国文化。英国于1934年设立英国文化委员会,专责英语与英国文化推广。作为二次世界大战的战败国,德国在经济尚未起飞、百废待兴的环境中,依然在1951年恢复了歌德学院(1919年设立,当时称德意志学院),向世界推广德语和德国文化,以改善德国国家形象。受到法国与德国良好的效果启示,西班牙也于1991年创办了塞万提斯学院,推动西班牙语教学和西班牙文化的传播。2004年,中国国务院正式批准并颁布了《"汉语桥"工程》计划,该计划的宗旨是向世界推广汉语,弘扬中华文化,增进世界各国对中国的了解和友谊,促进世界和平与发展,由此开始,孔子学院建设起步。2004年11月21日,首家孔子学院在韩国正式成立,首尔孔子学院成为世界上第一家挂牌的孔子学院,标志着孔子学院迈进了全球发展的新时代,中国也拥有了自己的全球推广汉语和传播中华文化的机构。经过十多年的努力,中国已在140个国家设立了511家孔子学院和1073个孔子课堂,[①]在世界上拥有广泛而积极的影响,对构建和塑造中国形象起到了促进作用。以德国法兰克福大学孔子学院为例,自2007年成立以来,不仅致力于中文教学,课时数与学生数逐年提升,还举办了一系列文化活动,展示了良好的孔子学院以及中国形象。2012年是中德建交40周年,孔子学院承担了"中国在美茵河畔"大型文化活动。虽然之前没有承办如此大型活动的经验,但孔院还是毅然接受了这一挑战。在中国驻法兰克福总领事馆以及法兰克福市政府的大力支持下,5月25日至5月31日,法兰克福孔子学院在美丽的美茵河畔成功举办了中国文化展馆活动,邀请了众多中德知名人士进行访谈、对话、书法、茶道、舞蹈等形式各异的文化交流,接待来宾四五千人。活动赢得了各界的广泛好评,通过活动不仅弘扬了中国传统文化,促进了中德文化的对话与交流,而且扩大了孔院的影响,提高了孔院的声誉,塑造了良好的中国形象。法兰克福大学孔子学院的另一大文化活动是参与法兰克福书展。作为世界上规模最大的书展之一,每年10月中旬举办的法兰克福书展参展者与参观者多达几十万人,在国际上影响极大。为积极传播中国文化,提高孔子学院的国际知名度,法兰克福孔院2015年第一次在书展设立了展台,联合德语区孔院共同推广汉语与中国文化。紧邻孔院展台的就有歌德学院、法语联盟和塞万提斯学院展台,孔子学院第一次与德国、法国和西班牙的语言文化推广机构并立,展示了孔子学院发展十多年

---

① 《人民日报》,2016年12月11日第四版。

来所取得的不凡成绩,更传播了良好的中国形象。①

表1　各国语言文化推广机构简要对比

| 机构名称 | 创办年份 | 机构性质 | 设 立 宗 旨 | 海外分支数量 |
|---|---|---|---|---|
| 法语联盟 | 1883 | 与外交部有协议的半官方机构 | 在全世界推广法语,传播法国文化 | 1 100 |
| 英国文化委员会 | 1934 | 隶属外交部的半官方机构 | 推广英语海外教学,增进外国对英国文化的了解 | 223 |
| 歌德学院 | 1951 | 与外交部有协议的非政府机构 | 促进海外德语教学,推动德国文化传播 | 144 |
| 塞万提斯学院 | 1991 | 隶属外交部的半官方机构 | 在全球推广西班牙语教学、研究与应用 | 60 |
| 孔子学院 | 2004 | 隶属国家汉语国际推广领导小组办公室的非政府机构 | 向世界推广汉语,弘扬中华文化,增进世界各国对中国的了解和友谊 | 511 |

根据各机构官网资料整理。

## 三、 国家软实力与国家形象传播

党的十七大报告明确提出:"要坚持社会主义先进文化前进方向,兴起社会主义文化建设新高潮,激发全民族文化创造活力,提高国家文化软实力"。十七届六中全会通过了《中共中央关于深化文化体制改革推动社会主义文化大发展大繁荣若干重大问题的决定》,更是将实施中国文化"走出去"战略和提升中华文化国际影响力作为增强中国国际话语权与国家文化软实力的基本手段。文化因素在当今世界的地位日趋突出,文化传播与交流已成为国际关系的重要内容,而利用文化传播提升国家形象已成为世界各国的战略选择。

---

① 以上内容来自笔者在法兰克福孔子学院的访谈。

文化代表着国家形象,其产生的吸引力和影响力比政治、经济更为持久,是国家软实力的主要载体和具体体现。在经济全球化和科技革命不断深化的国际环境中,文化传播日益成为国家软实力竞争的重要组成部分,成为塑造国家形象的有效手段。

## (一) 文化外交与文化软实力

国家文化软实力既是国家形象的重要组成部分,也是传播国家形象的关键推手。约瑟夫·奈在其著作《软实力》中把"软实力"明确定义为"通过吸引、而非强迫或收买的方式来达到自己目的的能力。它源自一个国家的文化、政治观念和政策的吸引力"。他把国家的软实力归于三种主要资源:其一是能对其他国家产生吸引力的文化;其二是能真正实践的政治价值观;其三是能被视为具有合法性和道德威信的外交政策。可见,约瑟夫·奈的软实力理论包括了文化、政治、外交三个组成部分,指明了文化外交与文化软实力之间的密切关系。[①]

就文化软实力而言,它包括文化竞争力、文化辐射力和文化信息力等。文化信息的不对称,必然导致文化传播的不对称,而传播的不对称所形成的文化市场的不平衡,其结果势必使得处于弱势交换中的主体丧失市场的主动权。这种主动权的丧失,必然影响到一个国家在国家形象传播和国际文化市场中的权重,不同国家之间的软实力差,直接影响到文化外交的效果和国家形象的塑造。而文化软实力竞争最主要的手段之一又是文化外交,两者相辅相成,共生共长。

## (二) 在文化外交中掌握话语权

中国要成为引领世界潮流的全球文化大国与文化软实力强国,就要使国家形象传播积极参与世界范围内文化规则和文化语境的建构,其核心是积极参与国际文化规制建设,在国际文化话语平台上变被动为主动。

---

① 参见约瑟夫·奈:《软实力》,中信出版社,2013 年。

中国自 2012 年起就积极参与联合国教科文组织的规则制定,利用这一国际话语平台增强国际文化话语权,传播中华文化。在与联合国教科文组织的合作过程中,中国积极创新合作模式,努力从原先的国际规则执行者转变为规则的参与制定者,尤其在非物质文化遗产和文化多样性等领域表现突出。比如中国全程参与《保护非物质文化遗产公约》和《保护和促进文化表现形式多样性公约》两个公约的谈判和制定过程。中国还与联合国教科文组织在 2012 年 2 月签署了有关在北京建立亚太地区非物质文化遗产国际培训中心(简称"亚太中心")的协议。2012 年 6 月 26 日,在北京召开的世界知识产权组织保护音像表演会议上,中国主导缔结了《北京条约》,该条约规定了包括表演者拥有复制权、发行权、出租权以及提供表演的权利和向公众传播权利。这是中国利用国际文化话语平台提升国际话语权、增强国家软实力的又一个成功案例。"该条约的缔结,标志着表演者权利保护从传统走向现代,从制度创建走向制度完善,首次较为全面地解决了世界范围内视听表演知识产权保护工作的基础性、原则性、系统性问题,结束了表演者权利不能享有完整知识产权保护的历史,对于促进国际知识产权合作、推动世界文化产业发展具有重大意义。《北京条约》的签署,在全世界面前再次推出了"北京"品牌,有利于深化与世界知识产权组织的合作,也有助于加强中国参与国际规则制定的话语权。"[1]

此外,设计和提出国际性的文化议题,开展国家间文化合作项目、评选和颁布国际文化奖项、参与和举办国际文化会议等,都是参与国际社会文化建构、掌握文化外交话语权的有效途径,可以促使中国形象在国际文化舞台上占有重要席位,增强中国文化软实力。

### (三)加强文化外交能力建设

习近平总书记指出,提高国家文化软实力,要加强国际传播能力建设。而国际传播能力的增强就是提升文化外交能力的关键。

伴随中国经济的高速增长,包括文化艺术业、新闻出版业、广播电视业、电

---

① 苏娟:《提升国际文化话语权 维护国家文化安全》,《当代世界》2013 年第 9 期。

影业、音像制品业、娱乐业以及演出业在内的庞大的中国文化产业正在蓬勃发展,我国国际传播能力得以逐步提升。截至 2012 年 12 月底,中国已同 149 个国家签订了政府间文化合作协定和近 800 个年度文化交流执行计划,与上千个文化组织保持着密切的合作关系。我国图书、录音制品、音像制品、电子出版物、软件以及电视节目的版权输出逐年增加,文化贸易逆差出现不断缩小的良好势头。① 但是,我们需要正视的现实是,与西方相比,中国在传播能力上存在着巨大的差距,目前传播于全球大部分地区约 80%—90% 的新闻资讯都由西方通讯社提供,国际新闻市场的资讯来源及资讯解释权几乎被西方主流通讯社垄断。以美国为例,美国人口仅占世界人口总数约 5%,却控制了世界约 75% 的电视节目的生产和制作,美国公司出产的影片产量只占全球影片产量的 6.7%,却占领了全球总放映时间的 50% 以上。② 而中国的情况却大相径庭,尽管全球使用汉语者占世界人口总数约 25%,但全球以汉语为载体的信息量仅占全球信息总量约 5%,③这说明我国的文化软实力、国际传播力都有待进一步提高。尤其是进入二十一世纪以来,国际文化传播所面临的一个新挑战就是传播媒体的深刻变革,互联网功能的进一步拓展以及自媒体广泛应用,都给传播能力与国家形象传播效果等带来了新的课题。但另一方面,新媒体也为我国的国家形象传播带来了新的契机,互联网在虚拟空间里自由穿越国界的特性,使得我们文化走出去战略、对外宣传国家形象有更广阔的传播空间。

## 四、 上海文化外交倡导与实践案例

2012 年,在上海实施"创新驱动,转型发展"战略、加快推进国际文化大都市建设的背景下,中国首家国家对外文化交流研究基地落户上海社会科学院。

---

① http://www.cnci.gov.cn/content/20121128/news_76905.shtml
② 王泠:全球化背景下的传媒产业发展态势 http://news.eastday.com/epublish/big5/paper159/4/class015900002/hwz349027.htm
③ 苏娟:《提升国际文化话语权 维护国家文化安全》,《当代世界》2013 年第 9 期。

国家对外文化交流研究基地的宗旨是为提高中国在国际文化语境中的地位、提升国家文化软实力做出应有贡献。国家文化部、上海市委市政府都给予了高度重视。韩正书记亲自为基地揭牌,文化部蔡武部长担任基地总顾问。

国家对外文化交流研究基地成立以来,已取得了令人瞩目的初期成果。基地与国家文化部对外联络局共同举办的"中国特色文化外交理论与实践研讨会"、"国家文化软实力国际研讨会",与美国圣路易斯华盛顿大学东亚系联合举办的"东方文化主流价值专题研讨会"等,均引起了社会的广泛关注,各大主流媒体都进行了报道并给予高度评价。基地还与国家文化部外联局合作成功举办了多届"文化外交官高级培训班",该项目已成为国家培养文化外交人才的品牌项目。在学术研究领域,基地承接了三项国家社科重大课题:"大型文化活动与特色城市建设"、"非物质文化遗产图谱"和"文化产业研究",还有多项省部级课题。此外,基地负责人陈圣来主任率团出访了美国、英国、西班牙、韩国、德国和南美国家,与海外知名大学和文化机构建立了广泛的学术交流关系,并探讨共同研发有关国际文化交流的课题和项目。在西班牙举办的"中华玉文化国际巡展"以及与韩国 IMACO 面具协会合作举办的面具展览和面具文化国际论坛,都已成为极具开发潜力的优势文化交流项目。国家对外文化交流研究基地的特色及其在文化外交倡导和实践中值得关注的有以下几个方面:

## (一)文化传播借力城市文化软实力

自 20 世纪伊始,上海在中国现代都市文化发展中的重要地位就决定了其在中外文化交流中的先锋作用。上海开埠以后,受到各种外来文化的影响和冲击,迅速成长为中国"独一无二的异质文化交织"的现代都市。① 晚清到民国,上海不仅是全国的报刊中心和出版中心,全国娱乐业和市民文化的中心,也是中国话剧、电影、油画、芭蕾以及其他各类现代艺术的发祥地。清末民初的著名翻译家林纾的大部分译著由上海出版发行,使上海成为中国翻译介绍

---

① 熊月之:《〈异质文化交织下的上海都市生活〉序》,上海辞书出版社,2008 年。

西方文学作品最活跃的地方。上海在中国现代都市文化发展中的重要地位决定了其在中外文化交流中的前站和码头作用——既是接纳外来影响的前站，同时也是输出本土文化的最重要码头。上海不仅成为国外电影、戏剧、音乐和舞蹈等进入中国的主要门户，也是中国本土戏曲及其他传统艺术形式向国人乃至向驻沪外国人广泛传播的重要平台。

随着我国改革开放的逐步深入、综合国力的日益增强以及国际地位的不断提高，作为大都市的上海，其对外文化交流也取得长足的发展，交流的规模和范围不断扩大，内容和形式更加丰富，渠道和层次更加多样，初步形成了全方位、多层次、宽领域的良好交流态势。在21世纪前二十年的重要战略机遇期里，上海的城市定位从2020年的现代化国际化大都市进一步提升到2040年的全球城市，上海文化以更加开放的态势融入国际社会，不断开拓国际文化交流的新领域、新渠道和新形式，通过实施"走出去"战略，积极推动优秀的本土文化产品和文化产业走向世界，促进上海国际文化交流的更加繁荣发展。2013年在上海建立的中国第一个自贸区的六大服务领域中，文化服务领域占有一席之地，文化贸易和文化交流将借助自贸区的先行先试而进一步扩大发展态势。上海这座城市在国际文化交流方面的历史积淀以及城市文化软实力的优势，为国家对外文化交流研究基地的文化外交实践提供了难能可贵的舞台。文化部选择上海作为国内第一家对外文化交流研究基地的落地城市，充分体现了国家文化外交发展借力城市文化软实力的战略思想。

### （二）倡导"文化外交"理念，助推我国对外文化交流纳入国家外交大战略

2013年6月在上海举办国家对外文化交流研究基地启动仪式的同时，即召开了"中国特色文化外交理论与实践研讨会"，积极倡导"文化外交"理念，高调凸显了基地所开展的文化交流活动与研究属于中国特色文化外交理论与实践的范畴。来自文化部、中国文联、中国对外文化交流协会、中共上海市委宣传部、中央数家大型文化企业集团、国内外一些知名高校、智库型研究机构、文化行政管理部门、公共文化服务机构及十多家国外驻沪领事馆的负责人、专

家学者及文化名人,以及在沪各主流媒体的记者等约 100 多人出席了基地启动仪式及文化外交理论与实践研讨会。与会代表们分别围绕中国特色的公共外交与文化外交之关系、当代中国人的国际形象塑造、新媒体时代对文化艺术生产及对外传播带来的挑战和机遇、中华文化"走出去"过程中的文化自觉、文化外交与中国影视生产传播中的真善美价值导向追求、中国当代文学作品对外译介的有效性、中国文化国际形象的中外认知差异比较、中国对外文化贸易体系的建构以及国家基地的有效运营等问题,提出了许多真知灼见。

### (三)夯实文化外交的理论基石,深化文化交流学术研究

为了更好地贯彻执行习总书记在 8.19 讲话中强调的"要引导人们更加全面客观地认识当代中国、看待外部世界。宣传阐释中国特色,要讲清楚每个国家和民族的历史传统、文化积淀、基本国情不同,要讲好中国故事,传播好中国声音的讲话",[①]并利用上海建立自贸区的大好时机,搭建国际文化交流学术研究的平台,国家对外文化交流研究基地在组建时即挂靠上海智库型研究机构上海社会科学院,充分利用该研究机构的智库型研究人才,在首批受聘的基地专家中,上海社会科学院的专家学者占了相当重要的比重。基地启动一年以后,又领衔组建了"上海市国际文化学会",以期通过这一学术交流平台,汇聚上海市相关研究和实务领域的人才,吸引海内外知名高校、智库型研究机构共同关注并参与文化外交、文化"走出去"的相关战略研究,进一步夯实基地对外文化交流活动展开的理论基础,实现文化外交理论与实践的相互促进。

### (四)立足传统文化,传播好中国形象

习近平总书记多次强调,提高国家文化软实力,要努力夯实国家文化软实力的根基,要努力展示中华文化独特魅力。在 5 000 多年文明发展进程中,中华民族创造了博大精深的灿烂文化,要使中华民族最基本的文化基因与当代文化相适应、与现代社会相协调,把继承传统优秀文化又弘扬时代精神、立足

---

① 《人民日报》,2013 年 8 月 20 日第一版。

本国又面向世界的当代中国文化创新成果传播出去。深刻理解习总书记的讲话，牢牢把握中华文化的根基，在国家形象传播中十分重要，中华传统文化是塑造良好中国形象的出发点。国家对外文化交流研究基地所展开的交流实践活动，就是紧紧围绕中华传统文化之根，比如与国际面具文化艺术联盟（IMACO）联合主办世界面具艺术巡展，展品包括来自中国、韩国、法国、意大利、菲律宾、不丹、玻利维亚、保加利亚、马里等世界各地的面具珍品，通过巡展以及相关主题的国际论坛，全面展示了中国本土面具以及世界各国特色面具的不同风采，广泛宣传面具艺术的文化内涵与精神价值，积极推动面具艺术的资源保护与学术研究，着力搭建世界面具艺术的交流平台。中国面具艺术是中华文化源远流长的精神内质的表情外化，是中国传统文化的瑰宝，是世界人民了解中国文化的一扇独特窗户。再如，基地与西班牙马德里中国文化中心联合举办的"丝绸之路文化行——首届中国玉文化国际巡展"及相关主题的讲座活动，不仅向世人展示了中国玉文化的瑰丽，还介绍了中国玉雕艺术的传统、制作与品鉴等，让世界上更多人了解中国玉文化。弘扬玉文化不仅是展示中国传统工艺美术的独特魅力，更可介绍中华民族血脉中流淌的谦恭仁义的人生观、兼容并蓄的文化观以及和谐共融的社会观，能够促进世界对中国文化和价值观的了解和认同。

国家对外文化交流研究基地（上海）是中国首家由国家文化部与地方研究机构联合组建的基地，在此之后，国家文化部又与北京大学共建了第二家国家对外文化交流研究基地（北京）。如何在文化交流活动和现实问题研究中为我国的文化外交战略服务，传播好中国形象的同时，充分彰显基地各自所在城市的特色，利用各自城市软实力的不同优势，形成错位竞争，是国家对外文化交流研究基地（上海）未来面临的课题。

# 凝聚国际共识　传播中国声音

## ——世界中国学论坛和中国理念的国际传播

张　焮\*

摘　要　本文以世界中国学论坛为例,对中国理念在学术层面的国际传播进
行分析。在建设全球性的中国学学术网络的基础上,世界中国学论
坛通过国际学术交流、学术引领、学术组织和学术研究四大功能板
块,推进了海外学术界对中国理念的理解和认可。通过构建中国发
展理念,开展中外学术对话,世界中国学论坛加速了中华文明从单方
面借鉴西方文明向中西文明互鉴阶段的发展。

关键词　世界中国学论坛　中国理念　国际传播

## 一、 世界中国学论坛的创办

新世纪以来,随着中国的不断崛起,中国与世界互动、融合的不断加深,海
外对中国的关注和研究与日俱增。在国际社会,专门研究中国的"中国学"开
始从边缘走向中心,成为一门显学,相关学术机构、智库的研究成果不断涌现。
不同论说纷繁杂陈,既有支持、肯定中国发展的,也有唱空、唱衰中国的,既有
"中国奇迹"、"中国模式"的论述,也滋生了"中国威胁论"、"中国责任论"等不
同声音。不同派别的主要学者均在各国的对华舆论、对华政策上有着重要影
响。如何在不同观点中寻找可能的对话空间? 如何向世界讲述一个真实的中

---

\*　张焮,上海社会科学院世界中国学研究所研究人员,研究领域为美国中国学、国际传播。

国,如何说明"中国道路",解释"中国崛起"? 如何为中国的和平发展营造一个良好的国际环境? 这些都是当时中国面临的重要问题。在这样的背景下,

**图1 世界中国学论坛会标**

2004 年世界中国学论坛应运而生。[①] 首届论坛由上海市政府主办,上海社会科学院承办,其创办宗旨就是为海内外中国学研究界提供对话渠道和交流平台,为国际社会深入认识中国、了解中国创造条件,为中国的现代化提供国际经验和理论借鉴,同时帮助中国认识自身、认识世界。世界中国学论坛的会标是《周易》中的《同人》卦,表达的就是中国文化与世界各地区不同形态的文化交流、融合、发展的愿望。

同时,创办世界中国学论坛也是服务上海国际文化大都市建设的举措之一。上海是中国改革开放的窗口,透过上海可以看到中国的变化。向世界讲述中国改革开放的巨大成就、展示上海的国际形象也是创办世界中国学论坛的考虑之一。建设国际文化大都市,需要有品牌性的国际学术交流平台。时任上海市副市长的杨晓渡指出,世界中国学论坛可以向世界展示上海的学术风貌,新闻媒体应该配合论坛承担起宣传上海新世纪形象的重任。时任上海市委副书记的殷一璀指出,上海的发展要"软硬相济",上海不仅仅是有摩天大楼和各个产业,还有浓厚的文化,世界中国学论坛填补了上海在社会科学领域国际交流上的空白。可以说,世界中国学论坛的创办也与上海建设国际文化大都市的规划紧密相关。2011 年,世界中国学论坛被写入上海市委关于建设国际文化大都市的实施意见之中[②],正是对论坛在上海国际文化交流与合作上发挥的作用的肯定。

---

① 首届世界中国学论坛原定于 2003 年召开,因"非典"影响,延迟到了 2004 年。

② 参见 2011 年 11 月 12 日中国共产党上海市第九届委员会第十六次全体会议通过的《中共上海市委关于贯彻〈中共中央关于深化文化体制改革推动社会主义文化大发展大繁荣若干重大问题的决定〉的实施意见》。

## 二、 世界中国学论坛的运作模式

世界中国学论坛创办时,由上海市政府主办,上海社会科学院承办;2006年第二届和2008年第三届则由国务院新闻办公室指导;2010年开始,在组织机制上正式确立"部市合作"模式,即由国务院新闻办公室和上海市人民政府共同主办,上海社会科学院和上海市人民政府新闻办公室联合承办。自此,世界中国学论坛上升为国家级的国际学术交流平台。

在组织架构上,世界中国学论坛设组织委员会、学术委员会、顾问、秘书处。其中组织委员会是论坛的领导机构,主要是做前瞻性工作、战略性决策,负责论坛的大方向和发展规划,主任由国务院新闻办公室主任和上海市市长担任,常务副主任由主办单位分管领导担任,副主任主要由承办单位相关行政领导担任。组织委员会委员主要是北京和上海相关高校、研究机构的负责人,以及部分文化机构负责人。学术委员会和顾问是论坛的学术指导机构,学术委员会主要负责论坛主题、议题的研究和演绎以及演讲嘉宾的推荐,委员主要是国内人文社科领域卓有建树的知名专家学者,顾问主要由德高望重、学养深厚的大家组成,既有季塔连科、池田大作、傅高义、王赓武、谭中等海外权威大师,也有郑必坚、戴逸、汤一介、乐黛云、樊锦诗等国内学界泰斗。秘书处是论坛的常设执行机构,负责具体运作论坛的各项活动,由主办单位、承办单位相关部门负责人担任秘书长和副秘书长。秘书处下设世界中国学论坛办公室,办公室日常工作主要由上海社会科学院世界中国学研究所承担。世界中国学研究所同时也是世界中国学论坛的学术支持机构。

自2004年创办以来,世界中国学论坛已经连续成功举办9次(包括6次主论坛、3次专题论坛)和1次研修班。前四届论坛弘扬中国文化传统精神,分别以"和而不同"、"和谐和平"、"和衷共济"、"合和共生"为主题,将中国文化理念与当代中国现代化进程紧密结合,有效促进了国际社会对中国和平发展理念的认识和理解。自第五届起,更加突出当代中国,分别以"中国现代化:道路与前景"、"中国梦的世界对话"、"中国改革:机遇与挑战"、"中国改革,世界机遇"、"中国未来的发展前景"为主题,探究当代中国发展的世界意义等重大学术问题,更加注重将中国发展道路的经验向世界传播,为全球发展贡献中国智慧。

表1　世界中国学论坛主要活动一览

| 时间 | 地点 | 项目 | 主题 |
|---|---|---|---|
| 2004-8 | 上海 | 第一届 | 和而不同：多元视野下的中国 |
| 2006-9 | 上海 | 第二届 | 和谐和平：中国与世界 |
| 2008-9 | 上海 | 第三届 | 和衷共济：中国与世界的共存之道 |
| 2010-11 | 上海 | 第四届 | 和合共生：中国与世界融合之道 |
| 2013-3 | 上海 | 第五届 | 中国现代化：道路与前景 |
| 2013-12 | 上海 | 专题论坛 | 中国梦的世界对话 |
| 2015-5 | 纽约/亚特兰大 | 首届美国分论坛 | 中国改革：机遇与挑战 |
| 2015-11 | 上海 | 第六届 | 中国改革,世界机遇 |
| 2016-5 | 首尔 | 东亚分论坛 | 中国未来发展的前景 |
| 2016-9 | 上海 | 研修班 | 青年汉学家研修计划 |

## 三、 四大板块助力中国理念的国际传播

通常意义上的学术论坛大多都是一个交流平台,世界中国学论坛在早期的发展中,承担的也主要是促进中外交流和理解的职责。经过十多年的发展,世界中国学论坛已经从单一的交流平台,发展成为集学术交流、学术引领、学术组织、学科建设和咨政建言等多种功能为一体的复合型平台。主要工作除了上海主论坛、海外分论坛外,还包括中国学贡献奖、《中国学季刊》、青年汉学家研修计划和世界中国研究所的研究工作等。中国的发展理念(后文简称中国理念)通过这四大板块,在国际社会得到了有效的传播。

### （一）学术交流： 以对话促共识

学术交流的功能主要体现在上海主论坛和海外分论坛上。上海主论坛每

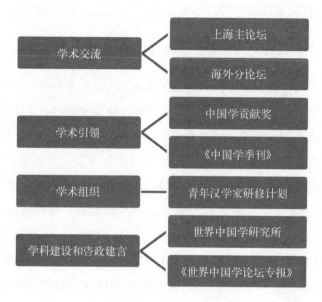

图2　世界中国学论坛功能板块图

两年在上海举办一届,每届都有近300名中外学者、智库专家,以及宗教领袖、外交官员和政要齐聚一堂,就中国研究的热点问题和核心议题展开讨论,其中近半的代表来自海外30多个国家和地区。汤一介、郑必坚、林毅夫、姜义华、王战、黄仁伟等国内顶级学者都在论坛上围绕中国理念和海外专家进行对话,有效增进了国际社会对中国理念的认识和理解。此外,还有百余家中外知名媒体出席,对论坛上发表的各种观点进行广泛报道,经由这些报道,中国理念也在海外得到广泛传播。海外分论坛2015年正式启动,由世界中国学论坛组织委员会主办,上海社会科学院和举办地的中国研究机构联合承办。自此,世界中国学论坛开始走出国门,到海外讲述中国故事、传播中国理念。2015年5月在美国纽约和亚特兰大成功举办的世界中国学论坛美国分论坛,2016年5月在韩国首尔成功举办的世界中国学论坛东亚分论坛,均得到了举办地所在国的广泛关注。这些国家除了学术界的热情参与外,社会各界也高度重视世界中国学论坛海外分论坛,不少商界、政界人士都亲临现场,通过论坛来了解中国理念、中国道路和中国未来的发展。海外分论坛参会代表主要由中方专家和举办地所在国的专家组成,专家总人数在40人左右。虽然规模不大,但议题更有针对性,更注重问答环节和现场互动,交流、讨论也更充分和深入。

## （二）学术引领： 树立中国研究的典范

学术引领的功能主要体现在中国学贡献奖和《中国学季刊》上。中国学贡献奖为从事中国研究的后学树立了一个典范,在引领海外中国研究上发挥了重要作用。该奖创设于 2010 年,旨在弘扬中国学杰出学者和卓越成果,推动各国中国学的发展,每两年评定一次,颁奖仪式与两年一度的上海主论坛同时举行。每届获奖者为 2—4 名,经国内资深学者组成的通讯专家委员会广泛提名,由评奖专家委员会多轮差额投票选出最终获奖者。获奖者既有享誉海内外的名家,也有社会知名度不高,但在中国研究上默默耕耘、成就卓越的大师。已获奖者包括法国法兰西学院讲席教授谢和耐、美国哈佛大学终身教授孔飞力、俄罗斯科学院院士齐赫文斯基、俄罗斯科学院远东研究所所长季塔连科、美国哈佛大学荣休教授傅高义、香港中文大学讲座教授饶宗颐、印度尼赫鲁大学终身教授谭中等。他们都是德高望重、著述等身的大师,终身从事中国研究,为增进世界了解中国,推动中外学术交流作出了独特贡献。中国学贡献奖是第一次由中国的学术组织给中国学领域的海外杰出学者颁奖,因民主、公正、权威的推荐和评审机制,现已成为国内外广泛认可的学术荣誉之一。《中国学季刊》同样创办于 2010 年,是中国学领域人文社会科学综合性学术刊物。季刊鼓励观点创新,提倡学术争鸣,以繁荣和发展各国中国研究、促进海内外中国学的对话与交流为己任,发表了大量各国中国学的最新成果。该刊内容涵盖文学、历史、哲学、政治、经济、社会、国际关系等学科,尤其关注当代中国研究,其中中国理念、中国道路更是重中之重。通过对前沿问题的策划、热点问题的探讨以及学术交锋的推动,在引领海外对中国道路的研究上发挥了积极作用。

## （三）学术组织： 和新一代"中国通"共同成长

学术组织主要体现在举办青年汉学家研修班上。2016 年启动青年汉学家研修计划(上海),该项目为文化部和中国社会科学院主办的"青年汉学家研修计划"子项目,每年一期,旨在为海外从事中国研究的青年学者搭建一个研究和合作的平台,推动青年汉学家和中国的青年学者一起共同成长。上海班侧重当代中国与世界的研究,与侧重当代中华文明的北京班、侧重中国传统文化的西安班互为补充。2016 年来自 23 个国家的近 30 位青年汉学家参加上海班,他们年龄大多在 40 岁以下。这些青年"中国通"围绕各自的研究课题,在上海和周边地区进行实地考察、专题调研和学术交流,还和上海学者合作完成研修论文。经过近一个月的研修,他们也加深了对中国现实和中国理念的认识。

### （四）学科建设：　推动中国学的发展

学科建设和咨政建言主要体现在世界中国学研究所的研究工作和《世界中国学论坛专报》工作上。2012 年,依托世界中国学论坛,上海社会科学院建立世界中国学研究所,作为常设研究机构,为论坛提供学术支撑,同时借助论坛提升对海外中国学的研究。世界中国学研究所以海外各学科领域内研究中国的重要人物、机构、流派,及其代表性成果、发展趋势等为研究对象,致力于对海外中国研究进行实时"再研究"。既突出对海外中国学最新成果的跟踪与分析,也强调从中梳理出对中国现实发展具有借鉴意义的政策启示。近年来,先后组织撰写了《世界中国学理论前沿》《国际视野下的中国道路和中国梦》《中国道路与前景》《海外中国观察》《海外中国研究书目提要》等,在推动中国学的学科发展上发挥了重要作用。《世界中国学论坛专报》是论坛成果转化的重要渠道之一,直报相关决策部门领导和论坛组织委员会。该专报主要刊发与会专家学者关于中国改革和发展的意见建议,尤其注重对中国理念、中国道路的研究,是海内外中国研究的专家学者与中国决策层联系的纽带。迄今为止已刊发 500 余期,在咨政建言上发挥了积极作用。

学术交流、学术引领、学术组织、学术研究和咨政建言四大板块,携手发展、相互促进,在推动中国理念的国际传播上形成了合力。

## 四、 从借鉴到互鉴：　中国理念国际传播的新路径

国际传播的工作最重要的是做人的工作。迄今为止,共有 1 982 人次中外

人士参加世界中国学论坛论坛,其中海外代表近千名,覆盖了全球 65 个国家和地区。经过十余年的发展,论坛已经和这些国家和地区的学者建立了较为牢固的联系,初步形成了覆盖全球主要国家的中国学学术网络。这一庞大的学术网络囊括了中国大陆以外的北美洲 3 国、欧洲 23 国、亚洲 22 国、非洲 6 国、南美洲 6 国、大洋洲 2 国,以及我国的台湾地区、香港特区和澳门特区。

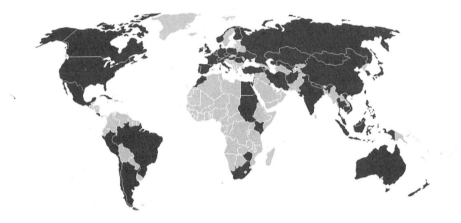

图 3　全球性的中国学学术网络

　　基于这一具有全球性的中国学学术网络,世界中国学论坛的学术交流、学术引领、学术组织、学术研究和咨政建言功能得到了充分的发展。在此基础上,论坛推动中国理念的国际传播大致经历了借鉴、交流和互鉴三个阶段。①

## (一)借鉴:"以世界为方法,以中国为目的"②

这一阶段是中国理念国际传播的准备期,世界中国学论坛在发展上强调

---

① 这里借用了中国社会科学院何培忠研究员的提法,何培忠认为中国学的发展有介绍、借鉴、交流和互鉴四个阶段。参见何培忠:《关于中国学学科体系的思考》,第六届世界中国学论坛会议发言,2015 年 11 月 21 日。借鉴、交流和互鉴贯穿于世界中国学论坛的发展始终,但从十余年的历史中,可以清晰地看到从借鉴到互鉴的脉络。前四届主要更加侧重于借鉴与交流,致力于向世界说明一个真实的中国。从第五届开始,更加注重中国道路的阐释,更加自信地向世界呈现中国的发展经验,突出中国发展对世界的意义、对人类文明的贡献。

② 此处及后文均借用的是沟口雄三"以中国为方法,以世界为目的"的表述。参见沟口雄三:《作为方法的中国》,孙军悦译,三联书店,2011 年。

广泛学习、借鉴海外成果、经验,促进中国发展。谋求中国理念在国际话语体系中的"合法性",同时通过各种方式服务中国发展,为中国理念的国际传播作准备。

具体而言,一是在当时高度美国化的世界,为自成一体的中华文明谋一席之地。这在首届世界中国学论坛上体现得尤其明显。首届论坛的主题是"和而不同",重点在"不同"。强调不同文明之间的平等,主张尊重差异性和多样性,不同文明之间应该取长补短、共同发展,而不是一种文明取代另一种文明。① "和而不同"既是对中华文明独特性的重申,又是对当代中国发展道路独特性的确认,这是向海外传播中国理念的前提。

二是借鉴各国发展经验,丰富和发展中国理念。首届世界中国学论坛的论文征集公告就明言论坛旨在"为中国的物质文明、政治文明和精神文明建设提供重要的借鉴和参考"。② 首届论坛更是通过主旨演讲明确提出中国崇尚"见贤思齐","看到别人的优点,希望自己也能如此;发现别人的缺点,便惕然而反省自己"③,向全球专家昭告中国渴望向世界学习的态度。正因为中国的这种胸怀,海外专家也积极为中国发展建言献策。早在 2004 年首届中国学论坛上,韩国学者就提出中国不应只是一个制造大国,也应该是一个消费大国,生产和消费之间应该达成平衡。④ 2006 年,第二届中国学论坛上,俄罗斯科学院院士米亚什尼科夫以俄罗斯的历史教训为例,提醒中国注意经济高速发展中出现的劳动力人口减少等社会问题。这些建议都不同程度地融入了中国之后的发展理念之中。

三是全面系统地梳理海外中国学,为中国理念提供参考。既包括海外历史上关于中国的重要观点,也包括当代研究中国的最新成果。在论坛创办的初期,诺贝尔奖得主劳伦斯·克莱因、"北京共识"提出者雷默、俄罗斯远东研

---

① 参见王荣华 2004 年 8 月 19 日在首届世界中国学论坛上的主旨演讲,王荣华:《"和而不同",尊重文化多样性》,《文汇报》2014 年 8 月 24 日。

② 《首届"世界中国学论坛"论文征集公告》,《世界经济研究》2003 年第 3 期。

③ 参见王荣华:《"和而不同",尊重文化多样性》。

④ 王泠一、何卓旎整理:《感知多元视野下的中国》,《社会观察》2004 年 11 月。

究所所长季塔连科、哈佛大学教授傅高义、美国汉学家安乐哲、日本中国研究专家毛里和子等先后来到论坛，分享他们关于中国的最新思考。他们的研究既是中国发展的重要参考，也为中国理念的学理化，以及如何以国际通行学术语言表述这些理念提供了很好的样本。

这一时期，在国际社会上，研究中国的主力依然是在西方发达国家，尤其是美国的研究机构掌握着定义中国理念的话语权。

## （二）交流："以中国为方法，以中国为目的"

这一阶段是中国理念国际传播的实践期，世界中国学论坛在发展上强调中国理念的学理化。基本形成了一套中国理念学理化的机制，开始以海外学术界"听得懂"的理论表述来展开国际传播，初步促成了国际社会在中国理念上的共识。

具体而言，一是探索中国理念学理化的机制。第二届世界中国学论坛已经开始有意识地向国际社会推介"和平和谐"这一中国理念。但这一理念官方话语的色彩依然比较浓。到了第三届论坛，在主题、议题的设定上，组委会开始形成一套较为完善的机制，打造更为学理化的中国理念。流程包括前期对国际国内形势的研判，在此基础上向论坛专家委员会广泛征询主题，论坛组委会从众多理念中确定大致主题，论坛秘书处会往返京沪两地，组织多轮专家座谈会，进行专题研讨。最终提炼出的中国理念，往往是数易其稿的结晶，凝聚着几十位专家的心血，也是国内学术界的共识。

二是精细化中国理念的英语表达。为了让中国理念的英译尽可能地"信达雅"，论坛秘书处亦是反复征求国内外专家学者的意见，长期浸润在中西两种文化中的海外华裔学者，更是咨询的重点对象，最后往往还要请国内英语界的大师级人物定稿。第三届论坛主题"和衷共济"的英译 Common Challenges, Common Efforts，和第四届论坛主题"和合共生"的英译 Living Together, Growing Together，都堪称中文英译的典范。

三是以学术推动中国理念的国际传播。"和衷共济"和"和合共生"等中国理念既有理论价值又有实践意义，既具国际风范又有中国内涵。"和衷共济"针对 2008 年全球金融危机提出,意指危机关头,中国将与世界各国一起携手并进、共渡难关。"和合共生"则是针对金融危机后全球形势一片黯淡,而中国实力不断上升而提出,意指中国是现存国际秩序的建设者、维护者,而不是破坏者。这些理念一经提出首先是在参加论坛的海外专家中产生积极反响,再从参会的海外专家传播到各国从事中国研究的群体,进而把中国理念扩散到各国政界、商界和大众传媒,最终形成国际共识。比如"和衷共济"就引发海内外的高度关注,在世界中国学论坛提出这一理念后,成为国际社会广泛认可的中国价值。当时美国驻沪使领馆全员出动,到所有会场旁听,最后形成详细的报告上报美国国务院。① 奥巴马第一任期的就职演说和希拉里的演讲都用过类似的表述。②

这一时期,国内学术界开始加强对中国道路的研究,逐渐提出一些植根于中华传统文化的中国理念,这些理念与西方话语不同,但基本不挑战西方话语,而是强调向西方说明一个真实的中国,强调中西方更好地相处。

（三）互鉴："以中国为方法，以世界为目的"

这一阶段是中国理念国际传播的深化期。崛起的中国开始成为扮演重要国际角色的大国,各国开始关注中国发展对世界的影响,中国理念的国际吸引力不断上升。一方面是中国继续学习世界先进文化,融入世界文明,另一方面则是中国为世界文明的发展贡献中国价值,呈现出文明互鉴的气象。

世界中国学论坛的发展上开始积极推动中国话语的构建。自 2015 年第六届世界中国学论坛以来,中外文明"互鉴"的特征体现得尤其明显。第六届论坛主题为"中国改革,世界机遇",明确提出改革开放的中国为全球治理变革提供了"中国智慧",为人类文明进步提供了"中国价值","中国的成功实践,为各国人民选择适合本国国情发展道路提供了借鉴和启迪"。③ 在世界中国学

---

① 黄仁伟:《通过"中国学"更好地认识中国》,《社会观察》2010 年第 12 期。
② 《上海文化样本选》,上海人民出版社,2012 年,第 5—6 页。
③ 蒋建国:《中国改革　世界机遇》,第六届世界中国学论坛主旨演讲,2015 年 11 月 20 日。

论坛上,中国学者构建中国话语挑战西方话语的原创研究开始增多。如有中国学者明确提出,中国开创了一条不同于西方的现代化道路,也有学者开始讨论中国经验的世界意义,历史学家姜义华则直呼其他文明对西方文明的从属只是暂时的,现在正在进入五大洲不同文明交流互鉴的新时代。[①] 甚至有美国学者提出,中国现在已经成为全球的中心,因为中国,世界已迎来新的转折点。

二是推动广大发展中国家的中国研究。中国立足于自身的历史文化和现实国情,在西方道路之外,探索出了一条独特的发展道路,并且在经济社会发展上取得巨大成就。这对广大后发国家形成了极大的激励,尤其是广大发展中国家和第三世界国家出现主动研究、学习中国发展经验的热潮。海外中国研究重镇开始从欧美发达国家向发展中国家扩散。顺应这一潮流,世界中国学论坛开始积极拓展发展中国家的中国学学术网络,在上海主论坛不断提高发展中国家代表名额,通过青年汉学家研修计划为发展中国家年轻学者提供来华研修的机会,《中国学季刊》在同等条件下,优先发表发展中国家学者的论文。通过种种举措,推动中国理念在非西方世界的传播。

这一时期,国际社会研究中国的一大显著特点就是,出现中国研究的重镇向发展中国家转移的趋势。在中国理念的国际传播上,除了中国学者依然孜孜以求、不懈努力外,广大发展中国家的"中国通"逐渐成为国际社会研究中国道路、传播中国理念的主力军。

## 五、 中国理念国际传播的经验

回顾世界中国学论坛十多年的发展,可以发现在推动中国理念的国际传播上,其成功的经验包括注重学理、紧扣现实、前瞻前沿和开放包容。

国际传播和国内传播是两个体系,国际传播不能采取国内语言,尤其是国际学术对话,更不能采用官方语言,必须注重学理性。世界中国学论坛虽然由

---

[①] 姜义华:《迎接五大洲不同文明交流互鉴的新时代》,第六届世界中国学论坛会议论文,2015年11月21日。

国务院新闻办公室和上海市政府主办,但主办方赋予了承办单位上海社会科学院在学术上的自主权。从论坛主题、议题的设置,中国理念的构建和传播,与会专家的邀请上,都坚持学术导向,强调在理性的学术沟通上寻求共识。正如前文所述,主题、议题的设置都会经过严格的多轮专家论证。此外,在论坛的筹备期,世界中国学研究所亦会组织研究人员对近两年海外中国研究论文、著作进行系统的梳理,从而掌握国际社会研究中国最为关注的重大议题和热点问题,同时从中发掘中国研究上崭露头角的青年学者。

在议程设置上,世界中国学论坛强调紧扣现实,紧贴重大理论和现实问题。首届世界中国学论坛"和而不同"的主题,针对的就是伊拉克战争后,美国实行单边主义,企图在世界推行美国模式;第二届"和平和谐"的主体,则是对当时国际社会甚嚣尘上的"中国威胁论"和"中国责任论"的回应等等。从中都可以看出,理论问题背后有明确的现实指向。

在学术研究和学术交流上,世界中国学论坛一直保持着前瞻性和前沿性。论坛是国内较早提出并广泛传播"中国和平发展"思想的平台,更是最早提出并演绎"中国梦"概念的平台。早在 2006 年第二届世界中国学论坛上,原中共中央党校常务副校长郑必坚就发表了"中国路、中国心、中国梦"的主旨演讲,系统阐释了中国梦的概念。前瞻性和前沿性既是中国学论坛这一平台思想活力的体现,也是牢牢掌握解释中国的话语权的体现。

开放包容则体现在,世界中国学论坛并不是只有一种声音,而是不同学术观点交流、碰撞的舞台。可以说既有交锋又有交心、既有争鸣也有共鸣。恰恰是在中外专家的相互切磋之中,深化了对当代中国发展与世界未来趋势的思考,形成一系列共识。同时,论坛并不是内部的闭门会议,对中外媒体的开放程度很高,除了人民日报、新华社、光明日报、中央电视台等百余家中国国内的主流媒体外,英国 BBC、美国 VOA、日本 NHK、《华尔街日报》(The Wall Street Journal)、《印度时报》(The Times of India)、新加坡《联合早报》、马来西亚《星报》(The Star),以及俄罗斯《远东事务》(Far Eastern Affairs)等均对论坛进行过报道,凭借媒体的广泛报道,中国理念也得到了最大范围的传播。

正因为世界中国学论坛对上述特点的坚持,在论坛上发布的中国主流话语也开始得到国际社会的认可,刘奇葆、蒋建国、傅莹、崔玉英等领导同志在论坛的演讲都引起国内外热烈的反响,取得非常正面的效果。

## 六、 朝向未来的世界中国学论坛

中国理念从中国一国所坚守的价值成为全球发展的思想资源之一,这一历史也是中国综合国力不断增强、国际地位不断提高的历史。随着中国的进一步崛起和世界格局的再一次转变,中国理念也将在人类文明进步中扮演更为重要的角色。

就世界中国学的发展趋势而言,目前已经呈现出了如下特点。一是中国不再是西方主流理论检视的对象,而是一种新的发展理论创设的场域。在过往的中国研究中,中国通常都是作为案例来阐释西方理论的普世性,但现在,中国探索出了一条不同于西方的发展道路,中国经验已经对西方理论的主流观点提出了挑战,为后发国家的发展提供了一种其他替代性方案的可能。西方的话语霸权正在日渐萎缩,而中国理念越来越受到国际社会的重视,中国话语也逐渐兴起。

二是海外的"中国通"正发生明显的代际转换。1960—1980 年代成名的老一辈"中国通"虽然仍然是中国学的权威,但 1960—1970 年代出生的新一代"中国通"正在成为这一领域的中坚力量。老一辈"中国通"大多成长于中外隔绝时期,冷战的影响植根于他们研究的无意识之中。新一代"中国通"不少都有在中国学习、生活或工作的经历,中文水平更高,甚至有学者是在中国取得的学位。与老一辈相比,他们对中国的正反两方面的认知都更全面、更深刻。

三是发展中国家、第三世界国家的"中国通"正在迅速成长。如前文所述,海外研究中国的重镇正在从欧美向发展中国家转移。西方学界对中国的研究,在国际上长期居于主导地位、占据话语霸权,但现在开始遭到发展中国家、第三世界国家"中国通"相关研究的冲击与挑战。

四是海外中国学和本土中国学的融合。海外中国学和本土中国学是中国学的两个不同面向,在问题意识和话语系统上有较大差异,但随着中外学术交流的不断深入,两者之间的良性互动开始形成。在可以预见的未来,两者将进一步融合。"中国学"也将不再是一门仅仅研究中国的学问,会成长为一门透过中国经验探索人类发展道路的新学问。

正如世界中国学论坛秘书长黄仁伟在一次采访中谈到的,"中国道路是一步步闯出来的,今后还需要一步步坚实地走下去;学者最大的幸福,就是见证并守护这条道路向前延伸",①世界中国学论坛的应运而生和不断发展,也是在"见证和守护",论坛的发展史是从学术上见证和服务中国崛起的历史,是见证和服务中国理念走向世界的历史。今天的中国,已经站在了新的历史起点上,在中国学发展的新趋势中如何继续做好"见证和守护",既是世界中国学论坛的发展所需,也是其使命所系。

(本文为国家社科基金青年项目[项目编号:16CDJ001]阶段性成果)

---

①　姬泰然、王斯敏:《黄仁伟:放眼世界　心有中国》,《光明日报》2016 年 10 月 27 日。

# 11
# 21 世纪中国城市发展与国家形象建构

马　钊*　康　凌**

摘　要　中国城市是 21 世纪中国经济建设与社会发展的动力所在,也是世界
　　　　了解中国的重要窗口。来自《纽约时报》等美国主流媒体的中国城市
　　　　报道,直接关乎海外建构的中国国家形象,日渐成为西方了解中国的
　　　　重要桥梁。本文基于对 2016 年 6 月至 8 月间《纽约时报》对中国的
　　　　报道的统计、分析和研究,梳理美国主流媒体展现的中国城市文化生
　　　　态及城市形象,提出有利于改进中国对外宣传与交流工作的建议。

关键词　中国　国家形象　纽约时报　外宣

　　改革开放之后的三十年经济与社会发展,彻底改变了中国城市的面貌。
从 1980 年到 2010 年,城市化进程迅速推进,城市化水平达到了 51% ,城市人
口急速增加,三十年间城市人口增加了大约 5 亿人口,相当于美国、英国、法国
和意大利人口的总和。据 2010 年的统计,中国大约有 6 亿 9 千万人居住在城
市,标志着有史以来中国城市人口第一次超越了农村人口。大量人口从农村
迁移到城市,使之成为人类历史上最大的短期人口迁徙工程。总部设在巴黎
的经济合作与发展组织(OECD)发布的一份研究报告指出,在中国政府的统计
中,目前有 6 个超过 1 000 万人口的超级城市,而 OECD 则将狭义上的行政范
围以外的都市地区人口,特别是外来务工人员和郊区人口,也纳入调查统计之

---

　　*　马钊,华盛顿大学东亚系副教授、人文研究中心研究员,研究领域为中国近现代城市文化、政
　　　　治传播、国际关系。
　　**　康凌,华盛顿大学东亚系博士候选人,研究领域为中国现当代文学、现代性。

中,称中国目前已有 15 个超级城市。[①]

　　不过这绝不意味着中国的城市化进程将放慢脚步,根据 2015 年世界银行发布的报告,以中国目前的人均收入水平为指标,中国的城市化比率应在 70% 左右,然而目前的实际比率仅为 54% ,这就意味着人口的迁徙还将继续。到 2030 年,中国的城市居民将超过 10 亿人。麦肯锡的研究则认为,到 2025 年,中国将出现 221 座常住人口超过百万的城市——目前欧洲仅有 35 座类似城市。在这 221 座城市中,常驻人口超过 500 万的城市将达到 23 座。[②] 这些数字表明,中国正在经历一场深刻而彻底的社会变革。在政府主导下,从一个农业经济占主导地位的国家,转变成一个现代城市居民为主的社会。城市化的目标是在未来 10 年,把中国 70% 的人口,即 9 亿人,整合到城市地区。[③]

　　这场巨大的转轨过程成为近三十多年来中国经济飞速增长的引擎,也正因此,其中所涉及的中国社会,尤其是城市建设与管理的方方面面的新闻事件,引起了国际媒体界的广泛关注与深入观察。"城市形象"的问题也由此逐渐浮出水面,成为从地方政府到国家管理者所应给予充分重视的议题。在很大程度上,城市形象的建立与地方经济文化发展战略之间,形成了紧密的联系与互动。从国家的角度来看,城市形象是国家形象的组成部分,是重要的软实力与文化资本。从地方城市的角度来看,良好的城市形象有助于扩大对外交往、聚集经济与文化资源、提升地区与国际影响力。[④]

　　在这一方面,有两个层面值得我们特别关注:其一是遍及中国各个城市的建立国际化大都市的追求,其二是建立地方特色城市的设想。这两个层面之间的互相渗透,成为目前中国城市形象设计的特色——或许也是症结——所在。根据媒体报道的数据,1998 年,中国有多达 78 个城市将建立国际化大都市设定为经济发展的目标,有 182 个城市在 2003 年提出要建设国际化大都市的构想。截至目前,中国以国际化大都市为建设目标的城市已经超过 200

---

① The Great Sprawl of China: *How to Fix Chinese Cities*, Economist, 2015/1/24.

② McKinsey Global Institute: *Preparing for China's Urban Billion*, 2009.

③ 速度与阵痛:中国城市化调查。

④ 张琪、宋祖华:《〈纽约时报〉中南京的城市国际形象研究》,《传媒观察》2015 年第 10 期。

个。面对这种建设国际化大都市的大潮，专家学者表示忧虑，并指出："城市建设应多些科学态度和人文意识，少些盲目决策和浮躁心态，建设国际化大都市不能遍地开花"。[1]

来自学者与媒体的这些研究报道恰恰提示我们，中国城市对自身的"城市形象"建构缺乏系统的理解与理论思考，往往成为大跃进式的盲目运动。根据美国社会哲学家和城市规划理论家刘易斯·芒福德（Lewis Mumford）的定义，城市形象"是人们对城市的主观印象，是通过大众传媒、个人经历、人际传播、记忆以及环境因素的共同作用而形成的。"[2]更具体地讲，它又可以被分为"自形象"与"它形象"这两重概念。前者是指由城市管理者所主导乃至设计的对城市的认识与构想，后者则是指来自他者的，对城市的媒体报道、文学书写、乃至集体与个人记忆。在本文中，我们的分析将集中于以《纽约时报》为代表的美国主流媒体报道中建立的中国城市的"它形象"，并借由对"它形象"的统计与分析，反观中国自身城市形象建构中出现的问题，并提出解决的思路。

# 一、 "中国是一个伟大的故事"：
# 美国媒体在中国

之所以将美国媒体作为主要的分析对象，是因为由美国媒体所主导的英语媒体在国际文化交流中占有强势地位。赵永华和李璐对北京城市形象在国际传播中受众的媒体选择与使用行为的调查统计显示，大众传播媒介（包括报纸、广播、电视和网络）的使用和接触频率最高，其次是"人际传播途径"和"电影和书籍等时效性较低的大众传播媒介"。该研究指出，受访者中使用互联网和移动设备等数字化媒体了解北京相关信息的占绝大多数，他们更依赖国际媒体和本国媒体，而非中国媒体来获取信息，总之"国际媒体仍然掌握着绝对的话语权。"[3]

---

① 赵晓霞、张意轩、杨旭：《中国需要多少个国际化大都市》，《人民文摘》2013年第6期。
② 张琪、宋祖华：《〈纽约时报〉中南京的城市国际形象研究》。
③ 赵永华、李璐：《北京城市形象国际传播中受众的媒体选择与使用行为研究——基于英语受众的调查分析》，《对外传播》2015年01期。

与此同时,西方媒体在中国的存在也越来越普遍。1981 年,外国驻华记者成立了"在华外国记者协会"(FCCC),目标是为外国驻华记者提供一个交流沟通的平台,推动新闻报道的专业化,捍卫媒体与信息交流的自由理念。目前,该协会已有来自 31 个国家的 243 名记者成员。① 除此之外,还有许多未加入该协会的外国媒体工作人士,总数多达 700 余人。外国媒体的办事机构主要分布于北京、上海、广州等地,随着 2008 年中国政府在北京奥运会开幕前夕的承诺,外国记者不需申请就可以前往中国所有开放地区采访,足迹遍及全国。

对于记者个人而言,与报道中国故事相伴而来的困难与诱惑,使得中国的吸引力变得越来越大,"在华外国记者协会"网站曾发布乔纳森·瓦茨根据个人工作经验撰写的工作报告,在这方面尤其具有代表性。瓦茨对比了自己之前在日本的经历与目前在中国的工作,他写道,在日本,他总是需要西装革履地与政商各界的精英人士交流,而在中国,他则始终"在路上",不断奔波于各个郊外农场、跨省国道,以及城市底层,从事着一种颇"接地气"的工作。对于记者而言,这虽然使得工作量成倍增长,却提供了极为丰富的信息来源,使报道本身变得极其有趣。瓦茨认为,中国故事的影响范围与结果要远远超出其他国家。在日本,一则银行加息 2.5% 的消息,可以成为媒体竞相报道的头条新闻。而在中国,"分分秒秒都有生死存亡的问题在发生"。对于无处倾诉冤屈的人而言,记者的电话仅次于政府的信访办。虽然报纸版面有限,但一旦能够进行报道,记者总是能够接触到第一手的素材,对于英语媒体——甚至对于汉语媒体——而言,这些材料往往是全新而独特的。由于这些新鲜材料的存在,西方记者认为报道中国本身就是一件"令人愉悦的"工作。② "中国是一个伟大的故事",瓦茨如此描述他在中国的记者生涯。

在诸多美国媒体中,《纽约时报》(The New York Times)无疑是国际覆盖面广大、拥有极强影响力的美国自由派严肃新闻媒体的代表。它的总部设在美国纽约,派驻记者和发行渠道遍布全球,有人将《纽约时报》视为"美国社会舆

---

① *Position Paper on Working Conditions for Foreign Correspondents in China.*

② *One Journalist's View*, by Jonathan Watts, 2008.

论的风向标"、"严肃刊物的代表"，长期以来拥有"良好的公信力和权威性"，是"国家文献记录报"。《纽约时报》版面众多，栏目全面，报道详尽，其口号是"刊登一切适合刊登的新闻"。它的威望还来自于该报对美国和全世界大事、突发事件、国际局势和政治的关注和报道。① 也正因此，它成为我们观察、分析中国城市在美国媒体中的"它形象"的理想样本。我们将首先对《纽约时报》上涉及中国城市的报道进行量化统计与分类描述，并在此基础上，试图勾勒中国城市在这份报纸上呈现出的整体形象，最后，我们将对《纽约时报》城市报道的策略与特点进行深入的分析。

## 二、 媒体聚焦下的中国城市

我们查阅了三个月内（2016 年 6 月至 8 月）《纽约时报》有关中国的 145 篇报道文章，其中有关中国经济的报道 28 篇（占总报道数量的 19%），中国政治 27 篇（19%），中国外交 32 篇（22%），其它社会文化新闻 58 篇（40%），其中 43 篇文章涉及中国城市（43%）。北京与上海成为城市新闻的首选，其次新闻报道涉及深圳、哈尔滨、宁波、成都、连云港以及重庆，还有两个中国游客与边贸商人经常光顾的外国城市（老挝的磨丁和俄罗斯远东城市海参崴）。

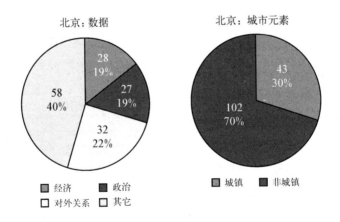

_____

① 张琪、宋祖华：《〈纽约时报〉中南京的城市国际形象研究》。

以上述统计为基础,我们继而对《纽约时报》登载的中国城市新闻进行分类,根据报道内容将其分为五大类:大型文化活动、城市管理、公共安全、社会生活以及城市历史等。在大型活动方面,上海迪士尼的建设与运营成为重中之重,例如"55 亿美元的华丽梦想:米老鼠来到中国","迪士尼的魔法在中国失灵(上):挫败与妥协","迪士尼的魔法在中国失灵(下):同床异梦"等三篇。报道的重点并非迪士尼主题公园本身,而是以迪士尼在华业务谈判与发展为例,深入讨论了中西之间的政治关系对商业发展的多重影响,与以及围绕美国流行文化引发的本土与外来文化之间的角力与协商。以《迪士尼的魔法在中国失灵》这篇分为上下两期的长文为例,该文一方面细数迪士尼如何"迎合中国人"的文化、商业与政治诉求,另一方面也呈现了外资企业在中国从事商业活动所遇到的种种问题,尤其是它们所遭遇的来自政府的管控与干涉。除此之外,哈尔滨的音乐节、施坦威国际少年钢琴赛等也引起了《纽约时报》记者的兴趣。

在城市管理方面,《纽约时报》涉及了当今中国城市在飞速发展的同时,面临的日益严重的诸多市政管理方面的问题,如交通拥挤、性病防治、环境保护、城中村及外来人口管理、大众娱乐引发的城市噪音控制、房屋与土地产权等。其中一些议题,如汽车摇号、雾霾、广场舞等同样是中国本土媒体关注的公共议题。另外,城市底层居住者——包括农民工、性工作者、搬运工等——的生活困境,也往往成为西方记者切入中国城市化问题的着力所在。

与之相比,公共安全的议题则更多地与突发事件相关,包括上海浦东机场爆炸案、学校"毒跑道"事件、深圳的山体滑坡事件、连云港的抗议核废料处理场事件等,均进入了《纽约时报》的报道视野。除了还原事件本身,这些报道中不同程度地将重点放在了中央和地方政府对公共安全事件的反应与处理上。中国政府对事件的调查、反应与解读,以及在事件前后与民众的交流互动和结果,往往成为公共安全议题报道的重要组成部分。

在社会生活方面,《纽约时报》广泛涉及了咖啡馆、婚外情、饮食文化、中外交流等诸多方面。与之前的类别相比,社会生活方面的报道显得更为松散与多元,并未呈现出特定的倾向与写作方式,既有"山城重庆最后的棒棒军"这种依旧关注底层问题的报道,又有"披萨让中国人吃下了'臭'奶酪"这样讨论中外文化交汇之下城市居民餐饮习惯变迁的文章。

涉及城市历史的报道并不多,"磨丁:枯荣皆因中国起的老挝边城"介绍中国与老挝边境上的一座小城,及其中国"淘金者"与边贸发展与转型对小城兴衰起落的影响。"北京潘家园:在鱼龙混杂中挖掘中国的过去"讲述了京城著名的旧货集散地的历史价值,这里不仅吸引了形形色色的淘宝客,也吸引了研究中国近代社会文化史的西方学者搜集散落史料。"海参崴:中国人眼中的'失地'与胜地"一文,则追溯了这一城市在中俄历史互动中的变迁兴衰。

上述分类描述粗略地勾勒了《纽约时报》中国城市报道的大致内容与侧重点。这些报道中所呈现出的中国城市的整体形象具有三个最重要的特点:第一,城市是中国经济高速发展的核心;第二,城市是中国社会巨大变革的焦点;第三,城市是转型期体制矛盾的集中体现。

首先,中国城市依旧是中国整体经济发展的核心动力,是一个充满商业潜能与经济活力的空间,这既体现在各种大型活动的举办上,又渗透到人民日常生活的方方面面。举例而言,在大型活动方面,上海迪士尼耗资55亿美元,其物业规模为加州迪士尼乐园的4倍,必将带动大批周边产业的发展。事实上,报道清楚地指出,迪士尼之所以进驻中国,恰恰是因为中国已经成为仅次于美国的世界第二大经济体,"为了打入这个巨大的市场,并获得更加优惠的待遇,越来越多的跨国公司同意以战略联盟、合资企业、伙伴关系等形式,与中国展开合作"。鉴于中国市场的巨大潜力和对运营收益的美好预期,这些跨国公司也愿意"迎合中国官员",例如"主题公园的游乐设施目录必须经由这些官员批准"等。在日常生活的其它方面,新咖啡馆的开设、新食品的引入、乃至疯狂购买高端品牌钢琴的热情,无不呈现出中国城市居民的消费能力与潜力之巨大。而作为一个整体的中国城市,也由此证明了其在中国经济发展和全球贸易流通中的突出地位。

其次,中国城市是中国社会巨大的社会文化变革的焦点,伴随而出现的新现象与新问题,均鲜明地体现在中国城市生活的变动轨迹中。"成都'世界最吵公园'安装噪声检测器显成效"记录了围绕广场舞噪音产生的争议,报道指出,这一争议的源头事实上可以追溯到毛泽东时代的集体价值观与新时期的私人生活空间之间的冲突。类似的,"深圳城中村面临拆除,15 万人将何去何从"则涉及新的城市规划将如何改变现有城市社区的地理形制与居民之间的社会关系。报道聚焦深圳白石洲,这里的居民每逢傍晚来临,"女人们聚在一座社会主义风格的宿舍楼外的井边洗衣服。这座建筑建于毛泽东时代,当时白石洲还是一个集体农场。居民们在巷子里支起台球桌,在人行道上放电影,附近是用暗红色的油漆做有拆除标记的空置建筑"。改革开放的步伐将白石洲变成了新时代的城中村,"在过去几十年里,它一直是农民工和城市移民获得便宜住宿的城中飞地",然而随着城市经济升级换代,面临城市土地商业开发的巨大资本压力,"留给这个居住着 15 万人左右的拥挤租住社区的时间却不多了:被谈论已久的拆除计划终于开启"。白石洲的故事正是当代中国经济与社会格局飞速变化的缩影。

第三,在西方记者的笔下,中国城市体现了现有体制与社会发展之间的诸多矛盾。最典型的例子便是连云港发生的因市政府修建核废料处理场的抗议活动。《纽约时报》刊发两篇报道,"连云港民众走上街头,抗议修建核废料处理厂"与"迫于民众抗议压力,连云港暂停核废料厂项目",描述了中国政府"为了让经济更快地减少对煤炭的依赖,将加快核电站和核燃料加工厂的建设"。在 3 月全国人大批准的新一个五年计划中,政府承诺"将推进更多核电站的建设,还要为来自中国越来越多的反应堆的乏燃料修建一座循环处理厂"。但是,民众对环境问题的敏感,以及民众对环境保护体制的不信任,引发了连云港抗议事件,这成为西方记者眼中的一个标本,来观察政府管理体制在社会发展中遭遇的问题及其解决之道。这种现有体制和政策与现实社会发展发生的矛盾,还体现在其它方面,比如购买私车与城市汽车牌照发放之间的矛盾,房产使用权的私有化与土地国有政策之间的矛盾等。

《纽约时报》在 2015 年 4 月 22 日曾经刊发长文——"速度与阵痛:中国城市化调查",给出对中国城市整体形象的描摹,认为中国城市体现出如下的一些特征:第一,城市规模大,尤其是外来人口(主要是年轻男性)众多;第二,投入本地需求的地方财政不足,现金短缺的市级政府缺乏为外来人口提供医疗保健或教育等社会服务的动力;第三,贫富差距大,并且还在进一步拉大;第四,城市的建设与管理过程缺乏市民参与,地方官员与城市开发商成为决策的主力,市民缺乏参与讨论和反馈意见的正式渠道。无论是针对城市发展问题的综合报道,还是着眼于具体事件的个案报道,中国城市形象的整体勾勒与呈现大同小异。进一步讲,在对中国城市形象的报道中,西方媒体所指出的问题与矛盾,也正是中国大陆学者与媒体所着力关注、分析并试图回应的问题与矛盾,这两者之间的一致性,证明了城市形象建构这一问题的普遍性。

## 三、 从"官方声音"到"底层立场": 新闻报道的策略与侧重

细读《纽约时报》关于中国城市的报道,尤其是将其与中文本地的类似新闻相比较,一个鲜明的特点是《纽约时报》对待中国官方消息和官方声音的态度与本地媒体极其不同。唐佳梅在分析国外主流媒体对广州的报道时曾指出,"传播主体中的政府消息来源相对缺失,……中国对外新闻发布渠道有待提高,信息针对性与受众分析有待提升。就传播主体而言,它表现在政府声音过于微弱。除新闻当事人以外,学者与专业人士高居海外媒体消息来源榜首,国际组织和外籍人士也是重要的消息源,在新闻事件中主动传播自己的声音"。① 当然,这并不意味着官方的声音在西方媒体中的彻底消失。在下文中,我们将分析西方媒体对官方声音的使用方式,然后进一步探讨,当官方声音缺失时,西方媒体如何选择他们的报道策略,以及其所具有的特点。

首先要澄清的是,官方的声音并非在所有新闻报道中都是必要的。譬如"在北京的'老友记'咖啡馆逃离现实"这一报道,讲述了一家开设在北京金融区的咖啡馆如何复制美国情景喜剧《老友记》中的中央公园咖啡馆,由此展示都市白领如何在嘈杂的工作和生活中寻找心灵的归宿。类似报道还有"成都'世界最吵公园'安装噪声检测器显成效",讲述成都一家公园在降噪方面的

---

① 唐佳梅:《区域对外传播共识的补充与修正》,《现代传播》2010 年第 5 期。

努力,并借用人类学家斯尼亚代茨基(J. P. Sniadecki)的说法,分析了中国与西方对"公园"这一公共空间的不同期待。这样的新闻本身并不需要官方的出场,因而官方缺席也并不成为一个问题。然而,当官方声音成为必要,同时也事实上出现在《纽约时报》的报道中时,它往往不是决定性或主导性的声音,而是与当事人和专家学者意见并列。记者根据报道的方向与意图,根据三种声音背后各自的需求与资源,在这三者之间做出不同的选择与侧重。

在某些新闻中,官方的声音与影响得到了更多的体现。譬如"55 亿美元的华丽梦想:米老鼠来到中国"一文,除了一些基本信息的介绍(如投资额、园区规划等)外,还引用了美国总统奥巴马的贺信、中国国务院副总理汪洋的致辞。"深圳滑坡调查归罪于玩忽职守,惩罚大批官员"则大量引述了国务院安全主管部门的声音,"在深圳滑坡事件发生之后,国务院组织进行了针对该事件的调查工作,经过七个月的调查,中国政府断定,事件是玩忽职守和涉事大型填埋场不当堆放垃圾造成的"。这一调查本身以及之后的处理,成为报道的重要信息来源。类似的,"上海浦东机场爆炸:男子引爆炸药后割颈"也以中国警方提供的信息为主,然而在结尾处却特意提到,这些官方报道"都没有显示有关嫌疑人的任何细节,也没有提到他的动机"。

事实上,"浦东机场爆炸案"一文最后提出的问题,呈现了一种鲜明的怀疑态度,主导着《纽约时报》新闻报道对待官方声音的基本做法。官方声音不仅是新闻引述的众多声音中的一种,甚至往往是被边缘化、被质疑的声音。"荷兰'除霾塔'即将在中国开启战霾之旅"一文,讲述了由一个荷兰研发的去除雾霾的装置,全文主要的信息源自荷兰的罗斯格德工作室(Studio Roosegaarde)以及中国的环保人士,而环保部旗下中国环境新闻工作者协会秘书长仅仅作为众多声音中的一种而出现,不具有主导性的地位。在"中国官员承诺拆除学校'毒跑道'"一文中,教育部仅仅承担了事件信息发布的职能,文中主要意见来自于对市民的电话采访,其中不乏对政府官员和教育部门行政管理人员的质疑与指责。"安全套成卖淫嫖娼罪证,中国警方执法遭质疑"则更为明显地将官方声音置于反方的位置,探讨政策制定与执行中的差异。这篇报道的信息主要来源于美国非营利组织的报告,意见部分则采自北京关注女农民工福祉的组织、艾滋病活动人士(如中国最重要的艾滋病宣传团体爱知行研究所所长)。类似的还有"深圳城中村面临拆除,15万人将何去何从"则取材于外来移民社区,采访来自浙江、福建、四川的打工者、外国艺术家,而最权威的意见则源于香港大学建筑学院副院长、副教授杜鹃。

在上述报道中,民间与官方的声音往往充当故事中的冲突两方,而最终的权威评判则往往源自对专家学者的采访。对于这一采编原则与策略的认识,不仅有助于我们进一步分析西方媒体的报道文本,认识官方声音在其中的功能,更可用于思考如何调整自身城市形象的建构,尤其是如何重视专家学者的作用。

如前所述,由于官方信息源的不易获取,也由于对官方声音的怀疑态度,西方媒体报道往往倾向于以边缘、底层的人物为其主要描述对象,并以此建构其报道文本。因此,进一步分析其如何报道底层,便成为理解西方媒体报道的重中之重。细读我们所搜集的《纽约时报》的报道,我们认为其底层报道呈现出三个重要特点:以某个边缘人物为叙事中心,重视对事件现场的参与和呈现,通过分析事件的影响来调查政策制定的目的与实施效果。

具体而言,首先,《纽约时报》的中国城市报道,往往落实于生活在城市中的某个小人物的经历与感受,并逐渐推演到宏观政策层面的问题。"北京车牌摇号725中1,车主申请47次无果"的主角是拉里·李(Larry Li),一位在北京工作的金融从业者。通过他的视角,北京的宏观交通问题被转化为一位都市中产阶级的生活方式问题。通过他47次无果的汽车牌照申请,读者可以领略城市人口发展与市民出行方式改变对机动车管理的巨大挑战。在"深圳城中村面临拆除,15万人将何去何从"一文中,来自浙江62岁的鞋店老板吴振贵(音)和来自福建54岁务工人员华晨玲(音)成为故事的主角。而在"山城重庆最后的棒棒军"中,主角则是牛丹成和胡祖华这两位农民工。在这两篇报道中,城市改造的问题被处理为具体的城市个体的生计前途问题,而这些个体往往属于改造中被牺牲与损害的群体。

其次,《纽约时报》的报道往往着重为读者营造一种亲临其境的"现场感"。"连云港民众走上街头,抗议修建核废料处理厂"不仅报道了大规模的游行示威与抗议活动的参与者和口号等,更加入了反对者的微信群,由此呈现出这一运动的扩散与组织过程。"磨丁,枯荣皆因中国起的老挝边城"意在借由磨丁这一边境城市的兴衰,反映老挝与中国之间人口与资本流动的历史。在其具体内容中,记者花费很大篇幅描写当地曾经颇受中国游客和投资者青睐的景兰大酒店的内景:"酒店里客房空置,楼上弥漫着热带的潮湿空气。大堂后面有一个残破的洞,原本是通往酒店赌场的入口,现在赌场已经拆除。路上的其他建筑物也空荡荡的,大门上系着便宜的自行车锁"。这种环境描写虽然并不直接提供信息,却从微观层面为读者提供了感受城市经济起落的直接通道。

第三,《纽约时报》的报道更注重事件的影响,强调政策实施的实际效果而非政策制定者(即政府)的最初设想与目的。"中国立体快巴'巴铁'上路测试,可行性遭质疑"在介绍这种新型交通工具后,将更大的篇幅放在了对其实际效果的评估,尤其是这种交通工具在日常道路交通中面临的种种问题,例如停车、变线、桥梁限高等。"安全套成卖淫嫖娼罪证,中国警方执法遭质疑"则直接质疑一项警方政策的后果。由于公安部有关卖淫嫖娼案件的指导意见,将安全套视为"作案工具",导致"许多性工作者携带或使用安全套的概率明显降低了,这将显著影响艾滋病的防治"。在这里,警方政策的后果而非其意图,成为报道的核心议题。

以《纽约时报》为代表的西方媒体在报道中国城市的过程中,体现出一些鲜明的策略倾向与书写特点,这些策略与特点往往与国内媒体的报道方式大相径庭。他们倾向于将官方声音列为众多消息来源之一,并且对官方声音持有怀疑态度。与此相对,专家学者的声音则常常成为权威性的意见提供者。而在具体报道中,西方记者习惯于以具体底层人物的生活体验与感受为中心,而非直接进入政策层面进行宏大叙事,他们的书写意在营造事件发生的现场感,侧重于事件与政策的效果与影响,而非其设计初衷和意图。换句话说,西方媒体的城市报道意在书写一个具体的政策,在一个具体的城市空间中,对具体的生活主体的影响,以及后者对此的切身感受。

# 四、 应对西方媒体: 误区

中国对西方媒体的看法,在很长一段时间内都为某种类似"阴谋论"的观点所主导: 西方媒体针对中国,负面新闻多,正面新闻少。许多研究也以"否定"与"肯定"的简单标签来描述西方媒体中的中国形象。赵永华、李璐调查了国际媒体有关北京报道的倾向性,根据受访者的个人感受进行归类,指出49.6%的受访者认为国际媒体所呈现出的是"客观中立"的北京形象,37.6%的受访者认为国际媒体呈现出来的是"负面消极"的北京形象,仅有12.8%的受众认为呈现出来的北京形象是"正面积极的"。[①] 张罗、丁广辉通过考察《纽约时报》、《华盛顿邮报》、《洛杉矶时报》等美国报业巨头对江苏城市的报道,也得出类似的结论:

三大报纸对于报道中所涉及的问题,50%呈客观、中立态度,41%的报道持悲观、怀疑态度;仅有9%的报道对报道事件持乐观态度。对西方传媒来说,能引起受众注意的新闻才是有价值的新闻,因此在对江苏的报道中,除50%的中立报道,对于报道内容持消极、悲观态度的新闻居多,而对报道内容持积极、肯定的新闻较少。除此之外,由于两国的政治体制、意识形态和文化上的差异,美国新闻舆论界认为作为发展中国家的中国由于政府的"集权"而对民众"奴役",在报道中对于中国国家形象的塑造以及中国的发展都戴上了有色眼镜。[②]

这种类似"阴谋论"的思维主导了对外传播工作对自身职责的认定,例如唐佳梅所指出的,"在区域对外形象传播中,海外媒体'他塑'区域形象必然存

---

[①] 赵永华、李璐:《北京城市形象国际传播中受众的媒体选择与使用行为研究——基于英语受众的调查分析》。

[②] 张罗、丁广辉:《江苏城市形象对外传播的效果分析——以美国三家媒体关于江苏的报道为例》,《新闻世界》2013 年第 3 期。

在负面框架,对外传播必须'自塑'正面形象是传统共识"。① 这一共识深刻影响了中国目前的对外工作思路,并由此决定了目前中国城市形象的塑造与推介的工作策略与重点。张利平在《城市形象国际传播的媒体策略》一文中以武汉为例总结了这些策略。概括地说,这些外宣策略包括四个部分:

(1)城市形象媒体推广策略:借助央视中文国际频道、央视英文频道、主流华文媒体凤凰卫视乃至国际主流电视媒体的国际影响力来播放武汉形象宣传片。此外,国际媒体的旅游推介栏目、城市宣传栏目等也是推广中国武汉城市形象的优选媒体。

(2)节事活动媒体策略:节事活动包括文化庆典、商贸会展、体育赛事、娱乐事件等,作为一种重要的城市经济活动和文化活动形式,在我国城市发展中扮演着重要的角色。发挥这些活动所可能产生国际聚媒效应,武汉的国际形象就会有质的飞跃。(在类似思路下,陈焱和朴根秀以及王大勇和王军也在各自的文章中分析过北京奥运会对北京城市形象的影响。②)

(3)政府媒体合作策略:武汉市政府应积极与地方、国内与国际媒体联系沟通,利用新闻发言人制度和新闻发布会的积极功效引导社会舆论,积极主动应对负面危机事件、采取开展国际友好城市合作等方式扩大国际知名度,力争建立武汉良好的政府形象。

(4)媒体合作策略:媒体合作策略既包括地方媒体、国内媒体与国际媒体的合作,也包括传统媒体与新媒体的结合。地方媒体应邀请国内央视、凤凰卫视等主流媒体乃至国际主流媒体记者对城市进行采访报道,而央视等国内主流媒体及其衍生网络则应在现有节目之外,与地方城市和地方媒体通力合作,利用自身影响力有计划地打造国内城市国际品牌。③

张利平的总结,基本涵括目前城市形象对外宣传工作的大致方法与思路。

---

① 唐佳梅:《区域对外传播共识的补充与修正》。

② 陈焱、朴根秀:《2008 年奥运会后北京作为旅游目的地形象的研究》,《内蒙古师范大学学报(哲学社会科学版)》2012 年第 1 期;王大勇、王军:《2008 年奥运会对北京城市形象与景观的影响》,《体育文化导刊》2007 年第 8 期。

③ 张利平:《城市形象国际传播的媒体策略——以武汉国际城市形象传播为例》,《湖北经济学院学报(人文社会科学版)》2012 年第 9 期。

这些想法和做法在一定范围内,特别是在国内范围内、面对国内媒体,是有效的,也是许多城市正在实施的城市形象文化战略的重要组成部分。然而,如果面对国际媒体和国际受众,这些方法以及它们背后的思维模式很难取得真正的效果。

# 五、 构筑交流的桥梁: 破解

首先我们要客观认识西方媒体的政治立场和新闻选材,甚至应该说要"去政治化"看待西方媒体的新闻选材。这就好比我们经常要求西方国家放弃冷战思维,客观看待改革开放后的中国;我们也不应该总是用敌我关系,或"西方反华势力"这样的政治框架去解读西方媒体对中国的报道。事实上,我们在仔细比对了《纽约时报》上涉及中外各国城市的报道之后发现,它对中国城市的报道思路与手法和它对如纽约之类美国城市的报道并没有呈现出显著差异。换句话说,《纽约时报》中国报道所体现出的倾向与立场,与其说是某种西方媒体针对中国的"阴谋",不如说是其自身一以贯之的某种特点。就此而言,相对于用"肯定"与"否定"的简单标签加以区分,并在此基础上致力于打造自身的完美城市形象以"平衡"甚至"对抗"西方的"负面"报道,我们更愿意首先去审慎地分析、理解西方媒体自身的逻辑与思路,并在此基础上调整我们的工作方式。

"信息供需错置": 在这个层面上,我们认为,目前的城市形象宣传工作中存在着某种亟待纠正的"供需错置"的现象。具体而言,"供需错置"指的是以中国中央/地方政府为主导的城市形象推介的重点,与美国媒体报道突出底层的倾向之间存在显著的差异与错位。张利平曾注意到,政府主导下的武汉形象建构中的核心要素,如武汉钢铁集团、东风汽车、武汉高铁、武汉赛马场、武汉音乐学院、武汉动物园、武汉大学、长江游、毛泽东与武汉等,"在国际主流媒体中有所呈现的屈指可数"。同时,"武汉的历史文化优势也没有在国外传媒报道中充分体现出来,武汉众多的历史遗迹和辉煌的历史文化如知音文化、黄鹤文化、木兰文化、荆楚文化都没有任何呈现"。[1] 类似的现象也发生在京奥期

---

[1] 张利平:《城市形象国际传播的媒体策略——以武汉国际城市形象传播为例》。

间北京形象宣传片之中,长达 12 分钟的《北京 2008》这一宣传片"以各种北京景象的镜头叠加构成","包揽了名胜古迹、自然景观、大学、出版社、博物馆、现代购物中心、娱乐场所,还展示了北京郊区的农村风光,以几乎全景扫描的方式记录、塑造了作为政治、文化、经济及科技中心的北京形象"。① 中央电视台"请您欣赏"栏目的《北京风光》则"以日与夜为主题,展现了体现现代国家形象的北京"。② 然而,在我们所搜集的与北京相关的报道中,上述鲜亮的城市地标几乎"全军覆没"。

《纽约时报》对中国城市的报道,不论其为"正面"或"负面",几乎从不以上述纪念碑式的空间为对象,而是始终关注具体时空中的个体人物及其生活世界。换句话说,以上述形象工程作为外宣工作的重点这一做法本身,就已经误解了西方媒体运作方式的基本逻辑,更不可能达到期待的效果。在我们看来,中国城市形象的建构,首先必须打破"正面/负面"这个二元对立的理解框架,打破"它形象"=负面,"自形象"=正面这种思路的束缚,正如唐佳梅所说,海外媒体塑造的广州形象和实际形象的对比表明,将"自塑"与"他塑"对立,试图"自塑"正面区域形象既不符合实际情况,也很难具备良好传播效果。③

"工作环境限制":我们需要切实了解在华西方记者的工作环境和新闻采

---

① 其中依次包括:故宫、长城、圆明园、颐和园、天堂、雍和宫、天安门、北京人遗址、孔庙、十三陵、地坛、北海、卢沟桥、国家大剧院、后海冰场、欢乐谷、十渡、高尔夫球场、动物园、世界公园、四合院、北京图书大厦、精品店、世纪坛、商务印书馆、首都博物馆、北京天文馆、自然博物馆、中国美术馆、北京现代艺术区、城市规划馆、清华大学、北京大学、和平艺苑、莲花池公园、中山公园、钓鱼台国宾馆、北大未名湖、北京贵宾楼、后海酒吧街、钟楼、仿膳、华表、王府井、军事博物馆、世贸天阶、CBD、东来顺、梁祝茶馆、六号公馆、梅兰芳大剧院、卡拉 OK、餐厅、舞厅、北京电视台、中央电视台、首都机场、鸟巢、水立方、国贸、国际影院等。见《影像文本中的北京城市形象建构——以城市宣传片及影视作品为例》。

② 其中包括天安门、人民大会堂、故宫、景山公园、鸟巢、水立方、中国科技馆、五棵松体育场、金融大街上的中国人民银行、中国银行、中国建设银行、上海浦东发展银行、交通银行、中央电视台、高耸的现代建筑、盘桓的高架桥、中国大剧院、世贸天阶、北京天文馆、百盛百货商场、双子座购物中心、金源时代购物中文、燕莎友谊商场、新世界百货、百安居、三里屯酒吧街、忙碌的首都机场、北京西站等。见刘俐莉、宗怡:《影像文本中的北京城市形象建构——以城市宣传片及影视作品为例》《传播与中国复旦论坛》2012 年。

③ 唐佳梅:《区域对外传播共识的补充与修正》。

访工作中面临的种种限制。瓦茨所的个人经历是一个很好的说明,他写道,"西方在华记者在采访过程中具有某种天然的劣势,他们不具有本地媒体与本地政府之间的良好关系,拨往各级政府机构的电话往往很快被挂断,甚至无人接听,中国的新闻发言人制度也有待完善,这都使得西方在华记者很难获得来自中国政府机构的官方声音。因而,记者更倾向于求助各种更易于获得信息的普通人,尤其是边缘人物的声音,并为这些被压抑的人群代言"。[①]在他看来,对于外国记者的种种限制事实上在强迫他们"选边站",尤其是在处理一些敏感议题时,尽管外国记者意识到政府对立面的声音往往会夸大自身苦难以期获取某种补偿,却由于难以获得来自官方的信息而无法进行平衡的报道。

在一定程度上,西方媒体中出现负面报道是源于官方信息的缺失。在华外国记者协会曾列出西方记者在中国工作时所面对的六项主要限制,其中就包括政府信息的难以获取。即便要获取一些并不敏感的信息,也存在诸多困难。绝大多数政府官员无法联系到,政府机关通常对记者的问询反应迟缓,各级政府代表或相关组织对外国媒体怀有偏见,并刻意隐藏数据或相关历史信息。

在华记者协会也承认,近些年来中国政府已经在定期公开经济数据方面取得了长足的进步,极大地促进了对中国经济问题的报道。同时,公开发表省部级机关发言人的联系方式,以及定期举办新闻发布会等方式,也进一步帮助外国记者准确、完整地了解中国的政策与立场。但是,这项信息公开的工作还应该继续加强。在华外国记者协会所提出的问题,源于西方记者在中国的实际工作经验。依据这些问题,在改善城市形象的过程中,与其花大力气进行"正面"城市形象的"自塑",不如致力于城市基本信息的公开发布机制,乃至建立面向外国媒体的信息提供与交流平台,使得西方记者能够及时获取完整准确的必要信息。

建立"互动型交流":更重要的是,我们的对外宣传思路要从"展示型交流"转向"互动型交流"。前者指的是一种单向度的、以我为主的信息发布方

---

① One Journalist's View, by Jonathan Watts, 2008.

式,例如主要的新闻发布会依旧是经过精心排演,只有一些特定的媒体记者被允许进入,所提的问题也经过预先审查。还有地方政府在接待外国政府官员、专家学者、媒体记者等访问时,精心安排的见面会谈。近些年来很多地方政府花费巨资开办的各种地方性文化节庆活动,或承办的大型国际会议、展览、赛会等,是更大规模的"展示型交流"。政府为这些交流活动设立详尽的预案,布置周密的活动计划,规划细致的参观路线,安排专人代表接待。"展示型交流"的"优点"在于接待一方可以尽量将优势的、正面的、积极的信息准备完备,充分展现,有很强的可控性;但"展示型交流"的"缺点"也同样明显,它过分突出了展示,极大地压缩了信息双向流动的交流空间。

与此相对的"互动型交流",指的是双向平等的讨论,不设障碍的沟通,多层次、多时段的长效接触等。比如新闻发布会的重点不应该只是新闻发言人阐述政府立场,应该有问答环节,注意在答问过程中进一步澄清事实,消除误解。接待过程中,不只是单向的介绍情况,更要主动索取与回答问题,避免简单和生硬的陈述,更多通过实际生活中的例子讲明立场与事情原委。在现场参观活动中,不能过度控制参观路线与访谈对象,要允许参观者有个人行动和选择交流对象的自由。官方见面活动之外,要主动通过例如旅途和餐饮的闲暇时间,努力与记者建立和开展个人交流,缩短交流的情感距离。"互动型交流"要面临一些风险,比如面对突如其来的质疑,没有事先准备的文案工作,直面一些负面的事件和景象等,但直面问题要胜于回避和掩盖问题,要习惯于倾听问题而不是否定问题,仓促的回答也许不那么完美,但是在西方记者眼中,这远比口若悬河的宣讲更能让人接近事实的真相。"互动型交流"需要从事外宣的工作人员具备良好的沟通能力和习惯,也需要外宣机构建立一套训练与培养沟通能力的机制,而这些正是中国所缺乏的。正因此,许多外国媒体缺席"展示型交流"活动,这不仅意味着他们将从其他渠道获取那些或许不那么准确的信息,也意味着国家管理者失去了与外界互动的机会。换句话说,要消灭"负面"新闻,建立互动交流的平台要比拍摄宣传片更为重要。

中国城市是 21 世纪中国经济建设与社会发展的动力所在,也是世界了解中国的重要窗口。围绕城市所展开的种种议题与论述,也由此成为公共政策与公共话语的核心部分。一方面,中国各个地方政府努力打造城市品牌,创造具有地方文化特色的城市形象;另一方面,外国媒体迅速而广泛地进入中国,目前常驻中国的外国媒体记者已经从改革开放初期不足40人的规模,上升至近700人之多。其中以美国为主导的西方驻华记者多达百余人。来自《纽约时报》等美国主流媒体的记者及其中国报道,日渐成为西方政界、商界和普通大众了解中国城市和中国国家发展的重要桥梁。他们的报道对外介绍中国城市与地方文化,直接关乎海外建构的中国国家形象。基于对2016年6月至8月间《纽约时报》对中国的报道,本文梳理了美国主流媒体展现的中国城市文化生态及城市形象。通过对这些报道的统计、分析和研究,我们希望提出一些有利于改进中国对外宣传与交流工作的建议,希望改善外宣工作,以利于进一步打造城市品牌,提高城市综合竞争力,乃至推广国家和城市发展成果,加强中国的软实力。

**12**

# 从文化政治到文化传播

## ——中国"出版走出去"的回顾与展望

钱泽红[*]

**摘　要**　新中国成立以来,中国对外图书出版经历了从服务于政治到注重文化传播的转变。21世纪以来,中国的文化"走出去"战略,成为树立国家文化形象,增强国家软实力,扩大中国文化的全球影响力,提升中国国际竞争力的有效途径。在经济和文化全球化的背景下,出版业作为一种兼具商业和文化双重属性的产业形态,日益成为经济活动和文化传播的重要组成部分。出版业"走出去"是中国文化"走出去"的重要组成部分,本文在对21世纪以来中国出版业"走出去"状况进行分析的基础上,针对目前出版业"走出去"存在的问题提出相关对策。

**关键词**　出版业　"走出去"　文化传播

　　中国从"十一五"时期开始实施文化"走出去"战略。"走出去"最早是针对经济领域提出的。2000年,在《中共中央关于制定国民经济和社会发展第十个五年计划的建议》中,提出了"实施'走出去'战略,努力在利用国内外两种资源、两个市场方面有新的突破"。[①]此后,国家对于"走出去"战略不断发展和完善,到《国家"十一五"时期文化发展规划纲要》中,明确了"十一五"时

---

　*　钱泽红,上海社会科学院文学研究所助理研究员,研究领域为公共文化、文化政策。
　①　详见2000年10月中国共产党第十五届五中全会通过的《中共中央关于制定国民经济和社会发展第十个五年计划的建议》。

期文化发展的基本要求是抓好文化"走出去"重大工程和项目实施,充分利用国际国内两个市场、两种资源,主动参与国际合作和竞争,加强对外文化交流,扩大对外文化贸易,初步改变中国文化产品贸易逆差较大的被动局面,形成以民族文化为主体,吸收外来有益文化,推动中华文化走向世界的文化开放格局。

所谓文化"走出去",是指"通过发展文化贸易特别是文化服务贸易,促使中国的文化产品特别是内容产品进入国际市场,向世界传播中华文化,在获取文化产品出口和投资收益的同时,提高国家的文化软实力和影响力"。[①] 文化"走出去"是国家"走出去"战略的重要组成部分。随着中国经济硬实力的不断提升,文化软实力和中国不断提高的国际大国地位越来越不相称,在全球化的大背景下,文化"走出去"作为提高国家文化竞争力和文化贸易水平的系统工程,意在通过展现中华文化的活力和创造力,发挥中国对人类文明发展的积极贡献。文化"走出去"成为树立良好的国家文化形象,增强国家软实力,扩大中国文化的全球影响力,提升中国国际竞争力的有效途径。

从"十一五"开始,中国各文化相关领域和行业分别实施各类"走出去"工程,开展各类国际项目。在经济和文化全球化的背景下,出版业作为一种兼具商业和文化双重属性的产业形态,日益成为经济活动和文化传播的重要组成部分。出版业"走出去"是中国文化"走出去"的重要组成部分,其中出版业的商业经济部分反映出产业的硬实力;文化内容部分体现着国家的软实力。中国出版业作为国家重要文化产业形态,在文化"走出去"战略中,特别是在开展文化交流,促进文化传播,提高国际社会对中国认知度等方面,发挥着举足轻重的作用。

## 一、 新中国成立以来中国出版业 "走出去"的历史回顾

新中国成立以来,在社会、政治、经济等诸多因素的影响下,对外图书出版

---

① 齐勇峰、蒋多:《中国文化走出去战略的内涵和模式探讨》,《东岳论丛》2010 年 10 月,第 165 页。

经历了三个发展阶段。

第一阶段,从新中国成立到文革结束,中国对外图书出版主要满足对外宣传的需要,体现文化政治的诉求。

建国之初,国家战略的重点是以政治建设为中心,巩固新生人民政权。当时中国出版业属于意识形态的重要领域,关系国家政权和政治动向。1950 年9 月,在北京召开的第一届全国出版工作会议上,通过了《关于发展人民出版事业的基本方针的决议》,提出"为人民大众的利益服务是人民出版事业的基本方针。新中国人民出版事业要认真地执行民族的、科学的、大众的文化教育政策,坚定地与封建的、买办的、法西斯主义的思想作斗争"。[①] 在这一方针的引导下,解放后出版业强调政治属性。新中国成立直到文革结束,中国出版单位紧紧围绕政治中心,在机构设立、资金来源、人员招聘、出版物发行等方面都没有自主权。当时为了扩大对外宣传和促进国际间交流,于 1952 年成立了外文出版社,外文出版社成立时确立的出版宗旨是"以选择、翻译和出版中国已有的优秀的政治、学术、文艺等著作为主,辅之以专为外国读者编写的小册子或选辑《人民中国》已刊载过的优秀文章成集。出版物的内容,主要是广泛地并多方面地介绍新中国的建设成就,中国共产党与中央人民政府的政策,中国革命和建设的经验,读者对象主要是爱好和平、愿意了解新中国的各国人民"。[②] 外文社建立后,以多语种翻译了党和国家领导人的著作单行本、党和国家重要法令和文件,同时也译介了一批中国古代名著和中国作家的作品,目的是向全世界介绍中国的方针政策和文化。1961 年开始,外文图书出版的重点转移到政治理论书籍。1963 年外文出版社成为直属国务院的行政单位,并更名为"外文出版发行事业局",由国务院外事办公室直接领导,同时明确外文图书的出版方针是"应以政治理论书籍为重点。首先要集中力量,出好毛主席著作、刘主席著作、其他中央负责同志的著作、党和政府的重要文献和有关国际

---

① 许力以:《共和国初年出版领域的发展图景》,见宋应离、刘小敏主编:《亲历新中国出版六十年》,开封:河南大学出版社 2009 年,第 8 页。

② 方厚枢:《新中国成立至 1965 年时期的图书出版概况》,见宋应离、刘小敏主编:《亲历新中国出版六十年》,开封:河南大学出版社 2009 年,第 42 页。

斗争的重要文章、小册子的主要外文版。在保证完成上述任务的条件下,根据需要和可能,出版有关介绍我国情况的书籍和重要文学艺术作品的主要外文版,出版若干由我们编选和翻译的马列主义经典著作选集的外文版和左派兄弟党领导人的著作选集的外文版"。① 据统计,1949 年 10 月至 1965 年,中国一共使用 43 种外文出版图书 3 443 种(包括少量中文繁体字图书);1963—1965 年,中国先后在 20 个国家,以 16 种外文共出版 276 种图书。②

第二阶段,从 1978 年改革开放到 21 世纪初,中国出版业按照以经济建设为中心的要求,完成了体制改革,逐步实现市场化转型,为中国出版"走出去"奠定了坚实基础。

1978 年以后,国家进入以经济建设为中心的轨道,国家战略重点是改革开放,解放和发展生产力。伴随经济体制改革的进程,国家大力推动出版发行文化体制改革,确立了新闻出版业的管理主体、市场主体、服务主体及各自的边界,重视发挥市场在文化资源配置中的作用,健全了出版市场体系,完善了出版产业政策,中国出版业逐步摆脱了行政化管理的束缚,朝文化产业方向转型。随着市场化改革的深入,中国出版企业越来越意识到图书不仅仅是政治的附庸,更是文化的载体。图书应满足读者需求,满足市场需求,成为各个出版社的共识。改革开放三十年来,中国出版物品种日益丰富,出版码洋持续增长,以出版业为核心的文化产业对 GDP 增长的促进作用日益显著。截至 2015 年 12 月底,全国共有图书出版社 584 家(包括副牌社 33 家),其中中央级出版社 219 家(包括副牌社 13 家),地方出版社 365 家(包括副牌社 20 家)。全国共有音像制品出版单位 368 家,电子出版物出版单位 292 家。③ 2015 年全国共出版图书、期刊、报纸、音像制品和电子出版物 550.6 亿册(份、盒、张)。其中,出版图书 475 768 种(初版 260 426 种,重版、重印 215342 种),总印数 86.62

---

① 方厚枢:《新中国成立至 1965 年时期的图书出版概况》,见宋应离、刘小敏主编:《亲历新中国出版六十年》,开封:河南大学出版社 2009 年,第 44 页。
② 数据来源:方厚枢:《新中国成立至 1965 年时期的图书出版概况》,见宋应离、刘小敏主编:《亲历新中国出版六十年》,河南大学出版社 2009 年,第 44 页。
③ 数据来源:中华人民共和国国家新闻出版广电总局官网 2016 年 9 月 1 日发布《2015 年全国新闻出版业基本情况》。链接:http://www.sapprft.gov.cn/sapprft/govpublic/6677/875.shtml

亿册(张),定价总金额1 476.09亿元;出版期刊10 014种,总印数28.78亿册,定价总金额242.97亿元;出版报纸1 906种,总印数430.09亿份,定价总金额434.25亿元;出版录音制品9 860种,出版数量2.34亿盒(张)。[①] 出版体制改革和出版业转型提升了出版业的整体实力,为中国出版"走出去"奠定了坚实的基础。

第三阶段从21世纪初至今,作为中国文化"走出去"战略的组成部分,中国出版"走出去"取得丰硕成果。

2011年10月,《中共中央关于深化文化体制改革推动社会主义文化大发展大繁荣若干重大问题的决定》发布,标志着中国国家战略重心从以经济建设为中心调整为以文化建设为中心。文化承载着经济和政治的双重功能,文化产品作为兼具物质和精神双重属性的商品,因经济效益和社会效益的兼容性而充满活力,能够更好地融入社会,连接市场,亲和大众,文化产业发展成为大势所趋。谋求文化与经济协调发展,发展文化产业,推动中国文化"走出去",成为迫在眉睫的任务。

中国政府提出推动文化产业成为国民经济支柱性产业,为出版业发展提供了重要的历史机遇。作为文化产业的核心支柱,出版业在传播中国文化,增强综合国力等方面的作用尤为突出,中国出版"走出去"因此成为中国政府实施的中国文化走出去国家战略的重要组成部分。经过十年的不断努力,这一文化战略已经取得明显成效。中国出版业融入全球出版业的步伐正在加快,国内出版市场与国际出版市场呈现出加速融合的态势。据不完全统计,"十年前,中国版权贸易逆差为15∶1,而到2012年,这一差距缩小至1.91∶1。十年里,中国对美、加、英、法、德五个西方传统发达国家输出图书版权总量增长近122倍,达到2 213项,逆差从1∶387缩小至1∶4。版权输出的产品形态从过去单一的图书、期刊版权拓展到报纸、音像电子、数字版权等多种形态。2014年,中国图书、报纸、期刊、音像制品、电子出版物和数字出版物等实物产品出口首

---

[①] 数据来源:中华人民共和国国家新闻出版广电总局官网2016年9月1日发布《2015年全国新闻出版业基本情况》。

次突破 1 亿美元大关。十年来,中国出版物实物出口金额在 2012 年达到 9 400 万美元,中国新闻出版企业在境外投资或设立分支机构 459 家"。①

## 二、 中国出版"走出去"现状分析

中国出版"走出去"战略的实施主要体现在政府和企业两个层面,中国政府相继出台多项相关政策,并组织实施了一系列出版"走出去"大型项目;国内出版企业重点在版权贸易、出版合作、海外投资等方面进行大胆尝试。总体体现出以下特点:

### (一)国家有关部门出台相关政策,鼓励出版"走出去"

2005—2006 年,中央办公厅、国务院办公厅相继发布《关于进一步加强和改进文化产品和服务出口工作的意见》及《关于鼓励和支持文化产品和服务出口的若干政策》,为落实上述政策精神,2009 年,商务部等四部委联合发布了《2009—2010 年度国家文化出口重点企业目录》和《2009—2010 年度国家文化出口重点项目目录》,2010 年商务部又推出了《关于进一步推进国家文化出口重点企业和项目目录相关工作的指导意见》,作为中央专门针对文化"走出去"最早出台的政策文本,上述政策提出了鼓励文化"走出去"的具体政策措施。

2011 年,在《国家"十二五"时期文化改革发展规划纲要》中,针对中国出版"走出去"提出了包括扩大版权贸易;保持图书、报纸、期刊、音像制品、电子出版物等出口持续快速增长;数字出版拓展海外市场;鼓励对外投资兴办出版社,采用多种形式开拓市场等多种具体措施。同年出台的《新闻出版业"十二五"时期"走出去"发展规划》中,对整个新闻出版"走出去"提出了阶段性目

---

① 数据来源:中华人民共和国中央人民政府门户网站发布:徐砚《传播好中国声音——我国新闻出版"走出去"成果综述》。链接: http://www.gov.cn/jrzg/2013 - 11/01/content_2519754.htm

标,即到"十二五"末期,版权输出突破7 000项,引进与输出比例降至2∶1;数字出版产品和服务出口额突破10亿美元;实物出口数量突破1 150万册(份、盒、张),出口金额突破4 200万美元;印刷服务出口规模总量达到1 000亿元人民币。

近年来,国家行政管理部门还陆续推出了《关于支持文化企业发展若干税收政策问题的通知》、《文化产业振兴规划》、《文化产业发展专项资金管理暂行办法》、《宣传文化发展专项资金管理办法》、《关于金融支持文化出口的指导意见》、《贯彻实施党的十八届三中全会〈决定〉重要举措分工方案》、《关于推动新闻出版业数字化转型升级的指导意见》、《关于进一步推动新闻出版产业发展的指导意见》等多项政策,从财政、金融、税收、信贷等多方面对文化"走出去"相关企业、项目和产品给予大力支持,对出版产业"走出去"起到了直接的推动作用。2014年10月,国家新闻出版广电总局发布《深化新闻出版体制改革实施方案》,要求出版业转换思想,转换思维方式,用新观念推动出版金融合作,促进出版产业发展。2014年、2015年,中央文化产业发展专项资金支持新闻出版转型升级项目总额超过13亿元。2015年,国家新闻出版广电总局将30多个出版融合发展项目列入新闻出版改革发展项目库,并通过文化产业发展专项资金优先予以资助。这些新政策意在加强出版改革的顶层设计,激发出版业整体活力,引导出版业态转型升级。国内出版企业在上述政策引导下,通过建设平台、策划项目、招聘人才等手段,促进内容生产和服务模式不断创新,增强了企业整体实力。

## (二)中国政府组织实施一系列中国出版"走出去"工程

在不断出台文化政策的同时,中国政府着手推进一系列出版"走出去"国家工程,以国家重大项目的方式,鼓励出版业"走出去"。近年来由中国政府实施的国家级大型出版"走出去"工程项目主要包括:

中国图书对外推广计划 2004年国务院新闻办公室和新闻出版总署共同启动了"中国图书对外推广计划"。该计划的宗旨是"向世界说明中国,让世界各国人民更完整、更真实地了解中国"。"中国图书对外推广计划"工作小组办公室设在中国图书进出口总公司,成员单位包括多家国内知名出版机构。"中国图书对外推广计划"的工作机制是每年由工作小组提供《"中国图书对外推广计划"推荐书目》,利用书展、媒体、网站等渠道向国内外出版机构介绍推荐图书;国内出版单位在本单位图书入选《"中国图书对外推广计划"推荐书目》并与国外出版机构或版权代理机构谈妥版权转让事项后,向"中国图书对外推广计划"申请获得相关资助。据"中国图书对外推广计划"工作小组第十一次会议发布的数据显示,2014 年该计划成员单位全年向国外输出版权4 254 种,共与 68 个国家 544 家出版机构达成资助协议1 345 项。

中国文化著作翻译出版工程  2009 年,在"中国图书对外推广计划"的基础上,新闻出版总署开始实施"中国文化著作翻译出版工程"。此项目加大了对国际出版合作扶持和资助力度,以资助文学、文化、科技类图书为主,注重资助翻译费用,希望调动国外出版机构购买中国图书版权的积极性。"中国文化著作翻译出版工程"以更大的规模,更多的投入,更广阔的领域鼓励中国出版"走出去",也因此被称为"中国图书对外推广计划"的加强版。

经典中国国际出版工程  2009 年,新闻出版总署启动"经典中国国际出版工程",该项目是推动中国图书"走出去"的重点骨干工程,采用项目管理方式,资助优秀图书选题的翻译和出版。该工程目的在于鼓励和支持适合国外市场需求的外向型优秀图书的出版,工作机制是由各出版单位提出项目申请,中国编辑学会受新闻出版总署委托组成评审委员会,通过审核确定资助项目的名单和金额,获得资助的项目经新闻出版总署批准后实施。

中国出版物国际营销渠道拓展工程  2010 年,中国新闻出版总署开始实施"中国出版物国际营销渠道拓展工程",该工程包括"国际主流营销渠道合作计划"和"全球百家华文书店中国图书联展"两个项目,计划利用五年的时间,构建包括国际主流营销渠道、海外主要华文书店、重要国际网络书店在内的中国出版物国际立体销售网络,促进更多中国优秀中文版、外文版出版物走向世界。

丝路书香出版工程  2014 年新闻出版业丝路书香工程正式获得中宣部批

准立项,这是出版业唯一纳入国家"一带一路"战略规划的重大项目。"丝路书香工程"包括重点翻译资助项目、丝路国家图书互译项目、汉语教材推广项目、境外参展项目、出版物数据库推广项目共五大类,意在向"一带一路"沿线国家推介中国文化。未来"中国图书对外推广计划"、"中国当代作品翻译工程"、"中国出版物国际营销渠道工程"等大型出版"走出去"国家项目都会向"一带一路"相关国家倾斜,并加大资助扶持力度。

中国政府通过上述出版工程的实施,引导中国出版机构介绍当代中国发展变化、中国精神风貌和优秀文化,推动中国文化的海外传播。

### (三)国内出版机构积极探索出版"走出去"的途径

中国出版"走出去"的主要途径有三个,分别是出版物国际贸易;版权贸易及版权输出;中国出版资本输出。中国出版机构重点在出版物国际贸易、版权贸易、海外投资等方面取得出版"走出去"的积极进展。

出版物国际贸易,即出版物的进出口贸易。出版物具有商品和文化两重属性,出版物进出口贸易,实现了文化和信息在不同国家和地区之间的流传,发挥着文化交流的作用。中国图书贸易最成功的案例是《中国文化与文明》系列丛书的出版与发行。该丛书项目始于1990年,由中国外文局(中国国际出版集团)与耶鲁大学出版社合作,1997年首卷《中国绘画三千年》问世即引起巨大反响。截至2009年,已陆续出版了包括中国文化图册、中国哲学名著和中国古典文学三个系列8卷图书。《中国文化与文明》系列丛书作者均为每一领域的权威学者,从选题策划到文字定稿,都由中美双方共同协作完成,每本著作完成之后,以中文和英文在中国与美国同步出版发行。《中国文化与文明》系列丛书是迄今为止中美之间最大的合作出版项目,在中美文化界、学术界甚至两国政界都引起极大反响。这种跨越世纪、跨越文化的合作,使中国出版机构获益良多,不仅学习了丰富的经验,更有助于缩短和世界出版强国的差距。经过改革开放三十年来的不断积累,中国出版业"走出去"的步伐愈加稳健。2015年,全国累计出口图书、报纸、期刊2 112.45万册(份)、7 942.60万美元,累计出口音像制品、电子出版物与数字出版物11.98万盒(张)、

2 542.97万美元。①

版权贸易方面,改革开放初期,中国已经开始探索通过国际合作进行版权贸易。1978 年,人民美术出版社与日本讲谈社合作出版《中国之旅》英文版、日文版;1979 年,上海美术出版社与欧洲"莫托文集团"合作出版大型画册《中国》,以英、法、意、日等 7 种文字出版。20 世纪 90 年代,随着中国加入伯尔尼公约及著作权法出台,中国版权贸易逐步进入正轨。21 世纪以来,中国出版机构尝试与有实力的海外公司通过合资、合作等方式形成战略联盟,双方利润共享,风险共担。2004 年,上海新闻出版发展公司与美国《读者文摘》合作出版面向海外读者的《文化中国》丛书,以每年 20 种,三年为一个周期,这套丛书是有关中国文化的英文版图书首次成规模地进入美国主流图书销售渠道。2005 年,长江文艺出版社以 10% 的版权收入、10 万美元的预付款将其出版的《狼图腾》一书的全球英文版权转让给企鹅出版集团,至 2010 年,该书已经被译成 30 多种语言,在全球 110 个国家和地区发行,版权成交总额突破 110 万元,创造了中国版权贸易多项第一。② 外语教学与研究出版社先后与牛津大学出版社等十余家国际出版公司合作,出版了百余种汉语学习教材,销往世界 100 多个国家和地区,使用人数超过 1 亿人,在世界范围扩大了汉语的影响力。2015 年,中国共输出图书、音像制品和电子出版物版权 8 865 种。其中,图书 7 998 种,录音制品 217 种,录像制品 0 种,电子出版物 650 种。③

近年来,中国有实力的出版单位尝试直接到海外投资或参股,或直接在海外设立出版机构。截至 2013 年,中国出版业在海外投资或设立分支机构共计459 家。④ 这些机构主要是由中国国内大型出版集团、出版社及民营文化公司等设立的独资或合资出版社、书店等。2014 年 7 月,江苏凤凰出版传媒集团以

---

① 数据来源:中华人民共和国国家新闻出版广电总局官网 2016 年 9 月 1 日发布《2015 年全国新闻出版业基本情况》。

② 数据来源:陈燕主编:《中国图书"走出去"成功案例选》,北京:外文出版社,2010 年,第72 页。

③ 数据来源:中华人民共和国国家新闻出版广电总局官网 2016 年 9 月 1 日发布《2015 年全国新闻出版业基本情况》。

④ 张宏:《中国出版走出去的话语权和传播力构建》,苏州:苏州大学出版社,2015 年,第 59 页。

旗下教育出版社为主体,以 8 500 万美元收购美国 PIL 公司童书业务资产,以及其在澳大利亚、英国、法国、德国、墨西哥 5 个子公司。这是中国出版史上迄今为止规模最大的收购案,不仅使凤凰传媒收获了包括迪士尼在内的世界一流卡通形象的童书出版形象许可,更拓展了凤凰出版集团的全球销售渠道,快速打入国际主流出版市场,提升了凤凰出版的国际竞争力。2015 年,凤凰出版传媒集团进入世界出版企业 50 强,甚至排入十强之列。2015 年,中国出版企业掀起一波跨国并购的风潮,北京出版集团与德国梅尔杜蒙公司共同投资组建的京版梅尔杜蒙(北京)文化传媒有限公司成立;广州漫友文化科技发展有限公司与法国达高集团合作,共同出资在法国成立专业漫画出版社;广西师范大学出版社集团有限公司成功收购澳大利亚视觉出版集团。中国出版企业正在通过这一轮收购、参股、控股等形式寻求海外发展的新途径,谋求尽快占据国际出版市场重要份额。

**(四)中国出版机构利用国际平台,参与国际出版市场竞争**

2005 年,中国首次联合组团参加法兰克福书展。2009 年法兰克福书展期间,中国首次以主宾国身份参展,有 200 多家中国出版单位 1 万多种图书参展,版权输出超过 2 000 种,法兰克福书展已经成为中国出版走出去的国际化平台。中国出版机构通过参展法兰克福书展、伦敦书展、美国书展等机会,构建更宽广的版权贸易平台,参与国际出版市场竞争。目前,中国参加了遍布五大洲 30 多个综合性和专业性书展。2014 年国家新闻出版广电总局组织国内出版单位参加了 32 个国际书展,参展图书 3 万余种,版权输出 3 289 项。① 中国出版企业利用展会平台,不断将出版业品牌推向国际。

中国政府和出版企业不同层面的探索,开始构建多元一体化的格局,并逐步形成了一种中国特色的文化"走出去"市场化模式,即"政府主导,企业运营,金融合作,构建国际化传播平台",共同推进中国出版"走出去"的规模和

---

① 王关义等:《中国出版业转型与升级战略研究报告》,北京:中国财政经济出版社,2016 年,第 33 页。

影响力。

## 三、 中国出版"走出去"存在的问题

国际上,出版业呈现的整体态势是,经济发达的国家和地区,其出版业也较为发达。这一现象反映了出版业是体现一个国家硬实力和软实力的重要标志。从全球范围来看,国际出版强国依然集中在英国、法国、德国、美国和日本等经济发达国家,这些国家在国际贸易总额、出版物版权交易总量、出版企业全球影响力等方面,都处于明显的优势地位。反观我国,经过新中国成立以来近七十年的不懈努力,中国在年出版图书数量、图书出版品种、年出版总量、日报发行量等指标均位居全球第一,已经成为出版业大国,中国出版业在推进中国文化的跨地域、跨文化传播方面越来越发挥出积极作用。但是,无论从出版的硬实力还是软实力来看,中国目前还难以迈进出版强国的行列,与西方发达国家出版产业还存在巨大差距,中国出版走出去还处于初级阶段,仍然存在种种问题和不足,主要体现在:

第一,在战略层面,中国出版"走出去"的主要推动力来自政府,而出版企业内在动力不足。例如在国家政策的推动下,国内出版企业纷纷设立海外分支机构,但这些机构在如何生存和发展、如何实现市场的拓展和利润增长、如何提高海外分支机构的市场竞争力等关键问题上,显得缺少对策,动力不足,一些海外分支机构甚至推高了出版企业的成本,造成企业亏损。

第二,在实践层面,中国出版物海外主流营销渠道不畅通。我国出版产品出口量在增加,但多数出版物难以进入国际图书主流销售渠道。近年来中国对欧美版权输出有较大增长,但港澳台、东亚、东南亚等国家和地区仍然是中国版权输出的最大市场。出版物内容、品质方面,高质量的产品比重低,多数集中于烹饪、中医药、武术等传统文化类图书,反映当代中国社会文化的书籍数量有限。

第三,在产业规模方面,缺少具有国际竞争力和国际影响力的大型骨干企业。国际上大型传媒集团具有跨媒体、跨区域的特征,往往融合报纸、书刊、广

播、电视、网络等多种业态。如美国新闻集团拥有 400 余家子公司,近 40 家卫星和有线电视频道,直接或间接控制 170 多家平面媒体,具有覆盖全球三分之二人口的传播能力。我国出版企业基本还处于出版社、报纸、期刊等单一媒体发展的状态,还没能形成业务多元,实力雄厚的旗舰式传媒集团,与国际大型出版传媒企业相比,参与国际资本运作和企业管理能力乏善可陈,产品竞争力相当有限,更难享有文化话语权。

第五,外向型出版人才匮乏。国际出版市场竞争已经上升到品牌竞争和资源竞争的层面。出版人才作为出版资源的重要组成部分,已经成为出版产业竞争的焦点。随着中国出版业"走出去"进程的深入,出版专业人才方面的问题日益凸显出来,主要表现在,缺少熟悉海外出版市场和国际版权贸易规则的外向型人才;缺少具有创新能力的策划人才;缺少高水平翻译人才,尤其是既精通中国文化,又了解西方文化,同时还有较强的语言表达能力的专业翻译人才数量奇缺,翻译水平参差不齐,其译作难以获得国外主流受众认可。

## 四、 中国出版业"走出去"的对策建议

国内学者认为,未来中国出版走出去将面临"六大转向",即"从出版走出去转向文化走出去;从走出去转向'扎下去';从周边输出转向全球流动;从人文知识表达转向多元知识传播;从知识传播转向价值认同;从单载体输出转向多载体互动"。[1] 中国出版"走出去"要及时根据时代的需要进行调整,主要包括以下几个方面:

第一,未来出版"走出去"的战略布局应加强针对性和有效性。选取地位突出、具有区域影响力的国家,作为中国出版"走出去"战略布局的重点,根据不同国家的不同需求,采取不同的策略和方式。对于经济发达、政治和文化影响力大的国家和地区,采取规范的市场化运作方式;对于发展中国家,可以更多地采取非贸易方式,逐步培育与这些国家合作共赢的出版市场。未来中国

---

① 周蔚华、钟悠天:《中国出版走出去要有六个转向》,《中国出版》2014 年 4 月(上)。

出版"走出去"应逐步构建针对欧美市场、新兴国家市场、亚非拉国家市场和中国周边国家市场梯次开发的格局。

第二，优化资源配置，提高出版企业竞争力。未来应着力培育重点企业，支持一批具有发展潜力的出版企业，通过跨地区、跨行业的兼并重组，扩大规模，提高竞争力。认真落实国家支持出版业发展的财政、金融、税收优惠政策，优化出版"走出去"资源配置，对重点出版单位、重要出版物给予重点支持，对业绩突出的出版企业在资源和经费方面给予相应的政策倾斜。可以尝试把政府项目与企业运营相结合，通过项目招投标或项目委托的方式，政府把相关项目交给有资质和有潜力的企业完成。对于政府而言，可以降低行政成本，对于企业而言，在得到政府资助的同时，可以迅速积累经验。今后应鼓励出版企业与银行开展更广阔的合作，推动金融与出版企业联手参与海外传媒出版企业的投资、收购、并购，直接参与国家出版传媒市场的竞争。

第三，健全和完善人才培养和开发机制，构建出版"走出去"人才保障体系。中国出版业应尽快构建"外向型"人才培养和选拔机制，有意识开展多层次、多领域专业人才培养，尤其要加强各类高层次专门人才的培养，重点培养外向型经营管理人才、策划人才、版权贸易人才和翻译人才，构建出版业"走出去"人才体系。中国高校应尽快调整课程设置和师资力量，合理整合涉及编辑出版、市场营销、工商管理的相关课程培养计划，目标是培养出能够满足国际市场需要的复合型出版人才。未来中国出版企业一方面应加强与国内外高校合作，联合培养翻译人才，另一方面应与国际知名出版企业展开战略合作，在国际平台上培训项目策划、版权代理等专业人才。

# 13
# 中国当代小说在日本的出版与传播

李艳丽*

摘　要　"十一五"时期我国开始实施文化"走出去"战略,中国文学在政府主推下展开了各项外译工程。但是文学的对外传播严重"入超","文学赤字"很大。日本的中国当代小说①输入却有着不同的情况,除了中文版的引进,还有相当数量由日本人翻译的译本。这体现出在中国与世界文学交流中,中日文学关系占有重要地位,日本学术界做出了很大努力。本文对中国当代小说在日本的公共图书馆、大学图书馆以及网上书店的收入情况进行调查,兼顾莫言作品的走红现象,勾勒出中国当代小说在日本的出版与传播的轮廓与特点,并指出问题点以资借鉴:身为研究者的翻译者对文学传播的推动作用、由输入国进行翻译并由主流出版社出版的有效性广泛性。

关键词　中国当代小说　日本　出版　译介

全球化的浪潮将今日的世界各国连接成为一个经济、文化的"地球村",各地区之间的交流日益密切,相互影响。

2004 年党的十六届四中全会上提出了"推动中华文化更好地走向世界,

---

\* 李艳丽,上海社会科学院文学研究所助理研究员,研究方向为中日近代比较文学。

① 本文中指中国大陆作品以及少量华裔作家作品,主要是小说,也含有极少数散文与戏剧。港澳台地区出版的作品不计入(这部分作品在日本原本收入的也很少),中国大陆出版的港台文学作品亦不包含在内。

提高国际影响力"的战略①;2005 年党的十六届五中全会上强调"加快实施文化产品'走出去'战略,推动中华文化走向世界"②。由此,不仅在社会实践领域,在理论研究领域,中国文化"走出去"亦成为一个研究热点。研究指出,中国文化走出去战略是指在重要战略机遇期内,通过对外文化宣传,对外文化交流,特别是对外文化贸易等途径,来扩大中华文化的国际影响力,增强文化产业竞争力,塑造中国的文化大国形象,营造中国和平发展的国际环境,进一步提升当代中国的文化软实力。③ 那么,作为"文化"中很重要的一个内容的中国文学,走出去的情况如何?

简而言之,以政府为主导的文学推介工程从 20 世纪 80 年代推出"熊猫丛书"开始,90 年代的"大中华文库"、21 世纪的"中国图书对外推广计划"(2004年)、"中国当代文学百部精品对外译介工程"(2006 年)、"中国文化著作翻译出版工程"(2009 年)、"国家社会科学基金中华学术外译项目"(2010 年),展开了多项课题。然而,这三十年来中国图书进口和输出呈 10:1 的贸易逆差;70% 以上版权输出港台东南亚等华人市场,而引进书籍大部分来自于欧美国家。时间段再放宽一些,从 1900 年到 2010 年,110 年间中国翻译西方书籍近10 万种,而西方翻译中国的书籍种类还不到 1 500 种。中国文化在"走出去"的进程中,一直都是步履蹒跚。④⑤ 但这并不等同于中国文学的质量不够。首先"输出"就是一个涉及翻译、出版、传播等多种关系的文学、文化、市场的问题。

最近几年,中国文学在世界文坛上取得了一些成绩,最具有代表性的当属莫言获得诺贝尔文学奖(2012 年),此外还有阎连科获得卡夫卡奖(2014 年),刘慈欣《三体》获得雨果奖(2015 年),姜戎《狼图腾》获得蒙古"文豪奖"(2015年)、郝景芳《北京折叠》获得雨果奖(2016 年)。那么以这些作品为代表的中

---

① 《十六大以来重要文献选编》(中),中央文献出版社,2006 年,第 284 页。

② 《十六大以来重要文献选编》(中),第 1031 页。

③ 杨利英:《近年来中国文化"走出去"战略研究综述》,《探索》2009 年第 2 期,第 103 页。

④ 在本文所统计的附表中,日译本中没有一部是中国翻译与出版的。

⑤ 资料见于鲍晓英:《中国文学"走出去"之译介模式探索》,《中国翻译》2013 年第 5 期,第 62 页。

国当代小说在世界上的传播是否也获得了相应的影响？

本文对中国当代小说在日本的公共图书馆、大学图书馆以及网上书店的收入情况进行调查，兼顾莫言作品走红现象，以期勾勒中国当代文学在日本的出版与传播的轮廓与特点，并指出问题点以资借鉴。

## 一、 中国当代小说在日本的
## 主要出版及传播情况

笔者以"当代中国小说"为关键词对日本的公共图书馆、大学图书馆以及主要图书销售网站进行检索，①统计中国当代小说的收入情况。主要对象为1940年代以后出生的作家，小说内容以近代以后为主，也有少量古代历史小说。中国古典小说、金庸、古龙、梁羽生的武侠小说除外。由此对中国外传的作家、作品、出版社、译者信息进行大致的把握。

公共图书馆以国立国会图书馆②为代表，计收入中国当代文学334件，收入年份为1981—2014年。其中有236种中文版，98种日文版。公共图书馆藏书的一个特点是：有不少普及型的作品，如科幻小说集、爱情小说集、微型小说、儿童小说、青少年小说。（详见表1）

大学图书馆以东京大学图书馆③为例，共检索出134件图书。除去研究类图书，实际文学作品93件（中国出版的中文版），收入年份为1981—2012年。至于日文翻译版小说收入情况，因多与表3重合，且版本较多，此处从略。（详见表2）

书店以日本亚马逊网站④为代表，从2 600余件中遴选出中国当代文学计154件，收入年份为1986—2016年。几乎都是日文翻译版，只有1件日本出版

---

① 本文中检索数据截至2016年10月。

② 日本国立国会图书馆：http：//www.ndl.go.jp/

③ 东京大学OPAC：https：//opac.dl.itc.u-tokyo.ac.jp/opac/opac_search/

④ 日本亚马逊网上书店：https：//www.amazon.co.jp/% E6% 9C% AC-% E9% 80% 9A% E8% B2% A9/b？ie＝UTF8&node＝465392

的中文版①，2 件中国出版的中文版②。（详见表3）

然而，在统计调查时，首先遇到的一个技术性问题是：因为各数据库制作的情况不同，对关键词的界定也不同，仅仅依靠简单的关键词进行检索，所得数据必定是不全面的。例如莫言作品、高行健作品，大多都不能依靠这些关键词检索得出，而只能通过作者名进行查找。尽管如此，通过这些不完全的数据表依旧可以看出整体情况，虽然并不严谨但笔者以为也并不偏颇。综观三表，可以看出以下特点。

## （一）作家及作品

收入莫言、苏童、王安忆、史铁生、王蒙、余华、铁凝、六六、迟子建、阎连科、严歌苓、刘震云、海岩、曹文轩等主流作家的作品，三表均显示出并没有特别集中于某个作家。日本亚马逊网站中还有卫慧、安妮宝贝、刘索拉、水天一色、明晓溪之类畅销小说。另外还有少量西藏文学、朝鲜族文学，但未见其他少数民族文学作品。值得一提的是，日本亚马逊上有不少中国的畅销书，这些图书大多通过热播电视剧或电影获得了广泛影响。比如郑义《老井》，林海音《城南旧事》，陈忠实《白鹿原》，姜戎《狼图腾》，海岩《玉观音》，王海鸰《中国式离婚》《新结婚时代》，严歌苓《路犯焉识》，裘山山《春草开花》。③ 日本图书界之所以引进、翻译这些图书，也有影视媒体传播的效应。

## （二）译者

除了现代中国文学翻译研究会以外，有藤井省三、大木康、长堀祐造、饭塚容、松井博光、近藤直子、市川宏、牧田英二、井口晃、山口守、宫尾正树、岸阳子、吉田富夫、中由美子、泉京鹿等百余名日本人译者，另有少量中国人译者。

---

① 鹿琼世编：《最新中国短编小说选》，光生馆，1990 年。
② 江曾培主编：《中国新文学大系（1976—2000）第 16 集微型小说卷》，上海文艺出版社，2008年。迟子建：《秧歌》，湖南文艺出版社，2014 年。
③ 详见表3。另外，在以学术研究为主的东京大学图书馆收入了天下霸唱的《鬼吹灯》系列等7 种。

### （三）出版年份

根据表3,即收入中国作品日文版最多的亚马逊网站书目录,出版图书最多的年份是2012年,计15种;其次是2011年12种,2014年11种。而在时间较早的时期,1987年出版了8种。这几个数字并不意味着都与莫言有关,当然,自1989年起,几乎每年或每两年都会有莫言译作出版。

根据表1,即收入中国作品中文版最多的国会图书馆书目录,出版图书最多的年份是2012年,计33种;其次是2003年31种,2004年21种。这里面莫言一共贡献了55种。

### （四）出版社、销售量、印刷数

根据三张表的统计并参考先行研究,可以看出,日文版图书的主要出版社是勉诚出版、讲谈社、河出书房新社、中央公论新社、集英社。研究指出,日本的中国小说翻译出版表现出的特点是:勉诚出版在2012年出版了十大选集、讲谈社一般出版在中国引起反响的畅销书、中央公论新社尤其偏爱莫言。①

中文版图书中,人民文学出版社、上海文艺出版社、作家出版社、江苏文艺出版社、当代世界出版社的数量显得极为突出。

然而,无论如何,绝大多数的日文版图书的销售量并不乐观。仅仅以日本亚马逊网站上的读者评论来看,成为话题而点评数多的书籍很少。研究者指出,尽管与中国古典小说相比,中国近现代小说、当代小说的销售量不强,但也出现了像《上海宝贝》售出5万册、《色戒》售出2万册而成为大众的话题的现象。像《中国现代文学》的初版仅为500册。根据2012年的《出版年鉴》,2011年度有关中国/东洋文学出版了160种,而英美文学有1 345种,这清楚地体现

① 立松升一:《日本における中国当代小説の翻訳出版状况とその特色:2000年以降を中心に》,[日本]拓殖大外国语学部中国语学科"翻译研究会"编:《異文化交流:言語・文化・歴史・ビジネス》(4),2015年,第70页。

出日本译介中注重欧美的倾向。[1]

## 二、 中国当代小说在日本出版及传播的特点

**(一)整体而言，数量少。** 但在中国当代小说外译的国家之中，日本的数量却并不少，而是属于比较多的国家。

同样是我们的邻国，在韩国的情况是：依据大韩出版文化协会2010年的统计数据，在众多外文书中，中文书的翻译出版量居第6位，前5位依次为日本、美国、英国、法国、德国。若按照语种划分，第1为英语，其后是日语、法语、德语、中文。[2]

前文已述，中国现当代文学的外译主要是由政府主导推进的。20世纪50年代起，中国政府机构对外译介中国文学延续至今，形成了一个独特的"政府译介模式"。学界对此普遍认为，这一模式总体上并不成功。例如研究者对1981年由中国外文出版发行事业局支持翻译出版的"熊猫丛书"进行统计，该丛书主要是英法两种语言向欧美国家输出，至2007年年底共计出版了200余种、近100位作家，但其中日文版图书仅有2种。[3] 并且，这些图书在美国的阅读量非常少，"在美国图书市场上，也就是说主流的连锁书店，基本上不会出现。在美国，相当大部分美国大学出版社出的中国文学作品在商业市场是没有销路的"[4]。因此，从接受美学的角度来看，这部分可能就没有产生什么影响。并且，研究中国现当代文学的学者与研究欧洲文学或西方文学的学者相

① 立松升一：《日本における中国当代小说の翻訳出版状況とその特色》，第72页。
② 李永求：《在韩国审视中国文学的全球化实践战略》，《湖南社会科学》2014年第1期，第165页。
③ 该数据依据耿强：《中国文学走出去政府译介模式效果探讨——以"熊猫丛书"为个案》，《中国比较文学》2014年第1期，第67页。不过，作者并未指出具体书目。在笔者统计的三张表中，并未见到由中国进行翻译出版的译本，不过，正如本文已经说明过，笔者依靠关键词的检索可能出现遗漏。
④ [美]罗福林：《中国文学翻译的挑战》，中国作家协会：《汉学家翻译国际研讨会演讲汇编》，北京，2010年。转引自：耿强：《中国文学走出去政府译介模式：效果与问题》，尚新、张滟编：《英汉对比与应用第1辑》，上海三联书店，2015年，第414页。

比,其评论的重要性及影响要弱许多。①

然而,日本的中国当代小说输入却有着不同的情况。如本文附表所示,除了中文版的引进,还有相当数量由日本人翻译的译本。这体现出在中国与世界文学交流中,中日文学关系占有重要地位。这个位置是有些历史传承的。"从历时性的角度来看,在现代中国文学的译介与研究方面,最早是亚洲中国学界,然后是欧洲中国学界,最后才是美国中国学界。据现有文献资料显示,世界上最先关注与译介现代中国文学的国家是日本。1909 年,《日本和日本人》杂志第 808 号'文艺杂事栏'报道了'周氏兄弟'《域外小说集》的出版信息。1920 年 9—11 月,日本的《支那学》月刊 1 卷第 1—3 期连载青木正儿的《以胡适为漩涡中心的文学革命》对唐俟(鲁迅)的诗歌与《狂人日记》进行了精到的点评。"②研究者指出,由于日中之间具有特殊的侵略和反侵略的历史,日本译介及研究一度呈现出政治性极强的特色;往往与日本社会现实联系起来,紧扣时代主题,反思自身的问题。例如竹内好"以鲁迅思想为参照,深入思考日本民族的文学和思想等命题,进而鞭挞日本的近代主义"。③ 这可以理解为一种新"拿来主义",在研究当代中国文学的时候也包含着这样的意图;学理性强,以资料考据见长。因此,我们就不难理解为什么日本会有较大数量的译本,并且在时间上来说,也与中文版出版时间较为同步。

**(二)在不是大量的外译之中,莫言却非常突出。 这个突出与日本学界的努力密切相关。**

换言之,近代以降,日本对中国文学的译介保持了持续而专注的热情。就像晚清时期发现鲁迅一般,20 世纪 80—90 年代发现了莫言,并将其作为一个研究中国的轴心而展开了对现当代文学的专业研究。当然,莫言现象不仅是学界的推动,还有其他原因。

---

① 耿强:《中国文学走出去政府译介模式: 效果与问题》,第 73 页。
② 杨四平:《跨文化的对话与想象现代中国文学海外传播与接受》,东方出版中心,2014 年,第39 页。
③ 同上,第 89 页。

在表 3 日本亚马逊网站中可以看出两个突出的现象。一是诺贝尔文学奖获得者高行健作品有 4 种,而莫言有 24 种①。二是日本中国现代文学翻译会②的译介功不可没。该会自 2008 年起至今,每年出版 2 册《中国现代文学》。这里面值得考虑的是,莫言作品翻译的发达与日本研究界密切相关,换言之,翻译莫言作品的都是学界研究人员。并且相关研究指出,莫言之所以获得诺奖,也与日本学术界的推介有着不小的关联。而中国现代文学翻译会的成员也基本都是专业研究者。仔细查看一下,其他中国作品的译者大多也都是学术界人士。这一点与我国引进日本文学作品有很大的区别。当然,因为我国引进日本作品的数量远高于输出,而且文艺作品也很多,译者中自然有很多非专业研究人员。

然而,获得诺奖并不等于受到广泛关注。国会图书馆中收入的高行健作品大多是港台版(25 种,本表中未计入),中国简体字版只有 6 种(此外有很多研究高行健的书籍,本表中未计入)。再例如,新近获得雨果奖的刘慈欣《三体》、郝景芳《北京折叠》,在日本收入极少。除了国会图书馆里《三体》有 4 种外,其他都无收藏。《北京折叠》在三表中均未见,这与该作品国内的出版时间③及获奖时间(2016 年 8 月)也有关联。

高行健的作品本身在中国出版的就很少,所以在日本的输入主要依靠了台湾,这直接影响了在本文中的统计数字。另外,莫言作品之所以获得极大的关注是由多种力量促进而成。"首要的力量是海外中国学家"(莫言最早出现在日本的报刊上),其次是国家主流意识形态的强势推动,再就是影视剧改编

---

① 上下册作品分别计算。因为在日本出版的上下册均作为两本书销售。莫言与他人一同收入的选集不计在内。

② 现有成员(截至 2015 年 12 月):上原かおり、大久保洋子、大高ゆかり、金子わこ、岸阳子、栗山千香子、关口美幸、关根谦、立松升一、赵晖、土屋肇枝、野原敏江、舟山优士、宫人いずみ、叶红、吉川龙生、鹫巢益美。参见"中国现代文学翻译会":http://www.hituzi.co.jp/kotoba/syokai.htm(2016-12-01)根据本文附表显示,该会成员的翻译较集中于徐则臣、残雪、史铁生、红柯、冯骥才。

③ 原文完成于 2012 年年底,最初发表于清华大学学生论坛水木社区的科幻版上。2014 年被《文艺风赏》、《小说月报》等文学刊物选中刊发,之后刘宇昆将其译成英文,收录于 *Invisible Planets: Contemporary Chinese Science Fiction in Translation*,Tor Books (November 1, 2016)。

的助力和市场经济的发力。①莫言本人对日本的亲近行为（访日演讲、与日本作家的密切接触等）也促进了日本民众对他的关心。至于刘慈欣、郝景芳的科幻小说的不走红，可能要联系日本自明治时代以来较为发达而独树一帜的推理小说、科幻小说的实际情况。尤其是大正以后的作品被称为"变格"（变异）侦探小说。这个"变异"，简而言之，可以说是"变态"。心理、生理、方式、手段、结果，有着各种各样奇怪的形式，但却是"非合理主义之合理"、"非逻辑主义之逻辑"。战后日本侦探小说的奇才、山田风太郎说：日本人缺乏创作真正的侦探推理小说的才能。但是，另一方面却在怪谈、异常心理小说、科学小说、异想天开的方面，可能创作出超越"小说"概念的全新形式。因此，在这样一个"变格"侦探小说历史比较久的又相当具有特色的日本，中国作家想要凸显并非易事，审美及创作质量都有着不小的差异。

## 三、 中国小说日译中的几个问题

### （一）谁在翻译？ 翻译者＝研究者，对学界贡献大

这直接与译本的选择挂钩，也影响了传播的广泛性与深刻性。因为译者作为研究者所具有的高度的研究水平、其在主流媒体上的评论的力度与带来的社会反响、作为教师而带动各大高校里的中国文学专业研究，都是不可忽略的。如前所述，在日本，除了个体研究者的翻译之外，很多大学设置了中国现当代文学的专业课程，还有学会如"当代文学研究会"（驹泽大学，发行机关报《中国当代文学研究会会报》，1984 年 3 月创刊）、"中国文艺研究会"（关西方面的学会，每年发行 2 期《野草》，1970 年创刊，每月发行《中国文艺研究会会报》），都在积极开展中国文学研究。

以莫言的外译为例。研究指出莫言作品的外译本都是国外著名的汉学家、翻译家，因而把握了接受国的审美、用语习惯等。莫言的获奖原因常常与

---

① 杨四平：《跨文化的对话与想象 现代中国文学海外传播与接受》，《〈附录二〉莫言小说的海外传播与接受》第 247—250 页。

被誉为"西方首席汉语文学翻译家"的葛浩文的翻译联系在一起。也有研究指出,莫言获奖与日本学界的推动有很大的关系。国会图书馆收入莫言作品 132 种,除此之外还有不少莫言研究书籍(本表中未计入),而这个现象是欧美没有的。

研究者清晰地整理了莫言在日本近 30 年的接受与传播的历史,指出早在 1989 年日本文化界已经赋予了莫言与日后获诺贝尔奖时同样的评价,并称其为"中国的加西亚·马尔克斯"。"(藤井的这一评价①)为日后成为世界名家的莫言传播定下了基本的调性。"此后,日本学界在主流媒体上发表对莫言的正面评论,在日本主流出版社出版发行莫言的译本。1996 年藤井省三翻译的《酒国》由岩波书店出版,著名导演篠田正浩、京都大学的意大利文学研究者若岛正与西班牙语文学研究者、《百年孤独》的日语译者鼓直多次在《朝日新闻》、《图书新闻》上发表了对《酒国》的评论,表达对莫言"魔幻现实主义"的认同。拉美文学研究权威东京大学教授野谷文昭在《读卖新闻》上连载的随笔《百年的拉美文学》中评价道:"莫言、目取真俊等人的作品与马尔克斯是不能分割的。"英美文学翻译家、幻想文学研究者风间贤二在日本极具影响力的文学综合刊物《文学界》(1997 年 3 月)上写下赞美之词。"由此可见,莫言自《酒国》之后更是得到日本著名欧美文学研究、翻译界权威人士的一致高度评价。"②莫言与大江健三郎亦有着亲密交流。诺贝尔文学奖获得者大江健三郎通过阅读藤井省三等人的翻译,了解了莫言文学,多次肯定并热心推荐莫言。他在 2002 年时便预言莫言十年后会获奖。

与此相反,《三体》在日本虽然默默无闻,但在欧美却受到了显著关注。《三体》在日本仅有国会图书馆收入 4 种中文版外,并无日译本。而根据研究者的统计,在主要英语国家美国、加拿大、英国,《三体》系列的英译本收藏量远远超过中文版收藏量,甚至在英国没有一家图书馆收藏中文版。而在非英语

---

① 指东京大学教授藤井省三于 1989 年在日本的文艺杂志《Eureka》3 月号上发表的《中国的加西亚·马尔克斯——莫言》。

② 本节资料参见林敏洁:《莫言文学在日本的接受与传播——兼论其与获诺贝尔文学奖的关系》,《文学评论》2015 年第 6 期,第 103 页。

国家的日本及法国,《三体》系列的英文版收藏量为零。①。《三体》在日本尚无日译本,或者说关于刘慈欣尚未出现专门研究,这是该书在日本传播滞后的主要原因。

有意思的是,在日本也有不少关于残雪、安妮宝贝等图书的译介。《上海宝贝》之类禁书,固然成为出版商赚取商业利润的一个手段,但读者的反应亦不少。而在大学里,残雪研究已经成为一个专门课题。

**（二）谁在出版？ 这直接影响了传播的广泛性**

中文图书的直接引进,只能供有限的研究者使用,较难进入市场。经过日文翻译后再由主流出版社发行推介,诸如亚马逊网站进行销售,这样的传播则会收到较大的效果。自然,这与日本本身良好的公共阅读基础也是有关的。大正时代兴起 1 日元图书②、口袋书③以及随着日本地铁、电车的发达而流行起车厢内阅读文化,培养了日本民众广泛的阅读兴趣。

日本的中国翻译小说期刊主要有以下 5 种④:

1)《季刊 中国现代小说》。2000 年第 II 卷 14 号起发行,至 2005 年第 II 卷 36 号终止,共 72 号,代表者饭塚容,苍苍社出版,共介绍了 101 部作品。

2)《火锅子》。2004 年(第 62 号)起开始翻译小说,至 2014 年第 81 号停刊,翠书房出版,共介绍了 77 部作品。

3)《中国现代文学》。由中国现代文学翻译会发行,2008 年起步至今,ひつじ书房出版,从创刊号起至 12 号共介绍了 50 部作品。

4)《残雪研究》。日本大学中文系近藤研究室,代表者近藤直子,2009 年

---

① 参见廖紫微、毕文君:《从译介效果看当代文学的对外传播——以刘慈欣〈三体〉系列为例》,《对外传播》,2016 年 7 期,第 64 页。不过该文称在日本的中文版也为零,这个说法不对。

② 1926 年,改造社发行了《现代日本文学全集》,每册 1 日元的低价销售,促进了民众的读书欲。此后各大出版社争相效仿,这种书就被称为“1 日元图书”。

③ 文库本是一种小型图书,一般是 A6 规格,普通装订的普及版,所以售价低廉。最初是由岩波书店为了普及古典书籍而推出的一种形式,二战后很多出版社都予以采用。体积小而便于携带。

④ 以下 5 种期刊的资料,参见立松升一:《日本における中国当代小说の翻訳出版状況とその特色》,第 63—64 页。

创刊至 2014 年共介绍了 34 部作品。

5)《莲雾》。日本世界华文微型小说研究会,2003 年 8 月第 6 号起发行,仅限于微型小说。

这些研究者引导、译介并发行专门期刊,首先在大学专业教育领域便起到了推动作用。而更多的中国小说由日本主要出版社发行,如德间书店、新潮社、中央公论社、角川书店、岩波书店、东方书店、小学馆、平凡社、讲谈社、文艺春秋,这是中国文学得以进入广大市场的重要途径。莫言作品在日本的翻译也不例外。JICC 出版局、德间书店、平凡社、岩波书店、中央公论新社都是日本一流出版社,这使得莫言作品能够很快进入主流发行渠道,得到有效传播。

中国文学要走向世界,翻译是关键之一。然而,翻译还要考虑译作的出版与接受等很多问题。"译作出版的机构甚至某一套品牌丛书,如国外的《企鹅丛书》,对作品的译介传播都起到了一定的作用。相反,如果是由我们国内的翻译家和自己的出版社出版,就很不容易进入世界的传播系统。假如莫言的作品在翻译时仅仅注重语言文字的转换,而且是由我们国内的出版社翻译出版,那么莫言有没有可能获得这次诺贝尔文学奖?我可以说,是百分之百的不可能!"①这里面涉及的翻译的指导思想的问题,所谓直译、意译或是其他的翻译技术的商榷,在讨论文学的对外传播时可能要退后一点。

## (三)中国输入文学的"严重入超"

与中国文学的外译相比,现代中国文学对外传播严重"入超","文学赤字"很大。"到了 2011 年,中国图书版权引进与输出比例为 2:1,相比 2003 年时的 15:1 已是一个很大的突破。"②2010 年,在中国作家协会主办的"汉学家文学翻译国际研讨会"上,美国翻译家白睿文提供了几个数字:"2009 年,全美国只出版了 8 本中国小说,仅占美国外国文学出版总数的 4%"。据日本翻译家

---

① 王志勤、谢天振:《中国文学文化走出去:问题与反思》,《学术月刊》,2013 年 2 月,第 22 页。

② 傅小平:《国外专家、学者聚焦"中国文学走向世界"话题——如何与西方文学传统求得共识?》,《文学报》,2012 年 9 月 6 日。转引自:杨四平:《跨文化的对话与想象 现代中国文学海外传播与接受》,第 9 页。

饭塚容介绍,"1990 年以后,日本泡沫经济的崩溃导致了出版业的急剧衰落;由于资金短缺,出版市场环境恶化,近年来中国当代文学的翻译出版只能是零散的、带些偶然性的,缺乏整体统筹"①。

以中国的日本文学翻译情况为例,1980—90 年代 20 年间,日本文学的译本大约有 1 400 种,占整个 20 世纪全部译本总量 2 000 余种的近三分之二。约按每种译本印数平均为 1 万册计算,则全部印数为 1 400 万册,这在中国整个翻译文学中占有不可忽视的份额。② 李芒、文洁若、叶渭渠、唐月梅、林少华等著名翻译家的译作,在读者中有着广泛的影响。

日本近现代文学大量、全面引进,不仅成为专业学生与研究者的重要参考书,其重要的文学价值亦受到了一般读者的普遍欢迎。文学史上的名著或是当下的村上春树、渡边淳一、东野圭吾等纯文学、性爱小说、推理小说都收获了大批读者。在这一点上,中国当代小说在日本一般大众之间的传播似乎显得很局限了。而且,除了纯文学之外,通俗小说的流入也很少。

值得注意的是,中国的日本文学翻译者并不等同于日本文学研究者。中国的日本文学研究和评论存在着一些问题:一般性的介绍;多参照日本人的观点,缺乏独立思考。③

## 四、今后的方向:"文学"在"文化交流"中的引领作用

如上所述,现阶段中国当代小说在日本的出版与传播已经取得了一定的成绩。但是,不得不考虑的是,在今日各国大学里的文学专业普遍不景气的情况下,中国文学的创作与传播都将受到不小的影响。

对于今后中国当代小说在日本翻译出版的趋势,研究者指出了一些趋势。

---

① 《海外译介难进主流市场　中国文学何时真正走向世界(1)》
② 数字来源:王向远:《二十世纪中国的日本翻译文学史》北京师范大学,2001 年,第 242 页。
③ 王向远:《二十世纪中国的日本翻译文学史》,第 250 页。

阎连科、苏童、莫言、格非的作品，将会由日本的研究者继续翻译推出；王蒙、陈国凯、冯骥才、鲍十、毕飞宇、麦家、戴来、朱山坡、徐则臣、笛安等十名作家将会引起更多的关注，[①]这也是日本学界致力的方向。

在中国文化走出去战略实施过程中，存在着各种各样的问题。例如中国没有建立起有效的国际文化外贸体系和确立国家文化外贸战略，文化交流仅限于外交场合，没有进入世界文化市场，也没有培育出能够"走出去"参与国际竞争的文化产业群和大型跨国文化企业。[②] 在这样一个大背景下，中国文学走出去也遇到了诸如此类的问题。

可是，中国文学走出去方面还有一些误区。认为中国的文学之所以走不出去，是因为翻译的语言太差。但这恰恰忽略了翻译文学的最终目标在于跨文化交流。[③] 笔者非常赞同谢天振所说的"中国文学文化走出去，不是为了搞'文化输出'，更不是搞'文化侵略'；而是希望通过中国文学文化的译介让世界各国人民更好地了解中国、认识中国、理解中国，从而让世界人民与中国人民共通构建一个更加和谐的世界。（中略）在对外的公开场合，我们应该谨慎提甚至不要提'把中国文学文化推出去'，更不要提'中国文学文化走出去战略'，这极易引起别人的反感和警惕，效果适得其反"[④]。虽然，当前中国的文学输入远远大于输出，但这只是数字之分，"差异"之分，并不是强势弱势之分。至于为了提高这一"势"而采取各种措施，却可能会偏离文学文化"交流"的意义。

捷克汉学家普实克原本以研究中国历史和中国古典小说为业，1932 年来到中国后，在中国生活的两年中，经朋友推荐开始阅读鲁迅。他说："发现了鲁迅的'伟大'，自此改弦更张，着手研究现代中国文学。（中略）我就想，认识中

---

① 立松升一：《日本における中国当代小説の翻訳出版状況とその特色》，第 72—73 页。

② 胡惠林：《文化产业发展与国家文化安全》，广东人民出版社，2005 年，第 44 页。

③ 王志勤、谢天振：《中国文学文化走出去：问题与反思》，第 26 页。

④ 同上，第 27 页。

国最好的途径也许是新的文学。"①可见,在中外文化交流中,文学发挥了引领的作用。中国文学在日本的传播也应该具有乐观的可期待性。

附录:

**表 1　日本国立国会图书馆(含公共图书馆)所藏中国当代小说书目**

| 序号 | 书名(括号内为日文版书名②) | 著者(括号内为译者) | 出 版 社 | 出版年 |
|---|---|---|---|---|
| 1 | 芙蓉镇 | 古华 | 人民文学出版社 | 1981 |
| 2 | 中篇小说:中国文学作品年编 1981 | 中国社会科学院文学研究所当代文学研究室 | 中国社会科学出版社 | 1982 |
| 3 | 故土 | 苏叔阳 | 人民文学出版社 | 1984 |
| 4 | 新星 | 柯云路 | 人民文学出版社 | 1985 |
| 5 | 活动变人形 | 王蒙 | 人民文学出版社 | 1987 |
| 6 | 古船 | 张炜 | 人民文学出版社 | 1987 |
| 7 | (中国现代小说)③ | 中国现代小说刊行会 | [日本]苍苍出版 | 1987 |
| 62 | 红高粱家族 | 莫言 | 不详 | 1987 |
| 63 | 红高粱 | 莫言 | 不详 | 1988 |
| 64 | 红高粱家族 | 莫言 | 洪范书店 | 1988 |
| 65 | 红高粱(赤い高粱) | 莫言(井口晃) | [日本]德间书店 | 1990 |
| 66 | 续红高粱(赤い高粱.続) | 莫言(井口晃) | [日本]德间书店 | 1990 |
| 67 | (中国幻想小说傑作集) | 竹田晃编 | [日本]白水社 | 1990 |
| 68 | 中国科幻小说佳作选 | 钟宝良选编 | 辽宁少年儿童出版社 | 1991 |
| 69 | 中国动物小说佳作选 | 李子玉选编 | 辽宁少年儿童出版社 | 1991 |
| 70 | 中国科幻小说佳作选 | 钟宝良选编 | 辽宁少年儿童出版社 | 1991 |

① 杨四平:《跨文化的对话与想象　现代中国文学海外传播与接受》,第 6 页。
② 本表中的日文书名均沿用日语记方式,有中文版的则附中文书名,无中文版的不翻译。
③ 此为季刊,计有 55 种,发行期为 1987—2005 年。本表中书名从略,仅统计数字。

续表

| 序号 | 书名（括号内为日文版书名） | 著者（括号内为译者） | 出 版 社 | 出版年 |
|---|---|---|---|---|
| 71 | 中国当代小说名著1分钟 | 李复威 | 学苑出版社 | 1991 |
| 72 | 中国当代爱情小说1分钟 | 李复威 | 学苑出版社 | 1991 |
| 73 | 玫瑰门 | 铁凝 | 作家出版社 | 1991 |
| 74 | 来自中国的农村：莫言短篇集（中国の村から：莫言短篇集） | 莫言（藤井省三、长堀祐造） | ［日本］JICC出版局 | 1991 |
| 75 | 美女岛：荒诞小说选 | 张兴编 | 北京出版社 | 1992 |
| 76 | 那盏梨子：寻根小说 | 王安忆等，刘锡庆主编 | 北京师范大学出版社 | 1992 |
| 77 | 生命如同那年夏天：伤痕小说 | 刘心武等，刘锡庆主编 | 北京师范大学出版社 | 1992 |
| 78 | 请女人猜谜：探索小说 | 张承志等，刘锡庆主编 | 北京师范大学出版社 | 1992 |
| 79 | 月亮的背面一定很冷：改革小说 | 蒋子龙等，刘锡庆主编 | 北京师范大学出版社 | 1992 |
| 80 | 世事如烟：大哥与煤气与煤气罐：新写实小说 | 池莉等，刘锡庆主编 | 北京师范大学出版社 | 1992 |
| 81 | 淡紫色的天空和窗帘布 | 王蒙等，刘锡庆主编 | 北京师范大学出版社 | 1992 |
| 82 | 中国当代小说选读 | 刘镰力 | 华语教学出版社 | 1992 |
| 83 | 少女的信：夏有志获奖小说选 | 夏有志 | 教育科学出版社 | 1992 |
| 84 | 长长的跑道：张之路获奖小说选 | 张之路 | 教育科学出版社 | 1992 |
| 85 | 灾难的礼物：陈丹燕获奖小说选 | 陈丹燕 | 教育科学出版社 | 1992 |
| 86 | 孤独的时候：刘健屏获奖小说选 | 刘健屏 | 教育科学出版社 | 1992 |

续表

| 序号 | 书名(括号内为日文版书名) | 著者(括号内为译者) | 出版社 | 出版年 |
|---|---|---|---|---|
| 87 | 长长的跑道：张之路获奖小说选 | 张之路 | 教育科学出版社 | 1992 |
| 88 | 中断的足音：黄世衡获奖小说选 | 黄世衡 | 教育科学出版社 | 1992 |
| 89 | (笑いの共和国：中国ユーモア文学傑作選) | 藤井省三编 | ［日本］白水社 | 1992 |
| 90 | 怀抱鲜花的女人（花束を抱く女） | 莫言（藤井省三） | ［日本］JICC 出版局 | 1992 |
| 91 | 酒国 | 莫言 | 不详 | 1992 |
| 92 | 怀抱鲜花的女人 | 莫言 | 中国社会科学出版社 | 1993 |
| 93 | 食草家族 | 莫言 | 不详 | 1993 |
| 94 | 愤怒的蒜苔 | 莫言 | 不详 | 1993 |
| 95 | 消失的歌声：罗辰生获奖小说选 | 罗辰生 | 教育科学出版社 | 1995 |
| 96 | 绿色的栅栏：曹文轩获奖小说选 | 曹文轩 | 教育科学出版社 | 1995 |
| 97 | 初绽的米兰：杨福庆获奖小说选 | 杨福庆 | 教育科学出版社 | 1995 |
| 98 | 爱的萌芽：庄之明获奖小说选 | 庄之明 | 教育科学出版社 | 1995 |
| 99 | 危险的年龄：谷应获奖小说选 | 谷应 | 教育科学出版社 | 1995 |
| 100 | 中国当代实力派作家大系1 | 王蒙 | 太白文艺出版社 | 1995 |
| 101 | 中国当代实力派作家大系2 | 张贤亮 | 太白文艺出版社 | 1995 |

| 序号 | 书名(括号内为日文版书名) | 著者(括号内为译者) | 出 版 社 | 出版年 |
|---|---|---|---|---|
| 102 | 中国当代实力派作家大系3 | 贾平凹 | 太白文艺出版社 | 1995 |
| 103 | 中国当代实力派作家大系4 | 渭阳编 | 太白文艺出版社 | 1995 |
| 104 | 中国当代实力派作家大系5 | 铁凝 | 太白文艺出版社 | 1995 |
| 105 | 中国当代实力派作家大系6 | 燕芝编 | 太白文艺出版社 | 1995 |
| 106 | 死亡弥撒 | 呼啸 | 京华出版社 | 1995 |
| 107 | 赤彤丹朱 | 张抗抗 | 人民文学出版社 | 1995 |
| 108 | 姊妹们:王安忆中短篇小说自选集 | 王安忆 | 华夏出版社 | 1996 |
| 109 | 红尘一笑:梁晴中短篇小说自选集 | 梁晴 | 华夏出版社 | 1996 |
| 110 | 相见时难:陈国凯中短篇小说自选集 | 陈国凯 | 华夏出版社 | 1996 |
| 111 | 关于一个女记者的"新闻":陆星儿中短篇小说自选集 | 陆星儿 | 华夏出版社 | 1996 |
| 112 | 飞进芦花:范小青中短篇小说自选集 | 范小青 | 华夏出版社 | 1996 |
| 113 | 酒国(酒国:特捜検事丁鈎児の冒険) | 莫言(藤井省三) | [日本]岩波书店 | 1996 |
| 114 | (ノスタルジア) | 今福龙太编 | [日本]岩波书店 | 1996 |
| 115 | 丰乳肥臀上 | 莫言 | 洪范书店有限公司 | 1996 |
| 116 | 丰乳肥臀下 | 莫言 | 洪范书店有限公司 | 1996 |
| 117 | 金发婴儿 | 莫言 | 长江文艺出版社 | 1996 |

| 序号 | 书名(括号内为日文版书名) | 著者(括号内为译者) | 出版社 | 出版年 |
|---|---|---|---|---|
| 118 | 我是太阳 | 国一光 | 人民文学出版社 | 1997 |
| 119 | 随风飘逝 | 宣儿 | 时代文艺出版社 | 1997 |
| 120 | 丰乳肥臀上 | 莫言 | 洪范出版社 | 1997 |
| 121 | 丰乳肥臀下 | 莫言 | 洪范出版社 | 1997 |
| 122 | 第二十幕上 | 周大新 | 人民文学出版社 | 1998 |
| 123 | 会唱歌的墙 | 莫言 | 人民日报出版社 | 1998 |
| 124 | (现代中国短编集) | 藤井省三编 | [日本]平凡社 | 1998 |
| 125 | 纯真年代 | 刘晴 | 广西教育出版社 | 1999 |
| 126 | 太阳花 | 宋介华 | 广西教育出版社 | 1999 |
| 127 | 最后的夏天 | 方宁 | 广西教育出版社 | 1999 |
| 128 | 中国当代文学作品精选(1949—1999)短篇小说卷上册 | 李国文主编 | 北京十月文艺出版社 | 1999 |
| 129 | 中国当代文学作品精选(1949—1999)中篇小说卷上册 | 陈建功主编 | 北京十月文艺出版 | 1999 |
| 130 | 师傅越来越幽默 | 莫言 | 解放军文艺出版社 | 1999 |
| 131 | 丰乳肥臀上(豊乳肥臀上) | 莫言(吉田富夫) | [日本]平凡社 | 1999 |
| 132 | 丰乳肥臀下(豊乳肥臀下) | 莫言(吉田富夫) | [日本]平凡社 | 1999 |
| 133 | 红高粱 | 莫言 | 南海出版公司 | 1999 |
| 134 | 锁孔里的房间 | 莫言 | 新世界出版社 | 1999 |
| 135 | 红树林 | 莫言 | 海天出版社 | 1999 |
| 136 | 歇马山庄 | 孙惠芬 | 人民文学出版社 | 2000 |
| 137 | 中国制造 | 周梅森 | 人民文学出版社 | 2000 |

| 序号 | 书名(括号内为日文版书名) | 著者(括号内为译者) | 出 版 社 | 出版年 |
|---|---|---|---|---|
| 138 | 中国留学生文学大系 | 《中国留学生文学大系》编辑委员会编 | 上海文艺出版社 | 2000 |
| 139 | 周勋初文集 | 周勋初 | 江苏古籍出版社 | 2000 |
| 140 | 中国留学生文学大系 当代小说日本大洋洲卷 | | 上海文艺出版社 | 2000 |
| 141 | 乌泥湖年谱 | 万方 | 人民文学出版社 | 2000 |
| 142 | 性爱的思辨:描述当代人性爱生态的长篇小说 | 杨东明 | 华夏丛出版社 | 2000 |
| 143 | 什么气味最美好 | 莫言 | 南海出版公司 | 2000 |
| 144 | 红高粱家族 | 莫言 | 南海出版公司 | 2000 |
| 145 | 青蝇·门牙 | 莫言 | 上海文艺出版社 | 2000 |
| 146 | 老枪·宝刀 | 莫言 | 上海文艺出版社 | 2000 |
| 147 | 初恋·神嫖 | 莫言 | 上海文艺出版社 | 2000 |
| 148 | 莫言散文 | 莫言 | 浙江文艺出版社 | 2000 |
| 149 | 透明的红萝卜 | 莫言 | 时代文艺出版社 | 2000 |
| 150 | 师傅越来越幽默 | 莫言 | 不详 | 2000 |
| 151 | 灵山 | 高行健 | 不详 | 2000 |
| 152 | 一个人的圣经 | 高行健 | 不详 | 2000 |
| 153 | 余华卷 | 余华 | 文化艺术出版社 | 2001 |
| 154 | 刘恒卷 | 刘恒 | 文化艺术出版社 | 2001 |
| 155 | 潘军卷 | 潘军 | 文化艺术出版社 | 2001 |
| 156 | 叶兆言卷 | 叶兆言 | 文化艺术出版社 | 2001 |
| 157 | 格非卷 | 格非 | 文化艺术出版社 | 2001 |
| 158 | 苏童卷 | 苏童 | 文化艺术出版社 | 2001 |

| 序号 | 书名(括号内为日文版书名) | 著者(括号内为译者) | 出 版 社 | 出版年 |
|---|---|---|---|---|
| 159 | 沧浪之水 | 阎真 | 人民文学出版社 | 2001 |
| 160 | (世界の文学109：中国 鲁迅 莫言 高行健ほか) | | [日本]朝日新闻社 | 2001 |
| 161 | 丰乳肥臀 | 莫言 | 中国工人出版社 | 2001 |
| 162 | 檀香刑 | 莫言 | 作家出版社 | 2001 |
| 163 | 战友重逢 | 莫言 | 不详 | 2001 |
| 164 | 天堂蒜苔之歌 | 莫言 | 不详 | 2001 |
| 165 | 野骡子 | 莫言 | 南海出版公司 | 2001 |
| 166 | 生蹼的祖先们 | 莫言 | 文化艺术出版社 | 2001 |
| 167 | 一个人的圣经(ある男の聖書) | 高行健(饭塚容) | [日本]集英社 | 2001 |
| 169 | 花腔 | 李洱 | 人民文学出版社 | 2002 |
| 170 | 曾国藩：黑雨 | 唐浩明 | 人民文学出版社 | 2002 |
| 171 | 当代小小说名家珍藏(上卷) | 杨晓敏编 | 河南文艺出版社 | 2002 |
| 172 | 当代小小说名家珍藏(中卷) | 杨晓敏编 | 河南文艺出版社 | 2002 |
| 173 | 当代小小说名家珍藏(下卷) | 杨晓敏编 | 河南文艺出版社 | 2002 |
| 174 | 莫言中篇小说集上 | 莫言 | 作家出版社 | 2002 |
| 175 | 师傅越来越幽默(至福のとき：莫言中短编集) | 莫言(吉田富夫) | [日本]平凡社 | 2002 |
| 176 | 什么气味最美好 | 莫言 | 不详 | 2002 |
| 177 | 梦逝无痕 | 祝青杨 | 山东文艺出版社 | 2003 |
| 178 | 请柳师娘 | 池莉 | 江苏文艺出版社 | 2003 |

续表

| 序号 | 书名(括号内为日文版书名) | 著者(括号内为译者) | 出 版 社 | 出版年 |
|---|---|---|---|---|
| 179 | 酒徒 | 王安忆 | 江苏文艺出版社 | 2003 |
| 180 | 辉煌的波马 | 张承志 | 江苏文艺出版社 | 2003 |
| 181 | 藏宝图 | 莫言 | 江苏文艺出版社 | 2003 |
| 182 | 朋友 | 余华 | 江苏文艺出版社 | 2003 |
| 183 | 阿尔萨斯 | 贾平凹 | 江苏文艺出版社 | 2003 |
| 184 | 北门口预言 | 韩少功 | 江苏文艺出版社 | 2003 |
| 185 | 祖父在父亲心中 | 方方 | 江苏文艺出版社 | 2003 |
| 186 | 天上有块云 | 李锐 | 江苏文艺出版社 | 2003 |
| 187 | 另一种妇女生活 | 苏童 | 江苏文艺出版社 | 2003 |
| 188 | 第十二夜 | 铁凝 | 江苏文艺出版社 | 2003 |
| 189 | 接近于无限透明 | 朱苏进 | 江苏文艺出版社 | 2003 |
| 190 | 紫色人形 | 毕淑敏 | 江苏文艺出版社 | 2003 |
| 191 | 大声哭泣 | 林白 | 江苏文艺出版社 | 2003 |
| 192 | 庄周的逃亡 | 张炜 | 江苏文艺出版社 | 2003 |
| 193 | 中国短篇小说百年精华 | 中国社会科学院文学研究所现代文学研究室,当代文学研究室 | 人民文学出版社 | 2003 |
| 194 | 三体:死神永生 | 刘慈欣 | 重庆出版社 | 2003 |
| 195 | 中国当代儿童小说精品文库1 | 张美妮主编 | 新蕾出版社 | 2003 |
| 196 | 四十一炮 | 莫言 | 春风文艺出版社 | 2003 |
| 197 | 写给父亲的信 | 莫言 | 春风文艺出版社 | 2003 |
| 198 | 拇指铐 | 莫言 | 江苏文艺出版社 | 2003 |
| 199 | 丰乳肥臀 | 莫言 | 中国工人出版社 | 2003 |

续表

| 序号 | 书名(括号内为日文版书名) | 著者(括号内为译者) | 出版社 | 出版年 |
|---|---|---|---|---|
| 200 | 白狗秋千架(白い犬とブランコ) | 莫言(吉田富夫) | [日本]日本放松出版协会 | 2003 |
| 201 | 檀香刑上(白檀の刑上) | 莫言(吉田富夫) | [日本]中央公论新社 | 2003 |
| 202 | 檀香刑下(白檀の刑下) | 莫言(吉田富夫) | [日本]中央公论新社 | 2003 |
| 203 | 红高粱(赤い高粱) | 莫言(井口晃) | [日本]岩波书店 | 2003 |
| 204 | 红高粱家族(赤い高粱統) | 莫言(井口晃) | [日本]岩波书店 | 2003 |
| 205 | 清醒的说梦者 | 莫言 | 山东文艺出版社 | 2003 |
| 206 | (高行健戯曲集) | 高行健(菱沼彬晁、饭塚容) | [日本]晚成书房 | 2003 |
| 207 | 灵山(霊山) | 高行健(饭塚容) | [日本]集英社 | 2003 |
| 208 | 蹉跎岁月 | 叶辛 | 人民文学出版社 | 2004 |
| 209 | 羽蛇 | 徐小斌 | 人民文学出版社 | 2004 |
| 210 | 马桥词典 | 韩少功 | 人民文学出版社 | 2004 |
| 211 | 玉观音 | 海岩 | 人民文学出版社 | 2004 |
| 212 | 许三观卖血记 | 余华 | 人民文学出版社 | 2004 |
| 213 | 水与火的缠绵 | 池莉 | 人民文学出版社 | 2004 |
| 214 | 伪满州国(上) | 迟子建 | 人民文学出版社 | 2004 |
| 215 | 白鹿原 | 陈忠实 | 人民文学出版社 | 2004 |
| 216 | 平凡的世界第1部 | 路遥 | 人民文学出版社 | 2004 |
| 217 | 酒国 | 莫言 | 当代世界出版社 | 2004 |
| 218 | 十三步 | 莫言 | 当代世界出版社 | 2004 |
| 219 | 丰乳肥臀 | 莫言 | 当代世界出版社 | 2004 |
| 220 | 莫言文集 | 莫言 | 当代世界出版社 | 2004 |

| 序号 | 书名（括号内为日文版书名） | 著者（括号内为译者） | 出 版 社 | 出版年 |
|---|---|---|---|---|
| 221 | 檀香刑 | 莫言 | 当代世界出版社 | 2004 |
| 222 | 天堂蒜苔之歌 | 莫言 | 当代世界出版社 | 2004 |
| 223 | 红高粱家族 | 莫言 | 当代世界出版社 | 2004 |
| 224 | 透明的红萝卜 | 莫言 | 当代世界出版社 | 2004 |
| 225 | 小说的气味 | 莫言 | 当代世界出版社 | 2004 |
| 226 | 食草家族 | 莫言 | 当代世界出版社 | 2004 |
| 227 | 白棉花 | 莫言 | 当代世界出版社 | 2004 |
| 228 | 红高粱 | 莫言 | 中国青年出版社 | 2004 |
| 229 | 母亲（母） | 高行健（饭塚容） | ［日本］集英社 | 2005 |
| 230 | 圣天门口（上） | 刘醒龙 | 人民文学出版社 | 2005 |
| 231 | 上海的早晨1 | 周而复 | 人民文学出版社 | 2005 |
| 232 | 太阳照在桑干河上 | 丁玲 | 人民文学出版社 | 2005 |
| 233 | 中国当代作家研究资料丛书 | 杨扬主编 | 天津人民出版社 | 2005 |
| 234 | 小城春秋 | 高云览 | 人民文学出版社 | 2005 |
| 235 | 青春之歌 | 杨沫 | 人民文学出版社 | 2005 |
| 236 | 三里湾 | 赵树理 | 人民文学出版社 | 2005 |
| 237 | 红旗谱：红旗谱 | 梁斌 | 人民文学出版社 | 2005 |
| 238 | 烽烟图：红旗谱 | 梁斌 | 人民文学出版社 | 2005 |
| 239 | 播火记：红旗谱 | 梁斌 | 人民文学出版社 | 2005 |
| 240 | 保卫延安 | 杜鹏程 | 人民文学出版社 | 2005 |
| 241 | 白狗秋千架 | 莫言 | 不详 | 2005 |
| 242 | 与大师约会 | 莫言 | 不详 | 2005 |
| 243 | 红高粱家族 | 莫言 | 不详 | 2005 |
| 244 | 康乃馨俱乐部 | 虹影 | 江苏文艺出版社 | 2005 |

续表

| 序号 | 书名(括号内为日文版书名) | 著者(括号内为译者) | 出版社 | 出版年 |
|---|---|---|---|---|
| 245 | 看上去很美 | 王朔 | 人民文学出版社 | 2006 |
| 246 | 怀念拥有阳光的日子——中国当代名家小小说精粹 | 墨白 | 河南文艺出版社 | 2006 |
| 247 | 紫绡帘——中国当代名家小小说精粹 | 聂鑫森 | 河南文艺出版社 | 2006 |
| 248 | 黑夜里的拳击老手——中国当代名家小小说精粹 | 野莽 | 河南文艺出版社 | 2006 |
| 249 | 月光斩 | 莫言 | 北京十月文艺出版社 | 2006 |
| 250 | 北海道走笔 | 莫言 | 上海文艺出版社 | 2006 |
| 251 | 生死疲劳 | 莫言 | 作家出版社 | 2006 |
| 252 | 四十一炮上(四十一炮上) | 莫言(吉田富夫) | [日本]中央公论新社 | 2006 |
| 253 | 四十一炮下(四十一炮下) | 莫言(吉田富夫) | [日本]中央公论新社 | 2006 |
| 254 | 金牧场 | 张承志 | 人民文学出版社 | 2007 |
| 255 | 男人的风格 | 张贤亮 | 人民文学出版社 | 2007 |
| 256 | 雪城(上) | 梁晓声 | 人民文学出版社 | 2007 |
| 257 | 生活的路 | 竹林 | 人民文学出版社 | 2007 |
| 258 | 人啊,人! | 戴厚英 | 人民文学出版社 | 2007 |
| 259 | 红高粱家族 | 莫言 | 人民文学出版社 | 2007 |
| 260 | 浮躁 | 贾平凹 | 人民文学出版社 | 2007 |
| 261 | 玫瑰门 | 铁凝 | 人民文学出版社 | 2007 |
| 262 | 旧址 | 李锐 | 人民文学出版社 | 2007 |
| 263 | 蛇神 | 蒋子龙 | 人民文学出版社 | 2007 |
| 264 | 务虚笔记 | 史铁生 | 人民文学出版社 | 2007 |
| 265 | 远去的驿站 | 张一弓 | 人民文学出版社 | 2007 |

| 序号 | 书名（括号内为日文版书名） | 著者（括号内为译者） | 出 版 社 | 出版年 |
|---|---|---|---|---|
| 266 | 省委书记——K 省记事 | 陆天明 | 人民文学出版社 | 2007 |
| 267 | 三体 1 | 刘慈欣 | 重庆出版社 | 2008 |
| 268 | 三体 2 | 刘慈欣 | 重庆出版社 | 2008 |
| 269 | 酒国 | 莫言 | 上海文艺出版社 | 2008 |
| 270 | 生死疲劳上 | 莫言 | 上海文艺出版社 | 2008 |
| 271 | 生死疲劳下 | 莫言 | 上海文艺出版社 | 2008 |
| 272 | （中国现代文学） | 中国现代文学翻译会编 | ［日本］ひつじ書房 | 2008 |
| 273 | （中国现代文学 3） | 中国现代文学翻译会编 | ［日本］ひつじ書房 | 2009 |
| 274 | （中国现代文学 9） | 中国现代文学翻译会编 | ［日本］ひつじ書房 | 2009 |
| 275 | 2008 中篇小说 | 人民文学出版社当代文学编辑室编 | 人民文学出版社 | 2009 |
| 276 | 蛙 | 莫言 | 不详 | 2009 |
| 277 | 红高粱家族 | 莫言 | 人民文学出版社 | 2009 |
| 278 | 蛙 | 莫言 | 上海文艺出版社 | 2009 |
| 279 | 三体 3 | 刘慈欣 | 重庆出版社 | 2010 |
| 280 | 莫言散文新编 | 莫言 | 文化艺术出版社 | 2010 |
| 281 | （イリーナの帽子：中国现代文学选集） | 东亚文学论坛日本委员会编 | ［日本］トランスビュー | 2010 |
| 282 | （イリーナの帽子：中国现代文学选集［2］） | 东亚文学论坛日本委员会编 | ［日本］トランスビュー | 2010 |
| 283 | 狗文三篇（犬について、三篇） | 莫言（立松升一） | ［日本］トランスビュー | 2010 |

续表

| 序号 | 书名(括号内为日文版书名) | 著者(括号内为译者) | 出 版 社 | 出版年 |
|---|---|---|---|---|
| 284 | 檀香刑上(白檀の刑上) | 莫言(吉田富夫) | 〔日本〕中央公论新社 | 2010 |
| 285 | 檀香刑下(白檀の刑下) | 莫言(吉田富夫) | 〔日本〕中央公论新社 | 2010 |
| 286 | 蛙(蛙鳴) | 莫言(吉田富夫) | 〔日本〕中央公论新社 | 2011 |
| 287 | 牛筑路(牛築路) | 莫言(菱沼彬晁) | 〔日本〕岩波书店 | 2011 |
| 288 | 红高粱 | 莫言 | 花城出版社 | 2011 |
| 289 | 我的高密 | 莫言 | 中国青年出版社 | 2011 |
| 290 | 十三步 | 莫言 | 上海文艺出版社 | 2012 |
| 291 | 师傅越来越幽默 | 莫言 | 上海文艺出版社 | 2012 |
| 292 | 怀抱鲜花的女人 | 莫言 | 上海文艺出版社 | 2012 |
| 293 | 酒国 | 莫言 | 上海文艺出版社 | 2012 |
| 294 | 红高粱家族 | 莫言 | 上海文艺出版社 | 2012 |
| 295 | 丰乳肥臀 | 莫言 | 上海文艺出版社 | 2012 |
| 296 | 檀香刑 | 莫言 | 上海文艺出版社 | 2012 |
| 297 | 天堂蒜苔之歌 | 莫言 | 上海文艺出版社 | 2012 |
| 298 | 与大师约会 | 莫言 | 上海文艺出版社 | 2012 |
| 299 | 续红高粱家族 | 莫言 | 上海文艺出版社 | 2012 |
| 300 | 白狗秋千架 | 莫言 | 上海文艺出版社 | 2012 |
| 301 | 蛙 | 莫言 | 上海文艺出版社 | 2012 |
| 302 | 食草家族 | 莫言 | 上海文艺出版社 | 2012 |
| 303 | 四十一炮 | 莫言 | 上海文艺出版社 | 2012 |
| 304 | 红树林 | 莫言 | 上海文艺出版社 | 2012 |
| 305 | 怀抱鲜花的女人 | 莫言 | 作家出版社 | 2012 |

续表

| 序号 | 书名（括号内为日文版书名） | 著者（括号内为译者） | 出 版 社 | 出版年 |
|---|---|---|---|---|
| 306 | 会唱歌的墙 | 莫言 | 作家出版社 | 2012 |
| 307 | 酒国 | 莫言 | 作家出版社 | 2012 |
| 308 | 我们的荆轲 | 莫言 | 作家出版社 | 2012 |
| 309 | 师傅越来越幽默 | 莫言 | 作家出版社 | 2012 |
| 310 | 十三步 | 莫言 | 作家出版社 | 2012 |
| 311 | 丰乳肥臀 | 莫言 | 作家出版社 | 2012 |
| 312 | 欢乐 | 莫言 | 作家出版社 | 2012 |
| 313 | 生死疲劳 | 莫言 | 作家出版社 | 2012 |
| 314 | 与大师约会：碎语文学 | 莫言 | 作家出版社 | 2012 |
| 315 | 白狗秋千架 | 莫言 | 作家出版社 | 2012 |
| 316 | 天堂蒜苔之歌 | 莫言 | 作家出版社 | 2012 |
| 317 | 檀香刑 | 莫言 | 作家出版社 | 2012 |
| 318 | 蛙 | 莫言 | 作家出版社 | 2012 |
| 319 | 用耳朵阅读 | 莫言 | 作家出版社 | 2012 |
| 320 | 红树林 | 莫言 | 作家出版社 | 2012 |
| 321 | 四十一炮 | 莫言 | 作家出版社 | 2012 |
| 322 | 莫言自选集 | 莫言 | 四川文艺出版社 | 2012 |
| 323 | 莫言自选集 | 莫言 | 华夏出版社 | 2013 |
| 324 | 丰乳肥臀 | 莫言 | 作家出版社 | 2013 |
| 325 | 透明的红萝卜（透明な人参：莫言珠玉集） | 莫言（藤井省三） | ［日本］朝日出版社 | 2013 |
| 326 | 蛙 | 莫言 | 作家出版社 | 2013 |
| 327 | 天堂蒜苔之歌（天堂狂想歌） | 莫言（吉田富夫） | ［日本］中央公论新社 | 2013 |
| 328 | 变（变） | 莫言（长堀祐造） | ［日本］明石书店 | 2013 |

续表

| 序号 | 书名（括号内为日文版书名） | 著者（括号内为译者） | 出 版 社 | 出版年 |
|---|---|---|---|---|
| 329 | 红高粱家族（赤い高粱続） | 莫言（井口晃） | ［日本］岩波书店 | 2013 |
| 330 | 蓝色城堡 | 莫言 | 人民文学出版社 | 2013 |
| 331 | 疫病神（疫病神：莫言傑作中短編集） | 莫言（立松升一） | ［日本］勉诚出版 | 2014 |
| 332 | 丰乳肥臀上（豊乳肥臀上） | 莫言（吉田富夫） | ［日本］平凡社 | 2014 |
| 333 | 丰乳肥臀下（豊乳肥臀下） | 莫言（吉田富夫） | ［日本］平凡社 | 2014 |
| 334 | 红树林（紅樹林） | 莫言（中沟信子） | ［日本］［中溝信子］ | 2014 |

表2　东京大学所藏中国当代小说书目

| 序号 | 书 名 | 作 者 | 出 版 社 | 出版年 |
|---|---|---|---|---|
| 1 | 当代短篇小说选 | 中国社会科学院文学研究所当代文学研究室编 | 中国社会科学出版社 | 1982 |
| 2 | 中篇小说选 | 中国社会科学院文学研究所当代文学研究室编 | 中国社会科学出版社 | 1982 |
| 3 | 短篇小说选 | 中国社会科学院文学研究所当代文学研究室编 | 中国社会科学出版社 | 1982 |
| 4 | 老人仓 | 矫健 | 北京十月文艺出版社 | 1987 |
| 5 | 私刑 | 朱晓平 | 中国文联出版公司 | 1987 |
| 6 | 穆斯林的儿女们 | 查舜 | 人民文学出版社 | 1988 |
| 7 | 琼楼隐事 | 毛志成 | 北京十月文艺出版社 | 1990 |
| 8 | 花街：刘绍棠乡土小说选 | 刘绍棠著，张旭东编选 | 兰州文化出版社 | 1994 |
| 9 | 赤彤丹朱 | 张抗抗 | 人民文学出版社 | 1995 |
| 10 | 疼痛与抚摸 | 张宇 | 人民文学出版社 | 1995 |
| 11 | 白夜 | 贾平凹 | 华夏出版社 | 1995 |

| 序号 | 书　名 | 作　者 | 出　版　社 | 出版年 |
|---|---|---|---|---|
| 12 | 苦悟 | 白桦 | 作家出版社 | 1995 |
| 13 | 我爱美元 | 朱文 | 作家出版社 | 1995 |
| 14 | 月牙泉 | 邵振国 | 人民文学出版社 | 1995 |
| 15 | 陈忠实小说自选集 | 陈忠实 | 华夏出版社 | 1996 |
| 16 | 土门 | 贾平凹 | 春风文艺出版社 | 1996 |
| 17 | 建功小说精选 | 陈建功 | 华夏出版社 | 1997 |
| 18 | 东八时区·和平年代 | 洪峰 | 华夏出版社 | 1997 |
| 19 | 城市逍遥：张宇中短篇小说自选集 | 张宇 | 华夏出版社 | 1997 |
| 20 | 无边无际的早晨：李佩甫中短篇小说自选集 | 李佩甫 | 华夏出版社 | 1997 |
| 21 | 瀛洲思絮录：张炜中短篇小说新作集 | 张炜 | 华夏出版社 | 1997 |
| 22 | 轰炸：田中禾中短篇小说自选集 | 田中禾 | 华夏出版社 | 1997 |
| 23 | 踌躇的季节 | 王蒙 | 人民文学出版社 | 1997 |
| 24 | 银河 | 张抗抗 | 长江文艺出版社 | 1997 |
| 25 | 小说中国 | 张贤亮 | 经济日报出版社陕西旅游出版社 | 1997 |
| 26 | 20世纪中国短篇小说精选：当代卷 | 王富仁，方兢主编 | 西北大学出版社 | 1998 |
| 27 | 商贸金融小说 | 徐坤选编 | 北京师范大学出版社 | 1999 |
| 28 | 乡镇世态小说 | 牛玉秋编选 | 北京师范大学出版社 | 1999 |
| 29 | 崇高意韵小说 | 蒋守谦编选 | 北京师范大学出版社 | 1999 |
| 30 | 军旅人生小说 | 朱向前选编 | 北京师范大学出版社 | 1999 |
| 31 | 社会写真小说 | 张韧编选 | 北京师范大学出版社 | 1999 |
| 32 | 现代寓言小说 | 马相武编选 | 北京师范大学出版社 | 1999 |

**续表**

| 序号 | 书 名 | 作 者 | 出 版 社 | 出版年 |
|---|---|---|---|---|
| 33 | 情感分析小说 | 张德祥编选 | 北京师范大学出版社 | 1999 |
| 34 | 女性体验小说 | 陈染编选 | 北京师范大学出版社 | 1999 |
| 35 | 狂欢的季节 | 王蒙 | 人民文学出版社 | 2000 |
| 36 | 一半是海水一半是火焰 | 王朔 | 时代文艺出版社 | 2000 |
| 37 | 立体交叉桥 | 刘心武 | 时代文艺出版社 | 2000 |
| 38 | 女人之约 | 毕淑敏 | 时代文艺出版社 | 2000 |
| 39 | 周勋初文集 | 周勋初 | 江苏古籍出版社 | 2002 |
| 40 | 当代中国社会写实小说大系 | | 文化艺术出版社 | 2001 |
| 41 | 2001 年中国最佳网络写作 | 严锋主编 | 春风文艺出版社 | 2002 |
| 42 | 中篇小说 | 人民文学出版社编辑部编选 | 人民文学出版社 | 2002 |
| 43 | 伞下人 | 陆涛 | 春风文艺出版社 | 2002 |
| 44 | 傅雷全集 | 傅雷 | 辽宁教育出版社 | 2002 |
| 45 | 有了快感你就喊 | 池莉 | 中国青年出版社 | 2003 |
| 46 | 桃之夭夭 | 王安忆 | 上海文艺出版社 | 2003 |
| 47 | 十三步 | 莫言 | 当代世界出版社 | 2004 |
| 48 | 十面埋伏 | 李冯 | 上海文艺出版社 | 2004 |
| 49 | 兄弟 = Brothers | 余华 | 上海文艺出版社 | 2005 |
| 50 | 无极 | 郭敬明 | 人民文学出版社 | 2006 |
| 51 | 中国年度网络文学 | 天涯社区选编 | 漓江出版社 | 2006 |
| 52 | 生死疲劳 | 莫言 | 作家出版社 | 2006 |
| 53 | 鬼吹灯之精绝古城 | 天下霸唱 | 安徽文艺出版社 | 2006 |
| 54 | 鬼吹灯之龙岭迷窟 | 天下霸唱 | 安徽文艺出版社 | 2006 |
| 55 | 鬼吹灯之昆仑神宫 | 天下霸唱 | 安徽文艺出版社 | 2006 |

| 序号 | 书　名 | 作　　者 | 出　版　社 | 出版年 |
|---|---|---|---|---|
| 56 | 鬼吹灯之云南虫谷 | 天下霸唱 | 安徽文艺出版社 | 2006 |
| 57 | 上海魔术师 | 虹影 | 上海人民出版社 | 2006 |
| 58 | 魔咒钢琴 | 贝拉 | 上海人民出版社 | 2007 |
| 59 | 黄皮子坟 | 天下霸唱 | 安徽文艺出版社 | 2007 |
| 60 | 南海归墟 | 天下霸唱 | 安徽文艺出版社 | 2007 |
| 61 | 蜗居 | 六六 | 长江文艺出版社 | 2007 |
| 62 | 因为女人 | 阎真 | 人民文学出版社 | 2007 |
| 63 | 怒晴湘西 | 天下霸唱 | 安徽文艺出版社 | 2007 |
| 64 | 风雅颂 | 阎连科 | 江苏人民出版社 | 2008 |
| 65 | 向启军小说散文选 | 向启军 | 民族出版社 | 2008 |
| 66 | 何小竹小说诗歌选 | 何小竹 | 民族出版社 | 2008 |
| 67 | 第代着冬小说散文选 | 第代着冬 | 民族出版社 | 2008 |
| 68 | 蛙 | 莫言 | 上海文艺出版社 | 2009 |
| 69 | 老风口 | 张者 | 作家出版社 | 2010 |
| 70 | 季节 | 王蒙 | 人民文学出版社 | 2010 |
| 71 | 麦河 | 关仁山 | 作家出版社 | 2010 |
| 72 | 农历 | 郭文斌 | 上海文艺出版社 | 2010 |
| 73 | 生命树 | 红柯 | 北京十月文艺出版社 | 2010 |
| 74 | 2010 中国年度中篇小说 | 中国作协《小说选刊》选编 | 漓江出版社 | 2011 |
| 75 | 2010 中国年度短篇小说 | 中国作协《小说选刊》选编 | 漓江出版社 | 2011 |
| 76 | 遍地狼烟 2：抗战枪王 | 李晓敏 | 江苏文艺出版社 | 2011 |
| 77 | 茨菰 | 苏童 | 江苏文艺出版社 | 2011 |
| 78 | 哺乳期的女人 | 毕飞宇 | 江苏文艺出版社 | 2011 |
| 79 | 发廊情话 | 王安忆 | 江苏文艺出版社 | 2011 |

续表

| 序号 | 书 名 | 作 者 | 出 版 社 | 出版年 |
|---|---|---|---|---|
| 80 | 最慢的是活着 | 乔叶 | 江苏文艺出版社 | 2011 |
| 81 | 城乡简史 | 范小青 | 江苏文艺出版社 | 2011 |
| 82 | 伴宴 | 鲁敏 | 江苏文艺出版社 | 2011 |
| 83 | 世界上所有的夜晚 | 迟子建 | 江苏文艺出版社 | 2011 |
| 84 | 女上司 | 潘向黎 | 江苏文艺出版社 | 2011 |
| 85 | 春尽江南 | 格非 | 上海文艺出版社 | 2011 |
| 86 | 红高粱家族 | 莫言 | 作家出版社 | 2012 |
| 87 | 欢乐 | 莫言 | 上海文艺出版社 | 2012 |
| 88 | 怀抱鲜花的女人 | 莫言 | 上海文艺出版社 | 2012 |
| 89 | 红树林 | 莫言 | 上海文艺出版社 | 2012 |
| 90 | 十三步 | 莫言 | 上海文艺出版社 | 2012 |
| 91 | 四十一炮 | 莫言 | 上海文艺出版社 | 2012 |
| 92 | 檀香刑 | 莫言 | 上海文艺出版社 | 2012 |
| 93 | 丰乳肥臀 | 莫言 | 上海文艺出版社 | 2012 |

**表3　日本亚马逊网上书店所藏中国当代小说书目**

| 序号 | 作者 | 译 者 | 原书名①(括号内为日文版书名) | 出版社 | 出版年 |
|---|---|---|---|---|---|
| 1 | 谌容、池莉、陈愉庆 | 现代中国文学翻译研究会 | 错、错、错!(錯、錯、錯!) | NGS | 1986 |
| 2 | 王浙滨、张洁、王小鹰、张玲、喻杉、余未人 | 现代中国文学翻译研究会 | 情书(ラブレター) | NGS | 1987 |
| 3 | 王安忆 | | 本次列车终点站(終着駅) | NGS | 1987 |

---

① 有的是日本翻译、编辑的作家选集,无原书名。

| 序号 | 作者 | 译者 | 原书名（括号内为日文版书名） | 出版社 | 出版年 |
|---|---|---|---|---|---|
| 4 | 遇罗锦 | 松井博光、近藤直子 | （遇羅錦　現代中国文学選集） | 德间书店 | 1987 |
| 5 | 史铁生 | 桧山久雄、三木直大、小谷一郎、近藤直子 | （史铁生　現代中国文学選集） | 德间书店 | 1987 |
| 6 | 王蒙 | 市川宏、牧田英二 | （王蒙　現代中国文学選集） | 德间书店 | 1987 |
| 7 | 贾平凹 | 井口晃 | （賈平凹　現代中国文学選集） | 德间书店 | 1987 |
| 8 | 谷华 | 杉本達夫、和田武司 | 芙蓉鎮（古華　芙蓉鎮　現代中国文学選集2） | 德间书店 | 1987 |
| 9 | 张辛欣 | 饭塚容、山口守 | （張辛欣　現代中国文学選集） | 德间书店 | 1987 |
| 10 | 胡辛 | 现代中国文学翻译研究会 | 四个四十岁的女人（四人の四十女） | NGS | 1988 |
| 11 | 阿城 | 立间祥介 | （阿城　現代中国文学選集） | 德间书店 | 1989 |
| 12 | 莫言 | 井口晃 | （莫言　現代中国文学選集） | 德间书店 | 1989 |
| 13 | | 大村益夫 | （シカゴ福万——中国朝鮮族短篇小説選） | 高丽书林 | 1989 |
| 14 | 铁凝 | 现代中国文学翻译研究会 | 六月的话题（六月の話題） | NGS | 1989 |
| 15 | 叶雨蒙 | 山崎一子、荣 | 黑雪（黑雪——中国の朝鮮戦争参戦秘史） | 同文馆 | 1990 |
| 16 | 郑义 | 藤井省三 | 老井①（古井戸） | JICC出版局 | 1990 |

---

① 西安电影制片厂制作《老井》，1987年上映。

| 序号 | 作者 | 译者 | 原书名（括号内为日文版书名） | 出版社 | 出版年 |
|---|---|---|---|---|---|
| 17 | 鹿琮世编 | | （最新中国短編小説選） | 光生館 | 1990 |
| 18 | 刘心武 | 广野行雄、柴内秀司 | （劉心武　現代中国文学選集） | 德间书店 | 1990 |
| 19 | 茹志鹃 | | （茹志鵑　現代中国文学選集） | 德间书店 | 1990 |
| 20 | 莫言 | 藤井省三、长堀祐造 | （中国の村から——莫言短篇集） | JICC 出版局 | 1991 |
| 21 | 北岛 | 宫尾正树 | 稿纸上的月亮（紙の上の月——中国の地下文学） | JICC 出版局 | 1991 |
| 22 | 扎西达娃、色波 | 牧田英二 | 风马之耀——新的西藏文学（風馬の耀——新しいチベット文学） | JICC 出版局 | 1991 |
| 23 | 郑义 | 林启旭 | （中国共産党） | イースト・プレス | 1991 |
| 24 | 莫言 | 藤井省三 | 怀抱鲜花的女人（花束を抱く女） | JICC 出版局 | 1992 |
| 25 | 刘心武 | 苏琦 | 钟鼓楼（北京下町物語） | 恒文社 | 1993 |
| 26 | 郑义 | 丸山胜 | （天安門の六人——小説・中国共産党三国志） | 读卖新闻 | 1993 |
| 27 | 张承志 | 岸阳子 | 黑骏马（黒駿馬） | 早稻田大学出版部 | 1994 |
| 28 | 张海迪 | 饭塚阳 | 轮椅上的梦（車椅子の上の夢） | 新潮社 | 1994 |
| 29 | 叶兆言 | 叶青 | 花影（花の影） | 角川书店 | 1996 |
| 30 | 贾平凹 | 吉田富夫 | 废都（上）（廃都〈上〉） | 中央公论社 | 1996 |
| 31 | 贾平凹 | 吉田富夫 | 废都（下）（廃都〈下〉） | 中央公论社 | 1996 |

续表

| 序号 | 作者 | 译者 | 原书名（括号内为日文版书名） | 出版社 | 出版年 |
|---|---|---|---|---|---|
| 32 | 陈忠实 | 林芳 | 白鹿原（上）①（白鹿原〈上〉） | 中央公论社 | 1996 |
| 33 | 陈忠实 | 林芳 | 白鹿原（下）（白鹿原〈下〉） | 中央公论社 | 1996 |
| 34 | 黑孩 | 井上聪明 | 雨季（雨季） | おうふう | 1996 |
| 35 | 莫言 | 藤井省三 | 酒国（酒国——特捜検事丁鈎児の冒険） | 岩波书店 | 1996 |
| 36 | 余华 | 大河内康宪法 | 活着（活着——ある農夫の一生） | 东方书店 | 1997 |
| 37 | 林海音 | 杉野元子 | 城南旧事②（城南旧事） | 新潮社 | 1997 |
| 38 | 刘索拉 | 新谷雅树木 | 你别无选择（君にはほかの選択はない） | 新潮社 | 1997 |
| 39 | 格非 | 关根谦 | 褐色鸟群（時間を渡る鳥たち） | 新潮社 | 1997 |
| 40 | 梁晓声 | 渋谷誉一郎 | 秋之殇（秋の葬送） | 新潮社 | 1997 |
| 41 | | 刘孝钟、中国朝鲜族を読む会 | 汉城之风大陆之风：改革·开放政策下的中国朝鲜族纪实小说（ソウルパラム 大陸パラム——改革·開放政策下の中国朝鮮族実話小説） | 新干社 | 1999 |
| 42 | 冯骥才 | 纳村公子 | 三寸金莲（纏足——9センチの足の女の一生） | 小学馆 | 1999 |
| 43 | 冯骥才 | 纳村公子 | （陰陽八卦——中国怪世奇談） | 小学馆 | 1999 |

---

① 华夏电影发行有限责任公司制作《白鹿原》,2012 年上映。

② 上海电影制片厂制作《城南旧事》,1983 年上映。

| 序号 | 作者 | 译者 | 原书名(括号内为日文版书名) | 出版社 | 出版年 |
|---|---|---|---|---|---|
| 44 | 莫言 | 吉田富夫 | 丰乳肥臀上(豊乳肥臀上) | 平凡社 | 1999 |
| 45 | 莫言 | 吉田富夫 | 丰乳肥臀下(豊乳肥臀下) | 平凡社 | 1999 |
| 46 | 卫慧 | 桑島道夫 | 上海宝贝(上海ベイビー) | 文艺春秋 | 2001 |
| 47 | | 田畑佐和子、原善 | (现代中国女性文学傑作選(1)) | 鼎书房 | 2001 |
| 48 | | 田畑佐和子、原善 | (现代中国女性文学傑作選(2)) | 鼎书房 | 2001 |
| 49 | 高行健 | 饭塚容 | 一个人的圣经(ある男の聖書) | 集英社 | 2001 |
| 50 | 余华 | 饭塚容 | 活着(活きる) | 角川书店 | 2002 |
| 51 | 曹文轩 | 中由美子 | 草房子(サンサン) | てらいんく | 2002 |
| 52 | 曹文轩 | 中由美子 | (よあけまで①) | 童心社 | 2002 |
| 53 | 莫言 | 吉田富夫 | 至福时刻(至福のとき——莫言中短編集) | 平凡社 | 2002 |
| 54 | 平路 | 池上贞子 | 行道天涯(天の涯までも——小説・孫文と宋慶齢) | 风涛社 | 2003 |
| 55 | 莫言 | 吉田富夫 | 檀香刑上(白檀の刑〈上〉) | 中央公论新社 | 2003 |
| 56 | 莫言 | 吉田富夫 | 檀香刑下(白檀の刑〈下〉) | 中央公论新社 | 2003 |
| 57 | 莫言 | 井口晃 | 红高粱②(赤い高粱) | 岩波书店 | 2003 |

① 原书名不详。
② 西安电影制片厂制作《红高粱》,1988 年上映。

| 序号 | 作者 | 译者 | 原书名（括号内为日文版书名） | 出版社 | 出版年 |
|---|---|---|---|---|---|
| 58 | 莫言 | 吉田富夫 | 白狗秋千架（白い犬とブランコ——莫言自選短編集） | 日本放送出版協会 | 2003 |
| 59 | 高行健 | 饭塚容 | 灵山（霊山） | 集英社 | 2003 |
| 60 | 高行健 | | （高行健戯曲集） | 晚成书房 | 2003 |
| 61 | 张平 | 荒冈启子 | 凶犯（凶犯） | 新风舍 | 2004 |
| 62 | 卫慧 | 泉京鹿 | 像卫慧那样疯狂（衛慧みたいにクレイジー） | 讲谈社 | 2004 |
| 63 | 哈金 | 立石光子 | 疯狂（狂気） | 早川书房 | 2004 |
| 64 | 卫慧 | 泉京鹿 | marrying buddha（ブッダと結婚） | 讲谈社 | 2005 |
| 65 | 高行健 | 饭塚容 | 母亲（母） | 集英社 | 2005 |
| 66 | 张平 | 荒冈启子 | 十面埋伏上（十面埋伏〈上〉） | 新风舍 | 2005 |
| 67 | 张平 | 荒冈启子 | 十面埋伏下（十面埋伏〈下〉） | 新风舍 | 2005 |
| 68 | 山飒 | 吉田良子 | 女帝（女帝わが名は則天武后） | 草思社 | 2006 |
| 69 | 许旭文 | 千叶明 | 正是高三时（何たって高三！——僕らの中国受験戦争） | 日本侨报社 | 2006 |
| 70 | 刘震云 | 刘燕子 | 温故一九四二（温故一九四二） | 中国书店 | 2006 |
| 71 | 莫言 | 吉田富夫 | 四十一炮上（四十一炮〈上〉） | 中央公论社 | 2006 |
| 72 | 莫言 | 吉田富夫 | 四十一炮下（四十一炮〈下〉） | 中央公论社 | 2006 |
| 73 | 阎连科 | 谷川毅 | 丁庄梦（丁庄の夢——中国エイズ村奇談） | 河出书房新社 | 2007 |

续表

| 序号 | 作者 | 译者 | 原书名（括号内为日文版书名） | 出版社 | 出版年 |
|---|---|---|---|---|---|
| 74 | 姜戎 | 唐亚明、关野喜久子 | 狼图腾①（神なるオオカミ・上 ハードカバー） | 讲谈社 | 2007 |
| 75 | 彭见明 | 大木康 | 大山里的邮递员（山の郵便配達） | 集英社 | 2007 |
| 76 | 山飒② | 吉田良子 | （美しき傷③） | ポプラ社 | 2007 |
| 77 | 安妮宝贝 | 泉京鹿 | 再见薇薇安（さよなら、ビビアン） | 小学馆 | 2007 |
| 78 | 余华 | 泉京鹿 | 兄弟上（兄弟上《文革篇》） | 文艺春秋 | 2008 |
| 79 | 余华 | 泉京鹿 | 兄弟下（兄弟下《开放経济篇》） | 文艺春秋 | 2008 |
| 80 | 莫言 | 吉田富夫 | 生死疲劳（転生夢現〈上〉） | 中央公论新社 | 2008 |
| 81 | 莫言 | 吉田富夫 | 生死疲劳（転生夢現下（2）） | 中央公论新社 | 2008 |
| 82 | 江曾培主编 | | 中国新文学大系（1976—2000）第16集微型小说卷 | 上海文艺出版社 | 2008 |
| 83 | 苏童 | 饭塚容 | 碧奴（碧奴——涙の女〈新・世界の神話〉） | 角川书店 | 2008 |
| 84 | 残雪、张小波、史铁生等 | 中国现代文学翻译会 | （中国现代文学 第1号） | ひつじ書房 | 2008 |
| 85 | 毕飞宇、徐坤、李冯、阿成、史铁生、残雪、冯骥才 | 中国现代文学翻译会 | （中国现代文学〈2〉） | ひつじ書房 | 2008 |

① 中影股份有限公司、紫禁城影业和荷贝拉艺公司制作《狼图腾》,2015 年上映。
② 旅法作家。
③ 原书名不详。

续表

| 序号 | 作者 | 译 者 | 原书名(括号内为日文版书名) | 出版社 | 出版年 |
|---|---|---|---|---|---|
| 86 | 哈金 | | 等待(Waiting①) | Vintage Digital；New Ed 版 | 2008 |
| 87 | 莫言、红柯、张学冬、史铁生、张晓雨、李锐 | 中国现代文学翻译会 | (中国现代文学3) | ひつじ書房 | 2009 |
| 88 | | 中国现代文学翻译会 | 中国现代文学4 | ひつじ書房 | 2009 |
| 89 | 赵云声 | ドスビダニヤ | (張学良伝奇——中国夜明け前の群像②) | 早稲田出版 | 2009 |
| 90 | 水天一色 | 大泽理子 | 蝶梦(蝶の夢乱神館記アジア本格リーグ4) | 讲谈社 | 2009 |
| 91 | 海岩 | 近藤博 | 五星大饭店(五星大飯店 Five Star Hotel【上】) | 讲谈社 | 2009 |
| 92 | 路遥 | 安本实 | (路遥作品集) | 中国书店 | 2009 |
| 93 | 余华 | 泉京鹿 | 兄弟上(兄弟〈上〉文革篇) | 文艺春秋 | 2010 |
| 94 | 余华 | 泉京鹿 | 兄弟下(兄弟〈下〉开放经济篇) | 文艺春秋 | 2010 |
| 95 | 铁凝、莫言、石舒清、金勋、卢文丽、苏德 | 岛田雅彦 | (イリーナの帽子 中国现代文学选集) | トランスビュー | 2010 |
| 96 | 晓剑 | 多田狷介 | 沧桑(滄桑——中国共産党外伝) | 中国书店 | 2010 |

① 英文版,kindle。

② 原书名不详。

| 序号 | 作者 | 译者 | 原书名(括号内为日文版书名) | 出版社 | 出版年 |
|---|---|---|---|---|---|
| 97 | 莫言 | 吉田富夫 | 檀香刑上（白檀の刑〈上〉） | 中央公论新社 | 2010 |
| 98 | 莫言 | 吉田富夫 | 檀香刑（白檀の刑〈下〉） | 中央公论新社 | 2010 |
| 99 | | 中国现代文学翻译会 | （中国现代文学〈5〉） | ひつじ书房 | 2010 |
| 100 | 张小波、徐则臣、鲍十、全勇先、史铁生等 | 中国现代文学翻译会 | （中国现代文学〈6〉） | ひつじ书房 | 2010 |
| 101 | 戴思杰 | 新岛进步、山本武男 | （孔子の空中曲芸①） | 早川书房 | 2010 |
| 102 | 莫言 | 立松升一 | 狗文三篇（犬について、三篇） | トランスビュー | 2011 |
| 103 | 金勋 | 时松史子 | 喜怒哀乐（喜怒哀楽（中国现代文学選集）） | トランスビュー | 2011 |
| 104 | 苏德 | 桑岛道夫 | 威马逊之夜（エマーソンの夜） | トランスビュー | 2011 |
| 105 | 铁凝 | 饭塚容 | 伊琳娜的礼帽（イリーナの帽子） | トランスビュー | 2011 |
| 106 | 石舒清 | 水野卫子 | 贺家堡（贺家堡・塀を作る） | トランスビュー | 2011 |
| 107 | 刘庆邦、残雪、毕飞宇、苏童、史铁生等 | 中国现代文学翻译会 | （中国现代文学7） | ひつじ书房 | 2011 |

① 原书名不详。作者为华裔作家、导演，有作品《夜孔雀》《巴尔扎克与小裁缝》等。

续表

| 序号 | 作者 | 译 者 | 原书名(括号内为日文版书名) | 出版社 | 出版年 |
|---|---|---|---|---|---|
| 108 | 苏童、迟子建、徐则臣、刘庆邦、史铁生等 | 中国现代文学翻译会 | 西瓜舟、北极村童话、养蜂场旅馆、遍地白花、庄子等(中国现代文学8) | ひつじ書房 | 2011 |
| 109 | 哈金① | 立石光子 | (すばらしい墜落②) | 白水社 | 2011 |
| 110 | 海岩 | 池泽滋子 | 玉观音③(玉観音) | 实业之日本社 | 2011 |
| 111 | 莫言 | 吉田富夫 | 蛙(蛙鳴) | 中央公论新社 | 2011 |
| 112 | 莫言 | 菱沼彬晃 | 牛/筑路(牛築路) | 岩波书店 | 2011 |
| 113 | 高阳 | 九月 | 荆轲(荊軻) | 讲谈社 | 2011 |
| 114 | 六六 | 青树明子 | 蜗居(上海、かたつむりの家) | プレジデント社 | 2012 |
| 115 | 王小波 | 櫻庭ゆみ子 | 黄金时代(黄金時代) | 勉诚出版 | 2012 |
| 116 | 王安忆 | 饭塚容、宫入いずみ | 富萍(富萍) | 勉诚出版 | 2012 |
| 117 | 阿来 | 山口守 | 空山(空山風と火のチベット) | 勉诚出版 | 2012 |
| 118 | 林白 | 池上贞子、神谷まり子 | 一个人的战争(たったひとりの戦争) | 勉诚出版 | 2012 |
| 119 | 苏童 | 竹内良雄、堀内利惠 | 离婚指南(離婚指南) | 勉诚出版 | 2012 |
| 120 | 迟子建 | 竹内良雄、土屋肇枝 | (今夜の食事をお作りします④) | 勉诚出版 | 2012 |

---

① 美籍华裔作家。
② 原书名不详。
③ 电视连续剧,2003 年北京电视台首播。
④ 原书名不详。此为中短篇小说集。

| 序号 | 作者 | 译者 | 原书名（括号内为日文版书名） | 出版社 | 出版年 |
|---|---|---|---|---|---|
| 121 | 韩东 | 饭塚容 | 扎根（小陶一家の農村生活） | 勉诚出版 | 2012 |
| 122 | 刘庆邦 | 渡边新一、立松升一 | 神木（神木——ある炭鉱のできごと） | 勉诚出版 | 2012 |
| 123 | 李锐 | 关根谦 | 旧址（旧跡） | 勉诚出版 | 2012 |
| 124 | 方方 | 渡边新一 | 落日（落日） | 勉诚出版 | 2012 |
| 125 | 徐则臣、周嘉宁、葛亮、鲁敏、金仁顺、李修文等 | | （中国新鋭作家短編小説選9人の隣人たちの声） | 勉诚出版 | 2012 |
| 126 | 苏童 | 饭塚容 | 河岸（河・岸（エクス・リブリス）） | 白水社 | 2012 |
| 127 | 鲍十、莫言、郑小驴、残雪、史铁生等 | 中国现代文学翻译会 | 中国现代文学9 | ひつじ书房 | 2012 |
| 128 | 翟永明、范小青、叶弥、残雪、红柯、沈石溪等 | 中国现代文学翻译会 | 中国现代文学10 | ひつじ书房 | 2012 |
| 129 | 笛安、于晓威、残雪、裘山山等 | 中国现代文学翻译会 | 中国现代文学11 | ひつじ书房 | 2013 |
| 130 | 徐则臣、朱山坡、西川等 | 中国现代文学翻译会 | 中国现代文学12 | ひつじ书房 | 2013 |
| 131 | 莫言 | 井口晃 | 红高粱家族（続赤い高粱） | 岩波书店 | 2013 |

| 序号 | 作者 | 译者 | 原书名（括号内为日文版书名） | 出版社 | 出版年 |
|---|---|---|---|---|---|
| 132 | 残雪 | 近藤直子、深谷瑞穂、富冈优理子、鹫巢益美 | 从未描述过的梦境（かつて描かれたことのない境地：傑作短篇集） | 平凡社 | 2013 |
| 133 | 史铁生 | 栗山千香子 | 记忆与印象（記憶と印象） | 平凡社 | 2013 |
| 134 | 王海鸰 | 陈建远、加纳安实 | 新结婚时代①（新結婚時代） | 日本侨报社 | 2013 |
| 135 | 于强 | 吉川龙生 | 海啸生死情（津波、命がけの絆） | 泰文堂 | 2013 |
| 136 | 阎连科 | 谷川毅 | 受活（愉楽） | 河出书房新社 | 2014 |
| 137 | 莫言 | 立松升一 | 疫病神（莫言傑作中短编集疫病神） | 勉诚出版 | 2014 |
| 138 | 王海鸰 | 南云智、德泉方庵 | 中国式离婚②（中国式離婚） | 论创社 | 2014 |
| 139 | 明晓溪 | 吉田雅子 | 泡沫之夏(1)③（泡沫の夏(1)） | 新书馆 | 2014 |
| 140 | 明晓溪 | 本多由季 | 泡沫之夏(2)（泡沫の夏(2)） | 新书馆 | 2014 |
| 141 | 明晓溪 | 川合章子 | 泡沫之夏(3)（泡沫の夏(3)） | 新书馆 | 2014 |
| 142 | 莫言 | 吉田富夫 | 丰乳肥臀上（豊乳肥臀上） | 平凡社 | 2014 |
| 143 | 莫言 | 吉田富夫 | 丰乳肥臀下（豊乳肥臀下） | 平凡社 | 2014 |

① 电视连续剧，2006 年南京电视台首播。
② 电视连续剧，2004 年天津卫视首播。
③ 畅销小说，台湾制作为电视连续剧，2010 年台湾民视首播。星皓影业有限公司制作电影《泡沫之下》，2016 年上映。

| 序号 | 作者 | 译者 | 原书名(括号内为日文版书名) | 出版社 | 出版年 |
|---|---|---|---|---|---|
| 144 | 迟子建 | | 秧歌(秧歌①) | 湖南文艺出版社 | 2014 |
| 145 | 迟子建 | 竹内良雄、土屋肇枝 | 额尔古纳河右岸(アルグン川の右岸) | 白水社 | 2014 |
| 146 | 韩松、鲍十、残雪、梁晓声、于坚等 | 中国现代文学翻译会 | (中国现代文学13) | ひつじ书房 | 2014 |
| 147 | 姚鄂梅、丹增、沈石溪、翟永明等 | 中国现代文学翻译会 | (中国现代文学14) | ひつじ书房 | 2015 |
| 148 | 蒋韵、冯骥才、裘山山、蒋一谈、残雪等 | 中国现代文学翻译会 | (中国现代文学15) | ひつじ书房 | 2015 |
| 149 | 裘山山 | 德田好美、隅田和行 | 春草开花②(春草——道なき道を歩み続ける中国女性の半生記) | 日本侨报社 | 2015 |
| 150 | 史铁生 | 西木二重皮 | 命若琴弦(人生は琴糸が如く) | Kindle 版 | |
| 151 | 严歌苓 | 郑重 | 路犯焉识③(妻への家路) | 角川书店/Kindle 版 | 2015 |
| 152 | lha byams rgyal 拉先加 | 星泉 | 盼雪(チベット文学の新世代雪を待つ) | 勉诚出版 | 2015 |
| 153 | 曹文轩 | 滨野京子 | 羽毛(はね) | マイティブック | 2015 |
| 154 | 彭铁森、陈应松等 | 中国现代文学翻译会 | 中国现代文学16 | ひつじ书房 | 2016 |

---

① Kindle 书籍。
② 电视连续剧《春草》,2009 年江西卫视首播。
③ 乐视影业(北京)有限公司制作,张艺谋导演《归家》,2014 年上映。

# 14
# 新媒体语境下的城市青年文化交流

陈亚亚*

摘　要　本文探讨城市青年如何通过新媒体来进行文化交流。选择了上海的三个典型案例：第六声、瑞像馆、中国三明治，它们都是通过新媒体运营（独立网站/社交媒体）的方式，用时政新闻、图像艺术和文字报道等来进行城市青年文化交流。文中主要从新媒体的内容选择、运营模式、组织者和参与者、意义和价值等几个方面来对此进行分析。

关键词　新媒体　城市青年　文化交流

　　新媒体（New Media）指在新的信息技术支撑下，在报刊、广播、电视等几大传统媒体（即旧媒体）之后发展起来的新型媒体，如互联网、移动互联网等。与传统媒体比起来，新媒体具有许多优势，如更便捷的操作、更强大的交互性和即时性、更丰富的信息和共享性、更平等和更开放等。新社交媒体（Social Media）是新媒体的重要组成部分，它给人们提供了一个撰写生活经历和感想、分享与交流的平台。由于新媒体进入门槛低，使用成本不高，吸引了大量受众，同时又由于其结合了人际交往的两大功能："互动性和自我再现"[1]，它正在成为最普及的人际交流和沟通的工具。

　　在新媒体的用户中，青年占据了很大的比例。何谓青年呢？联合国对青

---

＊　陈亚亚，上海社会科学院文学研究所助理研究员，研究方向为性别文化、城市文化。
①　黄少华，翟本瑞：网络社会学：学科定位与一体，中国社会科学出版社，2006年，第25页。

年的定义是 15—24 岁,不过各国、各地区和各机构对此有一些不同的说法。例如新加坡将青年定义为 15—30 岁,吉隆坡则是 15—40 岁。在中国,青年的定义也不统一,据《中国共产主义青年团团章》的表述,青年介于 14—28 岁之间,但在一些活动中"青年"则表现出很大的弹性,例如中华全国青年联合会策划的"中国十大杰出青年"评选活动中规定了 18—39 岁的条件①,而中国青年科学家奖则颁给 45 岁以下的科学家。

其实青年没有固定的定义,而是一个演变中的概念。18 世纪以前没有对童年、青少年和青年等进行明确区分,青春期被当成单独的人生阶段是近现代才日渐成形的。人们逐渐发现青少年与成年人之间有一些区别,"大量研究都确认年轻人是最孤独的年龄群体"②,还有一些研究则表明"青少年的发展似乎更少受到家庭影响,而更多地受到同辈与学校的影响"③,他们似乎更容易出现从众的思维,因为"来自同伴的压力让人们尤其是青少年做出奇怪的事,而且无奇不有,只求能被接纳"。④

随着信息技术的快速发展,青年逐渐与新媒体紧密联系起来。由于"新媒体并不仅仅是一种沟通工具,而是构成了社会环境中不可或缺的一环"⑤,它对每一个人都有影响,尤其是那些早期就在使用的人。1998 年,泰普斯科特提出网络世代(Net Generation)的概念,专指那些 1977 年后出生的人,认为"这是第一批在新媒体环境下成长的一代,他们被认为发展出了一种全新的具有网络时代特色的生活模式"。⑥ 国内新媒体对青年的影响似乎更为显著,因为曾有研究显示中国青年比美国青年更依赖于数字技术。

另一方面,随着城市化的进程,青年与城市发展的关系也紧密起来。大批

---

① 胡玉坤,郑晓瑛,陈功,王曼:厘清"青少年"和"青年"概念的分野,青年研究,2011 年第 4 期。
② [美]斯蒂芬·弗兰佐:社会心理学(第三版),葛鉴桥等译,上海人民出版社,2010 年,第 366 页。
③ [美]戴维·波普诺:社会学(第十版),李强等译,中国人民大学出版社,1999 年,第 163 页。
④ [美]菲利普·津巴布韦:路西法效应:好人是如何变成恶魔的,孙佩姣,陈雅馨译,生活·读书·新知三联书社,2010 年,第 305 页。
⑤ Howard Gardner and Katie Davis: *The App Generation: how today's youth navigate identity, intimacy, and imagination in a digital word*. Yale UNIVERSITY PRESS. 2013. P. 63.
⑥ 黄少华:网络空间的社会行为——青少年网络行为研究,人民出版社,2008 年,第 49 页。

青年离开乡村来到城市,或者从小城市进入大城市,或者从国内迁居到国外的城市,而那些没有迁移的城市青年则见证着城市的巨大改变。城市被认为是人类文化的一个象征符号的集中地,青年人如何通过新媒体来建构新型城市文化,在实现自身文化认同的基础上,对主流文化进行改造和更新呢?笔者选取了上海的几个典型案例,通过阅读文献和访谈相关人士来收集资料,对此议题进行介绍和分析。

# 一、 Sixth Tone: 城市意识<br>形态的建构与输出

在当代,文化的功能越来越受到关注。这是因为"文化中最重要的心理要素是认同作用。变迁缓慢时,认同的效用很好。然而,在变革迅猛的时代,认同作用会造成极大的破坏,我们目前经历的就是这种迅猛变革的时代"。[①] 文化认同当然并不局限在同一个城市内部,或者同一个国家内部,如今跨国/跨地域的文化交流正逐渐成为常态。我国的对外文化交流一直比较薄弱,主要体现在更多是境外文化的输入,而较少境内文化的输出,而逐渐成长起来的青年一代,或许能对这一现状做出改变。

2014 年 7 月,澎湃新闻上线,成为国内最大规模整建制向互联网转型的新闻原创团队,目标受众是中国受过良好教育的人士,以及"90 后"年轻用户。2016 年 4 月,澎湃出品了面向海外受众讲述中国故事的全新英文出版物:Sixth Tone,其寓意是新的声音,因为汉语有五声,第六声则是新的发声,即"fresh voices from today's china",旨在通过"更具人性关怀的方式讲述中国故事"来吸引西方读者,从而赢得英语世界的共鸣。

Sixth Tone 的内容定位为"日常中国",目标是成为英文世界了解中国社会变迁的第一入口,内容主要有以下这样几个板块:Rising Tones:对来自中国各地的问题和事件的及时报道,追求在更广泛的语境下对事件的意义进行解读;

---

① [美]爱德华·霍尔:超越文化,何道宽译,北京大学出版社,2010 年,第 211 页。

Deep Tones：聚焦当代中国的核心问题，深度报道或者特稿，每篇文章都基于当事人的声音而作；Broad Tones：从独特的个人视角来分享，涉及到各种各样的人，有专家和评论家，也有那些声音很少被听到的人。

Sixth Tone 的运营团队是中西结合的模式，除 22 名中国员工外，还有 8 名外籍员工，年龄大多比较年轻，主要是 70 后、80 后和 90 后生人。运营主要通过互联网进行，发布平台有网站（http：//www. sixthtone. com）、微信公号、facebook 和 twitter。由于是英文界面，微信公号的订阅量低，阅读量也不高，但国外网民喜欢使用的 facebook 和 twitter 则人气较旺，各有数万粉丝。作为一个推出时间不长的新媒体平台，发展势头良好。

我国既有的英文媒体大致有人民网、新华社、《环球时报》英文版等，内容集中在政治、外交、宏观经济和重大事件，多宏大叙事，不太符合普通西方读者的阅读偏好，所以一直以来影响力有限。Sixth Tone 试图在这方面做出改变，以个人的视角为切入点，通过具体的故事、具体的人来反映当代中国的一些重大议题。而直接引进外籍员工也是出于这样的考虑，认为他们更了解西方读者的偏好，在选题和叙事上更贴近西方人的思维模式。

国内的对外宣传媒体都会受到一些管控，但 Sixth Tone 由于刚刚开创，且政治色彩比较淡，运营上相对自由很多。在"知乎"上，有一位 Sixth Tone 的实习生就这样说过："我自己没觉得有什么 censorship 问题。选题都是我们自己报，没有人干涉，感觉蛮自由的，我的外国同事也都这么认为。"至于为什么选择目前的叙事模式，他也认为不是为了避免敏感议题，而是"讲人的故事更有感染力"。

简而言之，Sixth Tone 是一个相对自由、主要由青年运营、也主要是青年在阅读（能阅读英语报道的国人，以及熟练使用新媒体的外国人，都以青年居多）的新媒体平台，它通过讲述中国人的故事，建构并传播中国的文化意识形态，帮助那些处于不同文化背景中的人突破"我族中心主义"（即认为自己的文化天经地义，从而排斥其他文化），增进彼此间的理解，从而对人类跨越文化差异做出积极的贡献。

## 二、 瑞象馆： 城市文化形象的记录与整理

瑞象馆成立于 2008 年,是一家专注于影像艺术的非营利性机构。最初有个场地,一年后被收回,主要以网站(http：//www. rayartcenter. org)为载体存在,持续征集和发布关于影像艺术的文章,逐渐有了一定的影响力。2013 年,创办人肖睿的朋友施瀚涛回国后加入瑞象馆,2014 年 5 月,定位于影像研究、教育、展览等工作的瑞象馆在位于花园路的空间举办开幕展,此后开展了一系列的活动。

瑞象馆目前有实体空间,活动有展览、讲座、研讨、放映和工作坊等,目标是影像艺术的研究与推广,与关注本地及影像艺术前沿的摄影师、影像艺术创作者、拥有不同学术背景的摄影与艺术史研究者和各地艺文机构均有合作,也有线下出版计划在推进。机构是公司注册,主要由创始人的企业来资助,但运作相对独立,举办的活动基本上不营利,近期也没有营利的打算,从这个角度来看更像是一个文化公益机构。

网站是该机构的重要组成部分,用于收集和分享相关的文艺作品,研究成果方面有约来的原创稿,也有馆员自己撰写和编译的文章。微信公众号、微博、豆瓣小站是其重要的宣传途径,微信公众号的粉丝有 1 万多,其中以男性居多,约占 56.39%,居住地主要是大中城市,前三位分别是：上海(占 21.72%)、北京和广东。此外,网站电子报也累计了 2000 多的订阅量。机构的受众不多,但基本形成了一个较稳定的小众群体。

年龄层次上,瑞象馆的负责人(发起人和执行馆长)都是 70 后,全职馆员是 80 后,实习生则以 90 后为主,可以说基本是年轻人,彼此有着较一致的工作态度和兴趣。相应地,参与者也主要是青年。据馆员介绍,参加活动的人大多是 18—45 岁,普通居民来的不多,主要是圈子(关注影像艺术)里的人,有在校生,也有许多是工作的。笔者曾经参加过其中一个工作坊,观察到的情况也是这样。

瑞象馆的发展具有某种偶然性,它并不是一开始就设定好的。据执行

馆长施瀚涛的访谈所言:"这个空间并不是我们深谋远虑的产物,其实是抱着玩的心态做起来的,开始得比较匆忙。最初我们也没有明确的计划,只有一个基本的想法。我们其实是边做边看,思路也逐渐清晰,慢慢把瑞象馆定位为知识生产型的机构,做一些实实在在的与摄影相关的工作,比如关于摄影或以摄影为手段的研究,抑或是通过展览活动激发出一些新的知识和想法"。①

瑞象馆的内容也没有限定,据馆员介绍:"我们做展览或活动的切入点其实还是比较开放的,取决于我们接触到的人和资源,与我们在诉求以及做事方式上是否一致。"不过由于地处上海,也有一些本土文化的推介,比如梳理上海的摄影史,做上海发展相关的摄影展,筹备上海摄影家的电子资料库等。施瀚涛对此的解释是:"上海的 1980 年代,是上海人自己的事情,如果不关心自己,不关心在那个时期生活过的人,作为一个文化工作者,好像是挺'反动'的。"②

瑞象馆的主题并不局限于城市,他们曾做过名为"逝者如斯——中国乡村文化研究"的展览,但更多活动还是与城市相关。例如 2016 年的"城市漫步:发现与表述"工作坊,其简介就是:"我们更愿意把城市当作田野,采用影像与声音等手法,去探究人在多重空间当中的状态。从城市的日常中,发现令人惊心动魄的东西,即城市的精神性特征",最终呈现的作品有手册、地图、互动装置,也有纪录短片、视频 Flash、图片流等,均围绕"发现与表述"上海这座城市而展开。

## 三、 中国三明治: 城市生活<br>空间的打造与联结

"中国三明治(China30s)"成立于 2011 年,是一个倡导普通青年人进行非

---

① "刨根问底"瑞象馆:鼓励摄影研究,捕捉时代的文化现象——专访瑞象馆执行馆长施瀚涛:http://www.shuotoutiao.com/p/39eMhDB.html
② 策展人施瀚涛: 时代的激动人心,不能掩盖个人的喜哀。http://sh.qq.com/a/20140615/023271.htm

虚构写作,帮助三十岁上下的中国人进行"生活创新"实践的新型平台。"三明治访谈"是其核心产品,旨在寻找并报道那些坚持自我、甚至逆流探索新生活方式的少数派的个人经历。这些人被称为"三明治一代"(The Sandwich Generation),寓意他们的处境就像三明治夹层一样,尽管感受到来自社会各方面的压力,但又试图追寻属于自己的生活方式,坚守原初的理想。

创始人李梓新自己也是这个群体中的一员。他早年做过记者,国外留学回来后在公司任职,后来创建"三明治",立志成为"中国故事记录者/创新生活方式倡导者"。2014 年,他辞去工作,全职投入了中国三明治的运营,同年在五原路开出"故事公园",希望在这里实现一个故事的所有生产流程:听故事、讲故事、策划故事、采访故事、发生故事……他的理想是通过建立青年非虚构写作爱好者的联结平台,找到同类,抱团取暖。

所谓生活创新,是指跳出既有体制和社会环境,组建新型人际关系,寻找那些价值观相近、年龄相近的人,通过交流思想,互相帮助,来找到一个突破口,给自己的生活带来某种转机。"三明治"不仅有线上的交流,也举办线下活动,涉及领域广泛,试图通过积极践行来让生活充满更多的正能量。参与者中据说女性更多一些,大概是女性更愿意突破既有的生活状态,因为在一个性别歧视盛行的环境中这样做的动力更大一些。

"三明治"的推广主要依赖于互联网,它有一个独立网站(www. china30s. com),此外还有微博、微信公众号、豆瓣等。"三明治"发布的内容属于非虚构写作,有真实的背景,有的是采访报道有意思的青年人,有的是描述某种有代表性的文化现象、社会现象,基本不涉及意识形态,文笔平实简洁,有一些独到的视角。据三明治的工作人员介绍,读者主要是 20—40 岁的中国人(也有海外华人),大多居住在大、中城市。

"三明治"的运营团队也是 30 岁左右的年轻人,机构的工作氛围相对自由,比如内容选题并不由主编一人决定,而可以互相说服。此外,除内部商议的选题外,只要有兴趣,任何人都可以申请成为"三明治"的报道者,文章质量最后由编辑来把控。机构还定期举办写作工作坊,帮助写作爱好者提高创作能力,同时把不同行业、不同背景的同龄人汇聚在一起,让他们通过交流来为彼此的生活提供新元素,寻求新变化。

"三明治"虽然以公司注册,但它并不像一个商业媒体,也不以赢利为目标,比如他们明确提出不会给商家发软文。同时它也不是一个公益组织,它没有赞助方,需要通过运营来自给自足,它组织的一些活动如写作工作坊、帮人修改文章等,都是收费服务。如何在公益和商业之间找到平衡,是"三明治"机构发展的重要议题。曾有报道称有风投找过他们,但最后都没有谈成,可能也跟"三明治"的这个自我定位有关。

"三明治"的内容不局限于上海,而是面向全国乃至全世界。不过因为地域上的便利,报道上海的内容占据了相当比例,例如 2016 年推出的一本杂志书《我们和我们的城市》,就是以"故事公园"所在的五原路街区为封面故事,描绘五原路的人群肖像。它同时也关注二三线城市,孵化了与潮汕文化有关的"听潮"项目,首创大陆地区的方言"TED"式分享会,此外还开展一些境外交流,如去台湾举办写作工坊等。

笔者选取的以上三个案例,各有其代表性。从机构性质上而言,虽然都是企业注册,但资金来源不同,分别是政府(国企)出资、民企资助和自筹资金/自负盈亏;从内容而言,有对外传播城市意识形态的,有展示和记录城市文化形象的,也有帮助城市青年拓展生活空间建立彼此联结的;从表现形式上而言,有新闻报道与时事评论、影像记录与调查研究,以及文字创作和沙龙交流。

虽然形态各异,但它们又具有不少共性。例如运营方式都以新媒体为主,有自己的独立网站,通过微博、微信公众号、豆瓣等社交媒体进行宣传推广;又如其负责人多为 70 后,成员多为 80 后,参与者以 20—40 岁的青年为主。他们在某种意义上是所谓的新型文化人,其涌现带有鲜明的时代特征,可以说,这些"倾向和世界观都极大地超越了他或她固有文化的新型人是从我们时代的社会、政治、经济和教育交往的综合体中发展起来的。"[①]

---

① [美]米尔顿·J.贝内特(编著):跨文化交流的建构与实践,关世杰,何惺译,北京大学出版社,2012 年,第 192 页。

　　新型人也称为多元文化人,他们不固守于既有的文化形态,而是试图超越自身的知识结构,去尽量倾听和有选择性地接纳其他文化。他们的一个主要特征是"包容不同的生活方式,并从心理上和社会中已经掌握了现实的多样性"①,然而"由于模糊的边界,多元文化个人的生活节奏紧张并受到挤压。他们因此往往遭受常人无法理解的压力和紧张"。② 这也反过来促使他们有更强烈的交流欲望,希图通过建立与他人、与这个世界的链接来缓解这种无时不在的焦虑感。

　　在这个过程中,他们确实更多地是在与同龄人交流。"青年时期是青少年将自身从父母所属的成人文化中分离出来并实现自身文化认同的关键时期,由于此阶段青年受同辈影响更大,青年文化也可说是'体现了青年同辈群体认同的一种文化'"。③ 在进入信息时代后,青年社群的互动模式有了很大改变,互联网空间在其社交占据了重要的地位,甚至有人认为只有在"在虚拟空间,青年才更有可能从日常生活环境中被解放出来,以跨地域的青年话语为基础,自由自在地结成新的文化联盟"。④

　　在当代城市碎片化中生活中逐渐成长起来的新型多元文化人,他们正在成为这个城市的核心建设者。日复一日地,他们搭建虚拟空间,改造现实空间,在互动过程中建构自己的青年文化,并通过互联网将其传播出去,吸引到更多的人来交流,从而扩大了这种文化的影响力,也帮助不同文化背景的人彼此加深了解。他们的努力是使得这个城市持续、和谐发展的关键所在,是城市文化交流中不可或缺的一环,并进一步给未来的城市文化交流指明了方向。

---

① ［美］米尔顿・J.贝内特(编著):跨文化交流的建构与实践,关世杰,何惺译,北京大学出版社,2012 年,第 193 页。
② 同上书,第 201 页。
③ 陆玉林:当代中国青年文化研究,人民出版社,2009 年,第 17 页。
④ 安迪・班尼特:虚拟亚文化? 青年、身份认同与互联网,见《亚文化之后:对于当代青年文化的批判研究》,［英］安迪・班尼特,基斯・哈恩-哈里斯,中国青年政治学院青年文化译介小组(编),中国青年出版社,2012 年,第 195 页。

# 三、海外文化机构研究

**15**

# 复旦大学孔子学院建设
# 报告（2012—2016）

袁法森*　　贺诗菁**　　厉　琳***

摘　要　经过十多年的发展，复旦大学孔子学院建设事业健康有序地推进，
　　　　其相关工作已经成为复旦大学对外交流合作中尤为重要和特殊的
　　　　一部分。同时，复旦大学及其合作共建的孔子学院的工作也得到
　　　　了孔子学院总部/国家汉办的高度肯定，多个孔院频频获得各种先
　　　　进称号。复旦大学孔子学院建设事业的发展是上海市对外文化交
　　　　流的一个重要组成部分，本报告立足客观事实，以2012—2016年度
　　　　为例阐述了复旦大学孔子学院建设工作的发展概况、发展措施以
　　　　及相关思考。

　＊　袁法森，复旦大学孔子学院专职教师，研究领域为汉语教学、文化传播。
　＊＊　贺诗菁，复旦大学中文系博士生、复旦大学孔子学院办公室助管，研究领域为汉语教学、文化
　　　传播。
＊＊＊　厉琳，复旦大学孔子学院办公室副主任，研究领域为汉语教学、文化传播。

**关键词** 复旦大学 孔子学院 汉语国际推广 文化走出去 文化交流

汉语国际推广和孔子学院建设工作，是建设文化强国和推动中国文化"走出去"的重要途径。从 2004 年孔子学院总部/国家汉办在海外建立第一所孔子学院至今，复旦大学作为最早的参与者之一始终积极地推进孔子学院建设，重视和支持汉语国际推广工作。多年来，在孔子学院总部/国家汉办的指导下，我校领导高度关注孔子学院工作，切实将孔子学院建设作为学校整体发展规划的重要组成部分，根据教育部《孔子学院发展规划（2012—2020 年）》的统一部署和要求，将孔子学院建设列入学校每年度工作要点，还专门成立孔子学院办公室管理和协调孔子学院事务。经过十多年的发展，我校孔子学院建设事业继续健康有序地推进，其相关工作已经成为复旦大学对外交流合作中尤为重要和特殊的一部分。同时复旦大学及其合作共建的孔子学院的工作也得到了孔子学院总部/国家汉办的高度肯定，多个孔院频频获得各种先进称号，爱丁堡大学苏格兰孔子学院与诺丁汉大学孔子学院于 2015 年成为全球首批"示范孔子学院"。复旦大学孔子学院建设事业的发展是上海市对外文化交流的一个重要组成部分，本报告立足客观事实，以 2012—2016 年度为例阐述了复旦大学孔子学院建设工作的发展概况、发展措施以及相关思考。

## 一、 复旦大学孔子学院建设情况总览

复旦大学在孔子学院总部/国家汉办的指导下，分别同新西兰奥克兰大学、英国爱丁堡大学、德国汉堡大学、英国诺丁汉大学、德国法兰克福大学、澳大利亚悉尼大学、瑞典斯德哥尔摩大学合作建立有 7 所孔子学院以及下属孔子课堂 14 个。2015 年 6 月，瑞典斯德哥尔摩大学孔子学院由于协议到期不再续约而停办，2016 年 10 月，复旦大学又与卢森堡大学签订合建孔子学院的执行协议。总体来看，复旦大学同海外高校合建的孔子学院发展势头平稳良好。

## (一)新西兰奥克兰大学孔子学院

新西兰奥克兰大学孔子学院曾 5 次荣获全球先进孔子学院称号(2007—2010、2012),2014 年获得"孔子学院开拓者奖"。外方院长 Nora Yao(姚载瑜)女士于 2011 年获得"个人突出贡献奖"。2011 年奥克兰大学和奥塔哥大学副校长同意奥克兰孔子学院在但尼丁市成立奥塔哥大学孔子学院办公室,以更好地满足当地学校和社区对中国语言和文化的需求。经过多年的努力和发展,2016 年奥克兰大学孔院已下设 12 个孔子课堂,仅 2016 年度就有 1 300 个班级的 24 000 多名中小学生学习汉语,孔院还将教学活动拓展到各类非学分汉语课程。除了汉语教学,孔院也特别关注在当地社区的语言文化推广活动:每年奥克兰元宵节上都有孔院主办的茶室项目,与当地社团图书馆的活动也已常规化。孔院组织的校长访华团、学生访华夏令营也是当地家喻户晓的品牌项目,截至 2016 年,共有近 190 名学生和 120 多名中小学校校长通过这个项目获得了到中国学习、考察的机会。在孔院的领头和推动下,创办了新西兰第一个硕士教师学位,专门培养本土中小学汉语教师,已于 2016 年开始招生。

## (二)德国法兰克福大学孔子学院

目前为止,已经有约 4 300 名学员从德国法兰克福大学孔子学院的课程中受益。仅 2016 年,就为 477 名学员提供了 2 128 个课时的中文课程。2010 年、2014 年的"汉语桥"世界大学生中文比赛德国赛区决赛中,孔院学生获得了两个二等奖、一个一等奖的优异成绩,2016 年又获得一个德国赛区一等奖。自2011 年起,经与德国黑森州文化教育部门协调,开发了首个由孔院策划的以中文作为外语教学的德国本土教师培训项目,目前已有四届毕业学员。多姿多彩的文化活动也是孔院的一大特色,仅 2016 年就举办了 76 场,内容涉及文学、历史、经济、教育、美术、音乐等众多领域,参与人数达到 3 400 多人。

## (三)德国汉堡大学孔子学院

德国汉堡大学孔子学院曾于 2011 年荣获全球先进孔子学院称号。2012

年全面接手汉堡豫园,并将之办成汉堡的中国文化中心。截至 2016 年年底,已有 6 600 多名学生在孔院修读过汉语课程。孔院以汉语教学为基础,以中德文化交流为主要特点,其品牌活动"中德对话"讲座已经持续举办了好几年,每期邀请一位中国及德国嘉宾,就某一热点问题展开对话,并与在场的听众互动,深入讨论。孔院每周还开设汉语角,为中德语言的学习者提供互学语言和交流心得的场所,如今已有千余人参加。此外,孔院新增了每季度一次的"茶楼文学"和"中文讲坛"活动。汉堡孔院与汉堡市政府合作密切。

### (四)英国爱丁堡大学孔子学院

英国爱丁堡大学苏格兰孔子学院曾 5 次荣获全球先进孔子学院称号(2007—2010、2012),2014 年荣获"孔子学院开拓者奖",2015 年获得"示范孔子学院"称号。孔子学院理事长、爱丁堡大学校长提摩斯•奥谢(Timothy O'Shea)先生于 2011 年获得"个人突出贡献奖"。孔子学院的汉语课程既有面向社会大众的普通课程,也有专门为政府官员、企业高层管理人员量身订制的专门课程。从 2012 年到 2016 年的五年间,超过 2 838 名孔子学院注册学员和 1 546 名爱丁堡大学的本硕博学生从中得益,文化活动更有 7 万多人加入体验与感受。孔院致力于在教育、商务与文化三大领域开展活动,有汉学名家讲座系列、商务讲座系列、中国电影展播等,还经常向当地公司企业、文化团体提供关于中国的咨询服务。孔子学院已经深深地融入了苏格兰社会,成为促进和发展中国与苏格兰经贸文化交往的桥梁和纽带。

### (五)英国诺丁汉大学孔子学院

英国诺丁汉大学孔子学院外方院长姚树洁教授于 2013 年获得"孔子学院先进个人奖",孔子学院 2015 年获得"示范孔子学院"称号。孔院开设了职业人士汉语课程,并协助诺丁汉大学语言学院开展语言文化工作坊课程。孔院还积极融入社区文化发展,连续多年参与英国中部成人教育周活动;在当地中小学开展汉语教学试点和中国工作坊;经常与诺丁汉中文学校及诺丁汉大学湖边艺术中心合作举办教学交流或文化活动。孔院的各类活动不仅得到了汉办官方网站、国内重要媒体的积极肯定,也受到了英国当地媒体的高度赞扬。2014年9月,孔院与我校签署了"复旦——诺丁汉新汉学研究中心"协议。2015年10月成立了孔院第一所下属孔子课堂——爱德曼·华特中学孔子课堂。2016年4月,诺丁汉大学孔子学院宁波分院落户宁波诺丁汉大学,这是孔子学院在中国大陆地区设立的首个分支机构,首批招收500名学生,未来也将成为国家汉办的外派教师培训中心。

### (六)澳大利亚悉尼大学孔子学院

澳大利亚悉尼大学孔子学院是澳洲最活跃、影响力最大的孔子学院之一。孔院不仅为学历生提供各阶段的汉语课程,还与悉尼大学再教育中心合作,设计出了面向社会群体的高质量非学历汉语课程。自2012年起,又承接了多个为澳大利亚本土大型公司提供培训和咨询的项目,近五年仅注册学生数就将近3900人。孔院采取多种形式在校内以及悉尼地区举办了大量文艺推广活动,邀请著名的音乐人士如作曲家谭盾、琵琶演奏家吴蛮、有着浓郁地方风格的"华阴老腔"等到悉尼演出,不断提高孔院在悉尼文化艺术界的知名度和影响力。2015年11月邀请著名科幻小说家刘慈欣做了首次海外正式讲座,听众超过700人,新华社等媒体都做了报道。2015年,孔院在悉尼国王学校建立了下属孔子课堂,该校是悉尼唯一的全球G20顶尖学校联盟成员,截至目前已有1136名学生学习汉语。

## 二、 与外方合作情况

### (一)合作建立新的孔子学院

2016年10月,卢森堡大公国大公储纪尧姆(H. R. H Crown Prince Guillaume of Luxembourg)、卢森堡财政大臣格拉美亚(H. E. Pierre Gramegna)、卢森堡大学校长Rainer Klump一行访问复旦大学,并出席复旦大学与卢森堡大学共建孔子学院的签约仪式。许宁生校长在会谈中强调,在复旦大学"双一流"建设过程中,国际化发展意义非凡,期待与卢森堡大学开展实质性合作,相信双方共建的孔子学院将成为两校以及两国合作交流的重要平台。

### （二）举办"中国日""孔子学院日""复旦日"活动

2012 年和 2013 年我校外事处、外国留学生工作处、孔子学院办公室、国际文化交流学院联合复旦大学在海外的七所孔子学院分别在澳大利亚、新西兰和德国等地共同举办了"复旦日"暨七所孔子学院集体亮相的展示活动。

2014 年孔子学院成立十周年，我校在首个"全球孔子学院日"当天在校内举办了系列活动：在校门口宣传橱窗做了 7 所孔院的图片展览，编辑印行了"复旦大学师生文集——《流金岁月共铸辉煌》"作为十周年的献礼，举办了系列学术讲座、分享了回国志愿者们的经验与感受、分享孔院所在国家和城市的特色美食、游戏等，吸引了上海诸多媒体的报道。

2014 年 9 月我校与中国人民大学、四川大学三校联合向教育部申报的 2014 年中国高校代表团欧洲"中国日"项目，获得教育部"中外人文交流高层磋商机制专项"支持。我校结合往年"复旦日"的经验，将活动扩展为"中国日、孔子学院日、复旦日"活动，将以往只在一国举办的活动，扩展到了比利时、捷克、匈牙利三国。活动通过宣讲、文艺演出、学术讲座、学生交流等丰富多彩的活动形式，不仅向当地学校隆重推出了新汉学计划、孔院奖学金生等孔子学院总部重大项目，同时也将我校的英文课程、各类奖学金项目介绍给当地学生，将生动、立体的复旦形象及与复旦合作的各所孔子学院的形象一同展现给当地民众，受到了各界人士的关注与欢迎。

2015 年 9 月我校外事处和孔子学院办公室牵头组织专家学者、留学生办公室、国际文化交流学院等部门共同赴布鲁塞尔参加"中欧 40 年：新型全面战略合作伙伴关系——中欧智库研讨会"，随后我校代表团又赴卢森堡大学、瑞士弗里堡大学及意大利米兰世博会"中国企业联合馆"继续举办"中国日""孔子学院日""复旦日"活动，并且邀请法兰克福孔子学院进入米兰世博园，一起宣传中国、宣传孔子学院、宣传复旦。2015 年 10 月"中国日""孔子学院日""复旦日"活动还依托孔子学院这一平台在伦敦政治经济学院、诺丁汉大学、爱丁堡大学、贝尔法斯特奥斯特大学和都柏林大学举办，旨在借习主席访英和"2015 中英文化交流年"的契机,配合各类文化主题活动,深化校级合作,塑造复旦品牌,提升国际影响力。同年爱丁堡大学校长蒂姆西·奥谢爵士教授率团访问我校,并在我校举办"苏格兰日"活动。

2016 年 9 月,我校在西班牙格拉纳达大学、丹麦哥本哈根大学及比利时布鲁塞尔自由大学举办"中国日""孔子学院日""复旦日"活动,多位教授参加"中国-欧盟外交关系 45 周年:比利时作为中欧关系的枢纽"学术研讨会并发表了主题演讲,此外,还专门设计了以"中欧青年人文交流的动力"为主题的学生对话。

### (三)与合建孔子学院联手共同推进"孔子新汉学计划"

2012 年我校率团出席法兰克福孔院青年汉学家"汉学和中国研究:中德两国青年学者的贡献"论坛,并与法兰克福大学校方进行了会谈,在积极共建孔子学院的基础上进一步推动人文学科的合作研究,除继续支持举办汉学和中国研究的各类工作坊外,还决定两个大学共同发起一年一度的中德金融论坛。

2013 年我校充分整合现有文科大平台的各项工作,以中华文明国际研究中心为主要平台,招收了首批 2 名"孔子新汉学计划"博士生。学校领导多次召集孔子学院办公室、发展研究院、研究生院、学生所在院系的负责人及导师举行专门会议,反复讨论修改新汉学计划管理方案,并为学生们精心设计、量身定做了与一般博士生不同的个性化培养方案。

2014 年我校又招收了 10 名"孔子新汉学计划"博士生,这些来自不同国家的年轻博士生都对我校的人文环境、师资力量和科研优势给予高度评价。

"理解中国"访问项目也方兴未艾,从 2012 年到 2016 年的五年间已经有 14 位学者来我校进行学术研究和交流,复旦的学术力量、科研资源和研究水平都给他们留下了深刻印象。除了将博士生"请进来",我校也积极响应"走出去"战略,人文社科领域的高级学者、知名教授踊跃加入新汉学计划赴外讲学专家库。

截至到 2016 年,我校共接收了 30 名"孔子新汉学计划"博士生,其中来华攻读博士学位生 6 位,联合培养博士生 24 位。共有 9 个人文学科院系的 23 位教授参与学生培养。另外,我校参加新汉学计划博士生项目的导师共有 51 位,来自我校 12 个人文社科院系。

今年我校研究生院联合各接收院系及博士生导师,与汉堡大学共同研究探讨联合培养的学位与文凭授予问题,经过多次磋商讨论,有望于年底提交校学位委员会审核,目标是为联合培养的博士授予真正的联合学位,即一个文凭上有两所高校的印章。

### （四）继续组织复旦大学专家教授团巡回演讲

2012 年我校孔子学院办公室邀请了法学院陆志安副教授、经济学院丁纯教授、社会学系于海教授分赴法兰克福大学孔子学院、慕尼黑大学孔子学院、汉堡大学孔子学院、慕尼黑 AUGBURG 大学、诺丁汉大学及爱丁堡苏格兰孔子学院、悉尼大学、奥克兰大学及奥塔哥大学用英文做巡回演讲,以潜移默化的力量让复旦大学真实走入各孔院所在地的民众生活。

2013 年我校哲学系白彤东教授、国际关系与公共事务学院倪世雄教授、国际文化交流学院王小曼副教授分别在德国汉堡大学孔子学院、莱布尼茨大学、法兰克福大学孔子学院、英国诺丁汉大学孔子学院、爱丁堡大学孔子学院、伦敦政治经济学院孔子学院和利兹大学孔子学院举办学术讲座,围绕中国政治、经济、中外关系等话题与参与观众进行探讨。

2014 年我校中文系张新颖教授、王宏图教授、梁永安教授、龚静教授,中国发展模式研究中心主任张维为教授,国际关系与公共事务学院郑磊副教授,哲学系白彤东教授,国际文化交流学院吴中伟教授、胡文华副教授分别赴悉尼大学教育学院、奥克兰大学孔子学院、汉堡大学孔子学院、斯德哥尔摩孔子学院和乌普萨拉大学举办讲座,进行学术交流。

2015 年我校历史系李天纲教授、王维江教授,外文学院刘伟教授,国际问题研究院任晓教授、沈丁立教授,国际关系与公共事务学院郭定平教授和陈玉聃老师分别赴德国汉堡大学、英国爱丁堡苏格兰孔子学院参与学术论坛。

2016 年我校经济学院丁纯教授、国际问题研究院潘锐教授和中文系严锋教授在西班牙格拉纳达大学、丹麦哥本哈根复旦——欧洲中国中心分别就中欧经济、中国新经济外交、中国新媒体等发表主题演讲;艺术教研中心陈瑜老师参加了汉堡大学孔子学院在"时代中国"中的活动之一"音乐研讨会"。

### (五)热情周到地接待各类访华团

2012 至 2016 年我校共接待来自 6 个国家 25 个访华团组,人数共计为 471 人,其中校长团 6 个,学生团 17 个,青年领袖团 2 个。我校孔子学院办公室为所有团组开设专家专题讲座共计 41 场,学生团组汉语课时共计 200 课时,自 2015 年以来,共有 8 个学生团组完成复旦汉语课程后参加 YCT/HSK 考试。此外,孔子学院所在大学、所在城市的代表团访问我校,校外事处都邀请孔子学院办公室积极参与接待,以凸显孔子学院工作的重要性。

## 三、 主要经验及措施

### (一)学校高度重视孔子学院建设工作

我校领导一直十分重视和支持孔子学院的各项工作,在 2006 年年底就成立了汉语国际推广领导小组,2012 年随着校领导班子换届,由杨玉良校长、朱之文书记担任组长,由冯晓源副校长负责具体工作。校领导高度重视孔子学院的建设工作,将其列入我校《2012 年工作要点》,指出要"完善孔子学院的领导体制和建设方案",作为"大力推进国际化战略"的一个重要工作,将海外孔子学院作为带动学术交流、传播中国文化、支持当代中国研究的重要环节。同年我校校长办公室颁发题为"关于推进孔子学院建设的批复"的文件,同意正式成立孔子学院办公室,属处级单位,与外事处合署办公,由外事处处长朱畴文兼任办公室主任,由两位专职人员负责孔子学院办公室相关工作。同时,调整了我校在各孔子学院理事会中的成员,进一步完善了理事会的指导作用。

2013 年又将孔子学院的建设工作列入我校《2013 年工作要点》,指出要"推进国际化战略,制定学校国际化战略发展规划纲要,探索构建孔子学院联盟",以此"推动汉语言文化国际推广"。在同年举行的中国共产党复旦大学第十四次代表大会上,朱之文书记作了题为《在实现中华民族伟大复兴的历史进程中加快建设具有中国特色的世界一流大学》的报告,其中明确指出,要"继续办好孔子学院",将孔院建设与学校下一步的国际化发展总体目标紧密相连,借助孔子学院这一平台所架构的这座中外文化学术交流的桥梁,进一步"诠释、彰显中国思想文化和价值观",早日实现全球范围内推广汉语、传播国学文化的中国梦。

此后历年的工作要点中都纳入孔子学院工作。与此同时我校除了分管外事及孔子学院事务的冯晓源副校长积极参加各孔院理事会,访问合作高校领导外,其他校领导也把访问孔子学院作为出访的重要一站,切实了解孔子学院的工作,肯定孔子学院这个平台给学校带来的益处。

2016 年开始,校组织部正式向全校各院系部门发文,要求做好孔子学院中方院长候选人推荐工作,立足文化外交和学校事业发展的需要,把选派孔子学院中方院长工作与拓宽干部教师培养渠道相结合,建立候选人员库,把综合素质好、跨文化交流能力强、具有管理潜质的优秀干部教师推荐出来,加强遴选、管理和考核工作,同时服务学校干部和师资队伍建设。

## （二）依托孔子学院促进优秀人文社科研究交流合作

每年每所孔子学院的理事会,我校都会认真参加,并利用理事会的时机,参会的校领导跟合作高校的校领导进行会谈,以期加强学校支持孔子学院的力度,加强两校间的合作交流。与各孔子学院的高端学者访问项目已经趋向常态化,每年我校都会推荐各学科的领军人物赴合作孔子学院出席论坛或举办讲座。

2012 年我校成立了中华文明国际研究中心,特意邀请孔子学院总部许琳主任前来参加揭牌仪式。中心旨在以复旦的文、史、哲等学科为基础,以深厚的人文学术资源为依托,以"请进来"为首要特色,积极推进国际学术界对中华文明的研究,促进不同国家、不同文明间的对话。此举与孔子学院总部推出的"孔子新汉学计划"不谋而合。同年中心便举办了首届孔子学院高级研修班,把与各孔子学院的合作作为一个重要的切入点。

为增进国内外政商学各界的交流,我校推出中华文明研究高端论坛系列,邀请中外两国政界领袖、学界专家、商界精英等就双方共同关心的话题展开深入探讨。

从 2012 年开始,我校与汉堡大学汉学系联合举办中德莱布尼茨论坛,专家们以"中国在德国,德国在中国"为主题,探讨两国在思想、艺术、科技等方面的相互影响;与法兰克福大学孔子学院和法兰克福大学汉学系举办了两届"中德青年汉学家论坛";与爱丁堡苏格兰孔子学院举办了"军事伦理研讨会";与新西兰奥克兰大学孔子学院共同举办了两届"大洋洲中国论坛",其中第二届为"习近平主席治国理政"学术研讨会。以上这些学术活动,我校相关科学专业的专家学者都参与其中,极大了推动了我校人文科学研究"走出去"。2016 年由我校与悉尼大学孔子学院、悉尼大学中国研究中心联合举办的"第三届大洋洲论坛"在悉尼大学具有 150 年历史的大礼堂召开,论坛主题是"大洋洲、上海与自由贸易协定:中澳视角的对话"。上海市政协主席吴志明、上海市教育卫生工作委员会党委书记陈克宏和悉尼大学副校长艾维森教授(Duncan Ivison)到会致辞并发表讲话,政商和学术界人士 120 余人出席了会议。

## (三)与孔子学院合作成立基地及研究中心

迄今为止,通过孔子学院牵头,在海外成立基地和海外中国研究中心的项目初见成效。2012 年,复旦大学汉语国际教育实践基地在新西兰奥克兰大学孔子学院挂牌成立。2013 年,复旦大学和诺丁汉大学签署了复旦——诺丁汉新汉学研究院的正式合作协议,旨在推动新汉学的研究和繁荣,促进孔子学院的持续发展和转型升级,从而加强复旦大学和诺丁汉大学的交流与合作,增进中英之间相互理解和友好合作关系。2015 年我校与爱丁堡大学续签了两校的合作备忘录,紧密两校间的合作与交流。2016 年我校与爱丁堡大学、德国海德堡大学及上海交通大学四所大学就利用爱丁堡大学苏格兰孔子学院和海德堡大学孔子学院建立网络虚拟平台开展合作项目进行讨论并签署备忘录。

## （四）大力支持和落实专职教师队伍建设

2012 年 11 月,我校领导参加了孔子学院总部在北京召开的关于建设孔子学院专职教师队伍的会议。会后,为了积极响应汉办号召,切实搞好孔子学院专职教师队伍建设工作,我校相关领导经过协商,签署了孔子学院总部与我校的《孔子学院专职教师储备工作协议》,有效期 20 年,首批储备 30 人,并决定将首批教师列入学校正式编制。截至到 2016 年,我校共有 24 名专职教师在册,其中 19 人在海外任教,5 人在国内进行任期内轮休。专职教师队伍的储备建设不仅可以满足与我校合建的孔子学院岗位需求,也能服务于其他师资紧缺的孔子学院,是孔子学院发展的重要补充环节。

从首批教师入职至今已经三年,我校孔子学院办公室不断与学校各部门就专职教师事宜商讨完善各环节,如职称评审、住房补贴等关系到教师切身利益的问题,使教师们能安心在第一线工作。今年已经有 12 名满足条件的教师进行了中级职称的认定工作,获得了讲师职称与相关待遇。

## （五）常规项目力求创新出新意

今年的新西兰校长访华团在我校孔子学院办公室的精心安排下,在杭州首次与当地教育部门、环保组织和媒体"亲密接触",举行了一场"2016 中新可持续发展教育论坛"。在深入了解中国各地中小学教育体制和教学内容的同时,也向国人宣传了新西兰的中小学各种特色教育,如环保教育。校长们在杭州参与的各项活动既保证了校长团访华的主要目的,又很好地融入了地方的特色,突显了我校孔子学院办公室在孔院工作上的因地制宜和特色创新。

## （六）加强孔子学院办公室的协调作用

2012 年专门成立的孔子学院办公室是我校作为对应孔子学院总部/国家汉办的校内职能机构,统筹有关我校参与建设的 7 所孔子学院的协调、支持等工作,由专人负责孔子学院工作的各个专项,及时与总部项目官员沟通,确保学校支持力度的连贯性。同时完善推出新版孔院工作网站 www.ci.fudan.

edu.cn,为 7 所孔院搭建交流学习平台,方便彼此浏览,获取信息,资源共享。

利用每年全球孔子学院大会的机会,召开与我校共建孔院的合作高校的联席会议,邀请中外方分管校长、中外方院长以及其他兄弟合作院校嘉宾一起参加,讨论孔子学院建设工作,分享经验与方法,提出建议与思考。

配合校外国留学生工作处、国际文化交流学院以及各院系,加强对孔子学院奖学金生及新汉学博士生的关心和管理。为他们单独举办开学欢迎会、结业欢送会,在入学时加以指导,以便他们尽快适应在复旦的学习和生活;在学期中做好学生出勤统计及监督提醒工作,如有不良情况通报相关推荐孔院及总部;组织新汉学博士生开展期中座谈会;每学期举办"我的梦想与中国"主题征文比赛并组织颁奖仪式;督促学生参加 HSK 和 HSKK 考试;在经费许可的情况下组织奖学金生进行短途的文化考察活动;今年开始在学生中动员策划孔子学院总部网络春晚节目。

2016 年对历届汉语国际教育硕士毕业生(孔子学院奖学金生)进行问卷调查,并形成了一份调研报告。

## 四、 关于孔子学院发展的相关思考

### （一）推动孔子学院跨区域合作，优化孔子学院资源配置

经过十余年的发展,孔子学院事业已经基本完成了全球化的布局。但从孔子学院的区域分布上来说,存在着相对不平衡的现状。以英国为例,目前它所设立的孔子学院和孔子课堂总数是非洲 37 个国家设有孔子学院和孔子课堂总数的将近两倍。孔子学院在英国的迅猛发展,一方面满足了大量当地民众的汉语学习和中国认知的需求,另一方面同一国家内各个孔子学院和孔子课堂的相互协作就变得尤为重要。中外合作院校根据各自资源优势在建设特色孔子学院的同时,有必要也有义务推动跨区域、跨国甚至跨洲交流合作,在孔子学院继续稳步发展的过程中,根据各地区、各国和各洲差异,优化孔子学院相关资源的重新配置,将孔子学院的发展从"量"转移到以"质"为中心的工作重心。

### （二）加强孔院教师科研意识，加深对汉语国际推广的研究

汉语和中华文化古老而悠久，孔子学院建设事业则年轻而欣欣向荣，两者的相互结合就催生了汉语国际推广这一独特学科及其相关领域的研究需求。与孔子学院和孔子课堂的建设速度相比，有关汉语国际推广的深层次研究相对薄弱和欠缺，因此加强对汉语国际推广更加系统和更加全面的研究刻不容缓。孔子学院总部每年派遣数以万计的志愿者、教师和中方院长队伍，这支队伍掌握着孔子学院建设发展的第一手资料，除了日常的语言教学和文化活动组织之外，应该加强这支队伍的科研意识，鼓励一线的汉语教师参与学术研究，提供更多的学术平台和加大对科研的投入，推动汉语国际推广研究领域的成果服务于孔子学院建设，尤其是本土化建设。

### （三）建立资源共享平台，促进孔子学院网络化建设进程

孔子学院应当把与自身相关资源的收集整理作为其发展过程中的一个工作要点，有资源优势的孔子学院要发挥先锋作用，联合合作高校和其他孔子学院建立分门别类的资源库，并在孔子学院总部的指导下，促成大数据平台的建设。与此同时，各国孔子学院也应当根据所在国的情况加强孔子学院的网络化建设，不管是从语言教学、汉语考试还是本土师资培训方面，加强线上线下的协同配合，丰富孔子学院汉语国际推广的多元化途径。

### （四）培养孔子学院建设梯队，完善教师轮换制度

汉语国际推广是一项意义深远的事业，孔子学院的建设离不开中外双方教职员工的共同努力。孔子学院的发展离不开本土化的话题，语言文化的推广也只有到达一定的程度才能够有效地实现本土化。现阶段孔子学院的发展更多的是需要依赖中方在教师教学资源上的投入，因此在这个基础上培养从志愿者到公派教师再到中方院长的孔子学院师资梯队就成为各个孔子学院长足发展的一个重要议题。从志愿者队伍中发展公派教师，从教师队伍中选拔中方院长，建设这样一支对孔子学院工作有深刻实践经验的梯队，能够更好地

服务于孔子学院建设事业的稳步发展。另外在建设梯队的过程中,也需要进一步完善教师轮换制度。孔子学院总部在 2012 年实施的专职教师队伍建设在一定程度上缓解了师资紧缺的状况,部分高校也参照总部组织了自己的专职教师队伍,这支专职教师队伍的稳定离不开完善的教师任内和任外安置配套措施。

## 16
# 上海对外文化交流工作与国家汉办
# 孔子学院文化战略的对接状况报告
### ——以日本孔子学院的发展现状及潜在的可能性为主要考察对象

陈朝辉* 范 强**

摘 要 本文以上海高校参与建立和运营的三所日本孔子学院——樱美林大学孔子学院、大阪产业大学孔子学院、福山大学孔子学院为例,对上海市借力国家汉办推动的孔子学院文化战略部署,开展自身对外文化交流工作的部分现状及潜在的问题等,进行一次简单地梳理和汇总。希望能以此为观察视角,对上海市今后一段时间的对外文化交流工作及就如何与国家层面的对外文化战略相呼应并发挥出自身独特优势等问题,提供一些前瞻性地思考。

关键词 孔子学院 日本现代文化 传统文化

　　在国家汉办的积极推动与努力下,近年,孔子学院已然成为中国公共外交的一张"名片",其影响力与存在感,亦已形成。可以说,孔子学院的创立、发展及其取得的成绩,是新中国成立以来最为成功的、也是最具开创意义的一个对外文化交流战略。其"品牌效应"也让其他国家的国际文化机构,刮目相看。因为从2004年创建的第一所孔子学院开始,通过与外方机构合作办学的模

* 陈朝辉,东京大学文学博士、名古屋大学人文学研究科准教授、博士生导师,研究方向为中日比较文学研究。曾任日本爱知大学孔子学院中方院长。
** 范强,日本国立新潟大学大学院现代社会文化研究科博士研究生。

式,中国已经在全球 134 个国家(地区)建立了超过 500 所的孔子学院和 1 000 所的孔子课堂,其学员总数已达 190 万人,并获得了国际社会的广泛关注。作为拥有多所国际和国内知名高校的近代大都市上海,近年在这一国家对外文化发展战略中,自然也发挥出了不可替代地积极作用,也做出了切切实实地贡献。截至到 2015 年年底,上海共有 12 所高校和 13 所中小学在 20 多个国家举办了 47 所孔子学院和 46 所孔子课堂。① 尤其值得注意的是,上海的高校在全球建立的 47 所孔子学院中,有 3 家是在近邻日本。他们分别是:樱美林大学孔子学院、大阪产业大学孔子学院和福山大学孔子学院。而目前日本一共才有 14 所孔子学院和 5 个孔子课堂。即由上海高校参与建立和运用的孔子学院,占日本国内已建成孔子学院总数的五分之一以上。足见上海借力国家汉办推动的孔子学院对外文化交流平台,为上海自身的对外文化交流的工作开展赢得了令人鼓舞的成绩。

以下,以这三所孔子学院的发展状况及潜在的各种可能性等问题,做一简单的汇总与整理。力求展示出上海对外文化交流工作的一个侧面,以资借鉴。

## 一、 取得的成绩

如前文所述,由上海高校参与建立、运营的三所孔子学院分别是樱美林大学孔子学院、大阪产业大学孔子学院和福山大学孔子学院②。除此之外,同济大学还与立命馆孔子学院合作,设立了"立命馆孔子学院大阪学堂"。樱美林大学孔子学院也设立了下属"高岛学堂"。樱美林大学孔子学院成立于 2005 年 11 月,由日本樱美林大学与同济大学合作创建,是日本第二家孔子学院。大阪产业大学孔子学院成立于 2007 年 8 月,由日本大阪产业大学与上海外国语大学合作创建。福山大学孔子学院成立于 2008 年 4 月,由日本福山大学与

---

① 《我国全球已建 500 所孔子学院》,《新闻晨报》,2015 年 12 月 7 日。
② 福山大学孔子学院的中方合作机构是上海师范大学和对外经贸大学。另外,同济大学还与立命馆大学合作设立了立命馆孔子学院大阪学堂,但是由于缺少独立资料和数据,而且本文主要关注"孔子学院"而不是"孔子课堂",所以未将其列入。

上海师范大学、对外经贸大学合作共同创建。

虽然日本每家孔子学院的定位都有所不同,但基本职能可以划分为中文教学、艺术讲座与文化交流三大类。由上海高校参与设立的这三所孔子学院在其多年的运营中,已根据当地需求、社会环境及合作院校的特色,探索出了一条独具特色的发展之路。现就各学院的发展现状及相关数据,汇总如下。

## (一)樱美林大学孔子学院

樱美林大学与中国有深厚的渊源,其前身是 1921 年创立于北京的"崇贞学园"。1946 年学校法人樱美林大学创立,经过几十年的发展,现已成为一所拥有 9 000 多名学生的综合性大学。樱美林大学一直与中国的高等院校保持着密切的合作关系。早在 2005 年 11 月,就在国家汉办的指导下与同济大学建立了合作关系,并成立日本境内的第二家孔子学院。樱美林大学孔子学院还在高岛市开设了高岛学堂。樱美林大学孔子学院目前拥有 46 名汉语教师,以及 2 名来自中国的志愿者教师。樱美林大学孔子学院事务局现有 4 名专职工作人,其人员规模与其他日本孔子学院相比,具有一定优势。

在同济大学与樱美林大学的合作过程中,双方对孔子学院进行了准确的定位,樱美林大学孔子学院被定位为以汉语教学为主,并重中国文化的推介。据统计,近年来,这些课程的参与学生数日益增多,体现出了良好的发展势头。具体来讲,在 2010 年 10 月至 2011 年 9 月期间,樱美林大学孔子学院共举办过 146 次"中国语讲座",有 1 332 人次参加了上述课程。[1] 2013 年 10 月至 2014 年 9 月期间,又举办共计 155 次的"中国语讲座",其中包括为企业进行的 4 次专门课程,共有 1 840 人次参加了上述课程。[2] 在 2014 年 10 月至 2015 年 9 月之间,樱美林大学孔子学院共举办了 156 次"中国语讲座",其中包括向企业提供的 4 次专门讲座。共有 1 772 人次参加上述课程。[3] 而在 2015 年 10 月至

---

[1] 《2011 年度日本孔子学院协议会资料》,第 4 页,内部资料。下同,略。
[2] 《2014 年度孔子学院协议会资料》,第 3 页。
[3] 《2015 年度孔子学院协议会资料》,第 4 页。

2016 年 9 月期间,樱美林大学孔子学院举办了 157 次"中国语讲座",共有 1 697 名学生参加了上述课程。① 从上述资料可以发现,樱美林大学孔子学院的课程数量,一直保持着增长势头,学生人数也保持了稳定增长的状态。这一方面得益于孔子学院的教学质量,另一方面也得益于孔子学院为开拓教学市场而进行的努力,例如专门与企业合作提供商务中文课程及培训班。

尤其值得注意的是,学院在建立之初就设立了与学历教育相接轨的汉语特别课程。这一课程采用了强化式"直接法(浸入式)"教学,年逾 1 000 学时,这种教学模式在日本属于首创。这一课程还采取了"1+3"的模式,使得学生在孔子学院强化一年汉语之后,可以直接升入樱美林大学或同济大学读书,所得学分受两校均予以认可,而且,三年后还可取得樱美林大学或同济大学的本科学历。"中文特别课程"的教学效果显著,即使零起点的学员,在入学 8 个月之后,也大多能通过"汉语水平考试"(HSK)的 4 级或 5 级。而基础班学员,则大多能够通过 5 级或 6 级的考试。②

鉴于这一突出成绩,这种教学模式已经获得了樱美林大学的全面认可。2016 年 4 月起,樱美林大学新设的国际语言文化学院的汉语系采用了这种"中文特别课程"的教学模式,并由孔子学院全面负责汉语系一年级与二年级的汉语教学和中国留学管理工作。孔子学院从而结束了与学历教育相衔接的汉语特别课程 1 年教育,其教育模式被正式纳入大学的招生体系和教育规划,成为孔子学院参与大学学历教育的优异案例。目前,汉语系汉语教学运营情况良好,影响力日益扩大,有望成为学院的新品牌课程。③

此外,樱美林大学孔子学院还组织了多个中国传统文化讲座。讲座范围涵盖《论语》、诗歌、农民画、二胡以及书法等多个艺术形式。这些文化项目受到了当地民众的热烈欢迎,参与人数一直保持着稳定增长势头。据统计,2010 年 10 月至 2011 年 9 月期间,共有 49 人次参加了上述文化活动。④ 2013 年 10

---

① 《2016 年度日本孔子学院协议会交流资料》,第 4 页。
② 对汉办的书面采访,2016 年 8 月 20 日。
③ 同上。
④ 参见《2011 年度孔子学院协议会资料》。

月至 2014 年 9 月期间,参加文化活动的人数更是增加至 89 人。[①] 2014 年 10 月至 2015 年 9 月期间,共有 67 人参加了文化活动。[②] 2015 年 10 月至 2016 年 9 月期间,共有 78 人次参与了上述文化讲座。可见,这一系列文化活动为日本民众了解中国的文化,提供了一个难得的渠道。

樱美林大学孔子学院还多次举办其他大型活动,加强与日本社会各界的联系。例如,学院定期举行汉语教师研修活动,提升师资水平。据统计,2010 年 10 月至 2011 年 3 月,樱美林大学孔子学院进行了 2 次"中国语教师研修"的活动,共有 40 人参加。2011 年 4 月至 2011 年 9 月,樱美林大学孔子学院还组织过 50 名当地的教师,前往中国进行教师研修活动的工作。[③] 2014 年 10 月至 2014 年 9 月,樱美林大学孔子学院共组织 4 次"中国语教师研修"的活动,204 人次参加了该次研修活动。另外还曾组织 25 人前往中国进行研修。[④] 2014 年 10 月至 2015 年 9 月,共有 149 人次参加樱美林大学孔子学院组织的 4 次"中国语教师研修"的活动。[⑤] 2015 年 10 月至 2016 年 9 月期间,有 241 人次参与了本次教师研修活动。[⑥] 此外,学院还多次派遣教师前往当地的高中进行授课,效果良好。

樱美林大学孔子学院还非常重视与当地普通民众的互动。如"春节祝福会"等面向普通市民的活动,也多年来大受当地市民的欢迎。据统计,2011 年度"春节祝福会"活动共吸引了 300 多人。[⑦] 2014 年,也有 700 多人参加了"春节祝福会·中国展"的活动。[⑧] 2015 年度,这一数字更是增加到了 750 人。[⑨] 2016 年度,参加这一活动的人数已经达到了 800 人左右。[⑩] 参加活动的当地

---

① 《2014 年度孔子学院协议会资料》,第 3 页。
② 《2015 年度孔子学院协议会资料》,第 4 页。
③ 《2011 年度孔子学院协议会资料》,第 5 页。
④ 《2014 年度孔子学院协议会资料》,第 5 页。
⑤ 《2015 年度孔子学院协议会资料》,第 6 页。
⑥ 《2016 年度日本孔子学院协议会交流资料》,第 6 页。
⑦ 《2011 年度孔子学院协议会资料》,第 5 页。
⑧ 《2014 年度孔子学院协议会资料》,第 4 页。
⑨ 《2015 年度孔子学院协议会资料》,第 4 页。
⑩ 《2016 年度日本孔子学院协议会交流资料》,第 6 页。

民众日益增加,而活动的影响力也在逐渐扩大。同时,学院设立的"汉语广场"、"汉语沙龙"等活动也为汉语学习者提供了交流的机会。"日本青少年中文卡拉 OK 大赛",也提高了日本青少年学习中文的热情。

为了进一步开拓汉语教学市场,学院还与当地企业合作,开设了面向公司的商业汉语课程。过去一年先后为两家企业开设了课程。课程既有 1—12 月的长期课程,也有为前往中国的员工提供的短期课程,充分满足了企业员工的不同需求,受到了企业界的一致好评。

### (二)大阪产业大学

大阪产业大学孔子学院由大阪产业大学与上海外国语大学共同设立。学院目前拥有汉语教师 9 人,汉语志愿者教师 3 人,学院事务局 2.5 人(兼任其他部门)。学院以推进汉语教学、推广中国文化为目标,不仅面向学生,也向社会各界人士提供汉语教学课程。

大阪产业大学孔子学院位于大阪市中心的"大阪站"附近,地理条件优越,为社会人士上课提供了便利。据统计,近年来,大阪产业大学孔子学院所提供的课程数量,一直保持稳定增长的势头,而生源人数也得到了保障。2013 年 10 月至 2014 年 9 月期间,大阪产业大学孔子学院共提供了 45 次的"中国语讲座",有 302 人次参加了上述课程。① 2014 年 10 月至 2015 年 9 月期间,大阪产业大学孔子学院先后开设 41 次"中国语讲座",共有 267 人次参加课程。② 2015 年 10 月至 2016 年 9 月期间,学院共开设汉语教学课程 55 次,共有 267 人次参加上述课程。③

此外,学院还开设以传播中国文化为核心的专门讲座,讲座范围涵盖了汉语教学、汉语体验等内容,为学员提供了正确了解中国的渠道。为了方便学员交流、提高汉语口语水平,学院还开设了"交流时间"讲座,据统计,2013 年 10

---

① 《2014 年度日本孔子学院协议会资料》,第 19 页。
② 《2015 年度日本孔子学院协议会资料》,第 27 页。
③ 《2016 年度日本孔子学院协议会交流资料》,第 25 页。

月至 2014 年 9 月期间,共有 136 人次参加活动;[1]2014 年 10 月至 2015 年 9 月期间,虽然受到中日关系波动的影响,但仍然有 90 人参加了该活动;[2]2015 年 10 月至 2016 年 9 月期间,共有 76 人次参与了该活动。[3]

值得注意的是,为了增强学员对现代中国的了解,学院还专门组织了"中国文化演讲会"、"中国经济演讲会"等活动,自开办以来,这两个活动一直深受欢迎。2013 年 10 月至 2014 年 9 月期间,上述两个活动分别吸引 47 人次、20 人次的参与者。[4] 2014 年 10 月至 2015 年 9 月期间,共有 33 人参加了"中国经济系列讲座"。[5] 2015 年 10 月至 2016 年 9 月期间,分别吸引了 121 人次和 100 人次的参加者,该活动已然成为学院活动的一个亮点。[6] 值得注意的是,"中国经济演讲会"将学院的关注范围由普通的文化交流提升至经济层面,有利于拓宽日本民众对中国的了解。

学院也积极组织社会活动,扩大影响力,充分利用春节、中秋节等传统中国民俗节日向日本民众介绍中国文化。2014 年"春节祭"曾吸引 95 名市民参加,[7]2015 年度共有 46 名市民参加,2016 年"春节祭"则吸引了 70 多名市民参加。[8] 这一时期参加人数的波动明显受到了中日政治关系低迷的影响,虽然参与人数经历波动,但是活动仍然能够成功举办,这也体现了大阪产业大学孔子学院运营人员的努力。正是这种积极的运营态度,使得孔子学院赢得了当地民众的支持,从而使得孔子学院度过了困难时期。

此外,学院曾于 2015 年中秋节之际,举办过"中秋名月祭大阪 2015"的活动,吸引了 200 多名市民前来参加。2016 年,学院还邀请了中国中央音乐学院"茉莉花"扬琴重奏团举办了演奏会,有 300 多名市民参加。[9] 学院每年都会组

---

[1] 《2014 年度日本孔子学院协议会资料》,第 20 页。
[2] 《2015 年度日本孔子学院协议会资料》,第 28 页。
[3] 《2016 年度日本孔子学院协议会交流资料》,第 26 页。
[4] 《2014 年度日本孔子学院协议会资料》,第 19 页。
[5] 《2015 年度日本孔子学院协议会资料》,第 28 页。
[6] 《2016 年度日本孔子学院协议会交流资料》,第 26 页。
[7] 《2014 年度日本孔子学院协议会资料》,第 20 页。
[8] 《2015 年度日本孔子学院协议会资料》,第 29 页。
[9] 《2016 年度日本孔子学院协议会交流资料》,第 27 页。

织日本的汉语教师赴上海外国语大学进行海外研修活动。中方合作伙伴上海外国语大学对学院的运营,提供了大力协助,2014 年上海外国语大学还专门向大阪产业大学孔子学院赠送了一座孔子像。

值得注意的是,上海外国语大学对孔子学院的支持与帮助,在应对突发事务方面体现的更加明显。如 2010 年 4 月 27 日,大阪产业大学事务局长重里俊行在与校内其他机构沟通时对孔子学院出言不逊,妄称"汉办是中国的间谍机构,不应当跟它合作创立孔子学院"而引发争议,该校 1 070 名中国留学生更是认为重里的这一言论毫无根据,要求其道歉。同年 5 月 31 日,上海外国语大学副校长王静即刻亲自赴日,与校方会面、沟通、实事求是地讲明事实。① 最终在中方既有原则性而又不失技巧的交涉下,大阪产业大学校方最终以书面形式正式道歉,而失言的重里俊行也被解职。② 这一事件体现出上海外国语大学在与日方合作的过程中,既有坚定原则的一面,也有灵活应对和沟通处理问题的技巧的一面。最终,这一不和谐的"插曲"并没有影响到双方的合作,事情得到了完满的解决。

## (三)福山大学孔子学院

福山大学孔子学院由福山大学与对外经济贸易大学和上海师范大学合作创建。学院现有汉语教师 8 人,汉语志愿者教师 2 人,学院事务局工作人员 2 名。学院位于福山市中心福山车站的附近。地理位置优越,场所条件良好。

该学院面向社会各界人士开设从初级汉语到高级汉语的多层次系列课程。据统计,福山大学孔子学院自设立以来,其开设的课程数量和学生人数,也都保持着稳定增长的态势。2010 年 10 月至 2011 年 9 月期间,福山大学孔子学院共开设"中国语讲座"23 次,共有 206 人次参加上述课程。③ 2013 年 10 月至 2014 年 9 月期间,福山大学孔子学院开设课程的数量提升至 50 次,学生

---

① 《朝日新闻》,2010 年 6 月 2 日。
② 《朝日新闻》,2010 年 6 月 8 日。
③ 参见《2011 年度孔子学院日本协议会资料》。

人数也增加至 212 人次。① 2014 年 10 月至 2015 年 9 月,讲座数量增加至 52 次,共有 497 人次参加课程,其中一次外出讲座,就有 340 多人参加。② 2015 年 10 月至 2016 年 3 月期间,学院共开设汉语课程 26 次,共有 70 人次参加课程。2016 年 4 月至 2016 年 9 月期间,学院开设汉语课程 28 次,共有 60 人次参加课程。此外,学院还与企业合作,为企业员工开设课程 1 次,并与当地高中合作,为 340 多名学生进行了汉语授课。③ 另外,为了提升学生的考试水平,该学院还专门为 10 名学员开设了"翻译员考试对策免费课程",④评价良好。

在文化课程方面,学院先后开设过"中国画讲座"和"中国书法讲座"等课程,也受到学生的一致好评。2014 年 10 月至 2015 年 9 月期间,有 6 人参加了"中国画课程";⑤2015 年 10 月至 2016 年 9 月期间,又有 5 人参加了"中国画讲座",另外还有 10 人参加过"中国书法讲座"。⑥

此外,福山大学孔子学院还设立了旨在帮助民众了解中国文化的"乐之会"活动。2010 年 10 月至 2011 年 9 月期间,该活动共举办 7 次,共吸引 127 人次参加。⑦ 2013 年 10 月至 2014 年 9 月,该活动共举办 6 次,82 人次参加。⑧ 2014 年 10 月至 2015 年 9 月,该活动举办 6 次,90 人次参加上述活动。⑨ 2015 年 10 月至 2016 年 9 月,该活动举办 7 次,共有 80 人次参加。⑩

该学院还非常重视组织学院参与社会文化活动。在 2014 年 10 月 4 日的"孔子学院日",福山大学孔子学院曾经组织过"书法讲座"、"国画讲座"、"文化讲座"和"图片展"等多种多样的文化活动,共吸引了 200 多名当地民众前来

---

① 《2014 年度日本孔子学院协议会资料》,第 21 页。
② 《2015 年度日本孔子学院协议会资料》,第 30 页。
③ 《2016 年度日本孔子学院协议会交流资料》,第 28 页。
④ 同上,第 29 页。
⑤ 《2015 年度日本孔子学院协议会资料》,第 30 页。
⑥ 《2016 年度日本孔子学院协议会交流资料》,第 28 页。
⑦ 《2011 年度孔子学院日本协议会资料》,第 30 页。
⑧ 《2014 年度日本孔子学院协议会资料》,第 21 页。
⑨ 《2015 年度日本孔子学院协议会资料》,第 31 页。
⑩ 《2016 年度日本孔子学院协议会交流资料》,第 29 页。

参观。① 2015 年,福山大学孔子学院又举办了专门举办以中国剪纸艺术为主体的文化讲座,吸引了 18 人。端午节期间,福山大学孔子学院所举办的"中国文化体验讲座"也吸引了 28 名当地民众参加,②成为向日本民众介绍中国传统文化的良好平台。

2015 年 12 月 22 日—27 日,福山大学孔子学院专门组织了一场"中国世界遗产图片展",约有 500 多人次参观了该展览会。使本次宣传活动成了推介中国文化的好窗口。2016 年 1 月 23 日,该学院还专门举办一场"春节联欢会"。活动包括了"中国民族音乐演奏会",吸引了 110 多名观众前来观看。学院组织的"汉学研究会"还先后举办过有关中国经济、中国文化的研讨会,每次都有 15 名观众前来参与活动。2016 年 9 月 1 日—14 日,学院又专门组织了相关人员和学员前往中国北京、上海,参加在当地组办的夏令营活动,为学员提供一个直接体验中国的机会。③

福山大学孔子学院还非常重视与当地机构的合作,以此来扩大自身的影响力。如 2015 年 10 月 17 日,福山大学孔子学院就曾与福山大学国际交流中心合作,共同举办了一场"日中学生中国文化知识大会暨交流会"活动,共有 60 名日中学生参加活动。④ 此外,2016 年 5 月 14 日—15 日,该学院还参与了当地民众的节庆活动,展示了中国茶叶、喜剧以及民族服饰等,向普通市民介绍了中国传统文化。⑤

## 二、有 益 经 验

通过研究上述三家孔子学院的事例,可以得出以下几项有益经验:

第一,这三家孔子学院能够准确把握市场需求,向民众提供有竞争力的

---

①　《2015 年度日本孔子学院协议会资料》,第 31 页。

②　同上。

③　《2016 年度日本孔子学院协议会交流资料》,第 29 页。

④　同上,第 30 页。

⑤　同上。

语言教学服务。孔子学院一般主要面向社会公众,因此学院一般设立在当地城市中心,特别是作为交通枢纽的车站附近,方便学员学习。此外,孔子学院开设的课程设计较为合理,涵盖了从汉语零基础到高级课程的全方位课程体系,能够满足有不同需求的学员的要求。而且,这种全方位的课程体系,也有利于学员在水平提高后仍然能够参与到孔子学院的课程中,从而保证了生源的持续性。孔子学院在开设一般汉语课程的同时,还积极与当地企业合作进行汉语培训。这种培训,一方面拓宽了该学院的生源、增加了学院的收入,另一方面也可以服务于经贸文化交流工作、扩大学院的社会影响力。

第二,孔子学院非常注重通过组织文化交流活动或者参与当地文化活动,来加强与当地民众的交流。无论是一般性的文化讲座,还是中国传统节假日的庆祝仪式等,都可以帮助当地的民众更直接地了解和体验中国的传统文化。而参加当地传统节庆文化,又可以最广泛地向当地民众介绍孔子学院的存在。这实际上是一种双向的文化交流活动,通过这种双向互动,孔子学院成为真正的能够沟通两国民众的文化桥梁。

第三,部分孔子学院能够在传统文化宣介的基础上主动提升活动的高度,将介绍内容扩展到了中国的经济等方面,再由介绍传统文化延伸至介绍现代的中国。这种提升,极大地丰富了孔子学院的内涵,使孔子学院从一个单一的介绍传统中国文化的定位,提升至全面介绍现代中国的高度。这不仅有助于解答日本民众对当代中国的疑问,也有利于减少日本民众对中国的误解,是值得鼓励和提倡的一个有益尝试。

第四,自2005年10月日本第一家孔子学院设立以来,孔子学院在日本的发展不可避免地受到了中日关系波动的影响。例如在2013—2015年期间,部分孔子学院的学生人数、文化活动参加人数等都经历了大幅度的波动。但是孔子学院通过与当地合作伙伴以及其他利益相关方的合作,成功规避了这些风险。不仅成功地存续下来了,还最大限度地克服了困难,发挥出了公共外交的职能。

# 三、存 在 问 题

在充分认识有益经验的基础上,我们也应该认识到日本的孔子学院也存在以下一些问题:

## (一)孔子学院在日本的主要受众是普通社会公众,而且以老年人居多,缺少与精英人士的互动

公共外交的一般理论认为,通过与外方国家社会精英的接触、建立长期关系,可以逐步影响他们对中国的认知,并借助他们去影响更多的普通民众。而目前,由于大部分日方合作院校已经设有中文课程,因此孔子学院只能定位为主要面向社会公众提供继续教育的课程。本文三个案例中,除了为相关企业提供定向培训外,其他参与者多以老年人居多。他们拥有一定的经济实力,时间充裕,学习中文主要是为了兴趣。但是客观地说,他们的社会影响力非常有限。这种学员结构也在一定程度上限制了日本孔子学院发挥更大的效力。

## (二)目前孔子学院进行的文化交流活动仍然以中国传统文化为主,缺少对现代中国的介绍力度

文化交流的目的,可以分为多个层次。浅层目的是让外国民众了解本国文化,而深层目的,则是希望通过文化交流来改善对方国民对本国的认知,尤其是偏见。虽然,目前包括日本在内的世界其他国家普遍对中国传统文化表现出兴趣,但是传统文化无法解答他们关于中国的疑问。例如,为什么中国经济发展如此迅速? 为什么中国外交会突然变得强硬? 等等。传统文化固然是外国民众了解中国的"敲门砖",但是仅有传统文化,很难帮助外国民众全面地了解当代中国。而且,事实上外国精英层有进一步了解中国的需求,所以仅有传统文化的介绍,显然是很难满足他们的这种需求的。如果能够在介绍传统文化的基础上,将课程内容延伸至现代中国如何对世界做出贡献这一层面,无

疑效果会更好。事实上,本文案例中的三个孔子学院都已尝试开设有关当代中国社会、中国经济的讲座,这种尝试是应该大力鼓励的。但至少就目前情况来说,这类活动占总体活动的比例仍然相对较小。上海是现代中国的一个代表性都市,来自上海的合作院校,应该在这一方面力图有更大的作为。

### (三)社会影响力仍然需要提高

由于孔子学院由中国教育部下属的汉办主办,这种"官方背景"一直让日本社会对孔子学院有一定的疑虑,认为它是中国政府的"间谍机关"。[1] 日本合作大学也由于忌惮社会疑虑而普遍采取低调的运营方法,从而尽量减少在新闻媒体上的曝光度。即使招生宣传,也使用宣传册页或者在专业期刊上登载广告。这就使得日本孔子学院的大部分活动都没有出现在新闻媒体的报道当中,极大地限制了孔子学院在日本社会的影响力。客观地说,虽然这是中方尊重日方的一种表现,但是为了孔子学院的长久发展考虑,应当考虑其他能够扩大孔子学院影响力的方式方法。

## 四、他 山 之 石

日本目前共有14所孔子学院,其发展也各有特色,某些孔子学院的发展经验也值得上海高校参与设立的孔子学院所借鉴。

第一个值得借鉴的案例是立命馆大学孔子学院。它是日本第一家孔子学院,设立于2005年10月。立命馆大学孔子学院设立时,中日关系正处于低谷中,两国国民感情急剧恶化。所以立命馆孔子学院在筹备的过程中,也遇到了很多校内的反对声音。尤其是对孔子学院官方背景的疑虑。身处这样的一种逆境中,中方与立命馆方面进行了适当的妥协,同意以"非营利活动法人"(Non-Profit Organization,NPO)的形式设立。虽然这种形式看似使得孔子学院

---

① 大高未贵:《中国の「工作機関」で活動するあの元老の曾孫》,[日本]《正論》,2012年12月号,第110—115页。

与立命馆大学没有关系,特别是名字中没有包含"大学"二字,但是这种形式也保证了孔子学院的独立法人资格,使得孔子学院能够自由行动。由于业绩突出,立命馆孔子学院先后于2007、2008和2011年度三次获得"全球先进孔子学院"称号。后来,立命馆大学校方认识到孔子学院的价值,主动提出撤销立命馆孔子学院的独立法人资格,将其收归立命馆大学国际科管辖,从而促进了孔子学院与立命馆大学的联系。

由于能够正确处理与当地合作伙伴的关系,立命馆大学孔子学院得以在中日关系不佳的大环境中,也为自己成功的构建出了一个良好的社会关系平台。这一社会关系平台,不仅使得立命馆孔子学院在面临中日关系大幅波动时能够成功存续,也为它取得良好的业绩奠定了基础。

第二个值得借鉴的案例是爱知大学孔子学院。让孔子学院的活动反映当代中国的全貌,一直是中国学者的呼声。但是真正能够实践这一目标的孔子学院却并不多见。爱知大学孔子学院是其中的一个活跃者。爱知大学孔子学院一直注重反映当代中日关系,吸引日本知识精英以及青年人参与孔子学院活动。为此,爱知大学孔子学院先后举办了多个与中日关系热点话题相呼应的讲座活动。2015年10月至2016年9月期间,爱知大学孔子学院曾经向孔子学院学生大力推介由爱知大学中国研究学者所举办的多场活动。例如,由爱知大学国际商务中心徐向东主讲的"从'爆买'看打开中国人市场的攻略"、由爱知大学国际问题研究所吴豪人主讲的"战后七十周年"、由爱知大学河合洋尚主讲的"中国农村城市化的现状与课题"、由爱知大学国际问题研究所三好正弘主讲的"从国际法看南中国海问题"等。

爱知大学拥有深厚的中国研究师资力量,爱知大学孔子学院充分利用了这一优势,将孔子学院的教学活动与这些反映当代中日关系热点话题的讲座相结合,为学生提供了全方位了解中国的机会。

## 五、思　考

有学者曾经将孔子学院在中国公共外交中的地位分为三个层次:首先,

以传播汉语教学让外国民众了解中国；其次，以传播文化让外国民众求解中国；最后，以塑造思维让外国民众理解中国。[①] 通过本文案例可以发现，目前多数孔子学院仍然处在第一或第二个层次，尽管也有第三层次的尝试，但是数量太少，没有形成机制化，主要取决于个别主办人。一旦发生人事更迭，活动就可能面临困境，而从缺少可持续性。最为关键的是，这些孔子学院虽然都有自己的定位和一定的特色，但传播的内容大多都局限于传统文化上，无法凸显上海的特色，这也在一定程度上反映了上海对外文化交流的不足。

上海是中国的经济、金融中心，也是最早一批对外开放的城市，也应该最能体现传统中国文化与现代西方文化的碰撞与融合的焦点。上海能够向国外民众展示的文化，不应仅局限于传统文化，而应该更多地考虑如何体现中西方文化的融合的问题上。只有体现出传统与现代文化的融合，外国民众对中国的理解才能不局限于古代中国，才能更好地接触、了解并理解现代中国。因此，在一定程度上说，在中国的对外文化交流中，上海的地位非常独特，优势也非常明显。例如，2010年上海世博会曾以"城市让生活更美好"为主题向世界各国展示过现代中国的文化、文明对人类生活的贡献，并获得过好评。因此，提升未来上海的对外文化交流的格局，应当着重突出以下两点：一是凸显传统文化对现代生活的影响，二是上海现代文化对人类生活的贡献。

此外，对外文化交流是一项长期战略，在实施过程中必然需要考虑当地的实际环境，合理利用当地利益主体可以有效改善文化交流项目的实施环境，从而塑造一个稳定的社会关系平台。在推行对外文化交流特别是在当地建立某种实体后，尤其应当注重与当地利益主体的合作关系。而且，善用当地利益主体、发挥他们的自身优势，也可以作为对外文化交流的有益补充。因此，在实施对外文化交流过程中，不仅应当强调发挥上海的优势，还应当妥善处理与当地利益主体的关系、充分发挥他们的优势。

---

① 王义桅：《孔子学院与公共外交三步走》，《公共外交季刊》2014年第3期。

# 17

# 多元、现代的文化传播交流

## ——以首尔中国文化中心为例

张瑞燕[*]

摘　要　首尔中国文化中心是中国在亚洲地区开设的第一家中国文化中心，高质量的教学培训和形式多样的信息服务为韩国民众打开了一扇了解中国的窗口，在中韩两国人民之间架起了一座新的文化交流桥梁。本文对这一海外文化机构 2015—2016 年所开展的对外文化交流工作进行调查，分析该中心把握重大节庆、了解国家政治方向；演绎高雅艺术经典、将高层思想论坛与地方文化、民俗文学相结合；重视未来发展与两国青少年的交流，努力讲好"中国故事"等特点，展现了我国对外文化传播和交流工作的最新进展。

关键词　中国故事　文化传播　首尔中国文化中心　民间交流

1992 年中韩建交后，政府与民间的文化交流日益频繁而丰富。2014 年 7 月，中国国家主席习近平同韩国前总统朴槿惠共同宣布，为鼓励两国人民互访，将 2015 年和 2016 年分别确定为"中国旅游年"和"韩国旅游年"。据国家旅游局介绍[①]，2015"中国旅游年"开幕以来，中方在韩共举办了 120

---

[*]　张瑞燕，上海社会科学院文学研究所助理研究员，研究领域为中国现当代诗歌及中外诗歌比较研究。

[①]　数据来源：《中国旅游年（韩）闭幕式在首尔隆重举行》，参见：中华人民共和国国家旅游局官网 http：//www. cnta. gov. cn/jgjj/jldjs/ljz/ljz_zyhd/201511/t20151102_750564. shtml 2015 （2016 - 12 - 18）。

多项丰富多彩的旅游宣传活动,吸引了众多韩国民众参与,取得了积极效果。仅 2015 上半年,双向旅游交流超过 500 万,同比增加 10%。中韩两国间政治经济的频繁往来和交流,也促进了文化交流的进一步发展。作为东亚政治强国和世界第二大经济体的中国,已逐渐意识到了文化外交和文化软实力的重要性,并已把对外文化传播和文化外交工作提到议事日程上来。

近年来国家文化部陆续在全世界各地成立了十几个中国文化中心,开展了许多重要的文化外交工作,取得了丰硕的成果。成立于 2004 年 12 月 28 日的首尔中国文化中心,坐落于韩国首都首尔市钟路区,是中国在亚洲地区开设的第一家中国文化中心,也是继毛里求斯、贝宁、埃及、法国、马耳他之后,中国政府在海外建立的第 6 个中国文化中心。中心占地面积 590 平方米,建筑面积 1 760 平方米,地上 6 层,地下 1 层。主要设施有展厅、图书馆、汉语教室、书法教室、语音教室、厨艺教室、多功能厅、办公室和茶趣苑等。首尔中国文化中心主要具备信息服务、教学培训、文化活动三项功能:一、信息服务。面向韩国主流社会,全面准确地介绍当代中国的发展现状,传播中华文化,为希望了解中国的韩国民众提供准确便捷的信息服务。二、教学培训。举办各种类型的中国文化知识讲座、研讨班和汉语培训班等,为希望深层次了解中国的韩国民众提供有针对性的服务。三、文化活动。通过不间断地举办各类展览、演出文化周和中国日等活动,展示中国各地文化特色,为韩国民众提供近距离感知中国、现场体验中国文化的机会。2009 年中心开通韩语版网站①,及时发布中心活动信息,及时发布中心活动信息。截至目前网站拥有 49 000 多名注册会员,每年点击量均突破 20 万人次。首尔中国文化中心成立十年来以持续不断的文化活动、高质量的教学培训和形式多样的信息服务为韩国民众打开了一扇了解中国的窗口,在中韩两国人民之间架起了一座新的文化交流桥梁。

---

① 首尔中国文化中心官网: http://www.cccseoul.org/mastart/mastart.php

# 一、讲好"中国故事"

2016 年 6 月 25 日,文化部副部长丁伟在出席亚欧部长会议期间视察了首尔中国文化中心。丁伟对中心的工作给予了充分肯定,他表示,首尔中国文化中心是中国政府在亚洲地区开设的第一家文化中心,起到了很好的示范效果,在中韩文化交流中发挥了积极的推动作用。纵观首尔中国文化中心近两年来的工作,他们坚持抓重大节庆宣传,争取多领域多角度塑造中国形象,多方位传播中华文化,重视跟韩国民众之间的互动,真正促进了中韩之间的积极、有意义的、有效的文化双边交流,而不仅仅是单一的文化输出。

## (一)认真把握各种重大节庆活动

强调政治正确性的文化交流活动,是首尔中国文化中心在文化外交工作中的重中之重。

2016 年 6 月 30 日上午,在中国共产党建党 95 周年纪念日前夕,首尔中国文化中心隆重举行"中国共产党的昨天、今天与明天"研讨会,韩国多位中国研究专家、学者、有关机构负责人和中韩主流媒体代表出席;8 月 4 日,以日军侵华"九一八"事变为主题的"勿忘九一八"特别展在韩国天安市的韩国独立纪念馆开幕,展览持续两个月;10 月 20 日,应韩国首尔市钟路区厅邀请,首尔中国文化中心在钟路区仁寺洞一楼大厅成功举办"中国故事 2016 图片展"开幕式,庆祝中华人民共和国成立 67 周年。由中国文化部、湖北省人民政府、中国驻韩大使馆和首尔市政府共同主办,首尔中国文化中心、湖北省文化厅承办的"首尔·中国日"活动已举办至第四届,活动为韩国市民带来了丰富的中国文化盛宴。

在如何讲好"中国故事"、传播中华文化上,首尔中国文化中心做到了重要的故事认真讲,把握重大节庆活动努力宣传中国形象。今年的工作重点是"一带一路"的宣传和"莎士比亚·汤显祖 400 周年"纪念系列活动。从民间文化、民俗文化的推广到流行文化、影视文化的交流,从高层论坛的头脑风暴到群众文化普及推广,从中国各地人民、艺术家主动走出来讲中国故事给韩国民众听,到结合韩国人民的切实感受、体会,由韩国人自己来讲中国故事(中国民居、园林、饮食文化等)给韩国民众听,首尔中心的文化外交活动可谓丰富多彩。

### (二)做好"一带一路"宣传和"莎汤"纪念活动

为更好地向韩国民众介绍"一带一路"与丝路文化,进一步加深韩国民众对中国丰富多彩的历史文化特别是少数民族文化的认知与喜爱,密切中韩两国城市间文化交流与合作,首尔中国文化中心于金秋十月在韩打造"中国民族文化丝路主题巡演",在"丝绸之路"沿线重镇——首尔特别市、第二大城市釜山广域市、与中国最近的港口城市唐津市,以及水原市演出中国首部回族大型原创舞剧《月上贺兰》7场,用动人的舞蹈展开了一卷波澜壮阔的丝路民族文化史,感动了成千上万的韩国观众。为纪念汤显祖和莎士比亚逝世400周年,增进中国与世界的文化交融,"跨越时空的对话"——纪念文学巨匠汤显祖和莎士比亚逝世400周年主题展于9月28日在首尔中国文化中心隆重开幕。作为该系列活动的重点项目之一,《昆剧的活态传承》讲座走进韩国汉阳大学,讲座由汉阳大学中文系教授、韩国中国戏曲学会名誉会长、韩国演剧学会副会长吴秀卿主持,江苏省苏州昆剧院副院长王芳和清华大学人文学院副教授陈为蓬共同主讲。随后,中国昆剧《牡丹亭》演出于9月6日和7日在韩国殿堂级艺术剧院"世宗文化会馆"精彩上演。中国著名昆剧表演艺术家、江苏省苏州昆剧院副院长王芳携苏州昆剧院青年演员陆雪刚、翁育贤、张建伟、施黎霞、徐栋寅等担纲主演。4场精彩的昆剧《牡丹亭》演出分别在世宗文化会馆、大田市立燕亭国乐院和论山文化艺术会馆与韩国观众见面。

### (三)促进中国各地文化和多种民俗文化走进韩国

中国驻韩国大使馆文化参赞兼首尔中文化中心主任史瑞琳表示,友好交流与合作的基础是中韩两国地缘相近、人缘相亲、文缘相通,友好交流与合作的推动力是文化,文化交流成为两国民众心灵沟通的最好桥梁。2016 年 1 月 22 日,"欢乐春节"荆楚文化走韩国——湖北非物质文化遗产展在首尔中国文化中心隆重开幕。"荆楚文化走韩国"系列活动是 2016 年中国文化部和湖北省部省合作框架下的交流项目之一,由中华人民共和国文化部和湖北省人民政府主办,首尔中国文化中心、湖北省文化厅和大田中国文化院承办,中国驻韩国大使馆为支持单位;紧接着"印象杭州——我眼中的 G20 城市"画展在首尔中国文化中心隆重开幕;4 月 19 日,"北京文化产业贸易展览会——品味北京·首尔"系列活动在首尔中国文化中心隆重开幕;10 月 28 日,由中外文化交流中心、首尔中国文化中心主办,由文化部外联局、西藏自治区文化厅支持的《发现中国——浅谈西藏造像艺术发展历史》讲座在首尔中国文化中心成功举办,首尔中国文化中心一楼大厅陈列了讲座团组带来的西藏名胜古迹、自然风光照片、海报等,吸引韩国观众驻足观赏;"山东文化周"系列活动之"美丽威海"美术作品展也在今年举办;中韩两国文化的区域合作和交流还体现在首尔——扬州等城市的文化交流互动中;2015 年的青海民族传统手工艺剪纸培训是首尔中国文化中心部省合作项目"2015 青海文化周"系列活动之一,由首尔中国文化中心、青海省文化新闻出版厅主办,中国驻韩国大使馆为支持单位。

为增进韩国民众对中国少数民族音乐的认识与了解,首尔中国文化中心于 2016 年 8 月 17—22 日举办了"中国少数民族音乐宣传周"活动,为当地民众献上了多场精彩纷呈的中国少数民族音乐讲座、民歌体验交流活动,活动运用大量真实生动的照片、音频及演出现场视频向韩国民众介绍了蒙古族、苗族、傣族、藏族和维吾尔族的民俗服饰、器乐舞蹈等内容。随着宣传周活动的第一部分"中国少数民族音乐"系列讲座的成功举办,第二部分"风从东方来"中国民歌体验交流活动于 8 月 19 日和 22 日分别在首尔中国文化中心与韩国唱剧院举行,苏州市吴江区艺术团用"民歌好声音"演绎了中国汉、苗、壮等多个民族的代表民歌。

除了呈现多姿多彩的地方特色文化,首尔中国文化中心还非常重视通过民俗文化节庆活动加深韩国民众对中国传统文化的认知和了解。连续几年的欢乐春节活动受到韩国人民的关注和喜爱。2016 韩国"欢乐春节"整体活动，包括国务院侨务办公室主办的"四海同春"演出、湖北省文化厅支持的湖北非遗展示、乐天集团参与主办的"乐天与您欢乐春节"综艺活动、中国中央歌剧院和亚洲新闻集团联合主办的中韩友好音乐会、中国对外文化集团承办的《亮相》时尚京剧秀演出和民俗展示等多个环节，为广大韩国人民和在韩华人华侨带来了节日的欢乐，同时为韩国朋友了解中国提供了一个好窗口。8 月 9 日，"五色土的浪漫——中国农民画展"开幕式在首尔中国文化中心举办。中心主任史瑞琳表示，"一方水土养一方人"，艺术的源泉在民间。展出的是来自中国陕西、吉林、上海和贵州等地的农民们创作的作品。通过这些作品，既可以看到风俗迥异的各地生活场景，也可以了解到中国农民和农村的现代化进程，更可以读懂中国农民的所思所想。9 月 10 日，由首尔中国文化中心和韩国国立儿童青少年图书馆共同主办的"我们的节日——中秋节传统文化体验活动"在韩国国立儿童青少年图书馆举办，这一活动旨在让韩国青少年一代更多了解、体验中国传统文化的魅力。

### （四）利用传统书画艺术的魅力传播中华文化

水墨书画艺术是东方文化、儒家文化特有的瑰宝，是人类的共同文化遗产。水墨书画艺术更是文化传播的媒介、思想与精神的载体，影响了东亚文化的形成与传播，推动了世界文明的进步。

2015 年 11 月 17 日，"崔致远首尔展——桂苑行人"在首尔中国文化中心隆重开幕，由首尔中国文化中心、中国青海省文化和新闻出版厅、中国扬州公共外交协会、韩国艺术殿堂、(社)韩中文化友好协会、(社)东北亚崔致远研究会共同主办。崔致远是中韩两国人民耳熟能详的文学家、思想家。他在中国学习、为官 16 年，用毕生的热情与学识为中韩两国文化交流和友好交往做出了开创性的重大贡献。崔载千议员作为崔致远先生的后人，很早便开始关注崔致远的学问和思想，并为崔致远纪念馆在中国扬州的建立提供了帮助。这次展览成为连接两国友好交流的过去、现在与未来的"法古创新"精神之象征。

2016 年 5 月 6 日，"韩中书画名人交流展"在首尔中国文化中心举办，此次展览是首尔中国文化中心为庆祝中韩建交 24 周年而特别举办的交流展,展出中韩两国 8 位艺术家(每国 4 位)的 34 件作品,内容包括书法、油画、水墨画以及利用韩纸制成的画作等。

2016 年 6 月 10 日至 6 月 17 日,由中外文化交流中心、首尔中国文化中心和吴作人国际美术基金会青年策展人专项基金共同主办的"山水·心境——中国水墨、茶道、香道艺术展演活动"在首尔中国文化中心二层展厅举行。充分展示水墨、茶、香等中国经典传统文化历久弥新的内涵与魅力,引领观众在视、味、嗅三种感官体验中体悟以中国为代表的东方文化包容、和谐、内省的精神追求和审美意趣。这次活动响应了新时期复兴中国优秀传统文化并推动其"走出去"的国家发展战略,践行"亲诚惠容、打造生命共同体"的周边外交理念,促进一衣带水、同气连枝的中韩两国在"东方文化的思想传承与创新发展"方面的友好交流,进而将"人与自然和谐共生"的东方哲学理念广为传播。

### (五)积极宣扬中国古代哲学思想观

中国文化走出去,除了打好各种地方文化、民俗文化招牌之外,为进一步传播中国优秀文化,首尔中国文化中心也做了很多高层次的文化学术活动。2016 年中心特邀多位长期研究中国文化的韩国知名人士来讲述"中国故事"。

4 月 5 日,韩国中央大学历史学名誉教授权重达主讲的"透过《资治通鉴》理解中国文化"系列讲座首先登场;7 月 26 日,在中韩两国人文交流共同委员会机制框架内,中韩两国学者共聚一堂讨论老子思想,这是超越现实的利害关系,打开共生与共存时代真智慧的体现。来自中韩以及世界其他国家的 20 余名老子思想研究者和哲学教授参加了此次论坛,大家围绕着"老子哲学当中的'和解与共生'"专题报告了自己的研究成果。老子哲学是中华民族奉献给人类的宝贵精神财富,对现代生活也具有指导意义。理解中国时,不能抛开老子思想,尊重自然的顺理,追求调和的老子思想得以体现是合乎时宜的。全球化的终极目标是互相理解和尊重彼此的文化,在信赖之中制造和平。

## （六）增进当代影视文化传播

2016 年 3 月 10 日，"韩国 VR（虚拟现实）影像展"在首尔中国文化中心开幕,吸引了韩联社、MBC 电视台等多家韩国媒体前来报道。8 月 19 日,首尔中国文化中心和韩国广播电视大学签署了合作协议。双方决定在文化、教育内容方面开展深度合作,联合录制《中国文化系列讲座》,并在韩国广播电视大学电视台同步播出。该讲座通过韩国广播电视大学的卫星、网络、有限电视台与更多的韩国民众见面;3 月 11 日,首尔中国文化中心与首尔市钟路区厅合作开设"中国电影常设电影院"的合作签约仪式在钟路区厅举行。首尔文化中心主任史瑞琳在致辞中说,影视作品是反映一个国家文化、社会生活的渠道,也是一个国家文化产业发展水平的具体体现。韩国影视作品在亚洲地区独领风骚,中国影视也是中国改革开放以来最成功的文化产业之一。中国电影近年来在韩国吸引了越来越多的观众,尤其是年轻朋友们的关注和喜爱。此次首尔中国文化中心与钟路区厅和东洋艺术剧场合作开设"中国电影常设电影院",正是适应了这种需求和期待。"中国电影常设电影院"的开设将有助于学生和市民接触中国影视文化,增进韩中两国的文化艺术交流和理解。此次合作由首尔市钟路区牵头,联合首尔中国文化中心共同发起,委托东洋大学所属"东洋艺术剧场"作为承办单位,旨在促进中韩两国文化艺术交流、增进相互理解,同时为有志投身戏剧、电影、音乐剧等文化艺术事业的年轻人创造方便接触中国文化的机会,亦是钟路区厅与首尔中国文化中心的首次正式合作;9 月 5 日—6 日,由韩国江原道文化信息产业振兴院主办的 2015 韩国国际春川动漫节在韩国春川举办。江原道文化信息产业振兴院是韩国知名的文化产业园区、著名的动漫基地,与中外文化交流中心是长期的合作伙伴。院长朴兴寿是韩国教育文化领域知名的社会活动家,也是韩国最早从事动漫业的人士之一,此前曾荣获 2013 年"中外文化交流贡献奖"。该院与中方合资创作的《云彩面包》曾入选 2013 年国际艾美奖。

### （七）重视两国青少文化交流

文化擅长用软实力赢得世界的认可,尤其擅长潜移默化、用文化独有的亲和力去感化更多的下一代,为未来中国更好地走向世界打下基础,所以文化的传播功在当代,意在未来。在文化传播的过程中,必须重视对下一代的教育和关怀,如果异国的青少年不能接受我们的文化,那么我们的文化交流和传播就不会有真正意义上的成功,我们的文化外交是不会有未来的。韩国首尔中国文化中心的文化传播工作中,充分意识到了文化教育重要性,他们利用各种节日,制定合理计划,创造各种机会让中韩青少年之间增加交流,用生动、形象的系列活动加深韩国青少年对中华文明的了解,把文化传播和文化教育巧妙结合起来。春雨润物细无声,真正起到了文化亲善作用。

5月5日是韩国的儿童节,当天,中韩青少年、儿童共聚韩国国立儿童青少年图书馆,首尔中心参与举办了"童真连线——中国儿童画展"。2016年6月3日,中华文化促进会与韩国青少年文化研究所合作建立国际化高等影视教育培训体系的签约仪式在首尔中国文化中心举行。文化中心主任史瑞琳在贺辞中表示,中韩两国文化交流特别是两国青少年间的交流是推动中韩关系深入发展的基础,这次两国具有代表性的 NGO 组织结合并着手整合国际化的优势教育资源,共同建立面向国际的青少年高等影视文化教育体系,这是加强中韩两国以及国际青少年间文化交流的一个重要举措。将来一定还会有更多的中韩青少年,包括世界各地的青少年朋友通过学习交流来了解中国、了解世界。10月20日,第十一届"心连心"中韩青少年互访活动在首尔中国文化中心举办,来自中国西藏和江西的24名老师和模范青少年到访首尔中国文化中心;此外,第二届"星耀韩国"中韩青少年艺术展演交流活动在韩国水原市文化殿堂开幕。开幕式上,史瑞琳和廉泰英共同为率领各省优秀艺术特长生代表团的团长们颁发了"中韩文化交流使者"荣誉证书。两国友好合作根植于深厚的民意基础,两国美好的未来依赖于年轻一代的相互理解和共同发展。

## 二、"中国故事"在韩国的接受和反馈情况

在首尔中国文化中心近年来开展的文化活动中,有不少韩国高层领导出席、支持了文化交流活动,其中包括韩国国会事务总长朴亨埈、前韩国驻华大使辛正承、韩中地域经济协会会长李相基,以及中韩艺术家及艺术爱好者,韩国国会议员崔载千、韩国艺术殿堂社长高鹤燦、韩国外交部多边外交调停官辛东益、韩国外交部文化外交局局长金东起、韩中文化友好协会会长曲欢、东北亚崔致远研究会理事长张日圭、庆尚北道庆州市副市长金南日等。

在由中国文化部和韩国文化体育观光部共同主办的第三届中韩文化产业论坛上,中国文化部部长助理刘玉珠与韩国文化体育观光部文化产业室长尹太铺共同出席论坛并致辞。韩联社发表题为《专访中国文化部部长助理刘玉珠：中韩文化合作前景广阔》报道,韩国亚洲经济报业集团发表题为《中国文化海外行需转型拓渠道"向韩国编剧学习"》专访。媒体的关心与支持是文化产业发展的重要支撑,同时媒体业也是文化产业的重要组成部分。韩国媒体的积极参与,使该届论坛的成果和作用持续发酵、延伸,发挥更积极和长远的作用。

目前,韩国首尔中国文化中心已与韩国最大通讯社——韩联社就新媒体合作达成共识,韩联社授权首尔中国文化中心微信平台无偿使用和转载该社新闻稿件,同时双方在各自网站首页链接对方网站 Logo 标识。韩联社编辑局局长李昌燮与首尔中国文化中心信息服务部长高宁进行短暂会晤,他表示,加强双方的交流往来,希望在更多的领域里开展合作。李昌燮局长今年 3 月份履新以来,开始加强韩联社中文网建设。他非常重视韩联社与中心的合作。

在 2015—2016 年的文化活动中,首尔中国文化中心的文化艺术活动受到了韩国民众的广泛关注,韩国媒体纷纷报道,先后共有几十家重要媒体对"首尔中国日"、"欢乐春节"、"印象杭州"、"大美青海文化周"、"走进西藏"、"我们的节日——中秋节传统文化体验活动"、"中国电影常设影院"等进行了及时、全面和深度的报道。

**案例：中国当代诗歌在韩国**

中国"新诗典"韩国访问团系列活动于2016年7月8日在韩国首尔举行，12日圆满结束。新世纪诗典诗人一行21人，由伊沙、沈浩波、徐江、西娃、安琪、瑞箫等诗人组成，蒋涛担任团长，这是《新诗典》入选诗人首次访韩。诗人们分别来自西安、天津、北京、四川、广东、上海等地，活动内容包括第二届中韩文化艺术大展、中韩诗歌研讨会、中韩文诗集首发仪式、"首尔之夜"诗歌朗诵会、"葵之怒放"首尔场等。

7月8日晚，国际诗会"首尔之夜"朗诵会在韩国首尔中国文化中心举办，20多位中国诗人和韩国当地诗人参加了活动。诗人伊沙在点评作品时指出，本次朗诵会是一次真正意义上的同行交流，也是新诗典重视诗歌文本的精神体现。7月9日，代表团应邀参加了第二届中韩文化艺术大展和中韩诗歌研讨会。活动由国际环境美术家协会、韩国现代艺术研究会、延边电视台韩国支社会、晓征韩中文化艺术协会、首尔九老区文人协会、中国同胞联合中央会、中国侨民协会永登浦区支会等机构联合主办。伊沙做了题为《中国诗歌流派及未来趋势》的发言，还举行了四位诗人的诗集首发仪式(伊沙《中国底层》、沈浩波《理想国》、徐江《雾》、君儿《色与空》)。这些诗集为中韩文双语版，在韩国出版，由居住在纽约的朝鲜族诗人洪君植翻译。当天下午，由国际环境美术家协会、韩国现代艺术研究会等机构主办的韩中书画展览也同时举办，中国诗人伊沙、江湖海的书法作品入选展览。

为了推动中韩两国文化艺术交流和了解两国当代文化现状，激励和诱导对中韩两国诗歌以及文化艺术的理解和积极参与，支持当代中国先锋诗歌、诗人们走出国门，积极参与国际交流，首尔中国文化中心给予此次新诗典首尔国际诗会大力支持。

# 三、 对外文化传播的未来

约瑟夫·奈指出，一个国家的综合国力既包括由经济、科技、军事实力等表现出来的"硬实力"，也包括以文化和意识形态吸引力体现出来的"软实力"。① 文化部国家对外文化交流研究基地主任陈圣来在《"软实力"的实质是文化话语权》②一文中指出:"在传播中华文化时,要表达一个什么样的价值观。有没有为民众广泛认同的核心价值,过去有"三纲五常",当然其中有封建糟粕,但至少这些观念过去是有覆盖的,现在我们要拿什么出来,去影响世界呢? 去树立我们的国家形象和民族形象呢?"在对外文化传播交流工作中,我们首先应深刻思考,究竟什么才是真正的中华文化、它的核心力量是什么、我们该传播什么样的中国形象才能真正奏效,才能更好地被异质文化所认同、接纳和更好地融入另一种文明,才能与世界各地不同的人类文明形式更和谐地共存共生。

目前,中华人民共和国文化部已经在世界各地建立起了十几个中国文化中心,还有更多的文化中心、海外机构正在积极筹建中。教育部属下的孔子文化学院如今也已遍布了世界各地。正在步入现代化进程的中国已经清醒地意识到了除了政治、军事实力之外,用文化复兴中国,通过文化软实力让世界普遍接受当代中国的重要性和必要性,但传播什么样的文化内容才有效,在一个多元化自媒体时代,如何利用各种手段提高传播的有效率,值得深思。

## (一)依靠政府搭台,加强民间交流

纵观近年来韩国首尔中国文化中心的工作,对中国各地旅游经济,地方形象品牌的打造可谓不遗余力,各级政府也充分利用地方特色文化,积极打造地方形象,以多样的文化吸引韩国观光客,达到振兴地方经济的目的。中国地方政府显然已意识到了文化在对外交流中带动经济发展的重要性,他们积极筹备资金,甚至政府买单,组织团队力量,努力走出国门,大力宣传自己的地方文化,首尔中国文化中心也在协助中国各地文化对外传播交流中起到了推波助

① [美]小约瑟夫·奈:《软力量》,吴晓辉、钱程译,北京:东方出版社,2005 年。
② 陈圣来:《学者:"软实力"的实质是文化话语权》,参见:中国新闻网 http://www.chinanews.com/cul/2013/06-08/4912634.shtml(2016-12-18)。

澜的积极作用。但我们也该清醒地看到,无论是"中国日"节庆活动,还是很多书画、音乐、歌舞类节目,大抵是各级政府所为,政府是主要推手和第一买单人。组织的文化团队强大,资金实力雄厚,媒体宣传也是铺天盖地,但是这类文化组织和宣传的模式有时难免单一,发展地方经济的目的性太强,反而会削弱文化艺术本身的魅力和亲和力,继而影响到文化传播的力度、广度和有效性。如果能减低一些功利色彩,真正组织一些纯民间的非盈利非功利的文化活动,增加民间组织和个人力量在文化外交中的作用,营造温馨的两国人民真正的文化互动和砥砺,去掉一些功利化的文化外交也许才能真正体现出文化的"软"和"实力"——以柔克刚,用柔性的优美的丰富的文化艺术去逐渐感化他国人民,进而慢慢影响异质文化,最后达到政治经济外交所希望达到却不能达到的长远目的。

文化软实力的构造完全不同于政治、军事硬实力的打造,文化的形式更多来自民间,文化的渊源也更多植根于民间。今天,我们的文化外交工作中民间的色彩还不浓厚,今后,我们的对外文化交流应更多鼓励、支持来自民间的各种文化艺术形式,使我们呈现给国际社会的文化艺术形式更加丰富多彩,更接地气,更有原创性和生命力。

### (二)传播中华文化经典,加大创新力度

纵观首尔中国文化中心近年来的工作成绩斐然,正确传播了中国文化的美好形象,并且各个艺术层面均有涉猎,顾及了韩国各阶层人民的需求,但对于当代中国文化,对于原创的最当代的文化艺术产品的发掘和传递尚嫌不够,文化传播内容偏于传统文化、经典和地方民俗文化的传播,比如对中韩两国经典文化作品的照搬和演绎多,创作和改编就不够;单一艺术形式的传播偏多(如歌舞、书画、音乐等),而更有创意的诗、书、画、音乐、摄影、影像等跨界文化艺术交流活动还不够。反观近期在纽约,中、韩、美歌唱家联袂主演的英文版歌剧《红楼梦》成功完成首演,创造了一个文化标志性事件。这样的创意让我们依稀看到了"中国文化走出去"的未来图景:将有越来越多"打通两种文化"的华裔人才,深入挖掘中国文化的优秀部分,然后以有效的方式展示于国际舞

台。这就意味着,中国文化已经不是一个简单"走出去"的命题,它本身就是一笔人类的共同文化遗产。

因此,无论是上海昆剧团对汤显祖"临川四梦"的改编、推广,还是北京大学艺术学院民族音乐与音乐剧研究中心新编的中国原创音乐歌舞剧《大红灯笼》、《元培校长》、《曹雪琴》等,都是对我们祖国文化遗产的重新演绎和改编,更值得我们所有的海外中心关注和推广。让世界了解中国,不仅仅是了解传统的中国经典文化或通过古代经典了解古代中国,而更要通过海外文化中心这样一个重要对外文化传播窗口,让世界人民看到真正的最当代的中国文化,从而加深他们对现代化的中国的全面认识和进一步理解。

# 四、港澳台文化交流与实践

**18**
# 关于对台文化交流工作的若干思考

饶先来*

摘　要　"5·20"以来,台湾民进党执政当局拒绝承认"九二共识",不认同两岸同属"一中",破坏了两岸关系的政治基础,致使两岸双方政治互信丧失,两岸关系和平发展成果遭损毁,制度化交往机制停摆,两岸和平发展面临严峻挑战。本文在梳理台湾社会在文化认同方面出现的新情况新问题及其产生的原因和背景的基础上,研析了两岸文化交流面临的现实挑战,并提出了强化两岸文化交流有效性途径和应对新挑战的可行性对策建议。

关键词　台湾　两岸　文化交流　思考

---

＊　饶先来,上海社会科学院文学研究所副研究员,研究领域为文艺批评、文化政策。

时至今日,台湾社会的"去中国化"趋向日益加剧,台湾年轻人对中华传统文化的疏离感越来越强,我们必须高度重视这一趋势,综合运用政治议题、文化交流和商业贸易等手段加以影响,特别要通过具有针对性的文化政策工具强化两岸文化交流、重塑文化认同,推动当代"文化一中"的构建,有效遏制文化台独,推进两岸和平统一。

# 一、"5·20"后台湾地区总体状况

当前世界经济正在深刻调整,全球经济增长呈现下滑趋势,新常态下的中国经济虽然有所放缓,但仍是世界经济发展的亮点:经济结构不断升级,民生得到持续改善,创新驱动日益强劲,外贸发展更加健康。

台湾地区在马英九团队执政时期与大陆经贸关系密切,两岸经济贸易快速增长,文化交流频繁,两岸实现了真正意义上的"三通",签订了多个经济合作协定,台北与内地城市在文化交流合作方面也有较大突破,两岸在政府和民间等不同层次上建立了多种有效的交流管道和平台,经贸人文交流取得了丰硕的成果。自 2008 年台湾开放陆客赴台观光,陆客赴台人数年年增长,到 2015 年已达 418 万余人次。台湾已经成为对大陆贸易逆差最大的经济体,两岸密切的经贸关系大大促进了台湾经济的发展和民生福祉的提升。

"5·20"以来,台湾民进党执政当局拒绝承认"九二共识",不认同两岸同属"一中",破坏了两岸关系和平发展的政治基础,致使两岸双方政治互信丧失,两岸关系和平发展成果遭损毁,制度化交往机制停摆,持续 8 年的两岸关系和平发展良好势头受到严重冲击,两岸经贸和文化交流均受到较大影响。为了对冲这种影响,蔡英文一改马英九执政时期的"西进"政策而推出"新南向"政策。"新南向"政策拟将台湾融入东南亚、澳洲、南亚等区域经济,虽凸显了民进党执政团队的经济考量,但这更是一个带有很强绿营色彩的政治外交政策而非一个单纯的对外经济政策。其主要目标之一就是使台湾经济减少对中国大陆的依赖,同时希望以此实现蔡英文所谓"从世界走向中国"的目标,并试图将两岸关系区域化,以降解、稀释大陆因素对台湾的影响。

"5·20"后对台湾旅游观光业冲击非常大,"新南向政策"也没有取得预期的政策效果,台湾经济出现持续衰退。据台湾观光部门统计,陆客赴台人数从今年5月起开始缩减,迄今近四个月,减幅逐渐扩大。6月陆客赴台人数较去年同期衰退近11.9%,减幅扩大已明显影响到各观光行业从业人员的生计。7月大陆客源呈现衰退状况,较去年同期减少了近5.3万人,衰退幅度达15%,航空业、饭店业、游览车、餐饮店、百货商场、零售店、旅行社都叫苦连天,出现了关店关门潮,甚至生计都无法维持。民进党执政团队因罔顾岛内民众有与大陆民众持续交流沟通的强烈需求,处理社会问题的应对手法不当,也没能拿出有效的纾解措施,引起社会较大反弹,民意调查显示,蔡英文的施政满意度一路下滑,不满意度持续攀升,已到达民意爆发的临界点。笔者在台参会期间,台北相继爆发军公教二十万人大游行,二万人的旅游业者和出租车司机大游行,对蔡英文执政团队十分失望而民怨沸腾。

## 二、 台湾社会现在遇到的最大问题

较长时期以来,两岸地缘隔绝,社会制度迥异,影响两岸文化认同的因素既有内部因素也有外部因素,既有历史因素也有现实因素,但其分歧主要体现在现代文化上。要破解这一认同困境,必须推进为两岸所认同的中华现代文化的构建,重塑新的文化认同。两岸在现代文化组成结构和认知上的不同影响着两岸现代文化认同,而这种文化认同上的差异需要两岸进行广泛深入和紧密有效的文化交流,通过互相学习、借鉴,通过文化整合促成两岸形成现代文化认同,有效遏制文化台独,进而实现祖国的和平统一。

### (一)"去中国化"趋势明显,台湾主体意识日渐强化

李登辉、陈水扁执政时都曾出台"南向政策",实质上就是借此启动了"去中国化"进程。台湾的经济、文化服务于政治,配合"南向政策",实行"去中国化"的文化策略。

早在李登辉和陈水扁执政时期,台湾开始修改教科书,全面推动"去中国

化",假借"台湾化"之名,将台湾史皇民化,向年轻人灌输"台独"意识,"皇民史观"逐渐形成。岛内教育对所谓"台湾主体性"与"国家认同"的强化,已经影响了整整一代人,出现所谓的"天然独"一代。马英九执政之初将重点放在发展两岸经贸关系上,到后期才开始"调课纲",但因台湾社会"去中国化"已经很严重,因此引发巨大反弹。

另外,自李登辉执政时期由绿营文化代表人物陈其南等人倡导的社区营造运动,就是一种文化建设在地化政策,通过发现、提炼、培育、彰显在地的文化符号和历史记忆,来促使台湾在地文化和"台湾主体意识"的萌发、生长和勃兴。社区营造和文化创意在地化在一定程度上促进了台湾地方和社区文化经济融合发展,借此成为帮助原住民发展经济、推动旅游业的手段,但在更深层次上却客观地突出台湾的南岛屿语系和族群意识,达致"去中国化"的政治后果。台湾少数政治人物和独派文化代表为了能肆意操弄政治议题和民意,无视少数民族只占台湾总人口的3%,汉族人口占比97%的事实,为了营造自身人类学意义上的完整族群社会生态系统,人为过细地划分出17个少数民族,以此来抬升台湾在地缘政治中的独立地位;夸大外省人和台湾人的矛盾,加剧族群撕裂,来彰显所谓的"台湾主体地位"。

## （二）基层民众对大陆并不排斥，对中华传统文化有传承和呵护

在台湾政界高层一部分人极力利用民众的情绪大力推动"去中国化"的同时,基层民众却表现出对大陆并不排斥,甚至一些地方政府为了顺应民意,也表达了要与大陆官方密切文化交往的意愿。

一是由于文化历史连接和民族血缘关系,台湾绝大多数基层民众都尊重和理解中华传统文化,也乐意积极看待与大陆民众的文化联系,希望与大陆民众进行深入的交往和沟通。

过去在"九二共识"的基础上,两岸各方面交流有长足发展,台湾民众到大陆旅游、经商、参访,或者大陆相亲到台湾旅游,成为两岸人民生活的一部分,非常自然。但"5·20"之后,两岸关系遭遇困境,对台湾很多产业造成很大冲击,产生连锁效应。绝大多数台湾民众也非常希望两岸和平,希望一起努力重

启两岸正向互动和良善交流,推动两岸持续深化交流合作,促进地方产业发展。台湾产业的永续发展需要借助两岸合作,两岸文化人文交流也需要进一步加强。

二是民众对"南向政策"未必认同。客观看来,"新南向政策"对台湾社会能够产生一定的效果,且这一效果不仅局限在经济领域,还将渗透到文化、社会领域,对拉近台湾地区与东南亚、南亚及澳洲相关国家的关系可能起到一定作用。"新南向政策"与旧的"南向政策"不同之处在于现在除了注重投资外,更将上述国家视为台湾内需市场的延伸,希望借此促进台湾产业升级。更为重要的是,台湾当局以此寻求与这些国家实现经贸、科技、文化等各层面的连接,以共享资源、人才与市场,创造互利共赢的新合作模式,同时建构所谓"经济共同体"的意识。但是,"新南向政策"的经济效应不能高估。在大陆劳动力成本不断升高的背景下,一些劳力密集型的台企向东南亚及南亚转移,有其一定的市场规律要求。但由于这些企业并未返台投资,所以对推动台湾本岛产业发展、解决台湾本地就业问题帮助不大。另外,东南亚及南亚国家的投资黄金期已过,当地的地价、人工成本现在已经攀升不少,这些国家目前更喜欢引入欧美高端企业,这使低端性质的台企在这些国家的发展前景不容乐观。

最重要的是,若两岸关系无法改善,"新南向政策"最终难以成功。蔡英文执政团队与大陆对抗的思维决定了"新南向政策"难以成功,因为这些国家普遍接受"一个中国"原则,与中国大陆经贸关系的密切程度远超其与台湾的经贸联系,不可能为迎合"新南向政策"而冒破坏对华关系的风险。因此,"新南向政策"自推出之际便饱受争议,近期在越南台塑受重罚、"立委"苏治芬受困9小时一事更是把它推向风口浪尖。

## (三)台湾民众大多持有"双重认同",对"一国两制"的认识存在偏差

随着台湾的民主化,原有的中国情怀随着时间日渐减弱,再加上1971年被逐出联合国以后,国民党政府失去国际上代表中国的话语权,国际孤立日深,台湾主体性需求的声音愈来愈大,文化"台独"已成为政治操作所推动的重

要议题。一些政客们将文化作为政治的工具，把台湾的主体性操弄成"台独"的需求，并刻意进行"去中国化"，造成今日台湾民众在身份认同和政治立场上，愈来愈有认同"台湾主体意识"的倾向。据台湾近年来的相关民调显示，有近七成以上认为自己是台湾人而非中国人，也有近半数青年，在政治立场上倾向"台独"。这种趋向的形成既有历史的因素也有现实的环境。

一方面由于国民党政府迁台以来，出于巩固政权的需要，不断强化反共意识形态宣传，并以此整合台湾地区各种社会力量，使得台湾民众对中国大陆特别是中国共产党的偏见根深蒂固。总是认为，台湾才是中华民族传统文化衣钵的嫡传。他们对中华传统文化的认同，更多的是以自己为正宗，视大陆为庶出甚至破坏者，存在一种文化上的优越感。台湾民众孤悬海外已久，久处一隅自然与台湾的命运为命运，加上当政者对台湾主体性议题的操纵，普遍存在既认同中华传统文化，也对台湾主体性有认同。

另一方面，对于部分台湾人来说，他们无视台湾本身崛起的偶然性，一厢情愿认为台湾对大陆的暂时领先是天经地义，是制度、文化、思想等等的优势。目前台湾民意里面，包括支持统一的蓝军民众，都对目前已经被污名化的"一国两制"不满意，其中主要原因就是觉得被矮化了。因为毕竟台湾地区和其他几个"小龙"一样，都是原有美国太平洋秩序的得利者，对中国大陆的崛起有很大的不确定性的疑虑。这也是台湾当政者极力主张美国军事回归亚太的原因，就是希望通过美国军力的增强，来压制中国大陆军力；但是同时希望中国大陆的经济和市场，又可以提供给他们经济繁荣。所以，台湾既想加入"亚投行"，搭上一带一路的顺风车，又怕被大陆统战和打压，而冀望于美国的 TPP。那么对这些想法最不利的局面，就是中国经济掉头向西，离开目前这个牌桌；中国军力南下捍卫核心利益，对抗美国霸权，冲突危机累积加剧，影响该地区所需的国际投资。

从政治和经济角度上来看，中美越是强力博弈，周边经济体包括台湾地区就越存在政经背离，政经撕裂。在经济上，中国的经济影响力已经超越美国，总量上超越美国已经是短时间之内的问题。目前中国的经济结构调整转型，短时间内就已经初见成效。最关键的是，中国已经化世界性经济危机为创新、转型的动力。目前的中国经济已经不是能否融入世界,而是如何改变世界经济秩序的问题了。亚洲的互联互通、一带一路建设,这是意在创新建立新的世界金融经济秩序。

在政治方面。经济是政治的基础,第三世界的发展离不开中国经济,陷入困境的第二世界更想依赖中国经济。经济关系的密切必然带来政治关系的密切。这就决定了在政治上美国也无法占绝对优势。亚投行朋友圈的建立,一带一路共识,是中国经济优势转变为政治优势的开始。而 TPP 和 TTIP 的停止不前,不仅预示着美国经济战略的失败,更重要的是预示着美国政治上的失败。

但中美既合作又竞争是个大趋势。一方面中美之间存在结构性的矛盾,中美的博弈强度越大,台湾社会的撕裂就越强。另一方面,中美之间的合作仍然在加强,尤其是中国东海岸和美国西海岸之间的合作,比如这次西雅图的波音在浙江舟山的生产基地,以及硅谷和中国资金的合作。东亚其他地方的经济体都有被中美合作打出局的趋势。从这个趋势来讲,未来十年就是台湾经济不断衰落的十年,台湾社会不断动荡的十年。

# 三、对策建议

## (一)从战略高度加强对台文化交流的总体设计

今天,台湾社会的"去中国化"趋向日益加剧,台湾年轻人对中华传统文化的疏离感越来越强,这种倾向都应该引起我们的高度重视,并且运用政治议题、文化交流和商业贸易等手段和方式加以影响,特别应通过有针对性的文化政策工具强化两岸文化交流、重塑文化认同、影响台湾文化台独进程,有效地遏制文化"台独",最终推进两岸统一。

一是要将对台文化交流工作应放在一个战略的高度,从政治、经济、社会、文化等维度进行战略布局,在深入分析研究台湾政治环境、社会生态和人心流向的具体特点和总体趋势的基础上,由中央层面制定对台文化工作总体战略规划。一方面,对台文化交流应成为制定两岸关系政策的制高点,常规性的文化交流工作应该服务于对台整体战略和人心回归,应该让台湾民众获益与有感。另一方面,要在原有的一些交流机制里面融入文化交流版块,以推进两岸政治、经济议题的进一步讨论,消除误解,达成更多共识。比如考虑在"上海台北双城论坛"中加入文化议题,嵌入"文化交流论坛"。

二是要加强两岸民间文化往来。鉴于密切两岸四地经贸关系还不足以发挥充分作用,要注重发挥文化在整合两岸和中华民族伟大统一中的重要作用。要优先加强两岸文化艺术界和学术界之间的交流和对话,通过学术界和文艺界之间的密切互动,达成一些重要理念和共识,在共识基础上努力推进两岸文化交流。另外,要着力在社区基层民众和青少年群体身上投放相关资源,让他们在生活中感觉到与大陆亲厚的好处,纾解他们在竞争和压力意识下的焦虑感。

## (二)对台文化政策要强化以中华文化为核心的多元价值表述

台湾百年殖民的历史之中,其主体文化是被掏空的,这些年台湾史的书写,所谓的台湾本土文化认同,基本建立在太平洋岛屿的少数民族文化和郑成功之后的闽南庶民文化两条脉络之上。一种历史记忆的发掘,意味着另一种历史的遗忘,这种遗忘,就是排斥来自中原文化大传统,这是另一种对抗。两蒋时期的国民党用大中华民族主义压抑台湾本土文化,而如今的"去中国化",则是借多元价值的倡导来削弱中华传统文化的核心地位,用本土小文化传统抗拒历史和现实之中所真实存在的中华大文化。

现实中,民进党即是以号称多元价值的多元论述来混淆价值认定,所以大陆在建立对台广泛统一战线时,应在尊重台湾民众的"既是中国,又在台湾"的"双重认同"之心理需要和文化诉求的基础上,强调以中华文化为核心的多元价值论述,团结更多的台湾民众,夺回论述权和话语权,巩固"中华民族认同"的文化内涵和意识形态基础。

由于西方分离势力介入与操纵台独,光用经贸关系来稳固和勾连两岸关系的边际效应有递减趋势。只有构建一种新的认同,才能有效遏制"台独"。统一的核心应该是以五千年历史文化为基础构建一个国家认同。在对台文化交流中也要构建一个基于中华民族五千年历史文化的国家认同。目前两岸同一种存在一些认知偏差问题,比如台湾对社会主义的意识形态疑惑。如何来推动这种认同,并以此来推动统一的进程,恐怕要构建"多元一体的文化政治"。

### （三）加大文化市场开放的力度，通过文化产业整合台湾文化

台湾先天就是一个规模不大,纵深不足的经济体,所以,必须善用本身的比较优势,连结境外的互补资源,形成有竞争力的要素组合,发展文化产业,开拓文化消费市场,才能进一步壮大已获得初步成长发展的文化创意产业。在全球化及区域整合的大潮流趋势中,台湾要突破目前这种"闷经济"的困境,检视自身条件,放眼世界格局,依循经济规律,很清楚的是,与大陆做进一步整合是最佳的选择。庞大的市场、丰沛的资源、渐强的规则制定能力,这三个事实决定台湾必须进一步与大陆合作。可惜的是,从李登辉的"戒急用忍"开始,台湾总是在两岸要素流通上设下门禁,筑起壁垒,耗损机会。

其一,大陆提供了巨大的市场机会。今天的大陆已经是一个 GDP 超出 10 兆美元,比台湾大上 20 倍的经济体,即使成长速度放缓,在可见的未来,仍将创造巨大的市场机会。以"十三五"规划所企求的 6.5% 成长率来说,大陆每年至少新增 1.3 个台湾的经济量体。同时,从全球金融海啸以来,大陆对于世界经济成长的贡献,就经常大于美国加上日本。

其二,大陆拥有着丰沛的互补资源。海峡两岸从不相往来到大陆迅速跃升为台湾最大的贸易伙伴,原因无他,因为,大陆拥有许多可以和台湾互补的资源。从过去便宜的劳动力和土地,到现在不断增长的消费能力和市场规模,都能突显台湾的优势,弥补台湾的劣势。同种同文,地理邻近,人脉亲密,台湾本来就享有运用大陆元素的优势,可以将之转化为吸引外来投资和开拓国际市场的强项。

其三,大陆正在引领新的经贸规则。从主导 RCEP 的谈判进程,规划"一带一路",成立亚洲基础设施投资银行,加入 IMF 的一篮子货币,牵头第五代行动通讯的传输标准,到呼吁构建电子商务的世界贸易平台,大陆正一步步迈向

世界经贸规则的领导地位。

随着台湾社会家庭少子化、产业空心化、人才外流化趋势的加剧，台湾在经济上并没有太多的选择空间，如果不愿意和大陆做进一步的整合，台湾就得甘于自我边缘化。这是先天条件和后天时势共同形成的基本格局，也是台湾无可逃遁的大势所趋。

经济上如此，文化创意产业发展亦是如此。有文化产业支撑的文化，才是具有传播力的文化，大陆应向台湾全面开放文化产业和文化市场，用文化创意产业来整合台湾的文化产业。利用大陆的庞大的文化市场，吸引台湾先进的文化产业理念、管理、技术、资金和创意，先行整合两岸文化产业。2003 年大陆对港澳台地区开放电影产业以来，台湾的电影产业几乎全军覆灭是一个重要的现实。台湾的电视业已经失去了产业基础，电视节目明显的娱乐化、庸俗化；校园音乐、所有的歌手和文化娱乐的艺人要发展都必须到大陆来发展。台湾影视制作人、演员和各种人才已离不开大陆这一庞大的市场的支撑。大陆在电影产业和娱乐产业方面对台湾产业整合成功案例，足以说明通过文化产业的一体化，文化市场要素的互补性，文化产品的同一化，做好台湾人心回归工作，服务于中华民族统一大业，是大有可为的。

# 19

# 文化与城市的共生：
# 台北文化政策研究的一个视角

林秀琴*

摘　要　"文化"作为一种社会、政治和经济的力量,正在全面渗透进全球的城市化历史进程中,影响并塑造了城市的人文内涵与美学形象。从城市空间的经营到具体产业的发展,文化政策都展示了其务实而激进的力量。本文从文化与城市共生的观念来考察台北,这个台湾地区文化艺术发展最为集聚和突出的城市。台北一直以活跃姿态不断引入和"复制"国际流行的文化实践,纳入国际人文艺术发展的理念与做法,使自身并入全球轨道。检视台北城市发展与文化发展的勾联,可作为观察台湾地区经济社会与文化发展走向的一个重要视角。

关键词　台北　文化政策　城市文化

随着全球城市化进程的加速,城市已经成为全球经济社会的主要空间与场域。随着城市的快速发展和城市人口的迅速集聚,城市的社会结构、生活形态与文化精神将不断拓展与深化,城市生活将成为现代社会最重要的生存方式和活动方式,并推动全球经济社会关系的变迁。在这一进程中,"文化"作为一种社会、政治和经济的力量,也将更充分、更全面地渗透进全球的城市化历史进程中。文化涉及广泛的社会发展议题,譬如民主、多元文化主义、新媒体科技、国家或民族认同等,这些议题将随着全球化时代的到来被显著地放大。

---

＊　林秀琴,福建社会科学院副研究员,研究领域为文艺学、文艺产业。

与此同时，文化的产业功能也被前所未有地彰显和激发出来，在影响区域竞争和城市竞争的因素中，文化已经不再处于边缘的位置。文化不仅仅是基础性的力量，影响并塑造了城市的人文内涵与美学形象，而是成为新锐的生机勃勃的经济力量，借助文化创意产业的发展机制与经济逻辑，可以迅速地从符号资本兑换为具体可观的经济资本。这对于城市发展来说无疑具有极大的吸引力，没有什么比城市这样的主体更需要文化与经济的合作来取得城市发展系统的更新与升级了。这导致文化政策与城市发展政策之间产生更多的交集，从城市空间的经营到具体产业的发展，文化政策都展示了其务实而激进的力量。

本文从文化与城市共生的观念来考察位处我国海峡东岸的台北。台北成为一个城市的历史并不长——从公元 1875 年沈葆桢建立台北府算起仅有一个半世纪。自 1949 年国民党迁台之后，台北就一直扮演着我国台湾地区文化行政中心的重要角色，拥有丰厚的文化艺术资源和文化产业基础，是台湾地区文化艺术发展最为集聚和突出的城市。自 20 世纪 70 年代台湾地区腾飞成为"亚洲四小龙"之后，台北就有意识地被打造成一个具有"国际性"品格的现代城市，在当今全球文创风潮洗礼下，台北更以文化创意为号角，努力打造一个奠基在文化和创意基石上的富于现代性与国际性的城市。城市人文领域的耕耘因此备受重视，从城市空间的创意活化、青年艺术作品购藏、公共艺术发展行动、城市艺术节等等，台北一直以活跃的姿态不断地引入和"复制"这些国际流行的文化实践，纳入国际人文艺术发展的理念与做法，使自身并入全球轨道，进入国际文化视听。检视台北城市发展与文化发展的勾联，可以作为观察台湾地区经济社会与文化发展走向的一个重要视角。

就台北城市发展与人文发展的互动、城市发展构架中对人文发展维度的引入而言，我们大致可以发现三条线索或脉络。

## 一、 从"都市更新"到"都市再生"：
### 空间重构理念的演变

20 世纪 80 年代，台北市开始推动"都市更新"行动，重要举措包括 1983 年发布"台北市都市更新自治条例"，1988 年在都市发展局下成立"都市更新科"，1993 年修订"台北市都市更新实施办法"，2004 年成立"都市更新处"，2012 年由台北市政府出资设立"财团法人台北市都市更新推动中心"，推动城市建筑、街区等公共空间的修建和整治。都市更新侧重于硬体空间的修缮与规划等政府行为，并通过容积奖励等方式鼓励民间参与，促进城市美化和历史街区的保护，但总体来说文化介入空间的范围、深度都比较有限。台北都市更新处于 2010 年发起"都市再生基地"计划，即 URS（Urban Regeneration Station）计划，将台北市公有闲置房地和都市更新地区范围内的闲置空间进行活化利用，以再生观念将旧建筑、旧空间转型为新型创意空间，从而在保存地方历史文化记忆的同时，激活旧建筑、旧空间的新生命。URS 计划推出了一系列行动方案，包括：编号为 URS13 的北部流行音乐中心（原为南港瓶盖工厂），编号为 URS21 的"中山创意基地"，编号为 URS127 的"127 设计公店"，编号为 URS44 的"大稻埕故事工坊"，编号为 URS27W 的"城市影像实验室"，编号为 URS27 的"华山快乐月台"（原为华山大草原）等。URS 计划是国际上近年来盛行的"闲置空间再利用"理论的在地化实践，2012 年台北启动的"老房子文化运动"，也是这一理念的延续。"都市再生"立足于具体个别空间的转型，但更加重视和强调城市空间系统的整体重构，即将这些具体的、个别的空间视为城市整体的有机构成，另一方面也更加重视艺术文化在空间重构中的作用，表现出将老旧空间转型为新型文化创意平台的主流趋势。

追溯"闲置空间再利用"这一理念在台湾的发展，不能不提到位于台北的华山 1914 文创园区。华山文创园区的前身是创设于日据时期的台北酒厂，台湾光复之后归属台湾省专卖局，1987 年酒厂启动外迁并于 1997 年全部迁出，留下闲置厂房。1997 年，台湾剧场领军人物李国修创办的金枝演社，在旧厂房开辟舞台演出《古国之神——祭特洛伊》，台湾省公卖局以侵占财产罪名提请警察局拘禁该剧导演王荣裕，一时引起舆论哗然。此事件导致了两个重要进展，一是台北市政当局开始推动对历史建筑、工业遗址等古迹的认定，一是学术界、艺文界由此展开"闲置空间再利用"议题的讨论，推动台北酒厂旧址转型作为艺文展演空间并确立其合法性。此后，台北市内包括紫藤庐、牯岭街小剧场、"二二八"纪念馆、北投温泉博物馆、市长官邸、当代艺术馆、中山堂、国际艺术村、林语堂故居、钱穆故居、红楼剧场、台北之家、台北故事馆、当代艺术馆、草山行馆、蔡瑞月舞蹈研究社、芝山岩展示馆、圆山别庄等在内的数百处古迹旧址,①皆纳入闲置空间再利用的谱系,台北城市人文空间重构的历史就此掀开。

进入 21 世纪,台湾地区以"《挑战 2008》"和"《创意台湾》"两份文件,推动文化创意产业发展的大潮,台北旧酒厂正式以文创园区的新身份出现,同时带动位于台中、台南、嘉义、花莲四县市的酒厂旧址、仓库等转型为现代文创园区。华山 1914 文创园区定位于"文化创意产业、跨界艺术整合与生活美学风格塑造",成为台北发展文化创意产业和经营城市人文环境的重要场域。位于台北信义区的松山文创园区也是城市"闲置空间再利用"的重要代表,园区前身是建于 1937 年的"松山烟草工场",2001 年台北市政府将松山烟厂指定为第 99 处市定古迹,由台北市政府文化局委托台北市文化基金会营运管理,转型为松山文化创意园区对外开放,定位为"台北市的原创基地"。同年台湾创意设计中心、台湾设计馆进驻园区,松山文创园区逐步成为台北设计产业的展示窗口与育成平台,成为与华山 1914、西门红楼三足鼎立的文创园区。这些皆是以闲置空间再利用、以文化活化空间的重要案例,一个一个的人文空间联结起台北的文化地图,成为城市空间重构和都市再生的重要力量。

在推进都市更新、都市再生的同时,台湾地区的另一个重要社会运动是1994 年发端的"社区总体营造"和 2008 年发端的"生活美学运动",二者虽然源于不同的社会发展理念建构,却共同推进了文化对社会空间的广泛介入和人文艺术社会化教育的深刻普及,形成了艺术介入空间的另一种脉络。

"社区总体营造"的核心内容是"建立社区文化、凝聚社区共识、建构社区生命共同体"。② 也就是说,"社区总体营造"旨在通过挖掘社区文化资源和推动地方文化建设,召唤社区居民的认同感,调动社区居民积极参与地方公共事

---

① 陈华志:《都市艺文空间发展研究——以台北市空间再利用为例》,台湾东海大学建筑系硕士学位论文。
② 陈其南:《社区总体营造与文化产业发展》,《台湾手工业》第 55 期,1995 年。

务,并最终凝聚和建立社区的"共同体"意识。"社区总体营造"这一概念来自日本的"造町"运动,"造町"运动的核心是区域(空间)的活化,即通过挖掘在地资源,再造传统产业,促进地方产业振兴,达成区域发展活化的目标。在1994年台湾地区发布的"《十二项建设计划》"中提出"充实省(市)、县(市)、乡镇及小区文化软硬件建设"计划,作为推进地区文化建设的抓手。这是一个系统的地方文化建设与发展计划,包括三类内容:一是文化资产保存与发展;二是加强县市文化活动与设施;三是加强乡镇及社区文化发展。地方性的文化保存、文化硬体设施建设和文化活动计划等软体建设,占据了文化建设十二项计划的主体部分,也是台湾地区均衡地方文化资源、推动地方文化平权和活化地方文化空间、推动地方产业振兴的重要体现,可见其对地方文化发展十分重视,以及彼时台湾地区文化建设与"社区总体营造"这一理念的密切关系。在这一脉络下,1995年台湾文化行政部门将地方文化产业发展确立为"社区总体营造"的重要内涵,"文化"成为地方活化的重要推手,为进入21世纪之后台湾地区发展文化创意产业奠定了深厚的基础。尽管这一时期的地方文化发展更多服务于产业振兴和经济发展的需要,但其对文化环境的活络、文化创意氛围的凝聚和对文化艺术人才的发现与培育,从整体上极大地提升了台湾地区文化空间的创造活力。

"社区总体营造"的理念对台湾当代艺术领域发展的深刻作用,表现在艺术与"在地"的联结开始建立。自20世纪60年代以来,众多知识分子、艺术工作者游学海外,于往返学习和就业中陆续开辟了台湾地区与欧美文化对话的通道,到80年代解除政治戒严之后,欧美现代艺术思潮在台湾大举着陆,台北更深受浸洗,成为台湾当代艺术发展的大本营——从艺术家空间上的集聚,到各种类型的艺术场域的开辟和各种文化论述的建构——台北无可置疑地成为台湾当代艺术发展的代言人。显然,这一批留学欧美重返台湾的艺术家在台北的集聚构成了台北城市空间活化的重要力量。在彼时,公共艺术首先启动当代艺术介入城市空间的第一波浪潮。这一方面固然是因为公共艺术与环境艺术的血缘关系,另一方面则是台湾地区文化政策促成的结果。克劳斯·西本哈尔指出:"公共艺术一方面作为艺术家进行社会参与和社会介入的形式存在,另一方面也被政府有意识地纳入到城市营销和城市发展的战略中。"①公共艺术在台湾地区的发展同样是文化政策的结果,政府在 1992 年发布的"《文化艺术奖助条例》"中提出:"公有建筑物应设置公共艺术,美化建筑物环境,且其价值不得少于该建筑物造价百分之一",这是流行于欧美的公共艺术百分比计划,政府提供的公共艺术资金成为艺术家创作资金的重要来源。台湾地区推行公共艺术政策的目的在于以公共艺术作为"美学涵育的重要推手",促进"艺术观念不断渗透进入民众日常生活"和"公共艺术与工程建筑地景的融合关系日臻成熟"②。据统计,该政策实施以来,台湾地区执行的公共艺术案例已经超过 1 700 多件,经费累积超过 17 亿元新台币,其中台北市公共艺术设置最多,占全国经费一半以上。③ 台北成为台湾发展公共艺术的重镇,是由其城市化水平和作为台湾地区行政文化中心的地位决定的。台北于 2005 年发布"《台北市公共艺术推动自治条例》",并成立"台北市公共艺术基金",说明公共艺术已是台北城市文化建设的重要构成,这些举措也大大推动了台北城市公共艺术的发展,公共艺术成为艺术介入城市空间的重要载体。

当代艺术如何与地方建立文化联结? 这种思考同样贯穿于 20 世纪 90 年代以来台湾"地方美展"的文化脉络中。就台北而言,1994 年的"台北县美展:环境艺术"、1995 年的"台北县美展:淡水河上的风起云涌——台北风筝会"、1997 年的"台北县美展:河流——新亚洲艺术·台北对话"都是这种理念的实践。继 1998 年在台北策展"土地伦理"之后,策展人张元茜于 2001 年推出"粉乐町——台北东区当代艺术展",继续将文化焦点对准艺术与土地、空间的关系。在形式上,"粉乐町——台北东区当代艺术展"将富于实验性的当代艺术作品分散于台北东区的日常性空间中,如办公大楼、商店橱窗、书店、咖啡厅、酒吧、水塔、街道与巷弄等,与东区浓厚的商业气息相对

---

① ［德］克劳斯·西本哈尔:《公共艺术与城市品牌营销》,《人民日报》2013 年 10 月 13 日。
② 台湾文化行政部门:《2011 年公共艺术年鉴》。
③ 相关文献参见柯惠晴:《都市文化空间政策:台北市都市再生引发的另一种艺术介入形式》,台湾艺术大学艺术管理与文化政策研究所硕士论文,2013。

应,艺术展突显或赋予了城市空间以新的人文色彩。从内涵上看,"粉乐町"不仅仅是"户外美术馆"或"迁移的美术馆",超越传统美术馆室内艺术展的空间规制是其共通点,"粉乐町"的新颖之处在于选择了台北东区这样一个金融商业核心区作为载体,从而提出了一个新的议题:艺术如何与被消费主义所重构的现代空间共处,如何形成批判与对话的场域。开放的艺术展示空间以及由此带来的艺术接触的偶然性、机动性,制造了艺术作品与空间、受众的潜在对话,表明了艺术家寻求艺术介入公共性场域、促进艺术与在地空间互动的企图。

2008年,台湾地区文化行政部门发起"生活美学运动",进一步推进了文化艺术对生活空间的介入。"生活美学运动"的目标是"运用艺术思维和手段","创造源源活水的艺术美学,发展优雅的艺术环境",从而"改善台湾目前生活环境的状况,以美感、创意、爱与关怀来提升台湾的竞争实力"。"生活美学运动"包括两个面向:一是开展研习、体验营、展览及种子培训活动,推动美感环境的营造和艺术社会教育的普及,来促进民众对生活美学的重视和提升美学涵养;二是开展城市文化讨论,引导艺术进入社会空间,促进地标环境艺术创作,打造美感城市。在实践方面,台湾"生活美学运动"包括三大项目,即艺术介入空间计划、生活美学理念推广计划、美丽台湾推动计划,各个项目又包括若干子计划。"生活美学运动"可以说是后现代社会的消费主义和日常生活美学等文化哲学在现实世界的投射,它的发生与当今全球的城市化浪潮紧密相关,台湾生活美学运动即是这种浪潮的一个缩影,同时也是台湾地区亟待借助"文创"风潮带动产业转型和推动城市再生这种发展诉求的体现。无论是开发文创商机,还是塑造现代创意城市,台北都是台湾地区重要的担纲者。也正因此,从博物馆、艺术中心、文创园区、生活美学馆等空间的经营,到双年展、艺术节和各类社区美学推广活动的开发,台北都是"生活美学运动"的积极实践者。"生活美学运动"使"艺术介入城市"这一议题突破了公共艺术设置、环境艺术等传统路径,开拓更广泛、更多元的生活美学文化实践,提升文化、艺术与城市空间的交融度和共生性。

# 二、从"本土"到"国际"：台北
# 城市艺术节的两种维度

进入 20 世纪 90 年代之后,台北开始有意识地经营各种具有国际性影响力的文化场域。从台北国际打击乐节、台北国际爵士音乐节、台北国际合唱节、台北国际电影节、台北国际动漫节,到台北双年展、台北电影展、台北艺术节、台北艺穗节等。艺术节除展示和推介艺术作品、促进艺术创作和培养艺术家及推广教育之外,更有复兴都市艺术和推动地区发展的功能与作用。艺术节对城市或地区发展的推动,表现在艺术节本身即是一种包括艺术交易、艺术旅游与观光业在内的活动经济,"设计一场庆典或是狂欢,把地区的、本国的或国际上的注意力都吸引到这座城市上来"[①]。而且,艺术节的系列活动具有激活空间的作用,可以激发一个城市的文化创造力:艺术节是切磋重要的文化议题,开放文化探讨的空间,激励社会的创新创造精神,凝聚城市的文化形象和提升城市文化影响力的重要平台。

一般来说,城市艺术节的举办不外于如下诉求:一是为艺术群体提供展示交流的平台和跨界合作的渠道,活络城市文化发展环境,鼓励文化艺术创作的发展;二是为城市民众提供接触、欣赏与学习文化艺术的平台,推动城市公共文化服务建设;三是对内通过活动凝聚和塑造城市精神,对外达到城市文化形象的推广行销。与文创园区、艺术中心建设这种强调"硬"的环境艺术不同,以艺术节为代表的文化活动更侧重于"软"的环境美学的经营,二者都是都市再生的重要手段。台北对艺术节的经营有两个重要脉络,对内,是沿袭"生活美学"理念和应对文创发展需求,达成对社会文化艺术教育的推广、深化和都市人文空间的活化、再生这两个目标;对外,是与国际艺术生产场域建立联结,推动本土当代艺术生产进入国际视听,在全球艺术生产场域中建立市场据点和话语平台。台北双年展、台北艺术节及其姊妹花台北艺穗节,即是这种理念

---

① ［澳］德波拉·史蒂文森:《城市与城市文化》,李东航译,北京大学出版社,2015 年,第 124 页。

的重要承载。

启动于 1998 年的台北双年展是台北市立美术馆实践其国际性发展战略的里程碑式节点。台北市立美术馆于 1983 年年底开幕，其理想是成为台湾的"现代艺术资源中心"，因而，美术馆自正式运营以后就有计划地典藏、研究和展览 20 世纪以来的现代美术作品，其中包括有计划地引进欧美重要的艺术思潮与艺术作品，以期形成台湾当代艺术和欧美当代艺术的交流与对话。促进台湾现代艺术的活络，与国际当代艺术的脉动同步，是台北市立美术馆的工作主轴："建立一个联结本地和国际社群的直接网络"，"将台湾带入全球艺术网络的舞台，持续建立与国际艺术网络联结与对话"。① 这种定位与策略更为集中地体现在台北双年展中，与福冈（日本）的"亚洲双年展"、昆士兰（澳大利亚）的"亚太三年展"及光州（韩国）的"光州双年展"相似，台北双年展自一开始就以"国际"为定位。时任台北市立美术馆馆长林曼丽认为，这种尝试可以为台北"广植国际艺术人脉"，促进台湾当代艺术发展在海外的能见度。林曼丽还指出，透过"台北市立美术馆与国际展览策划人的合作经验"，既可以达成"对本馆馆员提供好的示范作用与学习机会"，而且"展览本身的呈现也将对台湾社会提供各种不同层面的讨论空间"。② 台北市立美术馆试图通过营造具有国际性的当代艺术平台，使台湾当代艺术切入国际艺术发展的脉络。这种战略目标一方面是增进国际艺术领域对台湾当代艺术发展的了解与认知，另一方面也企图通过艺术场域的交流、碰撞来增进台湾当代艺术领域对自身所处的社会历史境遇的观察与体认。

基于此，台北双年展从一开始就引进国际策展人制度，此后又出于兼顾"本土"视角的需要，确立了台北双年展所独特的"双策展人"制度：1998 年南条史生策划的《欲望场域》，2000 年杰宏·尚斯、徐文瑞策划的《无法无天》，2002 年巴特缪·马力、王嘉骥策划的《世界剧场》，2004 年范黛琳、郑慧华策划的《在乎现实吗?》，2006 年丹·卡麦隆、王俊杰策划的《（限制级）瑜伽（Dirty

---

① 引自台北双年展官方网站。
② 转引自《1998—2008 台北双年展策展论述脉络之研究》。

Yoga)》,2010 年提达·佐赫德、林宏璋策划的《艺术的政治性》,2012 年安森·法兰克策划的《现代怪兽/想象的死而复生》,2014 年尼可拉·布西欧的《剧烈加速度:艺术在"人类世"》和 2016 年柯琳·狄瑟涵的《当下的姿态与档案·未来的系谱》。这种策展制度使历届双年展呈现出当代艺术多元包容的风貌,也创设了"本土"与"国际"对话的情境与机会,使得台湾当代艺术可以在主流(西方当代艺术)的艺术脉络中开辟自身(本土)的话语。当然,在这种"多元"的艺术图景中,艺术家能在多大程度上对艺术话语权之间的角逐有深刻体认,需要更深入、更严谨的辨析。

台北双年展并非一般意义上的艺术展——艺术作品的陈列与品评——尽管这是其中应有之义,但艺术展同样关涉许多内在的命题,包括艺术展的核心主题、策展体制、围绕或由艺术展衍生的相关议题的铺展与艺术论述等。譬如,2006 年台北双年展由丹·卡麦隆和王俊杰策划,其主题为《(限制级)瑜珈/Dirty Yoga》,聚焦点是现代人的"欲望",探讨如何通过对欲望的祛魅和对城市所代言的现代生活空间的检视,寻求使生命回返自然的、生态的生活形态;2010 年达·佐赫德和林宏璋策展的台北双年展,则以"艺术"与"政治"的关联作为探讨对象,聚焦于艺术生产中的社会关系与艺术生产场域的内在结构,企图通过建立艺术自我批判的视角还原或"去自然化"的行动,来观察艺术生产中的社会体制与机制问题。台北双年展表现出了对现代社会生活尤其是现代城市生活中人与空间、人与社会诸种关系的关注,提供了一种新的艺术视域:崇尚通过艺术创作探讨艺术的社会实践及美学价值,重视艺术家的创作在指涉、观察与思考社会、政治现实中所具有的敏锐度与包容力,强调当代艺术的社会性与公共性的维度,显然有助于启发台湾当代艺术家的成长。另一方面,这些发端于当代艺术领域自我检视的议题,其触角已经不局限于狭义的艺术范畴,不管是人与社会及自然的关系探讨,或是艺术对社会的批判、艺术生产的制度,均触及"空间"与"现代性"等城市社会发展议题的核心。

无论从策展人、策展理念、参展艺术家,还是艺术展的社会影响、国际关注度等面向,台北双年展都可以说是台湾地区最权威也最富有代表性的当代艺术展。台北双年展代表了一场先锋与前卫的当代艺术盛宴，它的实验性、当代性标示出了台湾当代艺术与全球艺术潮流的同步性和对话性，而这种同步、对话使台北作为一个城市主动、自觉地参与和介入了全球的艺术生产（包括艺术话语理论的生产）的场域中，这是台北双年展之于台北城市空间的重要意义所在。另一方面，在通俗意义上，台北双年展固然是台北的一张文化"品牌"——众多国际著名艺术家与艺术新锐齐聚台北，这个行动本身即是一场成效显著的城市推广行为。而且近几年来，台北双年展逐步将活动空间越出台北市立美术馆的范围，与其他人文空间或公共场域的联动计划逐步成为台北双年展中的重要面向，譬如 2010 年的台北双年展联动计划中，就邀集台北七个独立的艺术空间（竹围工作室、南海艺廊等）进行合作，这些艺术空间的展演活动或研讨对话，表现出对艺术介入城市发展的立场和热情，也实现了主办方试图借助台北双年展"刺激在地的协同作用"的用心。2016 年台北市立美术馆在台北双年展主题展区之外同时推出《台北双年展回顾展 1996—2014》，对此，现任馆长林平表示："透过过去、现在、将来的交织错置，进一步展现台北双年展将近二十载轨迹对台湾以及区域艺术生态的影响，更加呈现美术馆作为活络台北艺文能量催化剂的角色。"①这番表述阐明的正是艺术生产与城市空间的内在关联。

1999 年台北市文化局开始举办的台北艺术节，同样承担了上述目标："透过相关活动的举办，打开跨界合作的可能，活络文创产业，促进台北国际观光发展，将台北文化城市的形象推向国际社会。"②台北艺术节主要聚焦于戏剧、音乐和舞蹈现代表演艺术，亦有木偶戏剧、新马戏及户外表演等更具传统特色、大众化的活动，近年来结合文创发展背景，在台北市多个公共空间与松山文创园区设置相关的展览、采访、演讲、对话等各类活动。

自一开始，台北艺术节的节目构成设计中就包含有不少海外艺术团体的节目，随着在海外的声名日隆，台北艺术节更着意于将自己打造为国际表演艺

---

① 参见第十届台北双年展网站。
② 参见《财团法人台北市文化基金会捐助及组织章程》。

术领域的重要活动单元,邀请著名的海外艺术家、艺术团体参与是其重要策略。虽然台北艺术节规模不太,节目数量限于个位数,但历年参演的海外艺术团体在数量上平均比重超过台北本土艺术团体,其中不乏在当今国际上享有盛誉的艺术团体和艺术家。其中,既有罗伯·威尔森、彼得·布鲁克和波兰任我行剧团、瑞士洛桑剧院、德国柏林德意志剧院、德国慕尼黑室内剧院等国际知名的戏剧导演与艺术团体,也有加拿大魁北克机器神、日本大阪大学机器人剧场计划这样的戏剧实验团体新锐。参演节目及其议题设置非常多元,从传统社会伦理的现代审视,到全球化、政治、两性关系、宗教、少数族群文化认同,从科技与人性的博弈到环境保护与生态美学,在彰显多元与包容立场的同时,亦紧扣现代社会、政治与文化的焦点。

另一方面,台北艺术节有意将"本土"的力量带入国际表演艺术的话语场域,实现其推介本土艺术家、艺术团体和发扬本土文化的目的。其中,既有已经在表演艺术界斩获国际声誉的团队,譬如2008年台北艺术节请来了"表演工作坊"赖声川导演的《这一夜,women 说相声》,还请来了香港前卫实验剧团"进念二十面体"胡恩威导演的《这一夜,路易康说建筑》等节目;2014年邀请了著名电影导演蔡明亮制作的《玄奘》,通过影像记录和剧场演绎串联起台北、布鲁塞尔、维也纳、光州横跨东西地域的四座城市。此外,像创作社剧团、绿光剧团、四把椅子剧团、莎士比亚的妹妹们的剧团等代表台湾中生代、新生代小剧场实力的艺术团体,也频频在台北艺术节展示其创作成果。一些新兴的本土艺术团体也有机会被推介到艺术节的舞台上,如创立于2009年的黑眼睛跨剧团就在当年获邀参加台北艺术节。从参演节目的议题来看,绿光剧团的《领带与高跟鞋》、《丑男子》,慢岛剧团的《薄荷、迷迭香和不知名的花》,四把椅子剧团的《等待窝窝头之团团圆圆越狱风云》,找我剧场取材自苏珊·桑塔格的《不可言说的真实》,"达康. come"以幽默诙谐的"漫才"艺术呈现的《台北笑谭——达康宅配便》等,这些作品均集中于对现代社会伦理、中产阶级生存状态、都市生活境遇的探讨,紧密联结台北城市本土的空间情境。

近些年来台北艺术节逐步凝聚出另一特色,即台湾本土艺术家、艺术团体与海外艺术家、艺术团体的合作性创作。譬如,2008年台湾偶戏团和法国里昂

ZONZONS 剧团合作演出的《戏箱》；2012 年台湾布袋戏小宛然剧团和法国艺术家班任旅合作的《莫伊传说》；2013 年台湾舞蹈空间舞团与西班牙籍新锐编舞家玛芮娜·麦斯卡利合作的舞蹈作品《时境》；2014 年台湾身声剧场与德国剧场知名编导 Kevin Rittberger 合作的《目连拯救母亲大地》；2015 年德国编剧 Anja Hilling、导演 Daniela Kranz 与台湾杨景翔演剧团合作的戏剧作品《雨季》，澳大利亚黑臂章乐团和台东卑南族卡地布部落音乐家桑布伊合作的音乐作品《歌之版图》，以及 2016 年台北艺术节的"钮扣计划"。[①] 通过具体艺术项目的合作促进不同文化传统、艺术风格之间的交流与对话，从而发展出艺术表达的多种可能性，这种合作本身即是对现代表演艺术创新与实验精神的实践。

台北艺术节是台北一年一度的文化盛事。晚近几年的台北艺术节也开始尝试开拓艺术与城市的更为立体的关联，包括将艺术节相关活动举办场所扩至常规剧场之外的其它城市空间：台北城内的城市舞台、中山堂中正厅、中山堂光复厅、水源剧场、大安森林公园等场地，均被开发为艺术节的展演场所。当然，从空间联结的角度来看，台北艺术节更多局限在"剧场"内，主要是以小空间带动大空间的联动形式，因而台北艺术节对城市空间的带动意义更多地表现为其文化与象征的意义。反之，2008 年开始举办的台北艺穗节，则企图弥补艺术节在空间上的不足，使艺术节突破相对独立的空间和受众群的限制。台北艺穗节沿袭的是欧美城市艺穗节的文化传统和活动机制，[②]主要表现在两个方面：一是不设节目遴选机制，凡是有意愿的艺术家、艺术团体均可以向艺穗节活动组织方（在欧美城市主要是相关的艺术委员会等非官方而又具有公共性的机构）提出申请，参加艺穗节的主体构成、参演节目的选择，都具有很大的自主性和自由度，艺穗节以另类、非主流、独立艺术为标榜，从而与艺术节主导的精致艺术、精英艺术相区隔；二是表演空间灵活自由，与城市生活空间交

---

① "钮扣计划"的推动者是台湾舞者何晓玫创立的舞团"Meimage Dance"，舞团从 2011 年开始每年推出"钮扣 * New Choreographer"计划，致力于东西舞蹈艺术的交流与合作。

② 艺穗节最早发端于英国，1947 年的爱丁堡艺穗节（The Edinburgh Festival Fringe）被视为艺穗节的滥觞，Fringe 一词意为"边缘的、外围的"，作为名词也用以指称"稻穗"，故称"艺穗节"，主张独立艺术、原创精神和实验性。

融度高,画廊、公园、咖啡厅、酒吧、街头、广场等各种城市公共日常空间,均可以因地制宜临时改造为演出场所。对比台北艺术节和台北艺穗节可以发现,历届艺穗节在活动场地、艺术团体的数量上都是艺术节所不能比拟的,历届艺术节节目数量一般保护在十个以内,但2009年台北艺穗节就包括了14个场地、80个团队,2010年包括了21个场地,2016台北艺穗节的活动地点更是遍布台北城市的各个角落,除了牯岭街小剧场、南海艺廊、大稻埕戏苑、中正纪念堂演艺厅、华山1914文创园区、松山创意园区等传统或现代意义上的城市文化空间,也包括游艇、仓库、公园、咖啡馆等各式生活场所。

一定意义上,艺穗节更像是城市的文化嘉年华,空间的开放性、互动性使文化与城市的相互渗透、艺术与生活的相互交融更加深刻。同时,空间的开放性、互动性使艺穗节摆脱专业剧场作为"体制性剧场"这种空间载体与形式所内含的意识形态规制,从而具有更加突出的政治民主色彩。比之于作为体制内文化生产的艺术节,艺穗节意味着更大程度上的艺术自主性与公共性。但决定艺术是否具有自主性、公共性的因素显然不止上述两个方面,艺术家、艺术团体的立场和作品本身才是关键部分。艺穗节的开放性也意味着许多具有草根特色的作品有机会得到表现,这不仅有助于创意创新的文化精神的发现和培育,也有助于城市文化空间多元化的发展,推动艺术与城市民众更加多样化、立体化的联结。

# 三、从"亚太文化之都"到"世界设计之都"：台北的城市意象

作为一个现代城市的台北如何定位其在全球城市网络中的位置,如何呈现台北的城市主体性? 这个问题实际上贯穿在上述的文化实践之中。无论是对内活化本土文化艺术生产的空间,对外建立与国际艺术生产场域的联结,台北始终在探讨其"城市意象"这一问题。"城市意象"由凯文·林奇提出,从城市的街道、广场、交通设施、商业中心等各种物理空间所表现出来的特征入手来分析不同城市的空间特质,这种空间特质可以从个性、结构、意蕴三个方面

来加以描述。① 简单地说，"城市意象"是城市居民对城市物理环境和文化环境的综合性感知、识别和情感记忆，一方面体现于城市空间中独特、鲜明的形象特征，一方面体现于城市居民深刻的文化认同。"城市意象"也可以说是外来者识别、理解城市的入口。在当今全球城市网络的交叉融合中，"城市意象"是保存城市独特性、差异性和竞争力的关键。

早在1999年，台北就提出打造"亚太文化之都"计划，由时任台北市文化局长龙应台一手推动，虽然这一计划带有强烈的概念性，但台北的确在努力推进其城市文化品牌国际化的征程，无论是"文化就在巷子里"的城市空间美学养成，或是频繁引进海外艺术家到台北交流互访，都为台北树立了文化艺术活跃和富于创意创新精神的城市形象。在"文创"领衔产业振兴、经济转型和区域竞争力的今天，台北更凭借其在现代设计领域的突出表现而独步全球，打造"世界设计之都"成为当今台北城市空间重构的核心议题。

台湾设计产业起步于20世纪80年代后期，如今已成为台湾地区最富于竞争力的领域。台湾3C电子产品设计在德国工业论坛设计奖（IF）和德国红点设计奖（Red Dot）上屡次大展身手，在日本产品设计代表大奖（G-Mark）和美国IDEA国际杰出设计奖上也是战果累累。最重要的是，台湾的研发设计已经从3C电子产品设计蔓延到工业产品设计、建筑空间设计、艺术时尚设计、视觉平面设计等广泛领域。据统计，2003年至2008年间，光是iF、reddot、IDEA、G-MARK这国际四大设计奖项竞赛中，台湾就缔造了共651项大奖、摘下15件首奖和金奖的辉煌纪录，成为亚洲得奖之冠。② 2010年《Global Design Watch》报告显示，台湾的设计竞争力排名全球13，企业投入研究发展的程度位居亚洲第3，仅次于邻近的新加坡和日本。在设计教育方面，台北市的台湾科技大学、实践大学、台北科技大学、大同大学四所院校被德国Red Dot评选为亚太区前十大设计学校，这些数据足以说明台湾设计的良好生态。拥有30多年历史的

① ［美］凯文·林奇：《城市意象》，方益萍、何晓军译，华夏出版社，2001年。
② 周呈奇、冯扬：《ECFA时期两岸研发设计业合作探讨》，《福建论坛》2012年第4期。

台湾金点设计奖是台湾最负盛名的专业设计竞赛项目，挖掘和发现了大量的设计人才并将其推向国际化轨道。2014年金点设计奖以"全球华人市场最顶尖设计奖项"为定位，2015年进一步充实了金点设计奖的项目内容，开发出针对专业设计师、已上市量化设计产品的"金点设计奖"，和针对新锐设计师、未上市量化设计作品的"金点概念设计奖"，以及针对学生新秀设计作品的"金点新秀设计奖"三个类别，完整地建构起了台湾设计力培育的系统工程。可以说，金点设计奖是华人设计跻身国际设计舞台的重要窗口，2016年"金点设计奖"征件数超过3 000件，除中国大陆、以及港澳台地区外，许多参赛者来自日本、韩国、新加坡、马来西亚、泰国、加拿大、英国、丹麦、瑞士等国家，可见"金点设计奖"和华人设计已得到国际设计领域的重视。

2004年台北"台湾创意设计中心"成立，成为"台湾设计运动"的重要推手，其工作包括金点设计奖、台湾精品奖、台湾优良设计产品奖、台湾创意设计大赛、台湾设计师周等一系列设计文化活动的开展，建立了包括超过16 000笔的台湾主题设计元素数据库，这些举措对活化台湾尤其是台北城市的设计产业环境，发现推介优秀创意设计人才，优化台湾设计的文化生态，都具有重要作用。在设计精神、设计文化的培育上，台湾地区对设计与创意的鼓励尤其强调"跨界"学习，即通过不同专业领域的创意激荡与设计互动，实现设计创意独特与丰富的内涵。近年来台湾工艺创意设计在全球享有盛名，"精致陶瓷计划"、"工艺时尚"专案、"衣PARTY"计划等都是异业跨界合作的重要案例。主管工艺产业的台湾工艺研究所在台北设有当代工艺设计中心、台北展示中心，在莺歌设有多媒材造形中心，倡导传统工艺精致手作精神和现代创意设计理念的结合，推动传统工艺因应现代社会生活而华丽转身并成为生活美学运动的重要推手。2008年台湾工艺研究所在"台湾工艺之家品牌形塑计划"的基础上推出"工艺时尚"专案，推动当代杰出设计师与工艺家合作，"工艺时尚"专案开发的"yii"系列品牌作品先后在米兰设计周、米兰国际家具展等国际知名设计展上频繁亮相，从而打响台湾工艺设计的声名。工艺时尚"yii"品牌展现了台湾传统工艺文化转化为时尚设计的能力，突破传统工艺的形式，将传统工艺与时尚生活巧妙融合，融汇东方传统工艺美学与现代设计理念于一体，更将人文关怀精神注入工艺的创作与运用中，是传统工艺现代转型的典范，也是现代设计承续传统文化、彰显本土原创精神的代表。

台北是台湾设计产业的中心。创意设计已经成为台北一面耀眼的文化旗帜。每一年的金点设计奖是台北文化创意与设计领域的盛事，位于台北松山文创园区的"台湾创意设计中心"和位于台北市信义区的台湾设计馆是设计师们必去的观瞻场所。2011 年，台北成为国际设计联盟（IDA）①第一届"世界设计大会"的主办城市，大会以"交锋，Design at the Edges"为主题，包括三个面向的内涵：一是"设计实务与其他领域相互激荡后的前瞻突破设计"；二是"不同设计类别相互激荡后的前瞻突破设计"；三是"呈现全新的、前卫性、实验性及挑战设计眼界的作品与概念"。"跨界"和"创新"是大会的关键词，是对当今全球设计产业发展总体趋势的呼应。借举办"世界设计大会"之机，台北同步推出"2011 台北世界设计大展"，以松山文创园区、南港展览馆、台北世贸展览馆为展场。松山文创园区除了主题为"交锋"策划的"设计交锋展"（主展览）外，还辅以两条展览脉络，一是包括"国际工业设计展"、"国际室内设计展"、"国际平面设计展"、"国际工艺设计展"、"亚洲文创跨界创作展"等在内的国际级展览，二是"台湾设计之光展"、"设计玩家展"、"金点设计展"以及常设的"台湾设计馆"等在内的本土设计展。台北世贸展览馆分为三个单元，一是以"创意聚落，交锋共生"作为中心议题的百位台湾当代设计师联展；二是集合了台北科技大学设计学院、台湾科技大学设计学院、东京设计师学院、亚洲大学创意设计学院、意大利米兰艺术设计大学、香港知专设计学院等 26 所海内外设计专业院校成果的"国际设计学生创作展"；三是"新世代交叉设计营"，展示专业院校设计团队的设计成果，如辅仁大学应用美术学系的"橘色善念——银发族休闲时尚国际设计工作营"，亚洲大学创意设计学院的"绿文化——创意设计工作营"，台湾艺术大学视觉传达设计学系的"品牌台北"、成功大学创意产业设计研究所的"智慧化居住空间国际工作坊"、台湾科技大学室内设计

---

① 国际设计联盟（IDA）由世界三大设计组织：国际工业设计社团协会（Icsid）、国际平面设计社团协会（Icograda）以及国际室内建筑师设计师团体联盟（IFI）组成。

系的"传承与创新——创意台湾空间设计营"等。这些展览主题、展览设置均显示出了对设计与人文、设计与空间、设计与生态的关注，表明"2011 台北世界设计大展"对国际设计脉动的把握，以及对跨域、跨界、跨代的设计美学交流互动的注重。

2016 年，继意大利的杜林（2008）、韩国的首尔（2010）、芬兰的赫尔辛基（2012）、南非的开普敦（2014）之后，台北获选成为国际工业设计社团协会（Icsid）"世界设计之都"的主办城市。世界设计之都（World Design Capital，简称 WDC）每两年进行一次征选，其着眼点是设计与城市互动、共生，发达的设计产业、活跃的设计创新氛围是成为"世界设计之都"城市的共通特征。这些城市同时也在现代设计精神的推动下不断深化其具有独特个性与内涵的城市人文空间的建设，从产业经济到城市形象，设计在这些城市的规划建设和社会生活中都发挥了重要作用。台北入选"世界设计之都"，说明设计力已经成为台北最大的城市品牌价值，设计对城市的创新发展具有重大贡献。

"世界设计之都"是台北在艺术介入城市实践中最为突出的成就，也使政府、业界、民众在联动合作推进城市人文空间重构中产生了重要的凝聚力。在筹办"世界设计之都"的过程中，台北市政府、台北市文化局投入了巨大的人力与资金资源，出台了各种专项政策。从 2013 年开始，台北推动了 16 项核心计划以"进行城市集体改造运动"。其中，有鼓励设计创新力的设计补助计划，推动设计师投入城市软硬件的改造和参与城市议题的探讨开发；有推进都市再生的创意街区发展计划，该计划举办了数十场的"台北街角遇见设计"活动，建设了包括大稻埕、天母、万华、牯岭街、中山双连、内湖大直等在内的一批创意街区，使创意设计深入城市空间与社会生活；有设计教育扎根计划的推动，透过举办论坛、多元课程讲座与研习营、工作坊与教案规划等一系列设计活动在校园教育中导入设计思考和培育设计教育，借由设计文创人才进驻中小学校来打造校园创意设计聚落等。这些计划、行动皆围绕设计与城市的互动、共生这一中心展开，全面演绎"社会设计"的理念和脉络——这也是 2016 台北"世界设计之都"的核心议题，国际城市设计展、国际设计政策论坛、国际设计周论坛、城市网络会议等"世界设计之都"系列活动即是对这一理念及其实践的检阅和宣扬。"社会设计"突显了设计与生活、设计与空间、设计与城市的结构性关系，以设计带动现代城市的创新与可持续发展。

如果说"亚太文化之都"的定位更多是概念性的，那么奠基在雄厚产业基础和设计力之上的"世界设计之都"则更具有务实性，也使台北作为一个现代都市具有了更为具体的文化内涵与文化形象。德波拉·史蒂文森指出："政治程序和象征意义——也就是城市符号系统——之间不断变化的互动成为许多城市再开发规划和城市形象重塑项目的基础。"①"世界设计之都"成为台北最显著的城市意象，这个意象的意义表现为一个积极的双向运动：一方面，在"世界设计之都"意象的经营过程是一系列的文化活动实践，这些文化实践本身就是艺术介入空间的重要方式，另一方面，城市意象一旦形成就会扩散其辐射、引领的效应，从而激发更广泛、更深入、更持久的一系列文化实践，这又将促进城市意象的巩固、深化和提升。这个来回往复的逆向运动，其实质就是城市符号系统与城市物理空间的持续互动与相互介入的过程。

## 四、结　　语

透过文化与城市的互动、艺术对城市空间的介入来推进城市再生，凝聚出丰富城市人文空间内涵和塑造出独特的城市符号系统，台北无疑是成功的。这将对台北"国际性城市"或"全球城市"的发展目标带来重大的推动力。台北的这种发展诉求有其客观合理性，因为从城市发展的角度来说，当今全球化的发展的确已经深刻作用于城市在全球中的角色定位，如果说在过去城市更多地湮没于国家或地区的范畴之下，那么当今城市已经成为全球社会在经济与文化诸方面一体化结构中的重要联结点，是全球社会网络中极其活跃的单元，城市间的竞争与合作在很大程度上主导了全球社会的关系格局。但另一方面，台北的这种"国际性"的定位和诉求又不可避免地内含于台湾地区特殊

---

① ［澳］德波拉·史蒂文森：《城市与城市文化》，李东航译，北京大学出版社，2015年，第124页。

的政治意识形态立场之中,忽略这一点显然是不符合实际的。无论是作为经济体还是作为文化体,城市始终不能孤立于国家或地区的范畴之外,这不仅仅是因为地理上的表面关联,而是因为城市体现了国家主权与民族文化的更加内在的深层结构和情感认同。全球化激活了城市的主动性,但国家与民族文化认同仍然是城市的根基。作为我国台湾地区的首善之地,台北更应担当起中国与中华民族文化认同的历史情怀,才可能有更广阔的发展空间和更长远的未来。

# 20

# 台北市文化治理的转型，1945—2016

王志弘[*]

**摘 要** 本文探讨台北市战后迄今的文化治理。作者将文化治理界定为通过文化来遂行政治、经济和社会场域之调节与争议的体制与场域，涉及特定治理机构、论述、技术和主体塑造。台北市文化治理可以分为五个阶段，各有其政经社会脉络、治理措施、主体化和文化抵抗。首先，战后初期以去日本化、再中国化为核心的文化重建式治理，聚焦于汉语推行和内容管控。第二，20世纪50年代至70年代初期，威权体制面临内外危机，精神动员式的文化复兴运动成为巩固统治正当性、规训民众生活纪律的主要机制。第三，70年代后期至90年代初期的艺文建设阶段中，族群主义论述逐渐让位给生活风格文化，艺文设施和游憩活动成为文化治理主轴。第四，90年代中期迄今，随着民主化和本土化的深化，文化治理强调多元文化、庶民记忆和地域特色，自主的市民力量也成为文化治理场域的重要元素。最后，21世纪迄今面临全球竞争加剧，文化治理更加凸显文化导向都市再生，扶植文化经济和创意产业，利用节庆赛事等大型活动和标志性建筑提升城市声望。台北市文化治理显示了向生活风格式文化的转变，也透露了都市自主性的茁壮。

**关键词** 文化治理 文化政策 文化抵抗 日常生活

---

\* 王志弘，台湾大学建筑与城乡研究所教授，研究领域为都市文化、文化治理。

# 前言： 都市发展的文化轨迹

以文化经济或文创产业作为推动城市再发展的策略,已是当前世界主要城市治理的潮流。从热闹的地方节庆、国际展览与赛事,到争奇斗艳的艺文场馆,以及往往牵涉历史遗址再利用的创意园区,这类文化导向都市再生（culture-led urban regeneration）策略,看似能兼顾城市发展与市民认同,因而成为后工业城市投入全球经济与声望竞争的重大政策。

再者,随着全球化与跨界流动的加速推展,城市面临日渐异质多样的社会组成和文化样貌。不仅国内外移民群聚带来分歧多样的生活风格与习惯,女性、弱势族裔、劳工、身心障碍者和同性恋等社会群体,通过社会运动与抗争而挣得发言权及能见度,也增添了城市生活的复杂与活力,同时蕴藏着冲突隐忧。于是,文化不仅是经济发展的策略,也是处理社会差异、划界和跨界动态的要务。

最后,都市政府、城市政权（urban regime）或治理联盟（governance coalition）在推动任何政务,分配公共资源的时候,都必须诉诸特定价值,提出一套支持统治正当性的论述,往往以动人的符号、象征和修辞来传达。各种法规政策的传播倡导,有利于政治稳定的纪念性与仪式化场合,都牵涉了文化领导权（hegemony）的巩固,也意味了文化与政治的难以分割。

在都市生活场域中,文化与经济、社会及政治动态皆息息相关,因而不能仅仅单方面探讨文化经济与产业、文化政策与行政,或是文化政治、认同与意识形态等概念。我们必须提出分析工具,来掌握文化在经济、政治和社会之间的中介接合作用。为此,笔者自 2003 年以来,以台北市为经验研究场域,持续发展和扩充了"文化治理"（cultural governance）概念,借此理解都市文化场域的复杂权力关系。

文化治理涉及了公共资源分配、秩序维护、社会控制与经济运转,以及这些过程的象征化、美学化和正当化。这个概念特别强调文化内涵的多重性,以及文化治理体制或场域的多方接轨,而文化内涵多重性与文化治理的多方接轨,既透露了引发冲突的可能,也意味了创新萌发的机会。由于文化治理涉及了文化在政治、经济和社会领域之间的中介作用,因此,有关都市文化治理的探讨,也必须置于都市的主导意义、都市政权性质、经济产业特征,以及市民社会特质的脉络下探讨。

本文旨在概述第二次世界大战结束迄今(1945—2016),台北市文化治理的主导逻辑和转变,区分为五个彼此有所重迭的时期:文化重建、精神动员、艺文建设、多元文化,以及文化经济。本文主要奠基于先前研究,①但运用新近发展的文化治理概念②予以重整,强调每个治理阶段的主体塑造与文化抵抗。

# 一、 文化治理的概念化

## (一)文化多重性的治理术

要掌握文化治理,必须分别从文化概念和治理概念谈起。首先,文化是个意义多样而具有不确定性的词语。伊格尔顿③曾经汇整西方学术界使用的文化概念,包括了农事、教养、文明、知性成就、艺文作品、生活方式以及认同政治等各种不同意义的演变。他也提到,晚近文化概念的运用,往往涉及了针对物质、机械、工业化或资本主义的道德批判。更甚者,文化既是当代困境的症候,又是解决方案。④

面对诸多的文化内涵,伊格尔顿又将文化的核心意义归结为三,即文化作

---

① 王志弘:《台北市文化治理的性质与转变,1967—2002》,《台湾社会研究季刊》52,第121—186页。王志弘:《记忆再现体制的构作:台北市官方城市书写之分析》,《中外文学》33(9),第9—51页。王志弘:《秩序、效率与文明素养:台北市"排队运动"分析》,《政治与社会哲学评论》14,第95—147页。王志弘:《都市社会运动的显性文化转向? 1990年代迄今的台北经验》,《建筑与城乡研究学报》16,第39—64页。王志弘:《新文化治理体制与国家——社会关系:剥皮寮的袭产化》,《世新人文社会学报》13,第31—70页。林果显:《"中华文化复兴运动推行委员会之研究(1966—1975)"——统治正当性的建立与转变》,2005年。黄英哲:《"去日本化""再中国化":战后台湾文化重建,1945—1947》,2007年。
② 王志弘:《文化如何治理? 一个分析架构的概念性探讨》,《世新人文社会学报》11,第1—38页。王志弘:《文化治理的内蕴冲突与政治折冲》,《思与言》52(4),第65—109页。
③ Eagleton, Terry (2000). *The Idea of Culture*. Oxford, UK: Blackwell.
④ Eagleton, 2000: 21.

为教养（出类拔萃、美学）、文化作为认同（气质、生活方式、团体凝聚力、人类学），以及，文化作为后现代或商业（经济）。三者之间，有着深刻的文化战争和冲突①，为此，他又添加了文化作为激进抗议②的第四种意义或政治性立场。

文化作为教养、认同、商业和激进抗议，这四种界定的同时并存，正意味了文化可以接轨于个人心性（mentality）、社会差异、经济活动，以及政治冲突，从而展现为一种"关系性的范畴"。作为关系性范畴的文化，既不同于功能论式观点，将文化视为共享且内化的价值，发挥团结社会秩序的作用，或是以"虚假意识"来理解文化，从而将其连结上统治阶级世界观的盛行与社会关系的再生产，也不同于后结构主义影响下，将文化范畴视为符号或论述建构的产物，容许开放性的诠释而没有确切的意义。③作为关系性范畴的文化，意味了文化没有明确的特定作用或功能，而是必须在文化的中介接轨状态中考察其效果；从关系性存有来思考文化，也意味了文化的意义和作用并非完全开放而可以提出无穷尽的解释，而是要安置于特定关系网络中来确认和限定。

对于关系网络的重视，也跟治理概念的提出有关。在晚近的政治科学中，治理一词相对于政府的阶序层级，意味了跨越政府与非政府部门之间的界线，并构成处理公共事务的水平网络化组织。④简言之，治理也是关系性的范畴，是跨越多重组织而管理公共事务的网络。当然，我们不见得要强调其水平特质，却忽略了治理层级的持续存在。就此，福柯（Michel Foucault）提出的治理术（governmentality）或生命政治（bio-politics）的权力运作模式，是个重要的补充概念。

治理术是生产性而非暴力压迫的权力施展，运用了计算、分析、反思等各种技术和程序，通过特定机构来确保整体人口的质量，并塑造出特定的观视（visibility）、观看与感知方式；理性思考和质问的特殊方式或真理体制（regime

---

① Eagleton, 2000: 64.
② Eagleton, 2000: 129.
③ 王志弘：《文化如何治理？一个分析架构的概念性探讨》，第7—8页。
④ Jessop, Bob（1997）A neo-Gramscian approach to the regulation of urban regimes: accumulation strategies, hegemonic projects and governance. In Mickey Lauria（ed.）, Reconstructing Urban Regime Theory: Regulating Urban Politics in a Global Economy（pp. 51 -76）. London: Sage. p59.

of truth)；行动、干预和导引的特定操作；以及主体化(subjectification)的特殊方式。①

文化的指涉内涵不仅多样分歧、不确定，甚至会引发冲突，也就产生了治理的必要性；文化概念的多重性促使治理调控成为要务。文化作为教养、认同、商业和激进抗议等不同内涵，既展开了文化与个体、社会、经济和政治的关联，也要求文化成为必须治理的对象。但在此同时，文化也成为治理的场域或媒介，也就是通过文化来遂行政治、经济与社会的调节和争议，并展开个人的主体化与自我治理(self-governance)；治理术(governmentality)正是治理心性(govern-mentality)，是行为的导引(conduct of conduct)。

## （二）文化治理的分析架构

最早将福柯的治理术和文化议题结合起来，开创出批判的文化政策研究的学者，应该是班奈特②。他认为，当时的文化研究学术界过度关注文本分析、意识形态批判，以及葛兰西③的文化领导权概念，却忽略了具体的文化政策、制度、技术课题，以及权力运作。就此，他认为福柯的治理术刚好可以弥补这些缺失。

不过，笔者认为文化治理概念虽可得益于福柯的治理术观点，但毋需排除批判的政治经济学视野，包括葛兰西的文化领导权概念，方能搭建一个可以用来掌握文化治理之结构动力、运作机制，以及冲突性后果的架构。文化治理并未局限于文化本身，而是必须采取关系性思考，将文化治理架构于国家、市场和市民社会(civil society)之间，也就是强调文化与政治、经济及社会场域的接轨(articulation)。再者，文化治理并不限定文化的具体内涵(文化是什么?)，以免流于本质性的文化观，反而关注文化的作用(文化有何用处?)，尤其是文

---

① Dean, Mitchell (1999). Governmentality：Power and Rule in Modern Society. London：Sage. p23.

② Bennett, Tony (1992) Putting policy into cultural studies. In Lawrence Grossberg, Cary Nelson and Paula Treichler (eds.), Cultural Studies (pp. 23 – 34). London：Routledge. Bennett, Tony (1998) Culture：A Reformer's Science. London：Sage.

③ Gramsci, Antonio (1971) Selections from the Prison Notebooks. New York：International Publishers.

化与政治、经济和社会场域接轨时的作用①。

于是,文化治理可以界定为:"通过文化来遂行政治、经济和社会场域之调节与争议,以各类组织、程序、知识、技术、论述和实作为运作机制而组构的体制/场域"②。据此,文化治理兼有福柯意义下的体制(regime)和布迪厄③意义下的场域(Field)的特质。文化治理既是知识/权力和文化技术运作的所在,也是以文化品位阶序来区辨的社会群体,各自秉持着特定习癖来导引实作、以实作来体现习癖,甚至操演着象征斗争的所在④。

文化治理展布于既定的社会结构和关系网络中,不同的个人与集体行动者,循着其所处结构位置的资源、能力和利益,在文化治理体制/场域中操作着差异化的欲望、意向与言行。据此,马克思主义对于资本主义和国家性质的结构性掌握,有助于判定(但不决定)文化治理的体制与场域条件。再者,文化治理涉及了主体化和主体的反身性塑造⑤。但是,这种反身性并非民主派的乐观反思或公共讨论的契机⑥,也不是福柯略嫌悲观的自我治理,而是动态的争斗过程。既有的文化治理体制/场域是权力施展和斗争之所在,其构造和运作机制,会持续遭受质疑、破坏、转化和重构。或者说,以体制称之,是着眼于某些力量相互纽结而形成的相对稳固状态;以场域称之,则是指涉文化治理陷入各方竞逐时的状况⑦。

统整起来,文化治理的分析层次包括了(1)驱动场域/体制之形构的结构化力量;(2)具体的操作机制;(3)主体化,以及(4)争议、协商和抵抗的动态,或者说,替选力量的萌生及其与既有场域的接合或冲突(图1)。

---

① 王志弘:《文化治理的内蕴冲突与政治折冲》,《思与言》52,第75页。
② 王志弘:《文化治理的内蕴冲突与政治折冲》,第75页。
③ Bourdieu, Pierre (1984) Distinction: A Social Critique of the Judgement of Taste. Cambridge, MA: Harvard University Press.
④ 王志弘:《文化如何治理? 一个分析架构的概念性探讨》。王志弘:《文化治理的内蕴冲突与政治折冲》,第75页。
⑤ 王志弘:《文化如何治理? 一个分析架构的概念性探讨》,第5页。
⑥ Habermas, Jürgen (1989) *The Structural Transformation of the Public Sphere*. Cambridge, UK: Polity Press.
⑦ 王志弘:《文化治理的内蕴冲突与政治折冲》,第75—76页。

```
┌─────────────────────────────────────────────────────────┐
│                 文化治理体制/场域                          │
│ ● 主导的结构化力量：文化领导权塑造＋经济的文化调节＋区异阶序构造  │
│ ● 操作机制(吸纳/排除的划界政治)：机构、程序、论述、知识、技术    │
│ ● 反身自控式主体形构：自我治理＋进取主体＋认同政治            │
│ ● 替选力量的接合与冲突：非系统的文化抵抗＋制度化的争议与协商    │
└─────────────────────────────────────────────────────────┘
```

**图1 文化治理的分析层次**

数据源：王志弘：《文化治理的内蕴冲突与政治折冲》,第76页。

当代文化治理体制/场域形构的主要结构化力量,分别是葛兰西意义下统治阶层的文化领导权塑造(其结构性效果涉及了生产之社会关系的再生产)[1]、资本主义的文化调节或修补(主要为通过美学、设计和文化元素将商品或地方予以差异化,借以谋求超额利润或垄断租金,或是舒缓资本积累危机)[2],以及在社会场域内,运用文化正当性层级或品位区辨,来维持群体之间的差异阶序[3]。换言之,文化治理体制的生成和场域动态,也取决于其与政治、经济和社会场域接轨产生的稳定化效果[4]。

其次,援用福柯的治理术概念,有助于掌握文化治理体制的实际运作方式。依据迪恩[5]的诠释,治理术分析包含以下四个探讨"如何"治理的课题:(1) 可见性、观看和感知方式的特殊形式;(2) 独特的思考和质问方式,而这取决于生产真理的语汇和程序;(3) 特殊的行动、干预和指引方式,由特定的合理性(专业和知能)构成,取决于特殊的机制、技巧与技术;(4) 构成主体、自我、人、行动者或能动者的特定方式。以上讨论课题都强调特殊、特定和独特,这意味我们必须考察具体脉络中的操作[6]。

---

① Althusser, Louis (1971 年) *Lenin and Philosophy and Other Essays.* New York：Monthly Review Press.

② Harvey, David (2002 年) The art of rent：globalization, monopoly and the commodification of culture. *The Socialist Register 2002：A World of Contradictions*, 38：93 – 110.

③ Bourdieu, Pierre (1984 年) *Distinction: A Social Critique of the Judgement of Taste.* Cambridge, MA：Harvard University Press.

④ 王志弘：《文化治理的内蕴冲突与政治折冲》,第76页。

⑤ Dean, Mitchell (1999 年). *Governmentality: Power and Rule in Modern Society.* London：Sage. p23.

⑥ 王志弘：《文化治理的内蕴冲突与政治折冲》,第76—77页。

第三,针对主体塑造的分析,既是对于结构与人类能动性之间复杂关系的关切,也意味了文化治理必须通过主体范畴及认同来实践;但这种主体并非社会塑造的消极产物,而是具有反身性及自我调控的能力。再者,我们可以细分为彼此相关、但有所区别的政治意义下的自我治理、经济意义下的"进取主体"(entrepreneurial subject),以及社会意义下的认同政治来探讨,聚焦于治理体制所促成与限制的主体形构,以及能动性范畴的界定和发挥①。

最后,既然主体与其行动不是消极建构的产物,而是人类秉持欲望、意志及行动能力而运作的汇合点。于是,我们可以谈论不同力量之间的抵抗、争议和协商可能。这个层次又可以区分为较不具系统性(或反系统的)的文化行动主义、社会运动的文化策略等文化抵抗,以及,比较制度化的公共领域或论坛式沟通场域,或是其他系统性协商机制。非系统的文化抵抗与制度化的协商场域经常同时并存,相互支撑又有所冲突②。

接下来,本文尝试讨论台北市文化治理的变迁,描绘从族群主义式文化到生活风格式文化的转折。除了70年代至90年代初期的过渡期,前后两个分别由族群主义和生活风格主导的文化治理,各自可以细分为两个阶段或议题。以下将分述这五个阶段的政经社会脉络、主导的都市意义(城市运作的核心目标),相应的文化治理主导逻辑和重要措施、主体塑造,以及主要的文化抵抗形式。

## 二、 文化重建: 去日本化与再中国化

### (一)百废待举的复原城市: 1945年至50年代初期

1945年8月14日,日本昭和天皇发表《终战诏书》向盟军投降,改变了《马关条约》签署后纳入日本版图的台湾与澎湖的命运。同年8月29日,蒋中正任命陈仪担任台湾省行政长官兼台湾省警备总司令部总司令。10月5日台

---

① 王志弘:《文化治理的内蕴冲突与政治折冲》,第77页。
② 同上。

湾省行政长官公署于台北市成立前进指挥所,10 月 25 日于台北公会堂(今中山堂)举行台湾地区受降典礼,由陈仪代表盟军接受日军投降。同日,设于台北市役所(今"行政院")的行政长官公署也正式运作。

不过,早在日本投降前的 1943 年年底,开罗会议的宣言中即声明日本所占满州、台湾和澎湖列岛等地应归还中国。因此,蒋介石即下令研拟复台准备工作,于 1944 年在中央设计局下成立台湾调查委员会,草拟台湾接管计划纲要,主任委员为陈仪。该计划的通则中指出:"接管后之文化设施,应增强民族意识,廓清奴化思想,普及教育机会,提高文化水平。"另有第八篇教育文化,详列学校、博物馆、图书馆、广播电台、电影制片与放映场所等机构接管事宜,设置国语讲习所以利普及国语,设置编译机关以编辑教科书等①。

简言之,这是去除日本殖民遗留,"再中国化"的文化重建计划②,也正是当时文化治理的核心逻辑。由于历经盟军轰炸,加以战争时期缺乏维护,城市各项建设颇坏,接管初期都市治理工作以复原基础设施为先。不过,不同于中国大陆遭日军占领的沦陷区,台湾已由日本殖民统治半世纪,因此复原工作不仅止于实质建设和制度,文化复原或重建也是要务。台北市为原日本殖民之台湾总督府所在,是全岛政经文化中枢,通过文化重建以建立新的政治象征秩序,破除充满日本色彩的城市纹理和社会型态,遂成为都市治理重点。

### (二)空间改造与文化重建

集行政、立法、司法和军权于一身的行政长官陈仪,采取比较激烈而迅速的方式,来推展破除日本统治观念、特别是"皇民化"运动影响的文化重建。1945 年 11 月 17 日,行政长官公署制定"台湾省各县市街道名称改正办法",提出凡因纪念日本人物、伸扬日本国威、显明为日本名称者,均须于县政府成立后两个月内改正。新名称则必须具有下列意义:"甲、发扬中华民族精神者,如中华路、信义路、和平路等是。乙、宣扬三民主义者,如三民路、民权路、民族

---

① 黄英哲:《"去日本化""再中国化":战后台湾文化重建,1945—1947》,第 27—29 页。
② 同上书。

路、民生路等是。丙、纪念伟大人物者,如中山路等是。丁、适合当地地理或习惯且具意义者",并废除町、丁目等日本用语①。

台北市则于1946年起更改街路名称,以中山南北路和忠孝东西路为经纬,将旧台北市区(未包括1967年改制直辖市所辖的北投、士林、内湖、南港、木栅、景美等区)划分为四大区块,对照当时中国的秋海棠式版图方位,以中国省份、大都市、名山大川、城市史迹为命名依据②。刮除旧有名称而予以重新命名,既是尝试在地景上改造文化认同,也是族群主义权力在城市空间中的施展。

除了地名,实质的空间景观则有不同的处理方式,具有鲜明统治象征意涵,并与皇民化运动有密切关系的神社,就是首要拆除对象。例如台湾最重要的神社,位于剑潭山(圆山),为纪念死于台湾之北白川宫能久亲王而设的台湾神社(1944年升格为台湾神宫),便于1945年拆毁。不过,其他官厅建筑与宿舍,则多半于接收后继续留供公共机构使用,最著名者即为台湾总督府。总督府于1945年年底遭美军炸毁部分;1946年为庆祝蒋介石六十大寿,台湾各界捐款修复,1948年完成后更名为介寿馆;1949年国民政府迁台,成为最高领导机构和行政当局合署办公处所(至1957年)。这些官厅建筑多采用西式建筑风格,不见得有鲜明日本色彩,在经费缺乏而难以新建厅舍的战后初期,也颇具实用功能。另一方面,具有日式风格的宿舍等建筑则多属住宅用途,比较不具有统治上的象征意义,也多因实用考虑而保留。

作为行政长官公署所在地的台北市,官派市长在文化重建方面没有太多自主权,基本上遵循长官公署政策办理。街路改名如此,汉语推行、媒体管控和教育内容重整也是如此。因此,以下主要依据黄英哲③的研究,概略说明当时行政长官公署在这几方面的重要举措。

语言是文化的承载与表现,战后文化重建推行汉语来取代日语,事属当

---

① 黄雯娟:《台北市街道命名的空间政治》,《地理学报》73,第95—96页。
② 黄雯娟:《台北市街道命名的空间政治》,第96页。
③ 黄英哲:《"去日本化""再中国化":战后台湾文化重建,1945—1947》。

然。其实不待官方推行,民众已掀起一波学习热潮①,只是缺乏章法,而较年轻的世代又难以脱离日语的浸染。行政长官公署于1946年4月2日在教育处下成立台湾省国语推行委员会,各县市另设置国语推行所。国语推行委员会主责国语与方言的调查研究(着眼于方言和国语相通,而建议通过本省民众熟悉的方言来学国语)、国语教材编辑和审查、师资征集与训练等②。

除了推行国语,1946年8月长官公署另成立台湾省编译馆,负责各级学校教科书与参考用书、社会读物、学术名著,以及本省史地物产风俗文献的编译③。其首要任务是编制中国语文和史地的教材和读物,以替代日本殖民体制下的文教内容。不过,馆长许寿裳也肯定日本人的台湾研究成果,预定将其译为中文④。但该组织于1947年"二二八"事件后,随着省府组织再造而撤除,改为隶属教育厅的编审委员会⑤。

政令宣传和传播媒体控制方面,行政长官公署设有宣传委员会专司其职。这个单位除了负责政令倡导计划和工作,讲解中国政治制度和法令,设计标语、漫画、宣传牌,编制宣传品,也针对电影戏剧、图书出版和新闻广播业,从事登记、审查、违禁取缔等事务,借以扫除日本文化遗毒,灌输中华意识。该委员会于1947年撤销,相关业务并入民政处,另设新闻室,但宣传与媒体控制工作皆持续进行⑥。

此外,当时国民党台湾省执行委员会下也设有"文化运动委员会",主要通过集会和演讲会来宣扬三民主义⑦。在以党领政的体制下,文化运动委员会拥有极大权限,例如行政长官公署宣传委员会检查电影时,必须会同国民党台湾省执委会的宣传处审查⑧。

---

① 黄英哲:《"去日本化""再中国化":战后台湾文化重建,1945—1947》,第42页。
② 同上书,第54—56页。
③ 同上书,第89—96页。
④ 同上书,第97页。
⑤ 同上书,第116页。
⑥ 同上书,第69—72页。
⑦ 同上书,第175—176页。
⑧ 同上书,第176页。

除了党政机构，1945 年的台北市长游弥坚，也主责筹备文化重建式治理的外围组织"台湾文化协进会"，并担任理事长。据游弥坚言，这个协会旨在"宣扬三民主义精神，灌输民主政治思想。改变被奴役的台湾文化，协助政府推行政令，传习国文国语"①。文化协进会的理监事，涵盖台北市长、台北教育局长、长官公署教育处长、参议、省立图书馆和博物馆馆长，民意机关代表、大学教授、出版社长等，还有战前左翼运动家（苏新、许乃昌、王白渊）②；兼纳左右翼人士，展现出该会的统合力量。文化协进会办理文化讲座和座谈会、音乐会、展览会，也举办国语补习班和国语演讲比赛，代订中国各地出版物，还出版《台湾文化》，经营供文教界人士膳宿的招待所③，发挥了比官方机构更灵活的文化重建式治理效能。

## （三）重作中国人 vs. 自主意识与左翼思想的压抑

文化重建式治理的目标，是去日本化与再中国化，因而其所欲塑造的主体，正是"中国人"。不过，这里的中国人形象必须符合国民政府的意识形态，也就是具有中华民族精神、摒除日本奴化意识，同时在解放战争局势下，必须拥护三民主义而抗拒共产主义及左翼思想。中华民族主义和三民主义，成为中国人主体塑造的基底。

不过，久经日本殖民统治的压抑及战争摧残的台湾人，不待官方由上而下的文化重建，在日本投降后也乐于重作中国人，前述的学习国语热潮即为一例。根据陈翠莲④研究，国民政府正式接管台湾之前，美国军方情报单位已先抵台从事情搜工作，访问日本军政官员和台湾社会菁英。其中，有关战后台湾归属问题，受访菁英的意见可归结如下：愿意归属同文同种的中国，成为中国一省，而非文化差异较大的英美或其他同盟国；但应由台湾人主导统治，而非

---

① 黄英哲：《"去日本化""再中国化"：战后台湾文化重建，1945—1947》，第 120 页。
② 同上书，第 125—126 页。
③ 同上书，第 126—127 页。
④ 陈翠莲：《台湾人的抵抗与认同，一九二〇～一九五〇》，巨流，2008 年。

由中国大陆官员采取殖民式统治①。

换言之，台湾民间所期待的重作中国人，是具有台湾自主意识的中国人。这种台湾人自主意识，其实是在对抗日本殖民统治的不平等待遇下，经过长期思想启蒙与社会动员而凝聚形成的自治精神。不过，回归祖国的热情很快就幻灭，并演为1947年的"二二八"事件悲剧。陈翠莲②归纳战后初期台湾人的政治与文化经验，在解放战争导致的经济困顿、社会动荡，以及官员贪腐外，提出引燃"二二八"全岛抵抗的其他原因。

首先，行政长官公署以台湾缺乏政治人才，不会使用国语、不理解中国历史等理由，不愿大量起用台人担任高阶官员；而陈仪的语言政策颇为激进，除不愿举办日文的文官考试，报纸杂志日文版也于一年内废除。再者，除了威权党国体制对于人民结社参政权利的限制，长官公署也无视台湾为日本殖民地而不同于大陆沦陷区的实况，于战后展开汉奸审判和停止公权等措施，更限缩了台湾士绅的政治参与。文化方面，陈仪等接收官员为了推展中国化、去除日本皇民化影响，经常提出"台人奴化"，怀疑台人忠诚的论点，也激起台人反弹③。

"二二八"事件的冲击，加上解放战争白热化，以及国民政府迁台，致使台湾主体文化意识受挫，50年代以后的整个民间社会，显得压抑而静默。一度在许寿裳主持的台湾省编译馆和《台湾文化》中，以五四运动精神传承者样貌引介的鲁迅思想④，或是承自本地殖民反抗运动或中国共产党的更鲜明左翼思想，都遭到抑制而走入地下，并在后续的白色恐怖时期遭到残酷镇压。即使因为打着"自由中国"旗号来与共产党中国对抗，因而一定程度上受到宽容的自由主义，也都必须收拢在所谓"反共"的中华民族主义底下，这正是下个阶段的文化治理的主轴。

---

① 陈翠莲(2008)《台湾人的抵抗与认同，一九二〇～一九五〇》，第333—334页。
② 同上书。
③ 同上书，第338—360页。
④ 黄英哲：《"去日本化""再中国化"：战后台湾文化重建，1945—1947》，第159页。

## 三、 精神动员： 复兴中华道统与塑造现代民众

### （一）非正式化的戒严城市： 20 世纪 50 年代至 70 年代中期

1947 年因"二二八"事件,当天下午台湾警备总司令部发布台北临时戒严令,至 5 月 16 日台湾省政府成立,取代行政长官公署,随即取消戒严。但紧接着,1949 年在解放战争中失利的国民政府撤迁来台,并于当年 5 月 19 日发布次日凌晨生效的戒严令,进入"动员戡乱"时期,直至 1987 年 7 月 15 日解严为止。长达 38 年余的戒严时期对于民主宪政和人民权利的管控限制,奠定了国民政府的威权统治体制。相应的文化治理,无论是上层或地方政府,都是以所谓"反共"的中华民族精神教育为主,并采取国民党当局擅长的由上而下的群众运动式宣传技术。

不过,这个威权体制还镶嵌于美苏冷战格局底下,美国在东亚的围堵防线中。美国除了提供军事和经济援助,也尝试协助推展台湾的现代化。但是美援支持的现代化除了基础设施和制度建置外,也带有推广美式自由、民主和现代生活的意图,同时带来严肃与通俗娱乐文化(特别是电影和流行音乐)的影响,不同于晚清以降,以中国富强为目标的救亡图存式现代化[1]的民族本位,甚而对于悬搁民主宪政的国民党当局正当性有所冲击。因此,如何引导塑造"合宜的现代性"而避免被视为堕落败坏的不良西化影响,并转移统治正当性的困境,也成为文化治理的课题。

此外,从接管初期的复原城市,转变到军事动员体制下的戒严城市的同时,台湾经济也持续发展,并在 20 世纪 60 年代加工出口导向政策下大幅增长,促使大量城乡移民涌入缺乏完备建设的城市,导致"非正式城市"(informal city)浮现,呈现有活力但混乱的风貌,遂产生以管控城市秩序为主的文化治理工作。于是,50 年代至 70 年代的台北市文化治理,是以道德作为文化的主要

---

[1] 瞿宛文:《台湾经济奇迹的中国背景: 超克分断体制经济史的盲点》,《台湾社会研究季刊》74,第 49—93 页。

内涵,在巩固统治正当性和规范现代生活秩序这两个主题上展开,这两者也是当时文化治理主导机制"中华文化复兴运动推行委员会"(简称"文复会")先后偏重的任务。

### (二)巩固统治正当性的心理建设、民众生活规训与中华地景塑造

根据林果显①研究,中华文化复兴运动及"文复会"的设置,必须追溯至50年代初期两岸对峙局势底定,美蒋共同防御条约签订后,国民党当局没有急迫生存危机,开始改变原来以自由民主姿态来争取外援(特别是美国援助)的策略,加强出版检查、限制言论自由。抨击戒严体制的自由派人士随之失势,以《自由中国》雷震等人筹组政党而于1960年遭逮捕为代表事件②。再者,由于国际局势转变和美国的箝制,大规模反攻大陆的可能性日趋渺茫。于是,如何维持战时体制的危机态势,以便正当化对于宪政和人权的限制,同时化解无法实际投入军事行动的尴尬,"心理建设"或"精神动员"就成了最佳文化治理策略③。

在1966年正式成立"中华文化复兴运动推行委员会"以前,已有一连串精神动员型文化治理措施,内容不出宣扬三民主义、发扬民族精神和传统道德、防堵赤黄黑色毒害、从事文武合一教育、实行勤俭朴实的纪律生活,以利反共抗俄的大业。1952年"文化改造运动"、1953年"文化清洁运动"、1954年"战斗文艺运动",与1966年的"文化复兴运动"乃一脉相承,都是由党政决策机构发动,通过公务机关、学校、军队,以及用于收编艺文和学术界的各种外围组织来执行。

70年代,相较于先前强调民族精神、三民主义和"反共",塑造蒋介石承

---

① 林果显:《"中华文化复兴运动推行委员会之研究(1966—1975)"——统治正当性的建立与转变》。2005年。
② 林果显:《"中华文化复兴运动推行委员会之研究(1966—1975)"——统治正当性的建立与转变》,第24—25页。
③ 同上书,第46页。

继道统的统治正当性,文化复兴运动开始偏重以"生活须知"为核心的个人生活纪律与集体秩序的主题,出现更多消除脏乱、改善交通秩序,以及加强礼貌的运动;例如1971年台北市的"你丢我捡"清洁运动及1979年的排队运动①。相较于民族精神与道统,这个强调现代生活秩序的主题,虽然比较贴近都市治理的现实,但依然以精神动员式宣传来推行,因而在风潮过后就罕见成效。

例如,以下引文是台北市升格"直辖市"后,由民选市长转任官派市长的高玉树,在议会首次施政报告中有关文化的政策宣示,即显示当时文化治理兼顾民族精神教育和现代化生活秩序,并通过"文化作战"接合于反共体制的主轴与措施:

本年度中华文化复兴运动推行委员会台北市分会之工作目标,乃遵照总会指示,分为五个重点:即全面推行民众生活须知,使民众生活趋于现代化,合理化;厉行教育改革,特别注重民族精神教育;加强青少年育乐活动;发展全民体育与艺术教育;加强文化作战等项。……至于艺术教育,如地方戏剧比赛、舞蹈歌唱比赛、京剧欣赏、艺术展览、儿童创作展览等,均随时配合社会动态举行。同时本府并分别举办戏剧编导讲习会、歌星训练班,以提升艺术水平。举办孔孟圣道讲习会,使中华传统文化,借以传播,深植人心(高玉树,1969年台北市议会第一届第一次大会施政总报告,《台北市政纪要》1970年度,第7—8页)

市政府所说的"现代化,合理化",主要是实践民众生活须知、民众礼仪范例、勤俭节约储蓄运动,以及婚丧喜庆节约(如改进耶诞奢靡风气和节约拜拜,推行主神相同祭典统一举行等)等,直接介入规范市民日常生活举止及宗教习惯。无论这些由官方发动的宣传运动成效如何,都确定了威权当局在引导塑

---

① 王志弘:《秩序、效率与文明素养:台北市"排队运动"分析》,《政治与社会哲学评论》14,第95—147页。

造现代民众的心性与身形上,扮演了理直气壮的角色。同样的,即使各项艺文娱乐的内容及参与者,不见得真的想要发扬中华文化,却必须自动披挂这些名号,迎合已然集体内化的政治氛围。

除了精神动员,政府也在台北市兴建许多采取中国北方宫殿式造型的艺文馆舍,成为中华民族精神的体现,以城市地景的重塑来彰显统治正当性。此外,清季台北城的城门则于1966年以整顿市容为由,改建为华北样式风貌,并绘制中国国民党党徽,仅余原预定拆除的北门未改建。这股兴建中华传统风格公共建筑的风潮,以1980年完工的中正纪念堂(仿北京天坛造型),以及附属的宫殿式台北戏剧院和音乐厅(1987)为顶点。随着蒋介石于1975年过世,70年代晚期以后,文化复兴运动中的现代化主题,已逐渐凌驾了中华道统、"反共"与三民主义论述。80年代以后台北市的新建艺文馆舍,更是纷纷改采现代主义建筑样式,也意味都市文化治理迈入了重要转折阶段。

### (三)兼具传统与现代特质的勤俭民众 vs. 现代主义与回归现实运动

文化复兴运动的精神动员式文化治理,试图塑造的主体是具有传统民族精神、遵循礼义廉耻、长幼有序等道德规范、服膺勤奋俭朴的生活纪律、守时守分守法守秩序、保持个人与环境清洁卫生,具备合宜现代素养、允文允武、服务人群的民众。然而,在这个迹近完美的民众主体形象宣传底下,官方文化治理的最基本意图,其实是塑造效忠领袖,愿意为集体牺牲的人民。

在以军警特务为后盾的威权体制下,这些文化运动式宣传的主体建构和召唤,其实没有多少实质效果,动员对象也多为公务机关和学校,而难及于一般民众。然而,"二二八"事件和白色恐怖镇压的阴影仍在,加以威权体制渗透进入社会生活的各个领域,多数民众已不敢妄论政治,只是行礼如仪地面对动员式的文化治理。但是,当时的知识分子与艺文界人士,无法满足于"反共抗俄"和民族精神的主旋律,但公开宣扬西方式民主人权概念又会踩到威权体制的痛处,因而不得不寻觅其他表现形式。于是,现代主义就在战斗文艺和反共文学旁边萌生,成为 60 年代逃避式文化抵抗的核心,并以诗歌的前卫实验形式首开先锋。

1956 年,台湾大学外文系教授夏济安等师生创办《文学杂志》;1957 年台湾师范大学美术系校友成立"五月画会",李仲生门生则组成"东方画会",脱离保守画风而勇于创新实验,开启战后现代美术运动;1960 年,白先勇、陈若曦和王文兴等人创办《现代文学》。此后,连同戏剧、音乐、雕塑等艺文领域,都开始追寻与官方文化治理关系密切的西洋古典与中国传统以外的新形式。台北成为艺文人士主导之现代主义运动的重镇,既带有学习欧美现代文化的意味,又有创新中华文化传统的尝试,成为 60 年代文化抵抗的主流。

1971 年 10 月,中华人民共和国依据联合国大会决议取得联合国席次,台湾社会为之震动。此前的 1970 年 9 月,美日达成协议,拟在 1972 年将美军占领的琉球交予日本,涉及钓鱼岛主权归属,保钓声浪开始酝酿,海外留学生开始组织示威。1971 年 6 月,上千名大学生也在台北游行示威,展开保钓运动。当年 10 月被逐出联合国后,青年学生忧患意识升高,继续跨校串联,并关心社会议题调查,组织"社会服务团"。1973 年,台大学生另发起前往农渔村和原住民部落服务的"百万小时奉献运动"。

于是,相对于遭批评为脱离现实的现代主义文艺形式实验,20 世纪 70 年代形成了"回归现实"的新世代意识和行动①。虽然威权体制忧虑学生运动失控,最终以"中国青年反共救国团"(成立于 1952 年,蒋介石兼任团长,首任主任为蒋经国)为机制,整编了这些尝试接触台湾现实的服务运动,并以寓教于乐的方式予以驯化。但是连同 1977 年的乡土文学论战,这些局限于菁英与学生的思想启蒙,已形成台湾新文化意识迸发的关键转折。

---

① 萧阿勤:《回归现实:台湾一九七〇年代的战后世代与文化政治变迁》,"中央研究院"社会学研究所,2008 年。

## 四、 艺文建设： 富而好礼的品位熏陶

### （一）迈向国际化的投机城市： 20 世纪 70 年代后期至 90 年代初期

20 世纪 70 年代后期至 90 年代是台湾政治、经济和社会的转折期。军事化的威权体制逐渐淡化,蒋经国为首的开明专制统治确立,持续办理民代增额选举,并启用台籍人士(如邱创焕、林洋港、李登辉等)担任重要职位,但民主化仍未展开。台湾民间社会则集结力量,逐渐形成所谓"党外"势力,不仅在选举中有所斩获,也形成组党趋势。

历经 1977 年选举争议引发中坜事件,1979 年《八十年代》与《美丽岛》等政论刊物创办而形成全岛组织,导向 1979 年 12 月 10 日高雄美丽岛事件遭镇压,直到 1986 年 9 月 28 日民主进步党在台北宣布成立而违反戒严规定,迫使国民党于 1987 年宣布解严以避免深化冲突。1990 年 3 月,大学生于中正纪念堂广场静坐集会,要求解散民众大会、废除"动员戡乱"时期临时条款(次年废除),则实质结束了戒严体制,替 90 年代的修宪和民主化奠定了政治基础。

这段期间除了政治人权运动,也是社会运动风起云涌的时刻;台北市则成为各地民众请愿、示威、抗议的场所,街头成为公共论坛。不仅有中产阶级普遍支持,涉及民生及环境质量,获得政府予以正面响应的环境保护运动和消费者运动,还有农民、劳工、原住民、女性、同性恋、身心障碍者、老兵自救和校园民主等,各种社会群体的权利保障运动,以及司法、教育和媒体改革的呼声①。这些运动也提升了本土文化的正当性,引燃对于地方乡土、庶民历史和小区意识的追溯与提倡。

都市政权虽然维持官派机制,但必须更敏锐响应新兴都市社会现象,开始强调市政服务精神,而非以技术官僚姿态领导。不过,大部分响应是面对经济

---

① 徐正光、宋文里编:《台湾新兴社会运动》。巨流,1989 年。何明修、林秀幸编:《社会运动的年代: 晚近二十年来的台湾行动主义》。联经,2011 年。

转型的需求。60 年代台湾以加工出口区为代表的劳力密集制造业,到了 80 年代,其产业明星地位已让给以新竹科学园区为典范的高科技制造业。台北市则呈现传统制造业逐步外移而腾空市区工业用地,生产者服务业、个人服务业、商业零售与休闲娱乐产业大幅增长,以及股票与不动产市场的投机。国际贸易累积的巨额财富,未能顺利通过产业升级而吸收,却促动了奇幻消费地景、狂乱的房地产开发,以及汽车数量大增导致的都市交通拥塞,形成台北市处于依赖发展(dependent development)极盛期的投机城市景观①。

　　然而,官方主导的都市文化治理,并未直接响应政治转型和新兴社会力量,而是在经济蓬勃的财富基础上,强化宣扬文化现代化、质量提升和品位教养,来响应投机城市的狂乱。当局大举兴建艺文馆舍与游憩设施、推动精致艺文活动、倡导郊山休憩等“正当休闲”,也以美化城市为主轴,开始重视史迹保存、公共艺术和景观绿美化工作。简言之,台北市文化治理进入以“文化建设”、“富而好礼”的论述,尝试塑造比拟国际标准的文化设施,并借此熏陶具备“品位教养”的中产阶级艺文消费者。

　　不过,在沿袭威权宣传式的治理技术底下,值得注意的转变是台北市的自主与创新能力提升,不再只是上层由上而下的文化重建与精神动员的地方执行者,而得以率先提出获得其他县市仿效的艺文措施,特别是新兴艺文与休憩活动的举办。再者,虽然富而好礼的艺文品位熏陶,仍未正面响应台湾本土文化受压抑的结构性困境,但已呈现出脱离族群文化与民族精神至上的立场,也逐渐淡化民众生活须知式的生活纪律灌输,转而迈向以生活风格主导的文化治理模式。

## (二)文化现代化的艺文建设、正当休闲与现代地景

　　70 年代后期的台北市文化治理,大致上依循有关当局的文化建设框架推展。1977 年,蒋经国宣示推动的十二项建设中,包括建立各县市文化中心,包含图书馆、博物馆和音乐厅等。1979 年,行政主管部门颁布“加强文化及育乐

---

① 夏铸九:《台湾的文化编入与脱落——依赖城市都市象征之初步观察》,收于《空间,历史与社会论文选 1987—1992》,台北:台湾社会研究季刊社,1993 年。

活动方案",内有设置文化建设专责机构、成立文化基金、举办文艺季活动、设置文化奖、修订著作权法、修订古物保存法与采掘古物规则、培育文艺人才、提高音乐水平、推广扶植京剧与话剧、设立文化中心、保存与改进传统技艺、鼓励民间设立文化机构等①。虽然文化建设依然高举传统文化修辞,规范民众生活秩序的意图也很明显,但明确转向了现代化方向,并形成专业文化官僚(1981年成立"行政院文化建设委员会"),迈向当局主导大型文化计划,提升民众文化素养,弥补工商发展带来的物欲和失序(所谓物质与精神并重),以便赶上西方,实现现代化雄图②。

台北市的文化治理,也显示了由中华民族主义走向现代艺文消费与游憩的趋势,但呈现出过渡时期的混杂特征。例如1979年率先推动台北市举办音乐季和戏剧季等活动的李登辉市长,也推动具有浓厚传统道德和纪律色彩的"排队运动"。1979年3月市长的议会施政报告中,列举了物质与精神并重的核心理念:

台北市的物质建设,的确有相当的进步,而市民的生活观念、生活态度,以及价值判断等精神、心理方面的建设,似乎并未能配合改进……我们应该要矫正这种缺失,要物质与精神建设并重,均衡发展,在建设良好物质环境的同时,也要使市民有和谐、充实的精神生活。

于是,尝试结合自强精神与市民秩序的排队运动③,与提倡正当休闲的"市郊游乐地区简易游憩设施整治计划"、表达中华特色与激发民众情操的青年公园大壁画,以及提高艺文水平的音乐季和戏剧季活动并存。这显示官方引导市民道德、灌输民族情操的角色依旧,但更强调艺文与休憩活动是现代都市必备元素。文化治理目标乃为达致蒋经国训示之"有朝气、有礼貌、有秩序"或所

① 苏昭英:《文化论述与文化政策:战后台湾文化政策转型的逻辑》,台北艺术学院传统艺术研究所硕士论文,2001年,第53页。
② 苏昭英:《文化论述与文化政策:战后台湾文化政策转型的逻辑》,第54—64页。
③ 王志弘:《秩序、效率与文明素养:台北市"排队运动"分析》。

谓"富而好礼"的境地,在经济物质满足后追求文化教养,以彰显现代国际都市气质。李登辉以后的几任台北市市长,从邵恩新、许水德、吴伯雄,以迄最后一任官派市长黄大洲(1990—1994),文化施政皆不出这个范围,只是日益淡化中华民族色彩、加强艺文休憩主题,而原本备受压抑的本土文化,也开始以精致化面貌纳入官方文化治理。于是这个时期大量兴筑的艺文硬件设施,不再是展示民族传统的仪典场所,而是精致艺文消费的所在:

本府为提高市民文化艺术生活素养,乃积极规划兴建文化活动场所。目前正在筹备增设及扩充的社教机构有:社会教育馆、美术馆、天象馆、图书馆、动物馆、儿童游乐园、青少年活动中心、现代化体育馆、简易运动场等。为了陶冶身心,培养市民正当育乐活动的兴趣,市府将继续办理音乐舞蹈季、戏剧季、体育运动季、市民讲座以及其他艺文等文化活动(1981年李登辉于台北市议会第三届第七次大会施政报告,《台北市政纪要》1980年度,第16页)。

除了市区艺文消费和城郊登山践行的自然游憩等"正当休闲"外,城市景观美化(包括市容整洁、绿化、广告招牌美化、交通流畅等),以及保护古迹和传统文化也开始受到重视,并置于吸引国际游客的观光产业脉络下来提倡,透露了文化经济的初步萌发。

更晚的80年代后期和90年代初期,除了精致艺文、自然游憩和市容美化外,更贴近市民日常生活的措施也纷纷出炉,包括假日表演广场、西门行人徒步区、假日花市与书市、观光农园,以及锁定青少年的激光舞会、迪斯科比赛等。但更值得注意的是,这时期的文化治理开始展现对于城市本身风貌与历史遗迹的关注,这既是对于都市建设成果的自信,也搭配了艺文休闲脉络下的追古溯源和历史怀旧风潮,并成为召唤市民自豪和小区意识的基础,显现于各类官方出版品和政策宣示中,包括乡土教学的初步推展。例如,

为鼓励爱乡情操而办理的"我爱台北"系列活动,系以我爱台北的精神、传统文化、文物古迹、人性温暖及蓬勃朝气为主题,并采亲和的、兴趣的、生活化

的、自然而无说教意味的方式……让市民能有机会深入了解台北市，以住在台北市为荣（许水德 1986 年台北市议会第五届第一次大会施政报告，《台北市政纪要》，1985 年度，第 40 页）。

为使学生认识先民开拓史及乡土风情文化，了解台北市的过去、现在、未来，激发学生爱乡情操，已着手编纂乡土教材……以加强推展乡土教学（黄大洲 1991 年台北市议会第六届第三次大会施政报告，《台北市政纪要》，1990 年度，第 48 页）。

空间形式方面，充满中华民族象征的建筑依然耸立于城市地景，并在 80 年代，体现于尺度巨大的中正纪念堂、戏剧院和音乐厅而臻于顶峰。但纪念堂作为威权强人象征的最终意象，已逐渐消融于作为精致艺文消费重镇的新地方意义里。1986 年的新台北车站，仍保有召唤传统意象的厚重大屋顶，但相较于作为城市枢纽门户的功能，也褪去了旧民族主义的负担。至于文化建设政策下兴建的展演馆舍，如美术馆、社会教育馆、新动物园、图书馆、儿童交通博物馆等，几乎都已摆脱了族群象征语汇，而采用简洁利落的现代建筑样式。

此外，台北东区和 1980 年公布实施的信义计划区，在推动国际化，令台北纳入世界资本主义消费网络的过程中，以其特殊空间条件取得了都市新中心的地位，是台北企图成为世界城市过程的空间再结构枢纽。东区连同 90 年代中期以后将更加显著的信义计划区，其都市功能表现在作为国际化零售消费橱窗、跨国资本管理中枢、新崛起的生产者服务业集中地，其空间文化形式表现为高级进步、新颖时髦、国际化等，构成了台北的新都市形象。

## （三）艺文消费者的理想面貌 vs. 本土的再发现

过渡阶段的都市文化治理，虽然渐离族群主义与道德教条，转入提倡艺文消费与正当游憩、提升环境质量的文化现代化，但依然有教化规范市民生活的浓厚基调；文化建设目标，仍锁定"提升市民的文化素质与生活品位，以淡泊、雅致而隽永的高品位生活来取代征名逐利、使酒恋色的虚浮生活"（吴伯雄

1988 年 10 月施政报告,《台北市政纪要》,1990 年度,第 15 页)。这种尝试塑造有品位教养之艺文消费者的道德指导姿态,面对 80 年代因为经济转型、房地产热潮和娱乐消费盛行而剧烈变动的都市,显得纯真而荒谬,透露了官派都市政权与现实的脱节。

相对的,随着民间社会力量通过抗争和运动而启蒙和组织化,台湾的本土意识也逐步发展和稳固。承继 70 年代回归现实运动,以及 1977 年艺文界的乡土文学论战,80 年代可说是一个重新发现乡土或本土,并逐渐强调地域认同(local identity)的时代。一方面,所谓以“台湾”为共同体想象范围的本土派人士,通过台湾文学、台湾艺术、台湾语文、台湾历史等的探索与界定,开始争论和发展何谓台湾文化民族主义①。

另一方面,更贴近常民生活的乡土、本土或地方的再发现,则展现于民间自发的地方文史踏查、振兴地方的小区营造工作,以及地方自然生态的调查与保护倡议。许多历史遗址和生态环境的保存与复育,除了发动请愿和抗争,也通过前赴现场的踏勘导览②、开设讲座与课程实施民众教育的方式来推动。这个阶段历史保存与自然保育的成果,在消费社会崛起、民众休闲需求持续扩大下,也成为市民了解本地文史、接触地域环境的重要场所。

这股本土化力量与民主化进程齐头并进,无论是以整个台湾为范围的所谓“台湾意识”,或是个别的乡土和地方意识,都将在下一个阶段成为官方文化治理的重要内涵。换言之,相较于以往由上而下灌输的文化重建、精神动员,以及过渡阶段的艺文建设式文化治理,90 年代中期以后迄今的都市文化治理,纳入过渡阶段的许多民间成果与倡议,开始重视本土庶民文化元素,承认族裔、性别、性倾向等多元社会身份及其生活风格表现,而非只有“民众”这个主体位置。文化治理已经从刚性的、由上而下施展权力的体制,转变成为相对柔性、多方力量角逐且可以争议的场域。

---

① 萧阿勤:《重构台湾:当代民族主义的文化政治》,2012 年。
② 王志弘、高郁婷:《生意是门好文化? 零售业的文化营销策略与张力》,《休闲与游憩研究》7(2),第 41—81 页。

## 五、多元文化：民主化与
## 本土化下的历史重塑

### （一）市民城市崛起：20 世纪 90 年代中期迄今

20 世纪 90 年代中期以后，政治民主化持续推展，历经了数次政党轮替。经济方面的公营事业公司化与民营化、受管制市场的开放与自由化（特别是开放金融业和加入世界贸易组织）、为解决财政问题及推动地产引导式发展（property-led development）的公有土地标售和私有化，以及当局事务的委外办理与公私合伙，推动了台湾版的新自由主义化政策。中国大陆在 90 年代以后快速转化成为全球代工基地，部分取代或吸收了台湾制造业资本，但台湾仍保有制程设计与高阶代工的局部优势。这也促使台北成为横跨美国、台湾地区和中国大陆的跨界商品链中的区域性接口城市（interface city）①，但未能如市政府的规划，跻身全球城市的行列。

不过，对台北市而言，1994 年的首届直辖市长选举，国民党和从国民党分裂出来的新党都推出候选人，分散了传统势力选票。民进党的陈水扁获胜担任市长，推动了新的文化治理模式。但他的胜选不能仅仅归因于传统势力分裂，也是从 70 年代后期即开始酝酿的本土化和民主化浪潮的政治表现。陈水扁和谢长廷于争取民进党的台北市长候选人提名时，分别提出"市民主义"和"小区主义"的诉求，正好显示民主化与本土化这两股力量的汇流，以及市民城市的崛起。

市长由官派改为民选，启动台北都市政权的结构性转型。陈水扁赢得选战，则替这个转型增添"变天"的象征意义。民进党必须力求表现不同于国民党官派政权的新气象，赢取务实世故的都市中产阶级支持，同时拉拢伴随民主

---

① Hsu, Jinn-yuh（2005）The evolution of economic base: from industrial city, post-industrial city to interface city. In R. Y. W. Kwok（ed.）, *Globalizing Taipei: Political Economy of Urban Development*（pp. 16–34）. New York: Routledge.

化运动而起的各种草根本土及前卫激进社会势力,还要在国际城市竞争中寻求发展利基。在这些压力下,文化治理遂成为短期内可以迅速迎合各方需求,提出不同都市意义和都市发展想象的操作场域。

同时,各种以居住地域和社会身份为组织原则的市民团体,在争取权益(无论私利、团体利益或公益)的手法上,也逐渐接合于文化主题。这些因素促使文化治理成为各方交锋的文化政治场域,不再是威权下的民族主义宣传和道德监控,也不仅是追求文化现代化的艺文消费和正当休闲。1998 年,国民党的马英九当选市长,传统势力再度取得政权。但整体趋势已定,国民党政权也必须大致遵循新文化治理体制强调的多元文化政治,以及稍后更加鲜明的文化导向再生和文化经济发展,并且在 1999 年 11 月文化局成立后,更扩大了这种新治理模式的强度和范围。

## （二）多元文化主义与庶民生活记忆的纳编

90 年代中期以后,官方文化治理的新兴政策与措施,主要是着重于多元文化主义与文化经济发展,无论是陈水扁,或继任的马英九、郝龙斌,以迄柯文哲政府,都是如此。不过,90 年代中后期比较重视多元文化主题,2000 年以后则更为偏重文化经济。本节先聚焦于多元文化论述下,对于庶民记忆和城市书写的重视,以及扩大史迹保存范围和闲置空间再利用、强调地域文化与小区艺文等措施;有关文化经济、文创产业及创意城市的讨论,则留待下节。

新文化治理最令人瞩目的是,相对于中华民族主义的大伞,原本位于边缘少数的社会群体纷纷浮上台面,成为官方文化设施和活动锁定的目标群,反映了民选都市政权必须更仔细关照多元群体的独特利益、价值与认同。除了在本土化风潮中已广受重视的闽南文化外,客家、外省(眷村)、原住民、青少年、儿童、同性恋者、劳工、东南亚移工,都获得了一定程度的发声和表现机会,借由设置专属的文物纪念馆、节庆和艺文活动、城市经验书写、史迹保存与再利用等方式,纳入了文化治理场域。过去受到轻视、甚至招致污名贬抑的本土各族裔语言及其戏剧、歌曲、文学、宗教等文化表现,陆续获得平反,甚至蔚为流行风尚,并在形式精致化以后登上艺术殿堂①。

90年代台北市文化治理在这方面的实例,包括办理主要族裔的母语教学和乡土教学;客家艺文活动中心、客家文化会馆、客家街路文化节、客家研讨会、出版客家历史书籍、摄影集与纪录片等;眷村文化发展与保存座谈、眷村文化调查计划;介寿路更名为"凯达格兰大道"、少数民族文化公园、大台北地区都市少数民族生活世界历史回顾座谈会、少数民族诗歌之夜;举办青少年街头和"总统府"广场飙舞、青少年育乐中心、定位西门町为青少年次文化区域、举办"大量涌出我主张,粉刺耳,粉刺眼"等活动;儿童艺术节、儿童博物馆;同志公民运动、补助举办台北同玩节;将铁路局台北机场员工浴室指定为市定古迹,以反映劳工生活文化;举办外籍劳工诗文比赛;以及,补助弱势团体暨少数族群办理文化活动等。这些被纳入文化治理范围的族群,过去多不见于官方文化视野,现在则成为刻意凸显的文化治理对象,多元文化也成为官方标榜的国际城市特质。

对多元族群生活经验的强调,直接反映于官方城市书写开始着重民众的声音和记忆,与过去官方编纂志书或文宣品的叙事模式大相径庭。例如:官方月刊《台北画刊》邀请知名作家撰写专文描写城市经验,并开放专栏让一般民众投稿;举办"公交车暨捷运诗文甄选"活动及"台北文学奖"、"台北历史影像巡回展"等,主题皆以庶民记忆为主。另有《台北记忆》、《台北2001》、《瞻前顾后:台北的绝版、复刻与新生》、《回到中山堂》及《新世纪·台北·思想起》等书册,迥异于过去宣扬官方政绩的出版品,采取较活泼的版面设计,接近民间流行的影像拼组风格,汇集名家作品与市民投稿的城市经验,或是采访地方居民,更容易贴近与召唤市民的认同。三大册《台北人物志》汇整与台北有关,但不见得是本省籍或出身台北的各界名人生平,亦属新角度的历史书写,肯定了民众本身多样的城市史②。此外,陈水扁政权则特别强调过去遭压抑历史的

---

① 王志弘、江欣桦:《从抑郁悲情到俗搁有力:台湾庶民文化的转变》,《休闲与社会研究》13,第47—70页。

② 王志弘:《记忆再现体制的构作:台北市官方城市书写之分析》,第9—51页。

平反,如白色恐怖和"二二八"等,举办了相关活动,成立"二二八"纪念馆、马场町纪念公园等。

对多元族群与庶民记忆的重视,也展现于史迹指定的多样性上。过去古迹多属先民遗址、清季官方建筑、碑坊城楼、庙宇和地主阶层大宅邸等。1997年以后,借由市定古迹的指定,史迹界定范围扩大,年代拉近到日据和战后时期,也较为贴近市民经验。例如台大医学院旧馆、校门、北一女、台北工专红楼等校园史迹,济南长老教会、北投普济寺、中山基督长老教会、大稻埕教会等宗教建筑,以及内湖采石场、松山烟厂、台铁台北机场浴室等劳动与工业地景,以及日据时代衙署建筑如台湾银行、台北北员警署、总督府交通局递信部、台湾广播电台放送亭、旧市府大楼等;名人故居(如林语堂、钱穆等)和老树,也是文化局列为重点的保存对象。此外,许多史迹空间采取活化再利用方式,经营艺文活动或成立展览馆,例如"二二八"纪念馆、温泉博物馆、当代艺术馆、牯岭街小剧场、紫藤庐、圆山别庄(台北故事馆)、西门町红楼、台北之家、宝藏岩聚落等。这些新发掘和活化使用的地点,与艺文活动专擅的象征操弄结合起来,塑造出兼具历史怀旧和奇幻氛围的地方感。

最后,依循90年代的小区营造风潮,小区参与及地域特色也是文化治理的重点。都市发展局推动的地区环境改造计划和小区规划师制度,皆强调改善小区景观环境、凸显独特文史风貌和提升小区意识。设置地区性展演设施,在各区举办艺术活动则有分散艺文资源的用意。例如,2000年台北市12个行政区分别办理了"北投艺术节"、"游艺内湖庄"、文山区"山河艺术节",士林区"士子如林乐剧齐鸣"、中正区"快乐来扮戏"、"舞乐诗画戏中山"、"炫耀大安艺术鲜生活"、南港区"台北新茶乡"、信义区"影巷大街"、大同区"戏弄乐章叙茶香"、松山区"站赏艺术节"及"万华新艺象";2002年则有"文化就在巷子里"系列活动。

空间文化形式的治理方面,有三个值得观察的新现象。首先,陈水扁为了拆解威权体制,提出"空间解严"宣告,主要有开放原市长官邸(改为艺文沙龙)、原为蒋介石居所的士林官邸、名人故居等原本民众无法接近的场所,并且举办许多释放或诱引快感的节庆,像是迎合青少年的街头飙舞、"总统府"广场飙舞活动、耶诞晚会和跨年倒数晚会万人群集的狂热欢愉,以迄同玩节游行的同性恋情欲表现,西门町扮装游行的嘉年华气氛等,都通过官方肯认而予以正当化。

其次,90 年代后期陆续完工通车的捷运系统,其车站、站台和地下街购成了新的城市流动空间和文化地景,并特别强调公共艺术设置,宛如增添了开放式美术馆①。最后,如前所述,由于扩大市定史迹认定范围,纳入老树保护,使得官方文化治理的实质地景上,除了前期遗留的中华传统风格公共建筑,以及持续兴建的现代主义或科技风格艺文馆舍(如台北艺术中心和北部流行音乐中心),也通过保护、维修与再利用,在城市纹理中留存许多日治时期,甚或更晚近的日式宿舍、住宅、小型公共建筑、工厂遗址,以及充满庶民记忆的老树,增添了城市的历史层次感与景观多样性。

### (三)多元身份认同的正当化 vs. 市民抗争的文化策略

在民主化与本土化的大趋势下,文化治理的多元文化论述框架,最初是以四大族群(闽南、客家、外省、原住民)的修辞现身。但随着东南亚配偶和移工人数增加,东南亚族裔隐然有成为第五大族群的态势,并在教育、文化与社福方面,开始有官方的介入。至于性别(特别是女性)、身心障碍者、年龄(老人与儿童),以及同性恋者在官方文化治理场域中的现形,获得象征性的肯认与正当化,则往往是长年社会运动抗争的产物。但是,相较于前述身份,阶级划界与劳工认同,则仍然停留于各种社会抗争与政治场合,较少直接纳入文化治理的场域。

无论如何,相对于过往族群主义、纪律和教养等框架下,文化治理体制对于国民主体的塑造(重作中国人、勤俭自强,或是品位教养),新的多元文化式治理展现的是多重主体位置、身份认同及历史记忆的召唤与争议。这里的争议主要有两种类型,源自都市政权或治理联盟对于维持秩序和持续发展的要

---

① 王志弘:《流动地景与时空操演:台北捷运系统与新都市经验》,《地理学报》31,第83—115 页。

求,与民众的生活型态、价值和利益有所冲突。

例如,陈水扁担任市长期间,虽然推动了历史平反、空间解严和庶民书写等新文化治理项目,但也重视维持城市秩序、安全、景观和发展,因而有厉行扫黄、扫毒、清除摊贩,提议实施"青少年宵禁"等各种规训干预措施。陈水扁任内也决定废止公娼而侵害弱势性工作者权益,拆除十四、十五号公园预定地上违建聚落而损及居住权等。这些举措都引起部分市民与进步团体的请愿或抗争,而且相较于威权时期的压抑,如今这些抗议已经成为都市政治运作的常态。

值得注意的是,市民社会对于市政措施的争论或权益的争取,也有越来越明显的文化策略。20 世纪 90 年代以降,有许多历史保存运动,直接以文化作为运动的诉求目标,强调维护历史本真性(authenticity)的价值,借以对抗官方的拆除或折衷保存方案(例如 2016 年还在争论的北门旁三井仓库及新北投火车站,因顾虑交通动线而移地保存的事件)。但是,同时有许多追求其他主要目标(争取劳动者权益、反拆迁和居住权、人权等)的抗争,也诉诸文化手段。譬如,强调违建聚落是一种非正式文化地景(宝藏岩),追溯特定街区或建筑的历史意义(剥皮寮、大理街糖业遗址)①,或是强调特定人群生活方式所体现的独特记忆与认同(性工作者记忆、劳工文化等)②。换言之,在文化治理场域日渐容纳本土与民主价值之际,市民抗争也顺势积极运用文化作为论述与筹码。

市民城市下的文化治理争议,并非只是官方与民间的对抗,也透露着市民社会内部在政治立场、价值及利益方面的差异。随着市民对于环境质量要求提高,以及期待土地开发利益,90 年代以后出现不少邻避型抗争,例如反对设置加油站、反对色情行业入侵、反对设置赡养院或其他福利设施、反对指定史迹而遭限制开发,以及最近的反对设置社会住宅及食物银行等。这些试图维护生活质量、房价和开发机会的抗争,虽不是以文化为主要目标或手段,但其

---

① 王志弘:《新文化治理体制与国家——社会关系:剥皮寮的袭产化》,《世新人文社会学报》13,第 31—70 页。
② 王志弘:《都市社会运动的显性文化转向? 1990 年代迄今的台北经验》,《建筑与城乡研究学报》16,第 39—64 页。

实也都蕴藏着对于特定生活方式和美学价值的主张,因而也是文化治理场域的一环①。

# 六、 文化经济: 文化是门好生意?

## (一)全球竞争下的消费型创意城市: 2000 年迄今

90 年代以后,许多文化场域的争议,往往涉及一边是开发前景或商业利润,一边是历史文化价值,这两方之间的折冲、甚至矛盾。例如,1988 年台北市拓宽迪化街道路以利当地交通和商业发展的政策,就引起重视当地传统店屋价值的保存团体反对。这项争议后来以保有既有的南北货批发商业特色(不做标本化的形式保存),并实施发展权转移和建筑容积奖励措施以保障地主利益,于 1998 年六月通过设置"大稻埕历史风貌特定专用区计划"而获得解决②。

2000 年以后,迪化街及整个大稻埕街区迈入了新发展阶段。在当地传统批发商业旁边,出现许多利用老屋改造的咖啡店、文创手作商店、艺文展示活动空间等,开启了当地的文化经济。这些老屋再利用和文创产业,有许多是都市发展局和文化局补助项目,尝试以新策略来发展旧市区,也就是文化导向的都市再生。

虽然历史保存、地方传统商业与宗教生活,与迎合中产阶级和观光客、炒高当地租金的新兴文创生意之间,或有冲突③,但是将传统商业街指定为历史风貌特定区,再发展成为吸引游客的文创街区,正好勾勒出台北市文化治理的新方向,也就是迈向消费型创意城市(creative city),以都市景观重塑、签名式建筑、大型节庆赛事活动、文创园区及文化产业发展为策略,加入全球城市竞争的战局。

---

① 王志弘:《都市社会运动的显性文化转向? 1990 年代迄今的台北经验》。
② 颜亮一:《市民认同、地区发展与都市保存:迪化街个案分析》,《都市与计划》33(2),第 93—109 页。
③ 林文一:《文化创意导向都市再生、"新"都市治理的实践及缺憾:以迪化街区为例》,《都市与计划》42(4),第 423—454 页。

当然,70 年代甚或更早的都市文化治理,也会强调塑造都市景观、兴筑艺文设施和绿美化环境,以利艺文消费、观光游憩及正当休闲,而这些都与经济活动有关。再者,多元文化主导的文化治理模式中,庶民城市记忆的书写,或是客家等少数族群为主题的节庆活动,也经常成为怀旧式或异国情调式消费的指引,显示了文化和经济的密切关联①。然而,2000 年以降的文化经济发展,值得独立视为新的文化治理模式来看待,因为经济成了文化治理的核心主题,而不再只是文化治理的附带效果②。

以 2016 年台北市文化局的施政计划为例,共提出"台北文化梦工场计划"、"世界设计之都计划"、"城市创意聚落计划"、"文化资产永续活化计划"、"文化科技产业政策计划",以及"筹建重大文化设施"等六大计划,其政策愿景虽然延伸市民城市和多元文化的立场,宣称要"致力于让台北市成为具有包容性及多元性,属于市民的幸福城市。"但是,不仅文化梦工厂、世界设计之都、创意聚落和文化科技产业,都是鲜明的文化导向都市再生、文创产业的创意城市规划,文化资产和史迹维护,也是以活化利用方式来处理,例如其中的"老房子文化运动"便是补助旧屋改造,结合文创产业而予以再利用。

"文化是门好生意"的文化经济式治理,可以概括为节庆赛事等大型活动、文创产业发展,以及都市意象塑造等三方面。文化经济式治理也采用了委外经营和建筑容积奖励等制度变革,但这往往引发市民抗争的文化策略与文化经济发展之间的争议。

## (二)节庆赛事、意象塑造、文创产业与文化经济的张力

首先,承继战后以来政府专擅的宣传活动式治理技术,历来的文化治理都不乏庆典活动。不过,早期是配合政治仪典和民俗节日而举行的节

---

① 王志弘:《记忆再现体制的构作:台北市官方城市书写之分析》,《中外文学》33(9),第9—51 页。
② 王俐容:《文化政策中的经济论述:从菁英文化到文化经济?》,《文化研究》1,第 169—195 页。

庆,80年代则增添了艺术季、音乐季等艺文为主的节庆活动;到了90年代晚期,又增添了具有刺激观光效果的节庆,以及国际性的巨型活动(mega event)。

例如,在新文化治理体制下,除了办理台北艺术节、音乐季、儿童艺术节、传统艺术节、国际诗歌节、那鲁湾之夜、客家文化节、汉字文化节①、眷村文化节等艺文活动,以及台北电影节、台北艺穗节、城市行动艺术节、数字艺术节等,偏向于鼓励与推广文创产业的节庆化展演外,也有台北灯节、跨年晚会,以及"牛肉面节"(产业发展局主办)这类吸引游客的大型活动。更值得注意的是,某些预期观光效益更大、有利于提升城市声望,甚至借此改造城市景观的国际赛事和展览,例如台北听障奥运(2009)、台北国际花卉博览会(2010—2011)、世界设计之都(2016),以及预定于2017年举行的世界大学运动会。然而,这些投入大笔经费,尤其涉及新建场馆的大型赛事展览,是否真能带来收益与声望,或者反而排挤或浪费有限的公共资源,向来有不少争议②。

相较于短暂节庆赛事活动激起的扰动热情,都市地景看似沉默的舞台布景,晚近也在文化经济与创意城市的开展下,成为特意塑造的绚丽奇观,或是如雕塑般令人印象深刻的景观。虽然过往也有标榜传统中华特色或现代主义风貌的公共建筑,以及城市景观的塑造。但是,晚近的公共建筑与景观有两点不同特质。首先是更强调塑造整体城市景观美学,包括大型土地开发计划如台北车站特定区、信义计划区的都市设计,以及点状或线状但遍布全市的夜间照明景观计划、人行道铺面与设施改善、街道家具设计、跨堤景观天桥、公共艺术设置等。其次,则是重要公共建筑开始采取国际竞图和招标,引进外国团队

---

① 汉字文化节是马英九市长任内特意举办的节庆式艺文活动,旨在倡导正体字,以及运用汉字作为艺术与设计元素。这个活动尝试平衡陈水扁市长任内对于台湾本土意识的强调,回归中华意识;另一方面,连同马英九和继任的郝龙斌对于台北市作为"华人文化之都"的倡议,汉字文化节也延续过往文化治理体制的目标,借此确认国民党政权相对于使用简体字之中国大陆的文化正当性。

② 刘俊裕编:《全球都市文化治理与文化策略——艺文节庆、赛事活动与都市文化形象》,高雄:巨流,2013年。

提出新颖设计,特别是邀请知名国际建筑师参与,建立"标志性建筑"(signature architecture)以增添城市文化资本。例如,台北国际金融中心(101大楼)由李祖原建筑师事务所设计;台北艺术中心由雷姆·库哈斯(Rem Koolhaas)、奥雷·舍人(Ole Scheeren)和台湾建筑师姚仁喜的团队联合规画设计;台北文创大楼由伊东丰雄与大矩联合建筑师事务所设计;北部流行音乐中心则由美国 RUR Architecture PC 建筑师事务所与台湾宗迈建筑师事务所联合竞图而获得首奖。

最重要的文化经济式治理,则是推动文化创意和创新设计产业发展,试图迈向创意城市。除了各项既有治理项目(如艺文活动、闲置空间再利用、街头艺人表演等)纷纷连结上推动文化创意产业、培养文化产业人才、促进产业讯息交流等主题,也开创了主打文创的政策和措施,例如举办创意市集、规划工业厂房遗址(例如华山酒厂和松山烟厂)成为文创产业园区、宣传与活化创意街区(康青龙、温罗汀、牯岭街、北投、城东、大故宫、中山双连、民生小区、天母、艋舺、西门町等 11 处具有文创特色的街区邻里)、推行文创产业辅导计划,以及新建台北文创大楼、三创数字生活园区等。都市发展局都市更新处推动的"都市再生前进基地"(Urban Regeneration Station, URS),运用闲置空间作为文创基地或展演空间。隶属文化局的财团法人台北市文化基金会下,则于 2007 年增设电影委员会,负责补助与协助各项影视戏剧的勘景和拍摄,借此推展文创产业,营销台北都市意象。2016 台北设计之都的申办,更是尝试推动创意城市的综合活动。

文化产业与创意城市的推展,还有另一个鲜明的经济元素,也就是文化治理体制越来越常采取各种公私合伙的操作方式,包括公办民营、委外经营(多数历史建筑再利用的馆舍、节庆式活动)与民间参与投资计划下的 BOT(三创园区、台北文创大楼等)。以松山文化创意园区为例,就分为古迹本体的 A 区(台北市文化基金会主导)与 BOT 的 B 区(富邦建设与台湾大哥大共组的台北文创开发公司主导),其运作包含了政府机关、官方基金会、BOT 公司和各种承租厂商等各种行动者。文化治理的运作原本就不局限于狭义的政府机关与政策,战后初期的文化重建时期已有台湾文化协进会的协力,后续的威权时期,更有众多外围媒体传播和艺术文化机构在文化治理场域中构成绵密网络。不过,新文化治理体制中的公私协力伙伴,已经从外围机关,转化为小区协会、非营利组织、学校、公关营销公司、出版与媒体集团,还有看好文创产业前景的大财团等,合作方式也变得更多样。

然而,文化导向都市再生、文化经济与创意城市的美好愿景,以及公私合伙、扩大民间参与的分权机制,在执行成效上经常遭到诟病。常见批评包括未达到推动文创产业与市场的预期目标;文创园区餐饮消费活动多于文创生产;受委托经营厂商利润动机高于发展文化事业;场地租金过高和繁琐行政程序排挤了个别创作者与小型企业;历史建筑再利用方式丧失历史文化内涵而成为展演或消费场所①,乃至于吸引创意阶级、发展创意城市的策略,是否反而造成区域不均衡发展、地区缙绅化与阶级排除,以及文创工作者持续遭剥削等质疑②,显示文化经济策略的局限③。

除了文化产业与创意城市发展的疑虑,文化和经济合流的趋势,特别是鼓励特色观光夜市、创意街区,以及容积移转和奖励方面,引致环境质量、历史保存与市民抗争之文化策略的争议。例如在官方宣传中兼具文创街区与夜市特质的台湾师大生活圈,于 2011 至 2012 年间,当地居民强烈抗议商业活动扰邻④,导致许多商家关闭或迁移。再者,采取文化策略的市民抗争,特别是反拆迁运动,虽然标榜文化论述而获得官方接纳,保存了特殊的历史地景,却不见得能够达到确保居住权利的目标。例如,位于河滨行水区与公园预定地而预定拆除的宝藏岩聚落,经过抗争后改以艺术村形式获得保留,并成为官方宣传中的重要景点,但多数居民已迁移离去⑤;又如同样采取历史文化论述而获得

---

① 黄瑞玲:《台湾产业遗产"资产化"和"文创化"的政策历程与争议:以松山文创园区为例》,《文化资产保存学刊》29,第 7—26 页。

② 邱淑宜、林文一:《建构创意城市:台北市在政策论述上的迷思与限制》,《地理学报》72,第 57—84 页。

③ 王志弘、高郁婷:《生意是门好文化? 零售业的文化营销策略与张力》,《休闲与游憩研究》7 (2),第 41—81 页。

④ 王志弘:《文化治理的内蕴冲突与政治折冲》,《思与言》52(4),第 65—109 页。

⑤ 张立本:《都市治理与社会运动的文化策略:台北市宝藏岩违建运动》,《中外文学》33(9),第 109—142 页。

局部保留的剥皮寮历史街区,经整建后成为乡土教育中心和展演空间,但居民已完全迁移①。

最后,市定史迹文萌楼(原为公娼馆)更体现了边缘群体抗争(弱势的性工作者争取权益)、市民运动的文化策略(呼吁重视娼妓文化,指定公娼馆为史迹),以及额外给予建筑容积以鼓励在都市更新计划中提供公益设施(包括古迹维护),如何纠结形成文化经济的困局。2006年获得史迹指定的文萌楼,是1997年爆发反废公娼运动时成立的组织(日日春关怀互助协会)活动基地。但因为产权不属于日日春协会,邻近地区又有都市更新计划,致使这处充满弱势群体记忆与市民抗争痕迹的地址,因其可以转化为容积奖励利益的古迹地位,而成为地主、投资客和房地产开发商觊觎的利润来源,引发了新一波市民抗争②。

### （三）企业化的进取主体 vs. 另类生活的返归?

一如过往宣扬国族意识的教化规训式治理,导致本土化与民主化的反弹,文化产业和创意城市的治理取向,也由于卷入经济利益与发展逻辑而备受争议。但是,城市产业的后工业化、全球竞争加剧、贫富两极化与区域不均等发展的推动力,却促使新自由主义的开放、松绑、竞争和自由化修辞,延伸成为文化治理与主体建构的重心。

主体的构成与自我认知,不再鲜明地从属于传统家族和社会性集体,反而强调个人主义式的自主、自由、解放、创意、实验和创新精神,但这也意味了持续投入竞争,以及个人要替自己的言行后果负责,承担风险。这正是企业化或进取式主体(entrepreneurial subject)的概念③:个人要将自己当成宛如一家企业般来经营,持续进修学习、奋发向上以累积人力资本(human capital)与竞争

---

① 王志弘:《新文化治理体制与国家——社会关系:剥皮寮的袭产化》,《世新人文社会学报》13,第31—70页。

② 王芳萍、张荣哲:《古迹文萌楼与日日春运动》,《台湾人权学刊》2(4),第151—168页。

③ Bröckling, Ulrich (2015年) *The Entrepreneurial Self: Fabricating a New Type of Subject.* London: Sage. Freeman, Carla (2014年) *Entrepreneurial Selves: Neoliberal Respectability and the Making of a Caribbean Middle Class.* Durham, NC: Duke University Press.

力,并努力争取表现自我的机会,以便在竞争中胜出。

然而,这种看似自由、充满创意的主体自我建构和竞争性展现,却也必须付出自我营销、建立人脉以利谋取机会,同时自我监控、压抑和剥削的代价。自由解放的主体,似乎也是自我商品化的主体。这正是当前文化创意产业工作者经常面临的处境,特别是个体户、小型文化企业或设计工作室的从业者①。然而,从业者抱怨文创产业结构不完善、市场反应不佳,以及官方未能发挥有效协助之际,整个文化经济式治理的乐观氛围,乃至于都市分众社会崛起后,民众对于通过个别化风格化消费与美学设计而获取自我实现的期待,也日益升高。因此,青年世代特别受到文化经济发展吸引,纷纷投入看似能够结合日常兴趣、个人认同与职涯生计的文创场域。

某个意义上,近年台湾盛行的"文青"(文艺青年)身份与"小确幸"(微小而确定的幸福)的生活期许,也提供了能与文化经济式治理互相搭配的主体化线索。然而,相较于主流的企业化或进取式主体,文青或小确幸主体可能不见得那么密切迎合文化经济的经济面,而更多的在特定风格化创作与消费上寻求满足,甚至对于过度商品化、资本化的发展型态有所批评或保持距离。

此外,面对台湾主流经济的困顿与传统社会秩序的僵化,新世代对于风格化商品世界以外更广泛社会议题的关切,也开启了对于狭义的艺文创作与消费以外的另类生活方式追寻;例如,社会企业、都市农耕、小区发展、独立书店,以及各种非营利组织工作,乃至于离开城市,返回小镇与农村从事地方振兴等。总之,在多元文化潮流与多重社会身份的肯认下,文化经济式治理的场域中,也有着各种不同主体的现身,溢出了官方文化治理的框架,开拓出另类生活方式,实践着多样的文化内涵。

---

① McGuigan, Jim (2010) Creative labour, cultural work and individualization. *International Journal of Cultural Policy* 16(3): 323 – 335. McRobbie, Angela (2002) Clubs to companies: notes on the decline of political culture in speeded upcreative worlds. *Cultural Studies* 16(4): 516 – 531. 王志弘:《弹性的艺术——资本矛盾:书封设计的创意劳动与项目团队》,《设计学研究》16(2),第95—116页。

# 结论： 迂回于族群主义与日常
# 生活之间的都市文化

## （一）族群主义式文化与生活风格式文化的兴衰

战后七十年来,台北市由官方主导的文化治理体制和场域,随着宏观政治经济局势、都市政权性质与核心都市意义的转变,而经历了许多层面的变化。从复原城市、非正式化的戒严城市、依赖发展的投机城市,到本土化与民主化催动下的市民城市,以及全球竞争加剧下消费型的创意城市蓝图,构成了台北城市核心运作逻辑的变迁动力,并展现于文化治理模式的转变上。

详言之,战后台湾的政治体制从军事威权转移到开明威权体制,再到随后逐渐深化的民主化;都市产业从加工出口导向工业化的贸易中枢,转移到去工业化以后零售娱乐商业与生产者服务业角色吃重的经济构造;市民社会则由威权底下遭受压抑的沉默存在,转化成为普遍社会动员下,争取权益但利益多样的多元群体。顺此,都市政府也从担任执行角色的官僚政权,转变为民主政体下讲求效率与企业化的治理联盟。在这些宏观转变的脉络下,有助于调节政治、经济与社会场域的动态,或反而滋生冲突的文化治理体制,也在其主导逻辑、主要文化内涵、治理机构与要项,以及相应的空间文化形式、主体化及文化抵抗方面,产生了许多变化,汇整如附录,在此不再赘述。

不过,我们可以参照图1的文化治理体制分析架构,将台北市文化治理的结构性转型,摘要如图2,借以掌握某些更根本的变与不变。如图2所示,就塑造文化治理体制的主导结构化力量而论,我们可以见到从巩固族群主义的道德文化领导权以利统治正当化,到全球竞争下对于都市经济之文化调节的重视;同时,伴随着这个从文化的政治作用到文化的经济效能的焦点移转,社会的区异阶序也产生了从中华文化优先到本土文化翻身的变革。这些变革也展现于不同时期的文化抵抗或另类生活的追寻方式,或者说,文化抵抗的累积和推展,也是促使主流文化治理体制转变,乃至于整体社会变迁的动力之一。

| 时　　期 | 1945—<br>1970 年代中期 | 1970 年代后期—<br>1990 年代初期 | 1990 年代中期以后 |
|---|---|---|---|
| 主导的结构化力量 | 民族主义的道德规训→都市经济的文化调节<br>中华文化优先的阶序→本土文化的阶序翻转 | | |
| 操作机制 | 文化重建、精神动员→艺文建设→多元文化、文化经济<br>党政军机关与外围组织→政府与公私协力的网络<br>政令宣传、节庆展演、艺文欣赏、竞赛与补助、导览、建筑与景观塑造 | | |
| 主体形构 | 中国人→爱国主体→文化消费者→多元认同→进取主体 | | |
| 文化抵抗 | 左翼地下化→现代主义→回归现实→本土化→市民抗争→另类生活 | | |

**图 2　台北市文化治理的结构性转型**

这些结构化力量的运作,必须通过具体的操作机制,包括主体化形式,方能顺利体现。图 2 显示了主导的文化治理逻辑和文化内涵,从文化重建和精神动员,转变到艺文建设,以及多元文化和文化经济的复合体;治理机构也从党政军机关和扮演宣传角色的外围组织,转变为政府和各种民间行动者的多样公私协力网络;主体化则从族群主义框架下的中国人和爱国主体,经过有品位艺文消费者的过渡,最后形成多元认同与身份的正当化,以及企业化进取主体的召唤。

但是,值得注意的是,文化治理的技术基本上没有明显改变。无论是政令宣传、节庆展演、艺文欣赏与比赛、文化导览,或是诉诸地标性建筑或景观塑造,都是战后以降官方习用的治理技术,只不过其展现方式与内容有所不同。文化治理之技术形式的稳定性也提醒我们,在理解台北市文化治理的转变外,也必须看到其中的连续性。新的元素与关系并非立即消除过往的元素与关系,而是迭覆其上,与既有的元素和关系共存。即使产生了取代替换,也是经历长期渗透和转化的结果。

因此,虽然我们可以在漫长的七十年岁月中,明显看到族群主义式文化治理,逐渐让位给重视生活方式或生活风格(life style)的文化概念——无论这里的生活风格是指精致艺文消费,或是多元族裔的特殊生活习惯和价值,或是文化经济中的设计美学与创意——但是,族群主义式文化仍在,不仅大中华意识并未消失,当前的本土生活风格文化也支持着一个面貌尚未清晰、内涵依旧模糊的台湾国族意识。另一方面,生活风格式的文化概念也从未在早期族群主义式文化治理中缺席,而是展现为民众生活须知、礼仪教养等理想生活纪律的形式。再者,文化治理技术形式的沿袭,也透露了即使几经更迭、并新设了文化局主责,官方文化治理的机构、程序与人员心态,依然有其组织化的惯性可循。

### (二) 文明化的推展与自主都市性的萌生

除了在族群主义式文化治理到生活风格式文化治理的结构转型中,必须看到不同时期文化治理元素与关系的并存,以及具体的技术形式、官方机构、程序和心态的相对稳定和连贯性外,我们还可以注意到,两个贯串了历史变迁的长期趋势,也就是文明化的推展和自主都市性的萌生。

首先,文明化或现代化是各时期文化治理模式背后的共同趋势或欲求,只是每个时期的表现形式不同。艺文建设时期对于文化现代化的重视,自是有其仿效先进国家,在经济与工业现代化之后,冀求富而好礼之文化教养的文明化动机。至于本土化和民主化以后,多元文化和文化经济式治理的倡议,也明显学习了欧美先进国度的多元文化主义与文化产业潮流,标榜其为追求进步与文明化的新标竿。

即使是战后初期的文化重建和精神动员阶段,看似强调民族主义和传统中华文化,从而与日本殖民遗绪、共产主义政权,以及美式现代化有所区别,以获取统治正当性,也有其运用文化治理来调节文明与现代发展的效果。一方面,文化确保了社会的现代化进程不会过度偏向物质而产生弊端,亦即以文化来调节和补充现代性。另一方面,接收日本殖民现代性的成果作为战后台湾发展的基础时,强调中日文化的差异,给予褒贬不同的评价,也有助于官方在承继日本现代性的时候,不会显得太尴尬;文化再度发挥了调节现代化进程的效果。

于是,无论文化本身就是现代化或文明化的目标,或者,文化发挥了调节、矫正和补充现代化的作用,都显示了各种文化治理模式与现代化或文明化的推展,有着密切的关连。

其次,从族群主义式文化治理到生活风格式文化治理的转型中,我们可以看到另一个自主的都市性或都市文化萌发的趋势。城市已经存在了数千年,向来具有独特的文化风貌或都市性格,甚至经常被视为人类文化或文明的象征。不过,就战后的台湾而言,台北市在威权体制底下,市政府基本上只是负责执行的都市官僚政权,缺乏政策创新机制。即使 1967 年由省辖市改制为"直辖市"后,台北市的幅员与政策权限皆增加,财务也比其他县市充裕,但是在威权政体和官派市长制度下,仍难有所发挥。

不过,20 世纪 70 年代后期以降,在都市财富与消费社会发展的基础上,台北市率先举办节庆式艺术与音乐展演活动,并且逐渐脱离狭隘的族群主义框架。此后,台北便成为新兴文化治理措施的实验基地,也是台湾其他城市的仿效对象。无论是多元文化的庶民记忆书写、闲置空间再利用和市定史迹的扩充,文化局的创建,或是文化创意园区设置、创意街区宣传、地区性电影节等文化经济发展,都领先其他城市而推出,强化了原本就居于优势的艺文首都地位。

然而,这种逐渐超脱族群主义框架的自主都市性或都市文化发展,也取决于市民社会的自发性力量,来自日常生活中许多群体与个人的创意和努力。这些创意努力包括了具有抵抗与冲突性质的文化实践,借以制衡国家、市场或资本的力量,也呈现为市民社会内部不同价值之间的折冲。换言之,当文化治理场域成为民主化趋势下,多方力量得以介入争议和塑造的动态过程,而非可以由国家、市场或资本单方向决定,都市文化治理场域方能逐渐成熟,并体现为自主的都市性和独特都市文化。就此而论,台北市的文化治理虽然未臻完善,但已是华人世界中值得关注的重要先驱。

## 附录　台北市文化治理的历史变迁

| 时　期 | 1945年至50年代初期 | 50年代至70年代中期 | 70年代后期至90年代初期 | 90年代中期迄今 | 2000年迄今 |
|---|---|---|---|---|---|
| 主要都市意义 | 复原城市 边省政经中枢 | 非正式化的戒严城市 | 依赖发展下的投机城市 | 市民城市 界面城市 | 全球竞争下的消费型创意城市 |
| 都市政权性质 | 军事威权下的都市官僚政权 | | 都市自主性提升 | | |
| | | | 开明威权下的都市官僚政权 | 民主政体下的效率导向治理 | 民主政体下的企业导向治理 |
| 都市产业构造 | 商业、轻工业、市郊农业、公共服务业、媒体 | | 制造业衰退、商业繁荣、国贸与生产者服务业、市郊农业游憩化、房地产与股市投机 | 零售、娱乐与流行餐饮业、个人服务业、生产者服务业、金融业与信息科技产业、媒体文创产业 | |
| 市民社会动态 | 威权国家统合主义下噤声的社会团体 | | 消费者运动、环境运动、街头抗争与民主化 | 都市小区抗争与市民意识崛起 | 反都市更新抗争与扩大参与 |
| 文化治理的主导逻辑 | 族群主义主导的文化 | | 过渡期 | 生活风格主导的文化 | |
| | 文化重建： 去日本化与再中国化 | 精神动员： 复兴中华道统、塑造"反共"的现代国民 | 艺文建设： 富而好礼的精致艺文消费 | 多元文化： 民主化与本土化下的历史重塑 | 文化经济： 文创产业发展与都市意象塑造 |
| 文化的内涵 | 政治性的象征秩序 | 民族传统与道德价值的核心 | 有教养的品位与生活质量 | 多元意义与认同的争议场域 | 具利润潜力的符号与美学创意 |
| 文化治理机构 | 台北市国语推行委员会、台北市宣传委员会、台北市编译馆、台北市文化协进会、台北市文化运动委员会 | 台北市中华文化复兴运动委员会、台北市教育局、台北市民政局、台北市文献委员会、台北市新闻处；台北市党国外围文化组织 | | 台北市文化局、台北市教育局、台北市民政局、台北市新闻处、台北市文化基金会 | 台北市文化局、台北市观光传播局、台北市电影委员会、台北市文化基金会、台北市教育局、台北市都市发展局、台北市民政局 |

| 时　　期 | 1945 年至 50 年代初期 | 50 年代中期至 70 年代中期 | 70 年代后期至 90 年代初期 | 90 年代中期迄今 | 2000 年迄今 |
|---|---|---|---|---|---|
| 文化治理要项 | 国语运动、媒体管控、教育内容控制、民族精神教育、三民主义宣传 | 战斗文艺、文化清洁运动、文化内容管控、国民生活须知、婚丧喜庆节约、国剧欣赏、官方志书编纂、民族与爱国教育 | 艺术季、假日表演广场、图书馆、社教馆、美术馆、木栅动物园、招牌美化、环境美化与绿化、大安森林公园、登山健行自强活动、古迹保存与历史溯源、乡土教育 | 强调本土与多元文化、客家文化节、同玩节、当代艺术馆、闲置空间再利用、名人故居、跨年晚会与节庆、庶民记忆与书写、母语教育与英语教学、文化资产保存、公共艺术设置 | 台北电影节、影剧协拍、流行音乐中心、台北艺术中心、历史风貌特定区、创意文化园区、文创街区和巷弄美学、夜市观光化、跨年晚会与烟火、花卉博览会、听障奥运、2016 设计之都 |
| 文化治理的空间形式 | 更改街道名称、拆除神社、挪用日本官厅建筑与宿舍 | 传统宫殿式建筑与亭台楼阁等族群象征空间 | 淡化或抽象化中国色彩的现代建筑 | 现代科技风格建筑、空间解严、历史地景保存与再利用 | 城市景观设计、国际大师签名式建筑、工业遗址文创园区化 |
| 主体化塑造 | 重做中国人 | "反共"与现代化意识交会下勤俭自强的爱国主体 | 具备品位教养的艺文消费者 | 具备特殊社会(族裔、性别与性)身份的台湾人 | 企业化的进取主体 |
| 文化抵抗 | 左翼文化的地下化 | 现代主义的追寻;回归现实运动 | 本土的再发现;历史保存运动;地方文史踏查;环境运动 | 市民抗争的文化策略 | 另类生活的返归 |

数据源:本研究整理。

# 21
# 台北市文化创意产业政策研究

孔苏颜* 刘小新**

**摘 要** 文化创意产业是文化、经济和科技高度融合的产物,其发展成败与当地政府主导的政策和辅助措施有关。目前,台北市文化创意产业发展及其所带来的经济效益在台湾文化创意产业中居于首位,成为当政者引以为傲的成绩。本文从台北市文化政策以及更细部的文化创意产业政策出发,思考台北市文化创意产业的政策演变、发展趋势、政策实践、经验启示与不足等问题。

**关键词** 台北 文化创意产业 政策研究

文化创意产业是文化、经济和科技高度融合的产物,其发展成败与当地政府主导的政策和辅助措施有关,也直接关系到一个城市未来的经济发展。根据《远见杂志》于2012年针对"创意城市"进行的调查,以人才、科技、经济、文化艺术及社会等五个面向作为衡量标准,台北市因赋予丰富创新思维及内涵荣登冠军宝座。据《两岸城市文化创意产业竞争力研究报告2015》显示,两岸城市"文化创意产业综合竞争力"前十名是:北京、上海、深圳、广州、杭州、台北、天津、成都、重庆、西安;在"文创实力"单项上,台湾地区城市的排名是:台

---

\* 孔苏颜,福建社会科学院文学研究所助理研究员,研究领域为文化理论、文化产业。
\*\* 刘小新,福建社会科学院文学研究所所长、研究员,研究领域为文艺学和世界华文文学、文化产业。

北、高雄、新北、台南、台中、桃园。① 可见,台北市文化创意产业发展及其所带来的经济效益在台湾文化创意产业中居于首位。文化与创意是如何成为台北城市文化发展、改造、竞争力的驱动引擎,成为当政者引以为傲的"市政成绩单"? 台北市文化局如何把握台湾当局及台北市的文化政策资源并加以有效运用? 台北市的文化创意产业政策取向发生了哪些转变? 诸多问题的指向与探讨更为凸显了文化政策对于文化创意产业的发展重要性。本文希望从台北市文化政策以及更细部的文化创意产业政策出发,进而思索台北市文化创意产业的政策演变、发展趋势、政策实践、经验启示与不足等问题。

## 一、 台北市文化创意产业发展的政治历史语境

随着 20 世纪 90 年代以来"文化创意产业"在台湾的形成与发展,考察当局文化政策的转变及其背后隐藏的文化艺术在当代社会中被赋予的价值成为一个重要命题。根据文化研究学者吉姆·麦奎根的观点,文化政策中有三个主流论述:国家论述、公民论述与市场论述。② 国家论述呈现出当代文化政策与国家机制、认同政治之间的密切关系;公民论述特别强调文化政策在公民权利当中应需扮演的角色,尤其在政治权或是文化权的落实上;而市场论述则侧重于国家是否应介入文化艺术作品与市场经济的关系。这三个层面的论述呈现出相互渗透与互动,同时相互竞逐的关系。1998 年,联合国世界文化发展协会在斯德哥尔摩的文化政策国际会议上提出了文化政策的五项目标:将文化政策视为发展策略的关键之一;鼓励创造力与促进文化生活的参与;强化政策与实践以推广文化产业,并保护与提高文化遗产的价值;在当前信息社会中,为了信息社会的发展,推广文化和语言的多样性;增加文化发展上能运用的人力与财务资源。不言而喻,文化政策触及文化与经济关系的诸多层面,尤其是

---

① 亚太文化创意产业协会:《两岸城市文化创意产业竞争力研究报告 2015》,亚太文化创意产业协会出版社,2015 年。

② 王俐容:《文化政策中的经济论述:从菁英文化到文化经济》,《文化研究》2005 年第 1 期。

"文化创意产业"的兴起与蓬勃发展更促使文化政策与经济政策作相应整合,同时也彰显了文化对于经济的贡献。正如澳大利亚政府在提出"创意之国"的文化政策中所指出的:"文化政策就是经济政策,文化创造财富……文化增加价值,并对于创新、营销与设计具有不可或缺的贡献。"①台北市文化局首任局长龙应台则更明确地将"文化政策喻为一套政府机制,以文化发展为目标,将政府各部门所掌理的大小政策进行整合;因此,文化政策的体现即是资源分配——受到重视的项目能够得到资源,得以迅速发展,而长期得不到资源的文化,则可能慢慢萎缩、凋零。"

文化创意产业政策属于文化政策的范畴,因此,考察台北市文化创意产业政策的形成与发展,必然要认识与了解当代台湾以及台北市文化政策的历史演变。从20世纪90年代中期,"文化创意产业"概念在台湾文化场域中正式登台亮相开始,台湾地区文化政策经历了几个重要发展阶段:第一阶段:1993年至2000年的"社区总体营造"政策;第二阶段:2000年至2008年民进党执政时期的文化政策;第三阶段:2008年之后国民党重新执政时期的文化政策。综观当代台湾文化政策的变迁,我们可以发现其"五大转向":"一是从文化政策的意识形态主导逐渐向经济思维转变,二是文化政策从'中心主义'转向'去中心主义',三是文化政策从'地方主义'主导逐渐转向地方化思维和全球化思维并重,四是从两岸对立思维主导转向推动和促进两岸文化的交流与合作,五是从全球性与地方性的二元冲突到'全球地方性'观念的转换。"②正是在这样的历史脉络之中,台湾文化创意产业政策应运而生并不断发展完善,成为当下台湾文化政策的核心内容之一。

在台湾文化政策大框架下,20世纪90年代以来台湾文化创意产业政策经历了几个发展阶段:第一阶段:20世纪90年代台湾"地方"重建运动与文化创意产业政策的兴起。20世纪90年代台湾"地方"重建运动无疑是研究台湾

---

① 王俐容:《文化政策中的经济论述:从菁英文化到文化经济》,《文化研究》2005年第1期。
② 刘小新:《文化产业在台湾:观念与政策演变》,魏然主编:《台湾文化产业论稿》,吉林人民出版社,2010年,第35页。

文化创意产业兴起不可忽略的背景,台湾"文化创意产业"概念亦是首先出现于"社区总体营造"施政方案之中,随着"文化产业化,产业文化化"发展策略被纳入"社区总体营造"政策体系,从而形成了台湾地区"文化创意产业"政策的最初形态。文化创意产业在台湾的兴起,被视为拯救"地方性"与活化地方的一剂良方,寄寓着一批知识分子尤其是前后三届"文建会"主委申学庸、陈郁秀和陈其南等人的人文理想和文化想象,是他们"创造文化新故乡"的一种理想策略。

第二阶段:《挑战2008:台湾发展重点计划》与"文化创意产业"整体政策的初步形成。2002年,台湾当局将"文化创意产业"列为《挑战2008:台湾发展重点计划》十大重点投资计划之一,这标志着"文化创意产业"政策在台湾正式落地。该政策内容包括:1. 成立文化创意产业推动组织,由经济主管部门、"文建会"、教育主管部门和"经建会"共同成立"跨部会"的文化创意产业推动组织,负责研究制定文化创意产业发展规划和政策措施;2. 培育艺术、设计及创意人才;3. 整备创意产业发展的环境;4. 促进创意设计重点产业发展;5. 促进文化创意产业发展。

第三阶段:2008年"二次政党轮替"后台湾文化创意产业政策的新发展。2008年,马英九就任台湾地区领导人,文化产业政策也有了新的发展。在马英九团队的文化政策体系中,其政策纲领的规划内容包括:第一,以文化作为21世纪首要发展战略——文化优先、文化领政;第二,以观光作为领航旗舰产业——高科技眼光,大文化内行,开放务实政策;第三,发展文化创意产业,开启全球市场——鼓励原创,提升质量,加入全球市场;第四,以文化创造"和平红利"——以艺文、思想、公民社会价值来发挥"文化的作用"。① 马英九团队的文化创意产业政策是"产业再造与全球连接"经济政策的重要组成部分,从其政策可以看出,台湾文化创意产业已有了新的发展与变化:第一,以国际化思维开启全球市场,摆脱了民进党"本土主义"的封闭性思维;第二,抛弃"两岸对立"的意识形态,重构华语文化创意产业的概念框架;第三,完成了文化创

---

① 马群杰:《台湾地区文化产业与文化营销》,科学出版社,2011年,第75页。

意产业政策的经济转向与台湾"核心价值"重建的接合;第四,鼓励创意研发与重点培育本土文化优势产业;第五,促进台湾价值输出,全面开放两岸文化交流。① 2016 年 5 月,民进党上台执政后,台湾文化政策的制定与执行如何尚有待进一步观察。

# 二、 台北市文化创意产业政策发展与演变

台北市作为台湾的政治、经济、文化中心,文化创意产业发展亦领先于其他城市。自台湾当局 2002 年提出"挑战 2008"台湾地区发展规划,台北市政府延续了台湾当局的策略,大力推动文化创意产业发展。

## (一) 台北市文化创意产业政策之体系架构

1999 年,台湾地区第一个地方文化事务专责机构——台北市文化局正式成立,这一举措对强势推动台北市文化创意产业发展具有巨大促进作用。该文化局以"文化深入生活、传统走出现代、本土走向全球"作为工作发展方向,在文化创意产业发展政策方面占主导地位,并归纳了五大关键发展课题,即促进异业结合、扩大全球市场、推动文化观光、提升政策效率以及强化研发能力。

2009 年《台北市产业发展策略研究报告》指出,台北市文化创意产业发展方向有三: 第一,发挥人文创意: 目标是"强化经营环境、营造创意氛围";第二,推动知识创新: 目标是借由"策略性产业的推动,引领知识创新";第三,建立市民安心活力的价值: 目标是由市民生活环境出发,建构"永续智慧生活,打造在地价值"。在产业定位方面,主力产业为金融服务业、流通服务业、资通讯产业;中坚产业为文化创意产业、观光休闲产业、医疗照护产业、会展产业;新兴产业为数位内容、生技制药与绿色产业。

---

① 刘小新:《文化产业在台湾: 观念与政策演变》,魏然主编:《台湾文化产业论稿》,吉林人民出版社,2010 年,第 40 页。

表1 台北市文化创意产业政策推动之组织架构

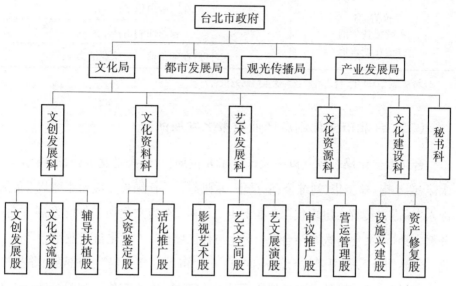

资料来源：根据台北市文化局网站整理而成

表2 台北市文化创意产业发展规划及架构

| | | |
|---|---|---|
| 功能面：<br>强化经营环境<br>营造创意氛围 | 推动产业法案,敦促法规松绑 | |
| | 提升都市土地利用效能 | |
| | 活用多样化资金手法,协助产业发展所需资金 | |
| | 开发产业告知人才与引进 | |
| | 协助研发成果商业化 | |
| | 实体群聚与虚拟网络双向交流 | |
| | 强化国内外联系条件 | |
| 产业面：<br>推动策略产业<br>引领知识创新 | 主力产业 | 1. 金融服务业<br>2. 流通服务业<br>3. 资通讯产业 |
| | 中坚产业 | 1. 文化创意产业<br>2. 观光休闲产业<br>3. 医疗照护产业<br>4. 会展产业 |
| | 新兴产业 | 1. 数位内容<br>2. 生技制药<br>3. 绿色产业 |

续表

| 价值面：<br>永续智慧生活<br>打造在地价值 | 亲山乐水 |
| --- | --- |
| | 智慧便利生活 |
| | 打造在地价值——就业活力 |

资料来源：2009 年《台北市产业发展策略研究报告》。

### （二）台北市文化创意产业政策之发展演变

台北市文化局自成立以来共产生了 8 位局长，依次是龙应台、廖咸浩、李永萍、谢小韫、郑美华、刘维公、倪重华、谢佩霓。首任局长龙应台主张以"文化深入生活"、"传统走出现代"、"本土走向国际"作为文化局工作的发展方向，并努力推行"文化与教育结合"、"文化与社区结合"、"文化与产业结合"、"文化与国际结合"，企图建构台湾地区第一个"市民的文化局"、"辅导而非指导的文化局"。龙应台的主张既树立了文化与产业、本土与国际连接的观念，又提出了将闲置空间再利用成为"文化空间"的政策，对台北市文化建设及文化创意产业发展产生了重大影响。

第二任局长廖咸浩则提出以"有情文化"和"美感城市"落实"文化就是生活"的理念。廖咸浩在其任内和团队主要致力于：第一，设立了"台北市文化创意产业发展委员会"，并出任执行长；第二，出版《台北市文化发展白皮书纲要》，初步规划了台北市文化产业发展路线图，引导文化创意产业成为台北市未来的旗舰产业；第三，提出将台北市建设成为华人世界文化中心的理念；第四，推动"育艺深远"小学艺术扎根计划；第五，推动"艺企相投"媒合艺术及企业文化机制、"公共艺术"、"台北学研究"、"汉字文化节"、"艺响空间网"、"艺文组织誉扬作业"，推广文化就在巷子里、大城市小人物、艺术季、艺文补助、古迹保存及活化、两岸及国际文化交流等软硬件计划；第六，提出"文化政策是更激进的文化研究"观念，积极引导文化理论界重视文化政策研究。

第三任局长李永萍提出将台北市打造成为"文化创意之都"，设置"台北文化设施发展基金"，加速文化设施之兴建、修复与再利用；推动"台北市文化基金会"转型成为策办重大艺文节庆与营造重要艺文馆所；成立"台北电影委员会",振兴影视产业发展;推动台北市创意地图双 L 型产业轴带,在既有基础上筹办重要文化设施,如"台北艺术中心"、"北部流行音乐中心"等。

第四任局长谢小韫在前三任局长的基础上继续开创新局,从强化"文化社区化、产业化及国际化"三方面着手,协助文化事业朝产业化规模发展;并在文化观光、城市营销及台北学等方面积极努力,让台北以国际语言站在城市竞争的世界舞台上。第五任局长郑美华于 2011 年 8 月就职,主要针对多元性公共文化议题,致力与各界沟通并聆听各界合情合理之意见,凝聚各式创意人才共同打造台北市成为"文化创意之都"。第六任局长刘维公提出"让台北市成为城市文化治理的新典范,提供市民最优质的文化生活"观念,主要从四大方面推动文化创意产业发展:健全的文化生态,是台北城市文化发展的根基;争取世界设计之都,是台北市的改造运动;创造力,是台北城市的优势竞争力;建立新世纪的文化治理思维与新做法。第七任局长倪重华在任时间较短,第八任局长谢佩霓于 2016 年 2 月 1 日就职。

台北市文化局历任局长都十分重视文化创意产业的发展,并为台北市文化创意产业的规划与发展做了很多实务性工作。"改变台北,从文化开始"这是柯文哲最核心的选举主轴,他宣称要"将决策及资源运用还给文化人,将文化政策的决策权力还给专业"。正如台湾学者所言:充满魅力的"文化人"的局长才能形塑出一个充满魅力的"文化大城"。

### (三)台北市文化创意产业政策之发展取向

作为台湾的首善之区,台北市文化创意产业发展无论是从政策、经济、科技、创意人才聚集、文化与信息等方面都有着其他城市所无法比拟的优势。《台北市文化创意产业聚落调查计划》、《台北市文创产业扶植计划》、《台北市更新整建维护规划》、《创意城市发展策略规划及行动方案》、《台北市艺文补助暨奖励自治条例施行细则》以及影视产业方面的辅导金政策、票房奖励补助、国际影展参展补助及奖励、岛内营销补助等一系列政策,都有效地促进了台北市文化创意产业的发展。而台北市文化局作为台湾地区第一个地方文化事务负责机构,对文化创意产业的政策规划自然成为备受关注的焦点。简要梳理台北市政府和文化局历年的施政纲领，我们可以清晰地发现台北市文化创意产业政策的发展取向与演变脉络。

从龙应台提出以"文化深入生活"来发展台北文化创意产业开始，"人文台北"、"文化台北"的概念就扎根于台北市文化建设之中。"文化台北"、"创意台北"的理念在台北市文化局年度施政纲领中不断明晰化并得到有效执行，尤其是 2010 年以来更为明晰化。2011 年，台北市文化局积极推动文化创意产业，研拟文化创意产业发展自治条例及文化产业发展方案，力争将台北市打造成为亚太地区文化创意产业的营运中心；筹办台北世界设计大会，力图打造引领华文世界"文化创意之都"地位，2012 年则明确将"申办 2016 世界设计之都"纳入施政纲重点。2013 年至 2016 年期间，台北市文化局借由"文化领航"整合型旗舰计划创新的思维与做法，积极推动"文化台北计划"、"设计之都计划"、"创意聚落计划"、"老房子文化运动计划"及"文化云计划"等，致力于让台北市成为华人社会中城市文化治理的新典范。其中"文化台北计划"包含"表演台北、艺术台北、书院台北、人才台北"四个子计划，旨在形塑台北城市特色，创造发展优势，透过影视音产业政策推动、吸引民间投注资源与公部门携手共创荣景。"世界设计之都计划"以"不断提升的城市，设计实现生活"愿景为主轴，持续城市改造运动，共同打造台北市成为一个宜居美好的城市。2016 年台北市文化局施政重点除上述计划外，还增加了"文化科技产业政策计划"，旨在透过整合台北市公、私部门之文化创意与文化观光产业丰富的文字、声音、影像内容，为台北打造一个内容、知识、传播、导览、交易五大功能的"台北文化云"，让全世界透过云端，体验台北的美学生活与城市温度。不言而喻，上述一系列政策的取向与不断完善在很大程度上推动了台北市文化创意产业的繁荣发展。

# 三、 台北市文化创意产业政策实践

## （一）释放利用闲置资源，拓展文化产业发展空间

闲置空间的再利用在西方发达国家实践较早，进入 90 年代以后，闲置空

间的再利用逐渐成为一种世界性潮流,政府也较多地介入其中,并出台相应政策以配合改造。"从 1996 年台北市政府首次提出'空间解严'与重划'台北文化地图'到 1999 年年底台北市文化局明确确立'闲置空间'再利用为文化空间的理念,再到 2000 年台湾文化主管部门文建会全面推行'闲置空间再利用'政策"①。"闲置空间再利用"逐渐成为新世纪以来台湾地区文化政策的一项重要内容,主要有两条发展脉络:活化再利用闲置厂房和商业用地、活化再利用传统历史建筑和古迹空间。随着文化保存范围的拓展和工业文化遗产观念的形成,这两种类型也出现了交相影响的情形。

1. 闲置厂房和商业用地的再利用。这方面典型案例包括华山 1914 文化创意园区、松山烟厂文化创意园区、台北啤酒文化园区、士林纸厂文化园区等。这种以导入文化创意新理念展开的都市更新,成为台北城市空间文化再造工程的关键。

华山 1914 文化创意园区。其前身为台北酒厂,1999 年转换成为非营利性的公共文化艺术空间即"华山艺文特区"。2002 年后,台湾"文建会"重新规划"华山"空间为"文化创意园区",该规划于 2005 年年底真正落实。2007 年,台湾"文建会"将其定位为推动台湾文化创意产业发展的旗舰基地,重点发展文化创作、跨界艺术展现与生活美学等文化项目,涵盖了文化创意产业从创作、制造、加值、流通到消费端等所有环节。据统计,"一年创造的价值达 15 亿新台币,其中,台湾文化创意发展公司 2012 年营收入为 1.2 亿新台币,园区内店家经营收入达 3.6 亿新台币,此外到华山举办展演的机构收取的门票、赞助和相关产品的衍生收入达 10 亿新台币。"②该园区已成为台北市最重要的创意设计集聚中心和表演艺术展演空间之一。

松山文化创意园区。其前身为日据时期的台湾总督府专卖局松山烟草工厂,1945 年改为台湾省烟酒公卖局松山烟厂,1998 年变成闲置空间,2002 年在历史建筑保存的基础上重新规划转换为文化产业园区。该文化创意园区结合

① 魏然:《台湾文化产业论稿》,长春:吉林人民出版社,2010 年,第 105 页。
② 王荣文:《华山经营术与文创未来式》,《财讯杂志》2013 年第 419 期。

了历史空间与文化创意产业活动,重点发展设计产业、视觉产业、跨界表演等文化项目。目前松山文化创意园区已成为台北市举办各种艺文展演和大型文化体育活动的主要场所,已举办艺文创作、设计产业、视觉产业及跨界展演等多项活动。台北市文化局致力于将其打造成台湾创意设计育成中心和文创跨界合作交流平台。

台北啤酒文化园区。其前身为1919年"高砂麦酒株式会社",台湾光复后改建为"建国啤酒厂"。2000年台北市文化局指定"建国啤酒厂"为市定古迹,逐渐改建为"台北啤酒文化园区",建成后举办了一系列有影响的文化创意活动。目前,台北啤酒文化园区已成为台北市文化创意产业发展的重要空间。

2. 传统历史建筑和古迹空间的再利用。为强化古迹审查的规范化和客观性,1999年11月,台北市文化局设立"古迹暨历史建筑审查委员会"以来,积极办理有关市区内古迹、历史建筑的清查与登录工作,在将历史建筑和古迹空间转化为艺文空间方面取得了较好成效,一定程度上弥补了公共设施的不足。例如,建于1953年,曾是台北市政府养工处和台北捷运公司办公室,之后借鉴伦敦、巴黎等国际大都市创办艺术村的模式和经验,成功转换为台北市国际艺术村,作家、音乐、戏剧创作等艺术皆可申请进驻;日据时期"建成小学校"通过空间再利用重新规划改建为台北当代艺术馆,以视觉艺术使用为主;建于1906年,日据时期为日本宪兵分队所,后为市政府警察局办公场所的巴洛克风格建筑规划转化为牯岭街小剧场,以社区戏剧教育为主;1908年所建的台北三级古迹西门红楼再利用为红楼剧场,作为戏剧、展演场地等文化休闲场所;建于1936年的公会堂(光复后改为中山堂)再利用为演艺界表演场所,以乐团、剧团、音乐展演、比赛等表演为主;由前美国驻台北"领事馆"转换而成的光点—台北之家,规划为电影主题馆,以电影文化作为展演主题;"私人建筑"林语堂故居、钱穆故居则由原图书馆的功能定位调整为以文学、讲座结合参观为主……这些空间的释出和再利用为台北市文化创意产业的发展繁荣打下了坚实基础。

## (二)打造世界设计之都,提升城市国际能见度

台北市为人文汇聚地,拥有不少优秀设计人才,据《全球设计观察》报告,

2010 年台湾的设计竞争力排第 13 位,台湾每 10 家设计企业就有 3 家位于台北市。近年来,台北市更是注重于"设计之都"的打造。2011 年"台北世界设计大会"及"台北世界设计大展"等国际性盛会成功举办,进一步提升了台北市的国际知名度和影响力。2012 年台北市积极竞逐"2016 世界设计之都",期望在智能生活、生态永续、生活质量、都市提升等层面,进一步提高市民的幸福指数。据悉,"世界设计之都"是国际工业设计社团协会(Icsid)自 2005 年发起的全球性活动,历次获选城市为 2008 年意大利都灵、2010 年韩国首尔、2012 年芬兰赫尔辛基以及 2014 年南非开普敦。为争取申办"2016 世界设计之都",台北市秉持"以人为本的设计"理念,启动一系列城市改造。为此,台北市成立了专案办公室,积极开展相关筹备工作。

该工作从以下几方面展开。一是拟定世界设计之都政策。该政策落实"以人为本的设计"理念,一方面实践"社会设计"的时代发展潮流,鼓励设计师投入城市改造运动;另一方面以"设计是现代公民应有的生活素养"作为推广目标,以具体成果让市民了解设计、感受设计,打造台北市成为全球创意之都的典范。二是筹办世界设计之都官方活动。[①] 台北市于 2014 年正式与设计之都主办单位国际工业设计社团协会(Icsid)签约成为 2016 世界设计之都,双方着手讨论规划官方活动;2015 年年底已举办跨年设计活动;2016 年将持续办理设计之都各项官方活动:国际设计晚宴、国际设计政策论坛、国际设计师周论坛、国际设计城市展、国际设计网络会议、设计之都交接仪式。三是持续办理设计导入公共政策专案。该计划于 2012 年执行,强调三大精神"共同创造"、"市民需求"、"设计创新",五大核心面向"生命健康"、"生态保育"、"都市再生"、"智能生活"以及"生活产业"。针对三大精神和五大面向,积极邀请产官学界专家与设计者加入,并鼓励社会大众参与,寻找设计导入公共政策的解决方案,将台北打造成为一座具有设计远见的城市。四是开展申办相关工作。以"好感度"(建立设计之都的台北品牌价值)、"连结度"(争取两岸设计专业人士的支持)、"参与度"(让设计成为全民运动)作为有效的城市行销手

---

① 参见《台北市文化局 2016 年施政重点与施政计划》。

段,展开宣传活动;同时采取社群网络媒体、座谈会、工作营、竞赛、展会等方式,让市民参与其中,以此扩大世界设计之都影响力。另外,2016 年开始施行台北声音地景计划。该计划选择台北捷运作为声音地景计划主轴,运用大众捷运站特殊的空间、声音、人等元素作为创作源,期望市民借由"听觉"体验台北独特的城市风貌。

为争取成为"2016 世界设计之都",举办了系列活动。例如,"台北巡回许愿站"活动于 2012 年 12 月开启,"截至 2013 年 4 月已举办了五场,累计逾 5 000 名市民响应。市民们许下城市心愿,用文字及涂鸦共同完成'I Love TAIPEI'图案和由近 6 000 颗心愿石排成的'2016WDC'(World Design Capital)大型公共艺术。"①为配合台北市申办 2016 年"世界设计之都",自 2012 年起,每年 10 月固定举办"台北设计城市展",通过多元的展览手法,介绍全球设计业的发展趋势与台北的行动方案。

### (三)以创意文化为引领,催生都市空间文化治理

台北市在 20 世纪 70 年代办理都市更新,80 年代由政府大规模发起的都市更新,较着重于重建的方式。随着经济发展、人们生活习惯的改变以及台北捷运的开通,90 年代台北城市发展中心向东转移,东区快速发展,而西区的传统旧市区万华、中正及大同区却持续衰败。1993 年起台北市政府开始奖励民间办理都市更新,开启了旧市区都市更新的时代。1998 年台北市长提出"翻转轴线、再造西区"的口号,成为台北都市更新的目标。因应这个政治口号,2000 年开始了"万华区整体再发展计划"以及一系列追忆西区历史的文化活动。从 2001 年开始台北市每年举办"都市彩妆活动",融入景观、人文与历史。这个活动"不但赋予空间更多新生的可能,也重新诠释了空间与生活的意义,建构出另一种生活美学的城市价值",可以说是台北都市再生的前哨战。此后,2001 年的《台北市都市更新自治条例》和 2004 年成立的"台北市都市更新

---

① 《台湾写真:台北迈向"2016 世界设计之都"》,中国新闻网,http://www.chinanews.com/tw/2013/03-24/4670853.shtml

处",都积极推动了台北的都市更新。都市发展开始以文化创意作为都市再生的方向,这个方向不仅是内部力量推动所致,更是受到许多国外案例的影响和许多学者对创意都市的推崇,尤其是 Charles Landry 与台北市都市更新处合作举办了多次的讲座和工作坊。

台北地区在经济发展与社会变迁过程中,许多旧建筑、厂房被搁置而未被有效利用,造成了资源浪费、周边地区经济竞争力衰退等问题,这逐渐引发了台北市政府对"都市再生"的思考。随着强调可持续发展和城市整体发展观念的深入,以着重整建和在地文化延续的都市再生逐渐替代了以重建为主的都市更新。在全球提倡"都市再生"的背景下,2010 年 5 月台北市都市更新处发起"都市再生前进基地"(简称 URS)行动计划,希望借助艺术与文化的介入,达到都市再生的可能性。2012 年台北市都市更新处更是邀请 Charles Landry 担任创意空间策略咨询顾问,推动 URS 计划,将文化创意产业投入既有公有闲置空间,作为创意基地或创意聚落。该计划旨在闲置空间再利用基础之上,以一种创意文化的方式保存地方历史文化记忆,让都市再生成为台北市民的共识与集体主张,进而带动产业经济发展。"都市再生前进基地"计划对于老旧空间再利用的新思考突破了过去对闲置空间的使用方法,不再仅仅是老旧建筑的修缮与维护,更着重于带动整个社区的文化发展和城市再生。URS 基地共有七个,其定位为①: URS13"南港瓶盖工厂",定位为北部流行音乐中心先行基地;URS21"中山创意基地",定位为都市创意产业育成基地;URS127"127 设计公店",展览内容多为淡江大学建筑系学生毕业作品展、成果展 DENG;URS44"大稻埕故事工坊",定位为大稻埕历史街区故事咨询交流平台;URS155"创作分享团",定位为大稻埕生活创作基地;URS27W"城市影像实验室",活动类型主要为影像展览、放映等;URS27"华山大草原",定位为"华山快乐月台",与市民分享创意活动。

**(四)结合区域特点,推动文化创意产业集聚发展**

2010 年台北市被定位为"文创元年",开始规划打造"双 L 台北文创群聚

---

① 梁菁:创意文化产业引导的都市再生研究,《城市治理与规划改革——2014 中国城市规划年会论文集(08 城市文化)》。

推动计划"蓝图,借此整合各方资源和各方力量,推动该市文化观光营销,进而提升台北市全球能见度。该计划主要内容为串联台北既有的特色文化创意街区、创意市集以及文化创意产业园区,在空间上形成两个 L 型轴带,即台北市旧铁道与中山北路沿线、罗斯福路与西门迪化街。横轴上,串联台北市政经核心区之旧工业遗址;纵轴上,连结大型文化基础设施以及既有的特色商圈。

**表 3　台北市双 L 型文创群聚推动计划**

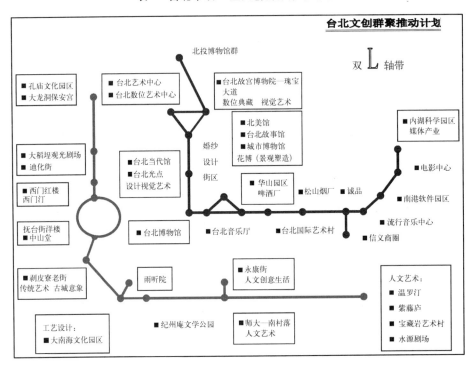

资料来源:台北市文化局网站整理。

　　为配合"双 L 台北文创群聚推动计划",台北市文化局规划了松烟文化创意产业园区、11 个创意街区以及连续三年(2011—2013)举办的"台北人情 WAY"创意街品展,利用《i 台北,创意街区地图》、文化创意讲座、名人带路街区巡礼等方式进行创意街区行销。其中《i 台北,创意街区地图》,在双 L 轴带上规划 11 个创意街区,即粉乐町街区、民生社区街区、北投温泉博物馆街区、西门町街区、温罗汀街区、牯岭街区、中山双联街区、永康青田龙泉街区、艋舺街区、天母创意街区以及故宫/东吴大学/实践大学街区。台北市文化局依据2010年创意聚落调查结果，并结合现有的双L型文创产业轴带及文创产业园区，为从业者提供进驻及产业辅导等服务，推动发展文化创意产业聚落。2013年开始实施创意聚落计划，主要包含两方面内容①：一是以城市街区能量作为发展基础，主要通过办理漫步、讲座等活动吸引民众共同体验各聚落的创意生态，辅导聚落及其街区成立街景自发性管理组织。二是城市大型空间作为创意聚落发展基地，主要指松山文化创意园区A、B两区建设。其中A区（古迹本体区）定位为"台北市的原创基地"，其目标为"培养原创人才、扶植文创产业创新发展"通过策办文创展览、艺文活动、交流座谈会等活动，扩大松山文创基地影响力；目前将规划利用松山文创园区古迹区现有空间建立微型到国际化的文创产业培育机制，打造从原创到国际化的创作基地。B区（BOT区）采取促进民间参与投资兴建营运转移方式（BOT），引进文创业者进驻。该区由台北文创开发股份有限公司负责整体兴建营运，规划内容包含文化展演设施、文创会所、文创商场、文创工作室、文创精品饭店及吃食文化主题餐厅等。

为了使台北市成为重要的中华文化传承基地及最大的艺文展演、人才与潮流汇聚中心，落实台北成为文化汇聚中心的目标，市文化局在已成型的"双L型文创轴带"基础上，还兴建了"华人创意设计中心"、"华人流行音乐中心"、"华人影视文化中心"、"华人艺术中心"、"华人汉字文化中心"等艺文展演设施，提供创意能量得以展现的舞台空间，建构具台北特色的文化创意产业群聚。

### （五）加大多元资金投入，建立健全补助机制

为进一步秉持"文化台北"、"创意台北"的理念，台北市文化局、都市发展局出台了系列文化创意产业补助政策。2012年的《台北市文创产业扶植计划》，提供经营管理、行销、财务、法律、创新研发等咨询服务，有效促进了文化创意产业的成长和繁荣发展。为鼓励文化创意青年以创意装点台北，并带动

---

① 参见《台北市文化局2016年施政重点与施政计划》。

周边地区发展,台北市将闲置空间整建维护补助首度纳入"文创产业",提供工程经费最高七成五,上限一千万元补助。为进一步奖助民间艺文工作者或团体从事有关艺文之保存、创作、传习、展演等,台北市文化局出台了《台北市艺文补助暨奖励自治条例》《台北市艺文补助暨奖励自治条例施行细则》等补助、奖励政策。补助范围包括:一、传统艺术活动;二、文化资产、民俗技艺之保存、传习、推广、出版、研究调查;三、艺术文化活动之展演、推广、创作、研习;四、促进文化交流之艺文创作与活动;五、艺文空间、设施之规画、营运管理、修缮、维护、购置及技术水准之提升;六、艺文专业人士之培育、研究、进修、考察及参与国际文化交流活动;七、民间艺术教育之推广、师资培训、教材研发与出版;八、与艺文有关之调查、出版、研究、开发、纪录、整理、保存及倡导;九、弱势团体及原住民等少数族群办理各项艺文活动。

这里简要以影视、表演、设计产业补助为例,做一个介绍。台湾90%以上的影视制作、传播公司设立在台北市,推动影视产业以厚植本土文化软实力,进一步促进台北市及台湾地区经济文化发展,是台北市政府施政重点之一。2007年年底台北成立电影委员会,设立单一窗口协助影视拍摄。为更直接地鼓励电影创作,台北市文化局在2008年开始进行电影制作补助,补助电影包含《脸》、《一页台北》、《霓虹心》、《艋舺》、《当爱来的时候》及《大稻埕风云》等。2013年台北市政府提出台北市影视音产业政策,并由文化局以原有的台北市电影委员会与台北电影节为基础推动设立"台北影视中心",该中心将达成以下五大目标:人才育成制片平台、创新技术媒合平台、国际市场营销平台、文化观光行动平台、亚太影视汇流平台,希望借此带动台湾影视产业蓬勃发展,成为全球华人影视中心。2016年度台北市电影补助预算为2 500万元,分两期进行补助,第1期于2015年10月6日至11月6日受理申请,第2期自2016年4月1日起至30日受理申请。为配合台北艺术中心兴建营运,厚植演艺团队执行演出节目能量,培育本土剧场策划制作人才,自2013年起台北市文化局就不同规模的演艺团队与剧场人才进行专案补助计划,以健全表演艺术发展链带。为进一步激发和鼓励设计者创造性,台北市文化局实施"设计补助计划",该计划为"2016台北世界设计之都"16项设计导入核心计划之一,强调"设计必须要扩大影响力"、"设计必须有参与公众事务的实践力"的核心精神,期望借此计划让设计融入城市各方面、落实以人为本的设计理念。

## 四、 台北市文化创意产业政策的启示与反思

### (一)台北市文化创意产业政策的启示

1. 善用政策资源,激发社会动能。台北市充分利用当局大型硬件建设、租税优惠等政策资源,为文化创意产业创造良好发展环境。其中包括:首先,检讨与修订现行法规。自 2007 年起着手修订《道路管理办法》、《公园管理自治条例》等法规,开放让文化创意产业、艺文活动等可以突破长年限制进入行人徒步区、公园广场等,为更多公共空间注入文化艺术的氛围,未来将继续朝修改、放宽法令的方向努力。其次,释放公共空间资源。自 2007 年开始在西门红楼、十字楼广场等办理创意市集,借由导引文化创意产业到古迹、历史空间的模式,有效活化利用文化资产。积极清查整修市政府现有的闲置空间,协助艺文团体进驻并安心进行创作及排练。第三,设立产业服务机制。针对当前台北市文化创意产业的发展与需求状况,陆续成立了各种智库与服务组织,期望由公部门率先构建整合性的组织或平台,结合产官学各界力量和创意理念,以有限的资源发挥最大的效益。

2. 善于形塑故事,迎合市场需求。台北市文化创意产业之所以能够产生如此大的影响力,其主要原因得益于充分利用创意作为媒介,形塑出好的原创故事,引起民众的共鸣。根据台北市时任文化局局长李永萍的说法,台北文化创意擅长于将平常的事物,透过创意加以包装,以精致优质的方式呈现给消费者。因此,如何形塑好故事是提升台北市文化创意产业竞争力的重要途径之一。例如,从电影《海角七号》的故事形塑到围绕这一电影所形成的商机,都足以证明"形塑故事"的力量足以牵动文化创意产业的市场脉络。

3. 善育核心竞争力,打造文化品牌。台北市拥有全台湾甚至全球华文社会最多元的文化元素和创意活力,在影视出版、网络多媒体、创意设计、工艺艺术、表演艺术、数字内容等领域,具有很强的原创力。"原创"是文化创意产业

持续发展的永续动力,从台北市文化创意产业发展规划以及系列文化创意产业扶植政策可以看出,台北市尤其注重文化创意产业核心竞争力的培育。从"创意台北"、"文化台北"、"世界设计之都"等计划的提出,可以看出台北不同凡响的文化创造力。此外,台北市以打造文化创意品牌为核心,通过参展、办展、参评国际奖项等多种方式,提升文化创意产业的国际影响力,强化文化创意产业的国际营销,协助企业或个人"走出去"拓展海外市场。

4. 善聚创意人才,发挥聚落效应。台北市是台湾文化创意人才的聚集中心。据统计,台湾有七成以上的文化创意产业人才和团体聚集在台北。例如,为美国奥巴马夫人设计过礼服的吴季刚、拿到国际服装竞赛大奖的前卫服装设计师古又文、获得第五届日本国际漫画奖银奖的漫画家柯莹玫等,皆为台北市文化创意人才在国际发光发热的案例。台北市文化创意产业与传统的"先圈地后入住"模式不同,主导部门往往通过都市规划、产业脉络以及配套政策,协助文化创意产业聚落形成;并且透过交通系统、公共设施、文化创意中心等,形成覆盖全市之聚落,让文化创意产业在台北全面布局。此举使得台北市充分发挥了"文化就在巷子里"的精神,有助于台北市文化创意精神的孕育。

5. 善用"第三部门",优化资源配置。台北市文化创意产业发展过程中,第三部门扮演着不可或缺的角色。台北市文化基金会即是一个典型代表,它成立于1985年6月,为政府与民间共同出资成立的非营利机构。为永续策办艺术节庆活动,台北市文化局辅导文化基金会转型为重要艺术节庆与经营重要艺文馆所的常设机构。2008年起文化基金会经由市文化局行政协调与经费协助,分设不同艺术项目的项目执行委员会,主要肩负七大任务:(一)大型艺术文化活动之策划与执行:台北电影节、台北艺术节、台北儿童艺术节、台北艺穗节等大型活动。(二)艺文馆所之营运管理:台北国际艺术村、宝藏岩国际艺术村、松山文创园区、台北当代艺术馆、台北偶戏馆、西门红楼及电影主题公园。(三)推动文化创意产业及相关活动策划执行。(四)办理台北市电影委员会相关业务,协助影视产业发展。(五)以整合营销推广艺术文化活动。(六)国际艺术文化交流。(七)承办企业或政府其他艺文项目。同时还致力于推动台北与大陆的文化产业交流与合作。此外,台北市城市文创交流协会、艺术文化环境改造协会、亚太文化创意产业协会、创意产业协会、电影文化协会、文化创意发展协会等各种非营利性组织,对台北市文化建设和文化创意产业发展繁荣起着至关重要的作用。

## (二)台北市文化创意产业政策的反思

首先,受岛内政治环境、政治意识形态制约,政策的实效性在具体执行过程中大打折扣。正如台湾学者所言,台湾当局及地方行政主管部门执行文化创意产业政策时缺乏有效倡导,对推动文化创意产业政策之认知不够专业、清楚。"民意代表强力介入文化政策的关键绩效指标(KPI)、城市营销效果,并施以监督人潮、民意、观感,以及防堵弊案的渗入式文化管理,既把原属于典藏、育成功能的机构搞得不得安宁,也让应该潜移默化的文化生产变成早产儿,而文化政策制定者自己也一头窜进了文创政策迷航到现在。"[1]在文化创意产业政策措施的规划与合法化过程中,台湾当局和地方主管部门必须审慎研究分析,突破现行的行业划分,建立有效的数据资料;在政策执行过程中,应使有限的资源得到有效运用,并适时透过政策评估,确认辅导过程的效益以及产业市场发展之优势与劣势、机遇与挑战。

近年来,诸如"商业考虑凌驾艺文专业"的质疑、"台北电影节"主席李烈因不堪官方介入而辞职的新闻屡见不鲜,从某种意义上反映了台北市部分文化政策与文化界的期待存在较大落差。而从台北市艺文界对台北市文化政策的焦虑以及对文化局局长遴选的非议也可以看出,台北市文化局在从意识形态的实践与社会控制角色转为辅助产业市场运作的核心部门的过程中对"文化治理"转型的讨论相对不足。[2] 一方面,由于台北市文化局人事更迭过于频繁,造成了文化部门的任务中断和职权迷失,导致政策的重点不明;另一方面,文化政策本身包含公民文化参与权、文化成就的分享权、艺文工作者的创作及

---

① 吴介祥:《终结文化政策的大迷航》,《今艺术》,2016 年 2 月 16 日。
② 郑美华:《推动文化创意产业政策与政府治理模式的转型——政府与文化关系的再思考》,台湾:《公共行政学报》,2008 年 6 月。

展演权、艺文教育普及化、让创意向市场延伸以及文化产品的消费刺激等多重任务,但近年来台北市的文化政策越来越集中于"让创意向市场延伸"与"文化产品的消费刺激"等两项。① 或许,文化权利和经济思维形成了文化政策两个互相拉扯的职权,使文化职权常常处在"开发不开发、保留怎样保留"的拉锯战中。此外,由于文化创意产业范畴广,相关政策面向非常复杂,台北市各部门对文化创意产业的总产值、GDP 占比、创意产业家数、就业人数的数据统计不一致,此亦后续政策推动值得重视的问题。

其次,有些政策构想虽好,但与台北文化创意产业的现实基础与实践存在一定差距。陈忱在《文化产业的思考与对话》一书中指出,台北文化产业研究人员多来自研究机构、大学院校、文化行政部门,对产业、市场并无实务经验,以学术理论为主,实务性弱。尽管有些文化创意产业政策构想非常有创意,但与台北市文化创意产业的实际发展存在较大差距。对此有学者指出,台湾现有文化创意园区多采取 BOT 方式委外经营,使现有文化创意园区多成为挂着文艺招牌的复合式商场,不仅让文化创意园区徒有其名,也有过度商业化之疑虑,让原先提供文化者表演、创作的设立初衷多少因此受到排挤。对于未来将设置的文化创意园区,在审查及规划上必须更细腻,现有园区应该加强辅导,使其明确定位、彰显特色。

另一方面,作为形塑台北市成为创意城市的文化创意工作者,大多只是披着光鲜亮丽外衣的"艺劳"或是"临时文化工人"。文化创意工作者表面上似乎获得较多展演的机会,实质上他们只是被政府和企业雇用为文化资本的生产劳工,作为中产阶级品位的象征工具,营造一种假性的波西米亚群聚,形塑海市蜃楼般的创意氛围。许多表面上以艺术文化创意为主轴的政策,往往并不关注创意人才的培育,或是城市创意的提升,重要的是使政策追随者、社区和市民相信,由艺术文化创意所架构之短暂且虚幻的美景。同时,以创意为核心的新发展典范,"也缺乏足够经验研究的实质证据进行相关佐证或检讨,尤其是针对艺术文化创意如何被落实于都市改造的过程,及其相关工作者/族群

---

① 吴介祥:《终结文化政策的大迷航》,《今艺术》,2016 年 2 月 16 日。

所面临的真实处境和困难"等问题。① 有些学者则敏锐道出了"文化政策向商业财团靠拢的隐忧",更加需要补助、扶植的小公司或不在竞争体系中的非营利文化创意产业团体并未实质性地获得文化政策的倾斜。

第三,文化创意产业作为沟通两岸关系的重要纽带,实际上其作用成效并不显著,有待进一步加强。这主要是由于台湾文化创意产业管理者对大陆文化政策不够了解,前瞻性、操作性不强所造成。台湾文化人士商台玉曾在《台湾影视音产业未来将何去何从?》一文中指出,台湾的影视音产业从来没有系统性针对两岸市场,没有整体的策略规划,甚至对大陆市场长年采取眼不见为净的漠视态度。中国传媒大学文化发展研究院院长范周也指出,两岸民间交流虽然频繁,但全面开展尚未实现,希望两岸政策可以加快脚步,以文化创意产业的交流与发展带动两岸的交流与发展。从大陆的《十二五规划纲要》、《十三五规划纲要》中可以发现文化创意产业的蓬勃与生机,而台湾在马英九任期内,也有效推动了台湾与大陆文化创意产业的交流与合作。两岸文化创意产业具有强烈的互补性,台北市作为台湾地区的政治、经济、文化中心,如果文化创意产业管理者能够更好地了解大陆的文化政策、文化资源以及市场需求空间,那么大陆与台北市的文化交流合作将产生更好的协同效应。

① 邱淑宜:《城市的创意修补及文创工作者的困境——以台北市为例》,《都市与计划》2016年第1期,第22页。

**图书在版编目（CIP）数据**

上海文化交流发展报告. 2017 / 荣跃明主编. —上
海：上海书店出版社,2017.4
ISBN 978 - 7 - 5458 - 1454 - 5

Ⅰ.①上… Ⅱ.①荣… Ⅲ.①文化交流—研究报告—
上海—2017 Ⅳ.①G 127.51

中国版本图书馆 CIP 数据核字(2017)第 078795 号

责任编辑　张允允
技术编辑　丁　多
装帧设计　汪　昊

**上海文化交流发展报告（2017）**
主　　编　荣跃明
执行主编　饶先来　李艳丽

出　　版　上海世纪出版股份有限公司　上海人民出版社　上海书店出版社
　　　　　（200001　上海福建中路193号　www.ewen.co）
发　　行　上海世纪出版股份有限公司发行中心
印　　刷　上海叶大印务发展有限公司
开　　本　710×1000mm　1/16
印　　张　26.75
版　　次　2017年4月第1版
印　　次　2017年4月第1次印刷
ISBN 978 - 7 - 5458 - 1454 - 5/G. 121
定　　价　88.00元